CONFUCIUS SINARUM PHILOSOPHUS
SIVE SCIENTIA SINENSIS LATINE EXPOSITA

中国哲学家孔夫子

第三卷 论语

[比]柏应理 等著

齐飞智 汪聂才 等译

中原出版传媒集团
中原传媒股份公司

·郑州·

图书在版编目(CIP)数据

中国哲学家孔夫子. 第三卷, 论语 / 梅谦立等主编；
(比)柏应理等著；齐飞智等译. — 郑州：大象出版社，
2021. 1
（国际汉学经典译丛）
ISBN 978-7-5711-0730-7

Ⅰ.①中… Ⅱ.①梅… ②柏… ③齐… Ⅲ.①儒家
Ⅳ.①B222

中国版本图书馆 CIP 数据核字(2020)第 189827 号

中国哲学家孔夫子
ZHONGGUO ZHEXUEJIA KONGFUZI

第三卷　论语
[比]柏应理　等著
齐飞智　汪聂才　等译

出 版 人	汪林中
策 划 人	张前进　李光洁
项目统筹	李光洁
责任编辑	贠晓娜
责任校对	李婧慧　毛 路　马 宁　张迎娟
装帧设计	王莉娟

出版发行　大象出版社(郑州市郑东新区祥盛街 27 号　邮政编码 450016)
　　　　　发行科 0371-63863551　总编室 0371-65597936
网　　址　www.daxiang.cn
印　　刷　洛阳和众印刷有限公司
经　　销　各地新华书店经销
开　　本　720 mm×1020 mm　1/16
印　　张　36
字　　数　527 千字
版　　次　2021 年 1 月第 1 版　2021 年 1 月第 1 次印刷
定　　价　980.00 元（全四卷）
若发现印、装质量问题，影响阅读，请与承印厂联系调换。
印厂地址　洛阳市高新区丰华路三号
邮政编码　471003　　　电话　0379-64606268

广东省哲学社会科学"十三五"规划
2018年度地方历史文化项目（GD18DL13）阶段性成果
广州市哲学社科规划2020年度课题（2020GZDD03）
阶段性成果

梅谦立 张西平 主编

罗莹 汪聂才 副主编

[意]殷铎泽 [奥]恩理格 [比]柏应理 [比]鲁日满 著

齐飞智 汪聂才 等译

梅谦立 审校

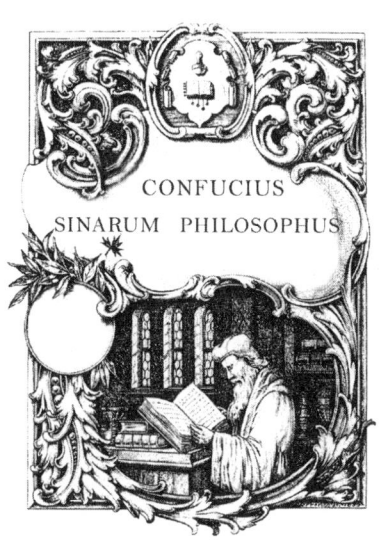

CONFUCIUS
SINARUM
PHILOSOPHUS,
SIVE
SCIENTIA SINENSIS
LATINE EXPOSITA.

Studio & Opera { PROSPERI INTORCETTA, CHRISTIANI HERDTRICH, FRANCISCI ROUGEMONT, PHILIPPI COUPLET, } Patrum Societatis JESU.

JUSSU

LUDOVICI MAGNI

Eximio Missionum Orientalium & Literariæ Reipublicæ bono
E BIBLIOTHECA REGIA IN LUCEM PRODIT.
ADJECTA EST TABULA CHRONOLOGICA SINICÆ MONARCHIÆ
AB HUJUS EXORDIO AD HÆC USQUE TEMPORA.

PARISIIS,
Apud DANIELEM HORTHEMELS, viâ Jacobæâ,
sub Mæcenate.

M. DC. LXXXVII.
CUM PRIVILEGIO REGIS.

Lun Yu—Ratiocinantium Sermones

《论语》——理性的对话①

Versio Litteralis unà cum explanatione

字面翻译与注释

Liber hic numero tertius est, inter *suxu*, sive quatuor libros primae apud Sinas auctoritatis, & qui maximè teruntur manibus omnium. Distinguitur in decem *kiuen*, id est, partes, seu capita; continetque sententias atque apophtegmata moralia tum à Confucio, tum ab hujus discipulis non uno tempore vel loco prolata: quod ipsum libri quoque titulus *Lun Yu*, quasi dicant, Ratiocinantium seu philosophantium inter se sermones, non obscurè declarat.

在中国,这是所有人都会诵读的、最有权威的"四书"中的第三部。本书分为十卷,即十章,主要内容是一些道德主张和格言,或出自孔夫

---

① 在手稿中,标题稍有不同,为《争论中的问与答》(*Ratiocinantium quaesita et responsa*, p. 335),因为在朱熹看来,这是一部"论纂",其中一些言论并非出自孔夫子。

子,或出自他的弟子,发表的时间与地点不一,因此本书题为"论语"。正如人们所言,它清楚地记载了孔夫子与他的弟子之间充满哲理的谈话。①

---

① "充满哲理"强调孔夫子及其弟子之间的讨论是富有哲理性的讨论。这是解释的关键所在:孔夫子及其弟子从事的是哲学活动。因此正如耶稣会士的译文中经常提到的那样,孔夫子及其弟子是哲人。这也是西方解读孔夫子的一条主要线索。詹姆斯·理雅各(James Legge)就多次称孔夫子及其弟子为哲人。参见他翻译的《论语》:James Legge, *Confucian Analects*, *The Great Learning*, *The Doctrine of the Mean* (New York: Dover Publications, 1971), pp. 138, 141, 143, etc.

目 录

学而第一 …………………………………………………………… 1
为政第二 …………………………………………………………… 22
八佾第三 …………………………………………………………… 59
里仁第四 …………………………………………………………… 95
公冶长第五 ………………………………………………………… 108
雍也第六 …………………………………………………………… 134
述而第七 …………………………………………………………… 163
泰伯第八 …………………………………………………………… 191
子罕第九 …………………………………………………………… 214
乡党第十 …………………………………………………………… 238
先进第十一 ………………………………………………………… 264
颜渊第十二 ………………………………………………………… 297
子路第十三 ………………………………………………………… 335
宪问第十四 ………………………………………………………… 365
卫灵公第十五 ……………………………………………………… 412
季氏第十六 ………………………………………………………… 433

阳货第十七……458
微子第十八……487
子张第十九……508
尧曰第二十……532

学而第一

1.1 子[1]①曰[2]："学[3]而[4]时[5]习[6]之，不[7]亦[8]说[9]乎？

f.1.p.1.§.1. *Confucius*[1] ait[2]: "Operam dare imitationi[3] sapientum, &[4] assiduè[5] exercitare[6] sese in hujusmodi studio imitandi, [7]nonne[8] olim delectabile[9] erit?" Quasi dicat: suae principiis ferè omnibus difficultates insunt ac spinae; verumtamen si devoraveris istas magno animo vicerisque, tu quisquis sector es virtutis ac sapientiae, si exemplis simul ac documentis virorum sapientium ob oculos tibi positis constantiam junxeris cum labore, planè fiet ut recuperatâ paulatim claritate & integritate primaevâ naturae nostrae, insignis etiam facilitas atque peritia sequatur tuam exercitationem, delectatio verò peritiam & facilitatem.

孔夫子说："努力效仿智者，在努力效仿时不断地自我修行，这难道不是很快乐的事情吗？② 正如有人说，几乎所有的开端都有困难与障碍，③如果你用勇气克服了它们，那么你就是美德和智慧的真正追随者。如果智慧之人

---

① 读者可以注意到，在前两章的中文原文和拉丁文译本的一些字词右上角有上标的阿拉伯数字，个别拉丁文词左上角也有。这是一种编辑残留，柏应理最初是想要将拉丁文译本和中文原文一同出版，而上标数字则提示读者拉丁文单词所对应的中文汉字，这也是耶稣会士学习中文的方法。另外，特别说明：在1687 年的拉丁文译本中并无中文原文，本书的《论语》原文是编者所附。

② "学"被理解为"效仿智者"。这个说法来源于"学之为言效也……后学者必效先学者之所谓"（朱熹：《四书章句集注》，北京：中华书局，1983 年，第 47 页。以下凡引朱熹注释皆出此书，不再注明），"学是效仿。凡致知力行，皆仿效圣贤之所为"（《张居正讲评〈论语〉皇家读本》，上海：上海辞书出版社，2007 年。以下凡引张居正评注皆出此书，不再注明）。

③ "困难"的观念非源于朱熹，而来源于张居正(第 1 页)。

的榜样教诲就在你眼前,①你能够努力坚持下去,那么你就必然能恢复我们本性中原本的明澈和完善。并且随着努力,你会拥有卓越的才能和处事技巧,喜悦也会跟随才能和技巧而来。②

有^{1}朋^{2}自^{3}远^{4}方^{5}来^6,不^{7}亦^{8}乐^{9}乎?"

§.2. Postquam autem te excolueris tam feliciter hujusmodi cum labore et constantiâ, si dentur^1 tunc sectatores et amici^2 è^3 longinqua^4 regione^5 adventantes^6, consulturi te, atque in disciplinam tuam tradituri sese, famâ scilicet virtutis ac sapientiae tuae excitati,^{7} nonne^8 tum multò etiam vehementiùs laetaberis^9, & prodes omnino sensum hunc exultantis animi tui?

你以这样的努力和坚持,快乐地使自己完善之后,如果有一些追随者和朋友听闻你的美德和智慧,从很远的地方来向你请教,并听取你的教导,难道你不会更高兴,不会显露出快乐之情吗?③"

人^{1}不知$^{2-3}$而^{4}不^{5}愠^6,不^{7}亦^{8}君^{9}子^{10}乎?"

p.2.§.1. Verùm si planè contrarium acciderit, & cùm talis ac tantus sis, ab hominibus^1 tamen si ^{2}ignoreris^3, nemo te consulat, suspiciat nemo; tu interim^4 hanc ob causam non^5 affligaris nec indigneris^6; quippe contentus iis quae tibi ipse peperisti, & possides securus; nihil autem de his quae extra te, alienique sunt ar-

---

① 拉丁文 documenta 可以指"教诲",也可以指"文件"。朱熹和张居正很看重圣人留下的文字,但更看重的还是他们的教诲本身。

② 朱熹:"以明善而复其初也。"张居正观点同此。对朱熹来说,最初状态的"初"是本体上的状态:人们可以随时恢复本心。对基督徒来说,最初状态就是历史上的状态,即亚当犯罪之前的状态。

③ 张居正强调了师承关系:"以求吾之教诲""斯道有传"(第1页)。

bitrii, laborans; ⁷nonne⁸ perfecti⁹ viri¹⁰ consummataeque virtutis hoc erit?

如果相反,你被人忽视,没人向你请教,没人重视你。即便如此,你却不难过、不愤慨,满足于你已经获得的且牢牢把握,不为任何外在之物所……①这难道不属于拥有完善美德的完美之人吗?"

1.2　有¹子²曰³:"其⁴为⁵人⁶也孝⁷弟⁸,而⁹好¹⁰犯¹¹上¹²者,鲜¹³矣;不¹⁴好¹⁵犯¹⁶上¹⁷,而¹⁸好¹⁹作²⁰乱²¹者,未²²之有²³也。"

§.2. Discipulus Yeù¹ çù² ait³: Quempiam⁴ esse⁵, sive dari hominem⁶, qui domi quidem obtemperet⁷ parentibus, & debitis obsequiis officiisque prosequatur⁸ majores natu, & tamen⁹ foris gaudeat¹⁰ adversari¹¹ legitimis Magistratibus¹², profecto rarum¹³ hoc est atque inusitatum. Rursum non¹⁴ gaudere¹⁵ quempiam adversari¹⁶ Magistratibus¹⁷, &¹⁸ eundem tamen gaudere¹⁹ seditiones²¹ ac turbas excitare²⁰, & perturbare Rempublicam adhuc quidem non²² accidit²³ seu visum est & auditum quidpiam hujusmodi.

弟子有子说:"在家孝顺父母、敬爱兄长,然而在外却喜欢反对合法的长官,这样的人很罕见;②不反对长官却喜欢叛乱、引起暴乱、扰乱国家,这样的事情从来没发生过,也没有人看到过,更没有人听说过。"

"君²子¹务³本⁴,本⁵立⁶而⁷道⁸生⁹。孝¹⁰弟¹¹也者,其¹²为¹³仁¹⁴之本¹⁵与!"

§.3. Superiorem doctrinam confirmaturus idem Yeù çù, Vir¹ perfectus²,

---

① 张居正:"其学诚在于内,而不愿乎外。"(第2页)《中国哲学家孔夫子》加入了斯多亚学派的观念:个人意志(arbitrium)独立于他人的意志。

② 《中国哲学家孔夫子》把原文的"上",即"在上的人"(张居正,第2页)理解为"合法的长官"(legitimi magistratus)。后面的"国家"也强调政治意味。

inquit, impensiori quodam studio³ vacat principali⁴, sive ei quod quavis in re praecipuum est, & radicis ac fundamenti instar; etenim principali⁵ bene⁶ constituto ac confirmato, mox⁷ inde virtutis officiique⁸ lex ceu ex radice firma vividaque prognascitur⁹ & succrescit feliciter atque efflorescit: sic privata singulorum, quam dixi, erga parentes suos pietas¹⁰ & obedientia, amorque & observantia erga fratres¹¹ majores natu, haec¹²(inquam) duo sunt¹³ operum¹⁴ pietatis erga communem quoque patriam, atque observantiae erga legitimos Magistratus, adeoque publicae pacis & tranquillitatis radix & fundamentum¹⁵.

为了确认以上的道理,有子说:"完美的人要在原则上做更多的努力,所谓原则,即事物中的首要部分,如同根基一样。① 先要很好地建立起原则,而后美德和礼仪的法则才会从这个牢固而坚实的根中产生,并顺利地发芽、成长。② 因此,孝顺父母、敬爱兄长这两件事情是忠于祖国、服从长官的职责的根基,是国家和平安宁的根基。"③

1.3　子¹曰²:"巧³言⁴令⁵色⁶,鲜⁷矣仁⁸!"

f.2.p.1.　Confucius¹ ait²: ubi compta³ est oratio⁴, & blanda⁵ oris⁶ species, ibi parum⁷ est probitatis⁸. Id est, qui affectatâ quapiam affabilitate, seu blanditiis nescio quibus, lenociniisque verborum, ad haec, specioso totius oris habitu ad humanitatem scilicet benevolentiamque mirè composito conciliare sibi student hominum voluntates, necnon famam virtutis ac sapientiae; parùm interim soliciti ut

---

① 注意:"本"被翻译成原则(principale)。
② 注意:"道"被翻译成一种伦理法则(lex)。
③ 第一次出现"仁",这里翻译成"忠诚和服从之职责"(opera pietatis atque observantiae)。与朱熹不同,张居正强调了孝悌的政治作用;孝悌扩大到"至于抚安万民"(第 3 页)。《中国哲学家孔夫子》更具体描述为"忠于祖国、服从长官"。

suae fronti, oculisque & sermonibus cor ipsum respondeat; hominum hujuscemodi rarus est vel nemo potiùs qui veram cordis virtutem obtineat.

孔夫子说:"在言语圆滑、表情谄媚之处少有正直。"①也就是说,那些以虚伪的言语,谄媚的、虚情假意的面孔来假装和蔼与仁慈的人,他们虽然因此获取了人们的支持,以及美德和智慧的名誉,然而他们的心灵很少与自己的表情和言语相一致,这样的人极少,或者更准确地说,其内心不可能拥有真正的美德。②

1.4 曾¹子²曰³:"吾⁴日⁵三⁶省⁷吾⁸身⁹,为¹⁰人¹¹谋¹²而¹³不¹⁴忠¹⁵乎? 与¹⁶朋¹⁷友¹⁸交¹⁹而²⁰不²¹信²²乎? 传²³不²⁴习²⁵乎?"

p.2. Discipulus çem¹ çù² ait³: Ego⁴ quotidie⁵ de tribus⁶ maximè rebus examino⁷ me⁸ ipsum⁹ & rationem exigo; an scilicet pro¹⁰ homine¹¹ quopiam negotium tractandum¹² susceperim, &¹³ non¹⁴ tractaverim illud ac conatus sim conficere eâ quâ par erat cum fide & contentione¹⁵ animi, nec ita prorsus ac si mea res ageretur & non aliena: an cum¹⁶ sodalibus¹⁷ & amicis¹⁸ meis familiariter & amicorum more agens¹⁹, tamen²⁰ haud²¹ egerim eo candore eâque fide²² quâ oportebat agi, contentus inani quâdam specie benevolentiae observantiaeque, & mendacio veriùs amicitiae quàm amicitiâ. Denique an doctrinam mihi²³ traditam à Magistro meo non²⁴ recoluerim²⁵, eamque exercitaverim²⁵ impigrè & constanter.

弟子曾子说:"我自己每天审视自己,尤其体现在三件事情上:其一,我是否接受了别人的委托却没有像对待自己的事情一样尽心竭力。③ 其二,跟

---

① 第二次出现"仁",这里翻译成"正直"(probitas)。

② 张居正:"盖仁乃本心之德,心存,则仁存也。今徒致饰于外,务以悦人,则心驰于外,而天理之所丧者多矣,岂不鲜仁矣乎。"

③ "忠"被翻译成 fides et contentio(尽心竭力)。

我的伙伴和朋友友好地交往的时候，我是否有应有的好心和诚信，①还是说只是满足于表面上的仁慈和尊敬，满足于虚假的友谊而不是真正的友谊。其三，我是否温习了老师教育的知识，并付诸实践。"

1.5　子[1]曰[2]："道[3]千[4]乘[5]之国[6]，敬[7]事[8]而[9]信[10]，节[11]用[12]而[13]爱[14]人[15]，使[16]民[17]以[18]时[19]。"

f.3.p.1.　*Confucius*[1] ait[2]: Ut quispiam feliciter administret[3] mille[4] quadrigarum[5] regnum[6], (quod utique difficile est tranquillè ac feliciter administrare) quinque sunt inprimis necessaria. (De Regulis hîc agit Confucius, quorum singuli quadrigas omnino mille tenebantur habere in promptu, & quotiescumque jussisset Imperator in aciem producere.) Primùm solicitè[7] consideratèque tracter res[8] omnes ditionis suae: nihil, quamvis parvi momenti videatur esse, putet ab se posse negligi; memor ex una Principis inconsideratione provenire non raro calamitates, quae & amplissimam ditionem & multis quidem saeculis affligant. Deinde[9] colat[10] fidem ac veritatem, sibique persuadeat hanche esse pretiosiorem gemmam coronae suae. Veri sint igitur & sine ambiguitate sermones ejus, adeoque latentis in animo sententiae non dubii semper indices: maximè vero in decernendis vel praemiis vel suppliciis sectetur id quod aequum est justumque: sic fiet ut subditi vicissim quaevis imperata faciant, & quidem alacriter & cum fide faciant. Tertio largitiones moderetur[11] ac sumptus[12], inutiles superfluosque tollens: sic namque in aerario regio totoque regno opum semper affatim erit. Item[13] amet[14] homines[15] sibi subditos paterno prorsus affectu, opitulando omnibus, quos vel orbitas ac solitudo, vel inopia & fames, aliique casus aut aerumnae affligunt:

---

① "信"被翻译成 candor et fides(好心和诚信)。

sic enim subditi vicissim filiorum instar Principi suo morem gerent, eumque sic verebuntur ut etiam diligent. Denique si quando subditorum manus atque opera poscatur ad extruenda vel restauranda opera publica, imperet[16] haec subditis[17] opportuno[18] tempore[19]; quo scilicet ruri passim vacatur, non eo quo sementis illos, vel agricultura, vel messis occupat: hoc pacto frugum atque alimentorum copia plerumque suppetet; operaque publica sine publico detrimento alacriter perficientur.

孔夫子说:"若要很好地管理拥有一千辆四马战车的王国(要冷静而高超地管理这样的王国当然是困难的),以下五条是很重要的。"[①](孔夫子在这里说的是诸侯,他们都拥有一千辆四马战车,随时可以领命出兵)"第一,要小心仔细地处理关乎其统治权的所有事情,哪怕再细微的事情也不可掉以轻心。要记住,灾祸通常起因于君主的轻率之举,即使是最强大的政权也会受其影响。[②] 第二,要以诚信和真实为贵,将其视为自己皇冠上珍贵的珠宝。[③] 因此君主所说的话要真实,不要含糊,不要有任何存疑之处。最重要的是要公平公正地裁决、赏罚。若依此做了,民众就会迅速且忠诚地服从并执行命令。第三,君主应该节用,取消无益和不必要的花费。这样一来,国库和举国上下都将会有盈余。第四,君主要完全以父亲般的慈爱来爱他的臣民。他要帮助所有的孤寡、贫穷、饥饿之人,或是遭受其他不幸之人。如此,人民就会像儿子对待父亲一样支持君主,尊敬甚至爱戴他。第五,倘若君主需要民众建造或修整公共工程,要选择适宜的时间,也就是说在农闲的时候,不占用他们播种、耕作或收割的时间。这样安排的话,粮食就会有盈

---

① 朱熹和张居正都将其分为五条。

② 这句话和前面一句话都来源于张居正的评论:"盖人君日有万几,一念不敬,或贻四海之忧,一时不敬,或致千百年之患。必须兢兢业业,事无大小,皆极其敬慎。"(第4页)

③ 珠宝的比喻来自张居正的评论:"盖信者,人君之大宝。"(第4页)

余。而且只要没有公共事故,工程就能顺利地完成。"①

1.6 子^{1}曰^2:"弟^{3}子^{4}入^{5}则^{6}孝^7,出^{8}则^{9}弟^{10},谨^{11}而^{12}信^{13},泛^{14}爱^{15}众^{16},而^{17}亲^{18}仁^{19}。行^{20}有^{21}余^{22}力^{23},则^{24}以^{25}学^{26}文^{27}。"

p.2.§.1. *Confucius*^{1} ait^2: Fratres^3 natu-minores^4 ac filii-familias^5 si intro seu domi suae degunt, tum quidem^6 obediant^7 serviantque parentibus quanta possunt contentione tam animi quam corporis: si autem versantur foris^8, tum^9 observent majores-natu^{10} propinquos suos & consanguineos, cives item ac populares, iisque sua praestent obsequia: si quid operis negotiique suscipiant, constantiam afferant^{11}, coeptaque perficiant, pronde maxime semper attendant principio & fini cujusque operis; atque adeo^{12} veraces^{13} ac sinceri^{13} quoque sint, sibique constent in operibus suis: amplo quodam & universali^{14} amore^{15} diligant omnes^{16}, cum omnibus pacem colant; sic tamen^{17} ut arctirori quodam vinculo benevolentiae^{18} & familiaritatis^{18} jungantur optimis^{19} quibusque viris & probatissimis: & haec quidem sunt adolescentum officia, maxime necessaria; quibus exacte praestitis^{20} si^{21} suppetat^{22} eis pauxillum otii ac virium^{23}, tum laudabiliter^{24} adhibebunt illas^{25} in addiscendis^{26} litteris^{27}, & mandandis memoriae priscorum sapientum Majorum nostrorum odis, quibus egregia plane documenta cujusvis aetatis institutioni, sed inprimis adolescentiae, perapposita continentur.

孔夫子说:"为人弟和为人子的,在家中要竭尽身心之力服侍父母,在外要服从同胞或同宗兄长,以及同乡百姓,为他们效力。如果接受某种工作或任务,要尽职尽责,有始有终,以之为常。此外,他们应该真诚、忠心,持之以恒。他们要以广泛而普遍的爱来爱所有人,与所有人和平相处。如此,他们

---

① 人民向君王回报他的爱,这种观念是张居正强调的。(第4页)

将以仁慈、亲和而强有力的联系跟至善之人联系起来。这些都是青年人至为重要的职责。做到这些之后,如果还有闲暇和精力,可以去学习文学并诵读我们先贤的诗,即《诗经》,其中的内容对任何年纪的人都大有裨益,尤其是对年轻人。"①

1.7 子^{1}夏^{2}曰^3:"贤^{4}贤^{5}易^{6}色^7,事^{8}父^{9}母^{10}能^{11}竭^{12}其^{13}力^{14},事^{15}君^{16}能^{17}致^{18}其^{19}身^{20},与^{21}朋^{22}友^{23}交^{24}言^{25}而^{26}有^{27}信^{28}。虽^{29}曰^{30}未^{31}学^{32},吾^{33}必^{34}谓^{35}之学^{36}矣。"

§.2. Discipulus çù^1 hia^2 ait^3: Si delectetur^4 quis viris probis ac sapientibus^5 sic ut commutet^6 & quasi transferat in hos amorem quo ferri solet in res visu^7 pulchras^7 ac delectabiles^7: id est, si cum eo impetu atque ardore amoris appetat adolescens virtutem ac sapientiam, quo aetas ista plerumque rapi solet ad oblectamenta sensuum. Item in praestando^8 probi filii officio^8 tam erga patrem^9 qua matrem^{10}, si valeat^{11}, seu velit & conetur exhaurire^{12} suas^{13} vires^{14}: ad haec, si debita subditi officia^{15} sic praestet adversus suum Regem^{16} aut Principem, ut valeat^{17}, sive non dubitet exponere^{18} propriam^{19} quoque personam^{20} ac vitam quotiescunque res ita postulaverit. Denique cum^{21} sodalibus^{22} & amicis^{23} suis vivens familiariter^{24} si tales instituat sermones^{25}, ut^{26} ubique locum habeat^{27}, seu eluceat fides^{28} ipsius ac veracitas; quisquis hujusmodi fuerit, tametsi^{29} forte sint qui dicant^{30} eum necdum^{31} studuisse^{32}, ego^{33} certe semper^{34} & sentiam & dicam^{35} studuisse^{36}, & praeclare quidem esse doctum. (Non vult çù hia angi animo vel affligi adolescentes illos, quibus a domesticis officiis & curis tuendae vitae, quod apud

---

① 如同朱熹,张居正把"泛爱"解释为"广爱"(第5页),而《中国哲学家孔夫子》加上了基督宗教对"爱"的理解,即"普遍的爱"(universalis amor)。

homines tenuioris fortunae non raro usuvenit, nihil est vacui temporis quo litteris dent operam: obtineant modo ipsi seduloque exerceant virtutes illas, quarum gratiâ potissimùm litterae discuntur, disci certè quidem par est; censebuntur enim, quamvis rudes litterarum fuerint, non ipsis tantum litteris, sed etiam sapientia, quae perpetua virtutis comes est, feliciter instructi.)

弟子子夏说:"如果喜欢正直有智慧的人,就会把对赏心悦目之物的喜爱转移到这些人身上。也就是说,一个少年以其对爱欲的活力和热情来追求美德和智慧——既然人生的这一阶段通常被感觉的愉悦所占据。① 此外,作为子女,孝顺父母时,要竭尽全力;作为臣民,在履行对君主的责任时,可以做到无论何时需要,都会毫不犹豫地献出自己的生命;最后,与同伴和朋友们友好相处时,要言而有信。任何做到这些的人,即使是没有受过教育,我也会永远肯定地认为他不仅受过教育,而且还很有教养。"(子夏不希望那些年轻人因为家庭和生计受到困扰或折磨。因为这在那些不幸之人的身上经常发生,他们没有空闲时间来学习。他们只能坚守并小心地践行那些能够获得学问的美德——通过这些美德他们能够学习最重要的学问——当然,这样的学习是适宜的。虽然他们不识字,但人们依然认为他们有智慧,而智慧是美德的永久伴侣。)②

1.8 子^{1}曰^2:"君^{3}子^{4}不^{5}重^{6}则^{7}不^{8}威^9,学^{10}则^{11}不^{12}固^{13}。

f.4.p.1.§.1. *Confucius*^{1} ait^2: Probus^3 vir^4 si idem non^5 sit vir admodum serius, habeat quoque cordi exteriorem gestuum motuumque omnium moderationem & gravitatem^6, quae auctoritatis ac reverentiae conciliatrix est; sed è contrario

---

① 朱熹和张居正并没有提到少年。也许这是受西方的伦理文学,比如普鲁塔克(Plutarch)的影响。

② 朱熹和张居正没有这种评论。

gaudeat incomposite vagari, & jocis nugisque indulgere; profecto[7] non[8] habebit inter suos auctoritatem[9], quin imo despicabilis iisdem reddetur, & scientias[10] ac disciplinas, quas tanto studio & labore acquisicit, sane[11] non[12] diu conservabit[13].

孔夫子说:"如果一个正直的人①不严肃,在需要表现权威和尊严的场合缺少应有的节制和庄重,一味地不适当地随意散漫、嬉戏玩笑;那么他肯定不会在朋友之间拥有威信,会堕落到可鄙之人的行列;并且他肯定不能长久地保有通过艰苦努力而得来的学问和教养。

主[1]忠[2]信[3]。"

§.2. Absit tamen ut sola contentus exteriori compositione, de interiori, quae longè praecipua est, minus laboret: quin imo primum[1] praecipuumque ipsius studium poni debet in cultu & compositione ipsius animi, tametsi non cadat sub oculos aspectumque hominum: nihil igitur aeque sit cordi, ut cordis[2] sinceritas ac fides[3].

不要仅仅满足于外表,而很少注重内在的修养,后者才是极为重要的。即便别人看不到,也应该将最重要的努力用于自身心灵的培养和塑造上。这样,心中除了忠贞和诚信就没别的了。"

无[1]友[2]不[3]如[4]己[5]者。"

p.2.§.1. Ne[1] contrahas[2] amicitiam ac familiaritatem cum quopiam qui sit[3] deterior[4] quam sis tu[5] ipse; quippe damno tibi futuram, non usui: imo quos te meliores esse viros cognoveris, hos sectare, his jungere.

---

① 这里"君子"不是译为"完美的人"(perfectus vir),而是译为"正直的人"(probus vir)。

不要与那些不如你自己的人建立友谊和亲密关系,显然这样的友谊和亲密关系对你将是有害无益的。相反,要追随那些你认为比你优秀的人并且加入到他们的行列之中。"

过¹则²无³惮⁴改⁵。"

§.2.　Memor interim conditionis humane, quae imbecillis est pronaque in lapsum, & peccare facilis; si te peccare¹ contigerit, tum² quidem ne³ timeas⁴ dubitesve corrigere⁵ quod peccatum est, & cum nisu quoque ac labore surgere, perruptis generose vinculis ac difficultatibus, quibus impediri te sentis ac deprimi.

同时,你要记住,人性是脆弱和倾向于堕落的,易于犯罪。如果你犯了罪,不要犹豫或害怕改正。要努力奋起,突破那些阻碍你、压迫你的束缚与障碍。①"

1.9　曾¹子²曰³:"慎⁴终⁵追⁶远⁷,民⁸德⁹归¹⁰厚¹¹矣。"

§.3.　*Cem¹ çù² ait³*: Qui Rempublicam gubernant, ac caeteris exemplo suo praelucere debent, siquidem exacti⁴ sedulique fuerint in observatione rituum funebrium, quando contigerit parentes eorum vita⁵ fungi; tum vero lugentis animi sensu, necon splendore quodam & apparatu justa illis persolvendo, renovent item piam illorum memoriam⁶, & annuos ritus atque parentalia, quamvis a multo tempore⁷ jam diem⁷ obierint, fiet sane ut extenuate jam lapsu vitioque temporum po-

---

① 张居正表示:"人不能无过,而贵于能改,过而惮改,则过将日甚矣。"(第6页)耶稣会把"过"翻译成peccare。对西方人来说,这个词经常包含宗教意义,即犯罪的含义。耶稣会士也说明人性的脆弱,比较易于犯罪。朱熹和张居正没有提到这些。

puli[8] virtus[9] (quod ad pietatem observantiamque filialem spectat) restituatur[10] pristine suo vigori atque amplitudini[11]; & subditi omnes ad exemplum eorum qui magistratum gerunt, se componant. Tacite nonnullos hic arguit, qui in parentum suorum funere parcebant sumptibus, tametsi lamentis lacrymisque non parcerent.

曾子说:"那些治理国家的人,理应为他人树立榜样,在为自己父母举行葬礼的时候应该谨慎而小心。要以哀痛的感情和与父母相称的庄严盛大的仪式来虔诚地悼念他们。坚持每年的祭礼,尽管他们已经去世很久了。只有这样,那些已经因时间的流逝而减弱的美德(比如孝顺之心),才能恢复到原来的程度。所有臣民都要以治理者为自己的榜样。"这段话隐晦地责备了这样一些人:他们虽然不乏哀伤和眼泪,但却为双亲的葬礼减少了开支。①

1.10 子[1]禽[2]问[3]于[4]子[5]贡[6]曰[7]:"夫[8]子[9]至[10]于[11]是[12]邦[13]也,必[14]闻[15]其[16]政[17],求[18]之与,抑[19]与[20]之与?"

f.5.p.1.§.1. Discipulus çù[1] kin[2] quaerit[3] ex[4] condiscipulo çù[5] cum[6], dicens[7]: Magister noster[8] *Confucius*[9] accedens[10] ad[11] aliquod[12] regnum[13], haud[14] dubie mox cognoscit[15] quaenam sit illius[16] regni administrandi ratio[17]: quaero nunc abs te, num eam ipse ab Rege vel ab alio quopiam exquirit[18] curiosus? an[19] forte Rex eam ultro[20] communicat cum ipso?

弟子子禽问同窗子贡:"我们的老师孔夫子到了别的国家后很快就能了解这个国家是以怎样的方法治理的。现在我问你,他是自己向国君或其他人探寻的,还是国君主动告诉他的?"

---

① 朱熹和张居正没有提到最后句子的意思。

子¹贡²曰³："夫⁴子⁵温⁶良⁷恭⁸俭⁹让¹⁰以¹¹得¹²之¹³，夫子¹⁴之求¹⁵之也，其诸¹⁶异¹⁷乎¹⁸人¹⁹之求²⁰之与？"

§.2. *Cu¹ cum² respondet³*: Magister noster⁴ *Confucius*⁵ sua illa facilitate⁶ morum ac suavitate⁶, ad haec mansuetudine⁷, necnon observantia⁸ reverentiaque eorum quibscum agit, prudenti item moderatione⁹, modestia¹⁰ submissioneque animi, his¹¹ inquam pulcherrimis artibus, cum Optimatum Regumque sibi gratiam & benevolentiam pariat, ac penitus irrepat in eorum sensus ac voluntates, hoc assequitur¹², ut ab eis non ultro tantum de administratione Reipublicae edoceatur, sed studiose etiam consulatur. Quaero nunc igitur vicissim abs te, haec ars industriaque¹³ Magistri¹⁴ nostri, & indagandarum¹⁵ rerum¹⁵ modus, hic¹⁶ nonne diversus¹⁷ est ab¹⁸ eo quo homines¹⁹ vulgo quae secreta sunt indagant²⁰ & exquirunt?

子贡回答："我们的老师孔夫子跟别人打交道时，方式随和、性情温和、态度恭敬且审慎节制，因为这些高贵的品性，他获得了贵族和君王们的喜爱和友善相待，而且还能彻底深入地了解他们的思想和意志。因此他们不但告知老师治理国家的方法，还会认真地向他请教。现在轮到我问你，我们老师这样的技艺与行为，以及探求事物的方式，不是与人们通常探求秘密的手段不同吗？"

1.11　子¹曰²："父³在⁴观⁵其⁶志⁷，父⁸没⁹观¹⁰其¹¹行¹²，三¹³年¹⁴无¹⁵改¹⁶于¹⁷父¹⁸之道¹⁹，可²⁰谓²¹孝矣。"

p.2. *Confucius¹ ait²*: Ut certi quidpiam cognoscas, ac tecum ipse statuas de obedientia filii-familias, primum quidem dum pater³ superstes⁴ est, observa⁵ quo maxime propendeat ipsius⁶ pueri animus, quo studia⁷ ferantur: quid agat autem, non est quod curiosius observes; quippe cum tunc non sit juris sui atque arbitrii, aget utique quod jusserit pater quamvis invitus ac nolens: verumtamen ubi jam pater[8] e vivis[9] excesserit, tum scilicet observa[10] quid ipse[11] filius agat[12], quam suscipiat vivendi rationem. Certe per tres[13] annos[14] si is non[15] immutaverit[16][17] paternum[18] recte vivendi[19] institutum, (nam si pater ab eo quod rectum & honestum est aberravit, haudquaquam putet filius paternis se vestigiis insistere oportere, *inquit Colaus*) tunc sane poterit[20] nuncupari[21] obediens.

孔夫子说:"为了准确地判断某个人是否孝顺,当他父亲还在世的时候,你要注意那做儿子的自身的精神倾向主要在哪里,他的热情被什么吸引。而不必去观察他实际上做了些什么,因为那不是他自己的决定和选择,不管乐意不乐意,他都要遵父命行事。然而,当父亲过世之后,你就要观察儿子做了些什么,他接受了怎样的生活方式。如果在三年内,他没有改变父亲留传下来的好规矩,他就是孝顺的。"(另一方面,如果他的父亲行为不正直,那么儿子就不应该继续坚持走父亲走过的路。张居正如是说。)①

1.12 有[1]子[2]曰[3]:"礼[4]之用[5],和[6]为[7]贵[8],先[9]王[10]之道[11]斯[12]为[13]美[14],小[15]大[16]由[17]之。

f.6.p.1.§.1. Discipulus *yeu*[1] *çu*[2] ait[3]: Sicut toleranda non est juris[4] officiique violatio, sic in officiorum usu[5], & dum jus aliquod exigitur, placablitas, moderatio & longanimitas[6] obtinent[7] primum[8] locum. Ex priscorum[9] quidem Regum[10] sententia[11] atque instituto in hujusmodi[12] moderatione atque humanitate constituebatur[13] omnis decor[14] atque venustas officiorum, & quascunque

---

① 张居正评论如此:"抑孔子所谓无改于父之道,亦自其合于道而可以未改者言之耳。若于道有未合焉,则虽速改可也。"(第8页)

tractabant illi res minores[15] majoresve[16], omnes inde[17] procedebant: omnia omnino tam prudenti atque amabili suavitate condiebant ac temperabant, adeoque ad optatum quoque finem feliciter perducebant.

弟子有子说:"显然,违背法律和礼仪是不可容忍的。在遵行礼仪,执行法律时,首先要注意和谐、节制及耐心。美和礼仪的魅力都来自古代君王教导的这种节制和人道。君王们处理无论多大或多小的事,都会由此出发。他们明智地用令人愉悦的亲切来调和一切事物,从而使这些事物成功达到他们所期望的目的。

有[1]所[2]不[3]行[4],知[5]和[6]而[7]和[8],不[9]以[10]礼[11]节[12]之,亦[13]不[14]可[15]行[16]也。"

§.2. Est[1] hic tamen quod[2] prudenter non[3] facias[4], sive quod vitare te oporteat, velut extremum quoddam ab aurea mediocritatis regula aberrans: si videlicet perspectam[5] habes regiam illam plenamque humanitatis & clementiae facilitatem[6], quot item quantasque utilitates afferre soleat, jamque adeo exarseris illius exercendae desiderio; verumtamen[7] illam facilitatem[8] non[9] secundum[10] regulas[11] officiorum[12] quae uniuscujusque sunt propria, moderaris, peccabis identidem; adeoque est hic quod utique[13] non[14] conveniat[15] facere[16]. Vult nos, dum comitatem beneficentiamque exercemus, cum judicio, considerate constanterque exercere; non autem temeritate quadam, sine judicio vel modo erga omnes, vel repentino quodam quasi vento, impetus animi concitatos.

还有一件事情,你要谨慎,不可去做,如同避免偏离黄金中道而走极端一样。也许你清楚地看到那和谐充满了人道和仁慈,也带来如此多的好处,由此你不断采用和谐的方法。然而,每一个礼仪都有其特殊的规则,如果你不用礼仪的规则来引导,你就会不断地犯错。还有一件事不能做。我们的礼节与善行要在判断之后，谨慎而坚定地去做；不要鲁莽，也不要受像风一样突发的情绪左右。"

1.13 有[1]子[2]曰[3]："信[4]近[5]于[6]义[7]，言[8]可[9]复[10]也。恭[11]近[12]于礼[14]，远[15]耻[16]辱[17]也。因[18]不[19]失[20]其[21]亲[22]，亦[23]可[24]宗[25]也。"

p.2.§.1. Idem *yeu*[1] *çu*[2] ait[3]: Promissum[4] pactumve quo te alteri obstrinxisti, si accedit[5] ad[6] justitiam[7], sive non alienum sit ab aequitate & honestate; verbo[8] tuo[9] par erit te[10] stare & praestare datam fidem. Verum ne cogaris aliquando vel fidem fallere, vel certe violare justitiam, ante omne pactum omnemque sponsionem diligenter examina, justitiae-ne consentanea sint. Rursus comitas atque observantia[11], quibus alios ipse prosequeris, si appropinquent[12-13] officiis[14], id est, si conjungantur cum ea moderatione ac prudentia quam ratio officiorum cuique debitorum flagitarit, procul[15] amovebis abs te ruborem[16] & probrum[17]; nec erit periculum, ne vel importunus atque ineptus esse videaris dum excessu peccas, vel agrestis aut stolide superbus dum peccas defectu. Denique ad amicitias quod attinet ac patrocinia[18], quibus nitare, eos viros haudquaquam[19] neglige[20], quos sua[21] spectata fides ac probitas amore[22] dignos reddit, quibus adeo[23] possis[24] uti[25] patronis ac defensoribus in omni casu ac fortuna.

有子又说："如果与他人的约定是合乎正义的，①或者不悖于公正和正直，你就应该坚守你的诺言，履行你的承诺。为了避免有时被迫失信于人或违背正义，在做任何承诺之前你要三思：所承诺之事是否合乎正义？另外，如果你对别人的礼貌与顺从合乎礼仪，即与礼仪的规则所要求的节制审慎相一致，那么，你将会避免招致耻辱。这样，当你因为操之过急而犯错时，就

---

① 张居正："信，是约信。义，是事理之宜。"（第9页）

不会被认为是粗鲁和愚蠢的;因为准备不足而犯错时,也不会被认为是无知的、愚蠢的或傲慢的。最后,就可信赖的友谊来说,不可忽略那些有诚信而值得你去爱的人。这样,你就可以在遭遇任何意外时得到帮助了。"

1.14 子[1]曰[2]:"君[3]子[4]食[5]无[6]求[7]饱[8],居[9]无[10]求[11]安[12],敏[13]于[14]事[15]而[16]慎[17]于[18]言[19],就[20]有[21]道[22]而[23]正[24]焉,可[25]谓[26]好[27]学[28]也已。"

§.2. *Confucius*[1] ait[2] : Quisquis est virtute[3] praeditus[4], dum potu[5] ciboque[5] reficitur, non[6] hoc[7] agit ut saturetur[8] oppleatque se & ingurgitet[8], sed ut vivat viresque reficiat: in aedibus[9] etiam quas habitat[9], non[10] sectatur[11] impensius vel commoda[12] sua vel delicias. Ad haec impiger[13] ac sedulus est in[14] obeundis[15] negotiis, &[16] cautus ac prudens[17] in[18] verbis[19] : & talis cum sit, haudquaquam tamen sibi vel placet ipse vel fidit, sed ultro[20] adit & studiose sectatur viros sapientia[21] praeditos ac virtute[22], &[23] horum consiliis & exemplis ceu regula quapiam dirigitur[24]. Revera quisquis est hujusimodi, potest[25] dici[26][27] Philosophus[28] ; & hoc sufficit ut talis dicatur.

孔夫子说:"拥有美德的人进食饮水不是为了填饱肚子,而是为了生存和补充力量。他居住在房子里,不会热切地追求舒适和安逸。还有,他在处理事情时积极勤勉,在言辞上小心谨慎。他这样做,不是因为对自己满意或者不满意,而是为了接近并追随那有美德的智者,并且让智者的建议和他们树立的榜样——像某种原则一样——指引自己。事实上,谁能这样做,谁就是哲学家,①他完全配得上这样的称呼。"

---

① 柏应理将"可谓好学也已"翻译成"可以被称为哲学家",这一方面反映了传教士对于中国学问的理解,另一方面也从一个特定的角度交代了称孔夫子为哲学家的原因。

1.15　子¹贡²曰³:"贫⁴而⁵无⁶谄⁷,富⁸而⁹无¹⁰骄¹¹,何¹²如¹³?"子¹⁴曰¹⁵:"可¹⁶也。未¹⁷若¹⁸贫¹⁹而²⁰乐²¹,富²²而²³好²⁴礼²⁵者也。"

f.7.p.1.§.1.　Discipulus çu¹ cum² percunctans³ a Confucio, ait: Si quispiam sit pauper⁴, &⁵ tamen sublevandae paupertatis gratia haud⁶ aduletur⁷ cuipiam; divitiis⁸ affluat, nec¹⁰ tamen⁹ extollatur¹¹ superbia, de hujusmodi¹² quid censendum¹³, o Magister. Confucius¹⁴ respondet¹⁵: Sua dignus laude¹⁶ est is quidem, non is tamen qui impleverit numeros omnes verae laudis veraeque virtutis; adeoque necdum¹⁷ comparandum¹⁸ cum eo qui pauper¹⁹ sit, &²⁰ sua illa paupertate contentus gaudeat²¹; dives²² sit, &²³ tamen gaudeat²⁴ officiis²⁵; mansuete scilicet moderateque se gerens, sine fastidio vel arrogantia, & in omnibus obtemperans rationi.

弟子子贡询问孔夫子说:"老师啊,要如何看待这样的人:即便贫穷,也不会为了摆脱贫穷而谄媚任何人;即便富有也不会因此骄横跋扈?"孔夫子回答说:"这样的人确实值得称赞,但他尚不配得到真正的称赞和美德。事实上,他比不上这样的人:贫穷而快乐,且满足于贫穷;富有却乐于礼仪,且温和而自制,没有一点傲慢之情,在做任何事时都富有理性。"

子¹贡²曰³:"《诗》⁴云⁵:'如⁶切⁷如⁸磋⁹,如¹⁰琢¹¹如¹²磨¹³。'其¹⁴斯¹⁵之谓¹⁶与?"

§.2.　Discipulus çu¹ cum² accepto hoc responso mox ait³: Antiquo poemate⁴ dicitur⁵: Ceu⁶ caedens⁷, ceu⁸ limans⁹ ossa; ceu¹⁰ scalpens¹¹, ceu¹² poliens¹³ lapillos: quod igitur modo factum est abs te, o Magister, dum propositas a me virtutes ceu lapides pretiosos, sed etiamnum rudes quodammodo expolivisti;

nonne est[14] hoc ipsum[15] quod isto carmine significatur[16]?

弟子子贡听到这个回答后很快说："古诗里说：'如同切割、打磨骨器，如同雕刻、磨光宝石。'老师啊，你也是这样做的。你在我身上打磨出仿佛珍贵宝石一样的美德，你连粗糙的宝石都能擦亮。难道这不是诗歌所描述的吗？"

子[1]曰[2]："赐[3]也，始[4]可[5]与[6]言[7]《诗》[8]已矣。告[9]诸[10]往[11]而[12]知[13]来[14]者。"

p.2.§.1. *Confucius*[1] hic collaudans suum discipulum ait[2]: O mi *Su*[3] (vulgare nomen est ipsius *çu cum*) nunc[4] primum potero[5], sive audebo tecum[6] agens, citatre[7] Priscorum carmina[8] atque auctoritates quamvis explicatu difficiles: video namque te valere ingenio, qui simul atque ego proposui[9] hanc[10] modo memoratam[11] sententiam meam, Priscorum auctoritate sane proposita significasti id quod feceram, & simul[12] affecutus[13] es quae ipse nondum[14] profatus eram.

孔夫子称赞弟子说："我的赐（他平时的名字叫子贡）啊，首先，现在我可以，或者说我敢给你，引用古人的诗歌和难以理解的经典了。另外，我看到了你有天赋，我刚一提出我的观点，你就恰当地以古代经典来描述我所做的，同时也明白了我还没有说出来的东西。"

1.16 子[1]曰[2]："不[3]患[4]人[5]之[6]不[7]知[8]，患[9]不[10]知[11]人[12]也。"

§.2. *Confucius*[1] ait[2]: Non[3] angatur[4] quis instructus vera virtute, veraque philosophia, nec cruciet sese quod homines[5] haud[6] eum[7] norint[8]; adeoque nec opera ipsius & eximiis talentis utantur, maxime cum hoc sit libertatis arbitriique alieni: sed angatur[9] potius & affligatur quod ipsemet non[10] perspectos[11] habeat homines[12], uti par erat habere; adeoque facile possit in eorum delectu ad amicitiam aliaque officia errare; nec sciat quos fugere, quos sectari conveniat.

孔夫子说:"那些有美德、爱智慧①的人不会因为人们的不注意而失望和痛苦。实际上,他们并不利用他们的非凡才华去赢得别人注意的目光,毕竟这取决于别人的意愿和选择。相反,他们更多地为自己没有注意到他人——这是他本应该做的——而烦恼。"事实上,在交友和用人上是很容易犯错的,很难知道应该避开谁,追随谁。②

---

① "爱智慧(哲学)"翻译自张居正的"君子之学"(第12页)。
② 最后一句由张居正加上,涉及皇帝怎么挑选官吏(第12页)。

为政第二

2.1 子¹曰²:"为³政⁴以⁵德⁶,譬⁷如⁸北⁹辰¹⁰,居¹¹其¹²所¹³而¹⁴众¹⁵星¹⁶共¹⁷之。"

f.8.p.§.1. *Confucius*¹ ait²: Quisquis³ regit⁴ cum⁵ virtute⁶, praeclaro subditis suis exemplo constanter praelucens, plane est⁷ instar⁸ septemtrionalis⁹, id est polaris stellae¹⁰: ipsa persistit¹¹ suo¹² prope immota loco¹³, cum¹⁴ interim reliqua¹⁵ omnia quae perenni motu circumaguntur sidera¹⁶ illam respiciant¹⁷.

孔夫子说:"以美德治国的人,①常常为他的臣民树立光辉的榜样,②如同北方的恒星,也就是北极星:它坚守在其固定的位置上,而其他的恒星以持续的运动环绕并护卫着它。"

2.2 子¹曰²:"《诗》³三⁴百⁵,一⁶言⁷以⁸蔽⁹之,曰思¹⁰无¹¹邪¹²。"

§.2. *Confucius*¹ ait²: Odae³⁴ trecentae⁵, sive doctrina quae trecentis priscorum Sapientum odis continetur, unico⁶ verbo⁷ totae comprehenduntur⁸, dum dicitur⁹: Nostra mens omnis & cogitatio¹⁰ sit absque¹¹ ulla pravitate¹²; quippe si id quod turpe vel iniquum est, ne prima quidem cogitatione delibamus, multo minus

---

① 张居正:"政,是法令,所以正人之不正者。德,是躬行心得的道理。"(第12页)
② 张居正:"所以人君为政,惟要躬行实践,以身先之。如纲常伦理,先自家体备于身,然后敷教以化导天下;纪纲法度,先自家持守于上,然后立法以整齐天下,这才是以德而为政。"(第12、13页)

illud reipsa factove aliquando suscipiemus.

孔夫子说:"三百首诗歌,即古代贤人的三百首诗歌所蕴藏的道理,可以理解成一句话:'我们的整个心灵和思想应该没有任何邪恶。'① 如果的确有某种可耻或者不正当的念头,我们应该完全不去想它,更不可付诸实践。"

2.3 子[1]曰[2]:"道[3]之以[4]政[5],齐[6]之以[7]刑[8],民[9]免[10]而[11]无[12]耻[13]。

p.2.§.1. *Confucius*[1] ait[2]: A Rege aut Gubernatore si dirigantur[3] subditi, atque in officio contineantur per[4] solas leges[5]; qui has tamen non observarint, nihilominus in officio[6] contineantur per[7] terrores atque supplicia[8]: populus[9] tunc quidem servili metu compulsus abstinebit[10] sese a delictis gravioribus; sed[11] profecto more improbi cujusdam servi, sine[12] pudore[13] scilicet ac vero criminum odio; atque adeo non diu in officio persistet: persistet enim violenter & timore magistro, qui utique malus officii magister est.

孔夫子说:"如果君王或统治者治理臣民时,仅仅依靠法律将他们限制于礼,对于不顺服的人,不得不靠恐吓和刑罚来使他们守礼;这样,在奴隶般的畏惧之下,民众就不会犯下严重的罪行。但是他们养成了奴隶的某种罪恶习惯,必然没有羞耻心,也并不真正地憎恶罪行。这样他们就不会长久地守礼,只是粗暴地守礼,以恐惧为师,这显然是礼的恶师。

道[1]之以[2]德[3],齐[4]之以[5]礼[6],有[7]耻[8]且[9]格[10]。"

§.2. Contra vero si regas[1] ac dirigas illos per[2] unam fere virtutem[3], virtutis

---

① 张居正:"'思无邪'是说人之思念皆出于天理之正,而无人欲之邪曲也。只这一言就足以尽盖三百篇之义。"(第13页)

ipsemet omnibus exemplum, ad hoc proculdubio se component omnes: & quoniam non est eadem conditio omnium, neque esse par virtus potest; tu siquidem prudentia atque humanitate tuos contineas⁴ si modereris⁵ subditos per sua quemque officia⁶, atque ita socies⁷ omnes vinciasque, plane fiet ut teneantur ipsi non modo ingenuo quodam pudore⁸ metuque filiali ne peceent; sed⁹ ultro quoque & alacriter ad omnem virtutis laudem contendent¹⁰ atque pervenient.

相反，如果用美德来治理民众，你自己就要为所有人做美德的榜样，毫无疑问，这样人们才会依照榜样来管理自我。然而因为每个人的处境不同，具有的美德也不可能相同。因此，如果你智慧而人道地按照每个人各自的职责①来限制和规范你的臣民，并且以这种方式联合并团结所有人，那么民众不仅会凭生而具有的羞耻心约束自我，还会凭为人子的敬畏而不犯罪，更会热情地争取并成就美德的所有荣誉。"

2.4　子¹曰²："吾³十⁴有⁵五⁶而⁷志⁸于⁹学¹⁰，

f.9.p.1.§.1.　*Confucius*¹ ingenue suis exponens quos in philosophiae studio progressus aetate procedente fecerit, ait²: Cum mihi³ decem⁴ essent⁵ & quinque⁶ aetatis anni, protinus⁷ applicui⁸ animum ad⁹ perdiscenda¹⁰ majorum virorum instituta sive philosophiam.

孔夫子坦诚地讲述了他在人生的不同阶段上学习哲学所取得的进步。②他说："我十五岁的时候就致力于深入学习祖先订立的原则，也即哲学。③

---

①　"礼"翻译成"officium"。

②　张居正提到了孔夫子的"进学的次第"（第 14 页），不过，这种进学是给弟子讲，因为他是圣人，"本无积累之渐"。当然，与张居正不同，耶稣会士拒绝了圣化孔夫子。

③　朱熹认为孔夫子学习了"大学之道"，而张居正认为他学习了"圣贤大学"（第 14 页）。《中国哲学家孔夫子》跟随张居正的解释。

三^{1}十^{2}而^{3}立^4,"

§.2. Annos ^{1}triginta^2 natus jam^3 constiti: eas inquam radices egeram ut consisterem^4 firmus in suscepto virtutum sapientiaeque studio, neque res ulla extra me posita avocare animum meum ab illo posset.

三十岁时,我确立①我所说的要坚守的那些原则,以便坚定地追求美德和智慧,任何外在的事情都不会让我分心。"

四^{1}十^{2}而^{3}不^{4}惑^5,"

§.3. Q^{1}uadragenarius^2 jam^3 non^4 haesitabam^5 amplius: evanuerant dubiorum nubila: connaturales enim rerum convenientias habebam perspectas, & quid singulis inesset perfectionis vel imperfectionis, intelligebam.

四十岁时,我不再那么犹豫,疑惑的乌云那时已消散。我思考事物自身的秩序,并且理解每个事物的完美与不完美。"

五^{1}十^{2}而^{3}知^{4}天^{5}命^6,"

§.4. Q^{1}uinquagenarius^2 protinus^3 cognovi^4 coeli^5 providentiam^6 atque mandatum^6, & suam rerum singulis a coelo inditam esse naturam, vim, rationem; cujus adeo naturae perscrutabar ipse perfectionem ac subtilitatem; indagabam quoque originem, & quae tandem illius esset causa, intelligebam.

---

① 张居正:"于事物当然之理,表里精粗,了然明白。"(第14页)《中国哲学家孔夫子》把"精"翻译成"完美",把"粗"翻译成"不完美"。

五十岁时,我立即认识到天的恩宠与诫命,以及上天赐予每个事物自身的本性、力量和原则。① 我自己细致考察事物本性的完善与美好;我也探寻事物的起源,理解事物的最终原因②。"

六^{1}十^{2}而^{3}耳^{4}顺^5,"

§.5. S^1 exagenario^2 mihi jam^3 aures^4 erant faciles^5 & secundae^5, expedita scilicet ac peracuta vis intelligendi, & assiduis tot annorum studiis & exercitationibus excultus animus, optimisque praeceptis & disciplinis imbutus, sic ut facile clareque perciperem quidquid alii vel disputarent, vel ipse legerem.

当我六十岁时,耳朵已经非常灵敏了,理解力无碍且敏锐。心灵通过这么多年不懈的努力和实践得到提升,并且沉浸于最好的教诲与原则之中,从而能轻易明确地理解别人的话和我自己阅读的内容。③"

七^{1}十^{2}而^{3}从^{4}心^{5}所^{6}欲^7,不^{8}踰^{9}矩^{10}。"

§.6. Ad extremum ^{1}septuagenarius^2 longae meditationis^3 victoriaeque mei ipsius beneficio sequebar^4 quod^6 cor^5 meum appetebat^7; nec^8 tamen excedebam^9 regulam^{10}, seu terminos transiliebam honestatis rectaeque rationis, cui jam sine

---

① 拉丁文的 Providentia 和 mandatum 译为"天命"。在基督教传统中,这两个词表达三位格神的意志。张居正把天命解释为"性命之理"。看起来本书"性命之理"分为三个因素,即性、命、理。

② 按照经院神学的理解,任何事物都有其原因,而原因也有其原因,在原因序列中,有一个最终的原因,它本身无原因,而是其他一切原因的最终根据,也就是天主。参见 Thomas Aquinas, *Summa Theologia*,1.2.3(阿奎那:《神学大全》第一册,高旭东等译,中华道明会、碧岳学社联合发行,2008 年,第 165~166 页)。此处传教士以经院神学理解张居正的"所以然之故"。

③ 与朱熹不同,张居正强调孔夫子的见解也包括他人的话"闻人之言,方入乎耳"(第 15 页)。

lucta molestiave appetitus meus obtemperabat.

到最后,七十岁时,通过长期的沉思和自我控制,我可以随心所欲而不逾矩,即不越过诚实和正确理性的界限;我的欲望本身就是服从这规矩的,没有丝毫的违逆和不通。"

2.5 孟^{1}懿^{2}子^{3}问^{4}孝^5。 子^{6}曰^7:"无^{8}违^9。"

f.10.p.§.1. *Mem*^{1} *y*^{2} *çu*^{3}, unus Praefectorum regni *lu*, consulit^4 *Confucium* de obedientia^5 quam filii parentibus suis debent, in quo scilicet ea consistat? *Confucius*^{6} respondet^7: In hoc consistit ut quis non^8 repugnet^9. Hoc audito Praefectus abiit, existimans fortasse dixisse Philosophum quidquid dicendum haberet.

鲁国的一个长官孟懿子请教孔夫子:儿子应该怎样孝顺自己的父母,也就是说孝顺由什么构成? 孔夫子回答:"孝顺由不反对构成。"听了这话之后,孟懿子就出去了,因为他也许以为哲学家要说的话已经说完了。①

樊^{1}迟^{2}御^3,子^{4}告^{5}之曰^6:"孟^{7}孙^{8}问^{9}孝^{10}于^{11}我^{12},我^{13}对^{14}曰^{15}:'无^{16}违^{17}'。"

§.2. Igitur *fan*^{1} *chi*^{2} discipulo eidemque aurigae^3 suo *Confucius*^{4} rem significat^5 dicens^6: *mem*^{7} *sum*^{8} (idem est qui *mem y çu*) quaesivit^9 de obedientia^{10} ex^{11} me^{12}, in quo illa consisteret? Ego^{13} vero^{14} respondi^{15}, Ut quis non^{16} repugnet^{17}. Quo audito, confestim abiit.

孔夫子对他的弟子同时也是车夫的樊迟提及了这件事:"孟孙(孟懿子)

---

① 张居正:"孔子所谓无违,是说人子事亲,有个当然不易的道理,不可有一些违悖,不是说从亲之令,便谓之孝也。只因懿子不能再问,故孔子未及明言其意耳。"(第15页)

向我询问孝顺由什么构成。我回答,不反对。听了这话之后,他马上就走了。"

樊[1]迟[2]曰[3]:"何[4]谓[5]也?"子[6]曰[7]:"生[8],事[9]之以[10]礼[11];死[12],葬[13]之以[14]礼[15],祭[16]之以[17]礼[18]。"

§.3. *Fan*[1] *chi*[2] ait[3]: Quis[4] obsecro sensus[5] est tui istius responsi, o Magister? *Confucius*[6] declarans illud sic ait[7]: Vivis[8] parentibus motem gerat ac serviat[9] filius debitis cum[10] officiis[11]: mortuis[12] similiter justa persolvat, eosque funeret[13] debito cum[14] ritu[15] atque apparatu: quotannis denique oblationes faciat sive parentet[16] secundum[17] rationem rituum[18] & officiorum funebrium. Haec inquam faciat, & implevisse numeros omnes filialis obedientiae censendus erit. Non igitur in hoc eam constituo, ut nunquam mandatis parentum suorum repugnent filii; (cum evenire possit, ut haec cum aequitate ac ratione pugnent, quibus adeo nequaquam sit parendum; cumque functis vita parentibus suus tamen adhuc obedientiae & pietatis locus sit) sed ut nunquam pugnent peccentve contra officium quod a probo filio tam leges & instituta, quam ratio ac natura ipsa pro conditione cujusque postulat. In regno *lù* tres Optimatum familiae *mém sun*, *xo sun*, & *ki sun* tempestate illa funebres Regulorum ritus usurpabant, quorum arrogantiam insolentiamque Philosophus hic damnat.

樊迟说:"老师啊!请问:你的回答是什么意思呢?"孔夫子这样来说明此事:"在父母活着的时候,儿子要听从并以适当的礼节为父母服务。他们死的时候也同样,要举行葬礼,要以恰当的仪式和祭品来为他们送葬。最后,每年要做献祭,也就是说,要按照丧礼的仪式和礼节来祭祀。他只有这样做,才会被认为做到了孝顺。我虽然没有把孝顺当作这样:子女绝不可反对他们父母的命令(他们可能因正义和理性而不服从那些不应该服从的命令。在这种情况下,孝顺和虔诚是针对已经去世的父母);但是,子女也不应该拒不履行法律、理性、习俗及其自身地位要求的正直的儿子所应该履行的礼节。"在鲁国,三个贵族家庭,孟孙、叔孙和季孙,①用权势僭用了诸侯的葬礼仪式。哲学家谴责他们的自大和傲慢。

2.6 孟^{1}武^{2}伯^{3}问^{4}孝^5。 子^{6}曰^7:"父^{8}母^{9}唯其^{10}疾^{11}之忧^{12}。"

p.2.§.1 *Mém*^{1} *uù*^{2} *pe*^{3}, filius dicti *mém sun*, quaerit^4 ex Confucio, in quo consistat obedientia^5? *Confucius*^{6}, qui non raro dare consueverat apposita percunctantium moribus vitiisque responsa, ceu morbis sua pharmaca, respondet^7 in hunc modum: Pater^8 & mater^9 dumtaxat suorum^{10} liberorum aegritudine^{11} affliguntur.^{12} Quisquis ergo laudem expetit filialis obedientiae, caveat in primis ne libidine, vel intemperantia, similibusque vitiis vires ac valetudinem pessumdet, ac bonis parentibus si non acerbos luctus, graves certe curas afferat. Adolescens iste natus in copiosa lautaque domo, cum intempsetivis epulis aliisque vitiis esset deditus, valetudinem ac vitam in discrimen adducebat.

孟孙的儿子孟武伯向孔夫子询问孝顺由什么构成。孔夫子习惯针对询问者的性格和缺陷进行回答,如同对症下药。他这样回答:"父母会因孩子们的疾病而担忧。因此,渴望获得孝顺的美名的人不要用欲望、放纵和类似的邪恶来损坏健康。不要令父母担忧,也不要令他们痛苦悲伤。"事实上,这位出生于富足而奢华的家庭的年轻人,因为性格缺陷和无节制的宴饮,使自己的健康和生命陷入危机之中。

---

① 鲁国三家权臣孟孙氏、叔孙氏、季孙氏,又称"三桓"。

2.7 子¹游²问³孝⁴。子⁵曰⁶:"今⁷之孝⁸者,是⁹谓¹⁰能¹¹养¹²。至¹³于¹⁴犬¹⁵马¹⁶,皆¹⁷能¹⁸有¹⁹养²⁰;不²¹敬²²,何²³以²⁴别²⁵乎?"

§.2. Discipulus *cù*¹ *yeu*² quaerit³ item ex *Confucio*, in quo posita sit verae obedientiae⁴ ratio ? *Confucius*⁵ respondet⁶: Hac⁷ aetate nostra obedientes⁸ vulgo hi⁹ dicuntur¹⁰, qui possunt¹¹ alere¹² parentes suos; sed profecto si nihil praeterea requiritur, a brutis quoque animantibus obedientis nomen ac laudem petere quis poterit: quippe si agamus¹³ de¹⁴ canibus¹⁵ & equis¹⁶, hi quoque omnes¹⁷ possunt¹⁸ habere¹⁹ qui eos alant²⁰: atque adeo si²¹ desit reverentia²²; si inquam cura ista sustentandorum parentum non ab amore proficiscatur & honore filiali, ecquid²³ erit unde²⁴ petatur discrimen²⁵ inter sustentationem patris, & domestici canis vel equi?

弟子子游也同样向孔夫子询问:真正孝顺的原则是什么。孔夫子回答:"在我们这个时代,孝顺者通常被认为是这样的——他们能够供养自己的父母。但实际上,如果没有其他的要求,同样也可以把孝顺的美名和赞扬给予动物,比如狗和马都可以有这样的美名,因为它们也能供养父母。事实上,如果缺乏尊敬,如果对父母的供养不是出自子女的爱和尊敬,那么子女供养父母同狗和马供养父母之间的差别在哪里呢?"

2.8 子¹夏²问³孝⁴。子⁵曰⁶:"色⁷难⁸。有⁹事¹⁰,弟¹¹子¹²服¹³其¹⁴劳¹⁵;有¹⁶酒¹⁷食¹⁸,先¹⁹生²⁰馔²¹,曾²²是²³以²⁴为²⁵孝²⁶乎?"

f. 11. p. 1. §. 1. Discipulus *cù*¹ *hia*² similiter quaestionem³ instituit de obedientia⁴ filiali. *Confucius*⁵ respondet⁶: Oris⁷ alacritas, sive constans alacritas illa filialis obedientiae quae adeo in ipsa fronte totoque ore amantis ac reverentis filii reluceat, difficilis[8] est illa quidem, sed profecto nota prope certa verae germanaeque virtutis. Obsequia quippe domestica praestare filii vel inviti atque inobedientes possunt: uti cum domi quidpiam est[9] faciendum[10], fratres natu[11] minores ac filiifamilias[12] utique subeunt[13] majorum loco id[14] quod laboriosius[15] est: rursus cum suppetunt[16] vina[17] & dapes[18], tunc[19] proculdubio tam parentibus quam fratribus natu[20] majoribus natu minores officiose ministrant[21] epulas; sed[22] hi an[23] idcirco[24] statim censeantur[25] obedientes[26] esse? Enimvero si non haec prompte, constanter, & cum alacritate quadam animi corporisque praestiterint, obedientiae verae nomen ac numeros haudquaquam impleverint.

弟子子夏同样就子女的孝顺提问,孔夫子回答:"有爱心和孝敬之心的子女脸上常常洋溢出孝顺的愉悦,这才是最难的,却是真正诚恳的孝顺,也是美德的明确标志。① 事实上,不诚恳和不服从的子女也可以履行家庭的义务。如同家里有什么事要做,做弟弟的,而非做哥哥的,把自己放在比较辛苦的位置。当有酒有饭的时候,毫无疑问弟弟要尽职地给父母及兄长供上食物。然而是不是这样就可以说是孝顺的呢? 当然,如果不是毫不犹豫地、坚定地、全身心地、愉悦地承担这些事,他们绝不能获得真正孝顺的美名,也不可能被认为是孝顺的子女。"

2.9 子[1]曰[2]:"吾[3]与[4]回[5]言[6]终[7]日[8],不[9]违[10]如[11]愚[12]。退[13]而[14]省[15]其[16]私[17],亦[18]足[19]以[20]发[21],回[22]也不[23]愚[24]。"

§.2. *Confucius*[1] ait[2]: Ego[3] cum[4] discipulo meo *hoei*[5] dissero[6] quandoque

---

① 汉朝的大部分评论者认为,"色"就是父母对子女的满意或不满意的表现。朱熹自己认为,"色"是子女内部感情的外在表现。同样,张居正说:"色,是容……事亲之际,惟是有那愉悦和婉的容色,最为难能。盖人之色,生于心者也。"(第17页)

per totum[7] diem[8]; ille vero sic me audit ut nihil[9] objiciat[10] unquam vel dissentientis instar vel dubitantis, prorsus[11] ut stolidus[12] esse videatur, & qui nihil eorum quae dicuntur capiat: verumtamen ubi a me recessit[13], tunc[14] ego studiosius hominem observans[15] examino quid is agat privatim, & ipsum[16] primum quidem silentio[17] & per otium meditari quae a me sunt disputata; deinde[18] vero sic agere, sic loqui, plane ut intelligam ea facultate[19] instructum esse, ut[20] non modo perquam feliciter percipiat ac penetret omnia quae doceo, sed eadem rebus ipsis factisque palam exerceat ac manifestet[21]. Enimvero discipulus meus hoei[22] haudquaquam[23] stolidus[24] aut rudis est.

孔夫子说:"我与我的弟子回(颜回)经常讨论一整天。他如此听我的话,从不怀疑或反对任何东西。似乎我所说的他一点也没有抓住,他看起来好像有些愚蠢。然而在他离开了之后,我会细心地观察并检查他私下做的事。事实上,他首先会在沉默和静谧中思考我们讨论过的事情,然后真正地照此去践行。所以我认为:他不仅非常透彻地理解和掌握了我所教的一切,而且还以自己的行为公开地去实践并发扬它们。我的弟子颜回,当然绝不是愚钝蠢笨的。"①

2.10 子[1]曰[2]:"视[3]其[4]所[5]以[6],

p.2.§.1. *Confucius*[1] ait[2]: Probos ab improbis discernere saepe est difficillimum. Ut tamen discernas, primum quidem observa[3] is[4], quem perspectum vis habere, quid[5] agat[6] rerum ac moliatur: improbi namque fere committunt quae ini-

---

① 《中国哲学家孔夫子》说明了学习过程的两个阶段:第一,沉默学习;第二,实践。这样的过程类似于西方 contemplation and action。朱熹或张居正没有提到这种过程。比如张居正说"见他一动一静,一语一默,都是我所言的道理"(第18页)。

qua sunt ac turpia; probi vero quae cum honestate justitiaque sunt conjuncta: sed quoniam haec non sunt omnino certum probitatis argumentum.

孔夫子说:"通常辨明正直与不正直的人是最难的。为了区分他们,首先你要观察你想要调查的这个人,他所从事和奋斗的是什么。确实,不正直的人干那些不公正和丑恶的事情。正直的人所做的事,是与正直和正义相联系的。不过,这些并非完全是正直的可靠证据。

观^{1}其^{2}所^{3}由^4,"

§.2. Penitius inspice^1 & considera attentius operis cujusque finem, ipsi^2 quo^3 animo^4 scilicet quove consilio quae honesta justaque sunt faciant; quippe si ficte simulateque, si pravo perversoque consilio, quamvis optima sint quae agunt, probi tamen censeri, quando sic agunt, haudquaquam poterunt.

你要更深入地观察并仔细地思考其行动的目的。① 他们自己是出于什么思想或者什么意图来做那些正直和正义的事情的。如果他们以虚假的样子或是出于邪恶和错误的意图来做,尽管他们所做的是好事,但他们也完全不可能被认为是正直的人。"

察^{1}其^{2}所^{3}安^4。"

§.3. Sed neque hic consistere poterit quisquis errare non volet: erit illi procedendum ulterius & exquirendum^1, is^2, qui probus esse videatur, in^3 quo, sive quibus in rebus studiisve conquiescat^4: si enim quae facit, cum fide justitiaque, quae item bono fine atque consilio, parum tamen volens & quasi per vim

---

① 张居正:"由,是意所从来。"(第18页)

coactusque faciat, sic ut animus ipsius non ex ipsa virtute vel honestate operis, sed aliunde quietem suam & oblectamentum petat; certe nec consummata dici poterit probitas illa, nec esse, qualiscunque tandem fuerit, diuturna.

不愿意犯错的人不能只停留于此,他应该继续前行并追寻被认为是正直的人会在什么地方、在什么事情上能得安宁。① 尽管他诚信和公正地来做事情,尽管他有善的目的和意图,然而他个人可能不太愿意,而几乎是被迫去做的;他所追求的安宁和喜乐并不是来自美德或正直的行动,而是来自别的地方,显然他的正直不管怎么样,还不能被认为是完美的,也不是永久的。"

人^{1}焉^{2}廋^{3}哉? 人^{4}焉^{5}廋^{6}哉?"

§.4. Porro si quis usus fuerit hujusmodi animadversione atque examine, eum homines^1 quo^2 pacto lateant^3? eum homines^4 quo^5 pacta lateant^6? quomodo non perspectos habeat? facile profecto, ac citra periculum erroris, probos ab improbis, a vitio virtutem discernet.

若是运用这样的观察和考验,人们如何躲得过他呢?人们有什么办法可以躲避他呢?他们怎么能不被发现呢?显然他不用冒任何犯错的风险,就能分辨出正直与不正直、美德与邪恶。"

2.11 子^{1}曰^2:"温^{3}故^{4}而^{5}知^{6}新^7,可^{8}以^{9}为^{10}师^{11}矣。"

f.12.p.1.§.1. *Confucius*^{1} ait^2: Si quis assidue recolat^3 exercitetque vetera^4, sive ea quae memoriae quondam mandavit ac didicit, atque^5 hoc modo per se as-

---

① 张居正:"安,是心所喜乐。"(第18页)

sequatur identidem, sive deducat⁶ nova⁷ (uberes quippe sunt atque inexhausti fontes Veritatis atque Philosophiae)⁸ poterit⁹ is ad insignem quondam doctrinam pervenire & evadere¹⁰ magister¹¹ aliorum.

孔夫子说:"如果能经常温习并践行学过的知识,并且能以这样的方式理解或演绎出新的知识(真理和哲学的源泉是丰富不竭的),①这样的人将能够获得出众的教养,成为别人的老师。"

2.12 子¹曰²:"君³子⁴不⁵器⁶。"

§.2. *Confucius*¹ ait² : Perfectus³ vir⁴ non⁵ est vas⁶, sive non est vasis atque instrumenti instar, ad unum alterumve dumtaxat usum accommodatus; sed cum sit instructus copia quadam atque amplitudine variarum dotum, idoneus est ad res quamvis magnas multasque perficiendas.

Diverso quondam sensu Confucius, *cum in avitam Regum aulam esset ingressus, ac vas quoddam videret jam inclinatum pronumque in casum, suspirans, Vas (inquit) vacuum, vas item redundans liquore inverti facile est; vas semiplenum tuto recteque consistit. Aderat haec dicenti* çu lu *discipulus; explanari sibi petit sententiam. Tum* Confucius: *Si Rex (inquit) vel a virtute sit vacuus, vel praefidentia quadam superbiaque plenus et quasi redundans, erit is in quaevis mala prolabi facilis, regnumque una cum suo Principe proclive in ruinam. Contra vero si Rex egregias naturae suae dotes optimis quoque disciplinis ac scientiis exornarit, nec tamen usquequaque placeat sibi, memor, multa cum sciat, plura tamen ab se ignorari; quamvis item multa existant merita sua, virtutes multae, semper tamen laudes alie-*

---

① 朱熹:"所学在我,而其应不穷。"(第57页)张居正:"将见义理日益贯通,学问日益充足。人有来问的,便能与之应答而不竭。"(第19页)

nas posthabeat propriis; opibus denique et potentia quantumvis valeat, sic tamen se gerat, quasi mediocria sint omnia: cum hac prudentia et moderatione magnitudineque animi quisquis regnabit, regnabit securus, ibitque medio tutissimus, et eximia naturae fortunaeque dona, quae multis solent esse fraudi, ipsi gloriae atque emolumento erunt.

孔夫子说:"完美的人不是一个瓶子,也就是说,他与瓶子和器皿不同,不是只有这种或者那种固定用途。既然被赐予了丰富而多样的才能,他就能够完成很多重大的事情。"

另有一个相似的说法。孔夫子进入君王的宗庙,看到有个瓶子倾倒,几乎快要落下来了,就感慨道:"空瓶子和装满水的瓶子很容易被打翻,而半满的瓶子则没有危险好好地立着。"说这话的时候,弟子子路也在那里,他请老师向他解释这句话的意思。孔夫子说:"君王如果毫无美德,又或者骄傲自大得如同装满水的瓶子,会很容易地陷入各种丑恶之中,王国也很容易同他的王位一起毁灭。相反,如果君王以最好的教养和知识来成全他本性中的卓越天资,那么他不会对自己满意;并牢记,虽然他懂得很多,但还是有许多事情是他不知道的。尽管他拥有许多功绩和美德,但总是不喜欢别人对自己的赞美。最后,他虽然富有权势,但就像一切都很普通一般地生活。凡是以这样的审慎、节制和崇高心灵来治国的人就能安全地统治,并将最安全地走在中间。这些本性和命运的馈赠,对很多人来说是冒犯,对他来说却是荣耀和奖赏。"[1]

---

[1] 这个故事见于《荀子·宥坐篇》及《孔子家语·三恕》。(北京爱如生数字化技术研究中心:中国基本古籍库 http://dh.ersjk.com/,检索时间:2020年3月2日)

2.13　子¹贡²问³君⁴子⁵。子⁶曰⁷："先⁸行⁹其¹⁰言¹¹，而¹²后¹³从¹⁴之。"

§.3. Discipulus çu¹ cum² quaerit³ ex Confucio de viro⁴ perfecto⁵ cujusmodi nimirum sit. Confucius⁶ respondet⁷: Talis est ut prius⁸ re⁹ ipsa factisque⁹ compleat suos¹⁰ sermons¹¹ quibus instituere desiderat alios, ac¹² deinde¹³ sua ipsius facta & exempla prosequatur¹⁴ alios in stituendo. Verbo, primum agit, tum docet. Facundum natura studioque discipulum, atque adeo copiosiori sermocinatione quandoque peccantem tacite reprehendit Philosophus.

弟子子贡向孔夫子询问完美的人应该是怎样的。孔夫子回答："这样的人，他想要教导别人的话，他自己首先要用行动去贯彻。而后以自己的行为为榜样来教导他人。"一句话，首先去做然后才讲出来。事实上，哲学家隐晦地责备了这个因为天赋和教育而很会说话的弟子，他因为说太多话而难免犯错误。①

2.14　子¹曰²："君³子⁴周⁵而⁶不⁷比⁸，小⁹人¹⁰比¹¹而¹²不¹³周¹⁴。"

§.4. Confucius¹ ait²: Probus atque perfectus³ vir⁴ amplitudine quadam charitatis ac beneficentiae, qua de omnibus bene mereri desiderat, & communem generis hominum conciliationem & consociationem colere ac tueri, universalis⁵ est &⁶ non⁷ particularis⁸. Contra vero improbus⁹ ac vilis⁹ abjectique⁹ animi homo¹⁰ particularis¹¹ est, privatis affectibus ducitur, amicitiam faeneratur, & beneficia sua meritaque privatis cmolumentis & commodis seu pretio quodam sordide diven-

---

① 朱熹和张居正都有同样的评论。

dit; adeoque[12] non[13] est universalis[14].

Doctrinam hanc et simul amplitudinem charitatis suae memorabili quadam sententia declaravit aliquando Confucius: *audito namque fuisse militem e regno ci, qui amissum forte scutum cum diu frustra quaesivisset, tandem solaturus se de jactura sua his verbis usus fuerat*: Regni çi homo, sive subditus, scutum quidem perdidi, sed proculdubio ejusdem regni çi homo, sive commilitonum meorum aliquis, perditum obtinuerit. Confucius *ad haec inquit*: *Dixisset multo melius ac laudabilius siquidem dixisset*, Homo scutum quidem perdidi, sed & homo perditum obtinuerit: *hoc pacto charitatem militis ab angustiis vel castrorum vel patriae ad amplitudinem generis humani traducens.*

孔夫子说:"正直而完美的人心怀天下,他希望以宽广的仁慈之心为所有人而非少数人服务;希望促进并支持人类的普遍联合与团结。相反,不正直的人和拥有可鄙而粗陋心灵的人只关注一小部分人。他被个人的情感所诱导,投机结盟只是为了金钱或者个人的利益,因而不会心怀天下。"

有一次,孔夫子用令人难忘的话语表述了这个教诲及他的博爱:"我曾听说在齐国有个士兵,他一直徒劳地找寻遗失了的盾牌,最后对于损失,他用这样的话来安慰自己:'我作为齐国的臣民,虽然遗失了盾牌,但那个得到这面盾牌的人毫无疑问还是某个齐国人,或者是我们的某个士兵。'"孔夫子接着说:"这是值得称赞的。实际上,他应该说得更好:'虽然一个人遗失了盾牌,但是另一个人得到了它。'如此,士兵的仁慈就从狭隘的一城和一国转向了全人类。"①

2.15 子¹曰²："学³而⁴不⁵思⁶则⁷罔⁸，思⁹而¹⁰不¹¹学¹²则¹³殆¹⁴。"

p.2.§.1 *Confucius*¹ ait² : Exercitationi³ totum se dedens, &⁴ non⁵ meditationi⁶, utique⁷ ludet⁸ operam: meditationi⁹ totum se dedens, &¹⁰ non¹¹ exercitationi¹², utique¹³ errori & confusioni¹⁴ obnoxius erit. Quisquis enim studet ac discit quidem exercitatque sese, sed non assidue meditatur ac recolit & quasi ruminat ea quae didicit, nihil exacte solideque perdiscet, sed cum perpetua quadam ruditate & quasi caligine luctabitur. Rursum quisquis vel desidia vel praefidentia quadam sui occupatus, & nec libros consulens nec Magistros, sterili otiosaeque tantum contemplationi rerum, & non exercitationi, dat operam, is nihil sane assequetur praeter umbras rerum & inanes ac saepe falsas imagines, nec in solida quapiam tutaque doctrina conquiescet, sed periculum erit ne in errores alios atque alios identidem prolabatur.

孔夫子说："将自己完全投入到实践之中，而没有投入到沉思之中的人，显然会误入歧途；将自己完全投入到沉思中，而没有实践的人，显然会犯迷茫和混乱的错误。"② 这也就是说，那些努力求知并自我训练的人，若没有经常思考和反省，再三咀嚼所学过的那些东西，就不能通达任何事情而会陷入

---

① 巴黎手稿写有："ci gin xe chi, ci gin te che, pu ju, gin xe chi, gin te che"（p. 358），汉文如此："此人失之，此人得之。不如，人失之，人得之。"类似的故事见刘向（约前77—前6）的《说苑·至公》："楚共王出猎，而遗其弓，左右请求之。共王曰：'止！楚人遗弓，楚人得之，又何求焉！'仲尼闻之，曰：'惜乎其不大，亦曰"人遗弓，人得之"而已，何必楚也。'仲尼所谓大公也。"（北京爱如生数字化技术研究中心：中国基本古籍库 http://dh.ersjk.com/，检索时间：2020年3月2日）不过，看起来，《中国哲学家孔夫子》采用了另一个版本。耶稣会士要强调的是，孔夫子的伦理思想不限于五伦中而是扩大到整个人类的。

② 张居正："罔，是昏而无得。殆，是危而不安。"（第20页）

某种持续的毫无进展的蒙昧中。另外,那些被懒惰或自傲支配的人,既不思考书本上的知识,也不思考老师所教导的知识,过多地冥思苦想没有结果和脱离实际的事情,不投入到学习和实践中,显然除事物的影子及通常是空洞而虚假的影像外,他什么也得不到。他不会放心地接受可靠而安全的教义,而会一次次危险地陷入其他的错误之中。"①

2.16 子[1]曰[2]:"攻[3]乎异[4]端[5],斯[6]害[7]也已!"

§.2. *Confucius*[1] item ait[2]: Quisquis operam[3] dat peregrinis[4] ac diversis a doctrina Sanctorum dogmatibus[5], eisque temere instituit alios; hujusmodi[6] novator cito perniciosus[7] erit tam sibi quam Reipublicae.

孔夫子还说:"那关注外来的、与圣人教导的教义不同的人,会大胆地用这些教条去教导其他的人。类似这样的创新者,很容易对他自己和整个国家造成危害。"

Colaus hoc loco quatuor sectas enumerat, et Sinicas (ut ita loquar) haereses; quas quoniam tam ipse quam alii Interpretum verbis sane gravibus condemnant, operaepretium fuerit de censuris eorumdem pauxillum hic delibare. Sic igitur ait: Lex & disciplina, quae diversa est ab ea quam Sancti nobis tradiderunt, haeresis vocatur, cujusmodi sunt eae quarum principes extiterunt *yam & mè*, & quae aetate nostra vulgo *tao kia*, & *fe* nuncupantur. (*fe idoli nomen est ex India in Chinam importati; quod et Japones, sed alio nomine, xaca scilicet, venerantur. Haeresiarchae* yam *et* me *vixerunt annis circiter sexcentis ante Christum, imperante fa-*

---

① 在《语类》,朱熹理解"学"为朗读。在《四书章句集注》中,他把"学"理解为"习"(第57页)。在这个基础上,张居正谈到"工夫"(第20页)。在晚明清初,工夫论是核心问题,而且联系到耶稣会自己的"神操"。

milia cheu, *atque in occasum jam declinante. Prioris error hic erat*: Satis superque *esse sibi suarum cuique rerum curam, alienis haudquaquam implicari oportere; adeoque nec in Rempublicam, nec in Principem et Magistratus, nec in parentes ipsos quidquam vel studii, vel operae, vel facultatum conferri. Dissociabat itaque genus humanum improbus, atque orbem terrae in solitudinem redigens, pulcherrima civitatum et regnorum corpora, dum singula membrorum* [*civium inquam*] *sibi unis vacare jubet et consulere, plane destruebat. Huic e diametro erat opposita posterioris, qui me dicebatur, doctrina*: unicuique scilicet se neglecto de aliis *dumtaxat esse laborandum; sic autem ut aequalis cura benevolentiaque impenderetur omnibus, nullo ne amicorum quidem vel parentum discrimine. Sic ambo stulti dum vitabant vitia, alter se amantis immodice, se negligentis alter, in contraria, uti fit, currebant. Tertiae sectae, quae tao kia nominatur, auctor fuit* li lao kiun, Confucii *coetaneus. Docebat is, opes, honores, et ea quae eximia plerisque et praeclara videntur, parva ducere, eaque ratione stabili firmaque contemnere; vacare sibi rerumque contemplationi. Porro sectam hanc principio fortassis integram, nec longe aberrantem a vero, sectatores deinde tot superstitionibus praestigiisque magicis vitiaverunt, tam foeda turpium voluptatum labe contaminarunt, ut haeresis et quidem pestilens ac perniciosa vocari jam possit.*

Chîm çù *interpres in hunc locum scribens ait*: Quatuor sectarum ea quae postrema est, atque idolum *fe* colit, affert quidem plura, quam afferant tres priores, veritati rationique consentanea; sed vel ob hoc ipsum magis est perniciosa, ut quae virus suum specie illa veritatis occultet felicius, latiusque diffundat: quocirca quisquis virtutis ac sapientiae studiosus sit, illius dogmata non secus ac sermones obscoenos, & illecebrosas ac turpes rerum species aversari ac fugere oportet; fore alioquin ut pestis illa raptim sese in viscera incautorum insinuet. *Haec ille.*

Annalium vero Interpres Kieu Kium xan *gravioribus quoque verbis atque sen-*

tentiis, nec sine quadam acerbitate, non modo sectam ipsam condemnat, sed imprimis stultitiam ac temeritatem Imperatoris mîm tí, qui eam cum monstro seu idolo Fe *in Sinarum Imperium invehi sit passus. Eum quippe hoc facto infortuniis et calamitatibus omnibus aditum praebuisse, sic ut ab ipso Mundi exordio ad praesentem usque diem nihil infortunatius tristiusve Sinis acciderit: itaque pessime de majoribus suis posterisque fuisse promeritum, nec esse de Tyrannis quemquam, quamvis perniciosi ac detestabiles extiterint, qui non ex hoc saltem capite innocentior meliorque ipso Imperatore* mîm tí *censeri queat.* Ecquid tandem magis alienum est [inquit] a pietate reverentiaque Majoribus debita, quam ex barbarorum terris legem petere, quam nec Majores nostri secuti sint, nec vero sequi voluerint; quae inimica pacis & societatis humanae perturba ac tollit ordinem omnem, quem parentes inter & filios, Reges ac subditos, maritos & conjuges, & c. natura constituit, ac mutuis officiis foveri voluit & conservari: enimvero crimen hujusmodi in coelum pervadit. *Hactenus Interpres Annalium.*

Has igitur sectas et novitates uti vehementer damnat Colaus *cum caeteris Interpretum, ita viam unam, unamque legem quam Sancti constanter tenuerint, et quae terris omnibus gentibusque maxime sit communis, tenendam esse docet. Haec nimirum ea est, quae* Ju Kiao, *id est,* Litteratorum lex *et doctrina dicitur, quam* Confucius *a priscis Regibus ac Philosophis acceptam et ipse perquam severe coluit, et excoluit atque illustravit tot documentis ac praeceptis: quam legem si uti profitentur aetatis nostrae litterati, ita et servarent, non adeo difficilis, uti nunc est, eis aditus foret ad salutarem, et qua una lex illa naturae perfici debet, Christianae veritatis gratiaeque legem.*)

阁老(张居正)在这里列举了中国的四个教派,或更正确地说是"异端",因为他自己和其他的解释者们用严肃的言辞来谴责这些教派。在这里我们了解一些他们所指责的问题,将是有益的。他说,"非圣人之道而别为一端者,叫作异端,如杨氏、墨氏及今道家、佛家之类,皆是害"①。"佛"是个偶像的名字,他将自己创立的宗教从印度传到了中国。日本人也朝拜他,不过用的是另一个名字——Xaca(释迦)。异教的创始人杨和墨,生活在公元前600年左右的周朝,后来随着周朝的灭亡,他们创立的教派也衰落了。前一个教派(杨)的错误是:对于任何人来说,只关心自己的事情就够了,不要管他人的事情。甚至不要将任何学识、努力或者才能用在国家、君臣和自己的父母那里。他这个恶人分裂了整个人类社会,使地球回到了洪荒时代。当他要求每一个成员都只考虑和关心自己的时候,显然会毁灭城市和国家中最美好的体制。墨派则与这个学派的教义相反:所有人都要忽略自己而为他人服务,而且对所有人——不管是朋友还是父母——都要有同样的关心和仁爱。这两个蠢人,一个想避免忽略自己,另一个则避免过分爱自己,结果却适得其反。"道家"的创始人是李老君,他是孔夫子同时代的人。他曾教导人们:"财富、荣誉及那些大部分人看得非常重要和了不起的东西,都应该被看作是不重要的,是具有稳定而坚固意志的人所看不起的;要有空闲对自己和事物进行沉思。"这个教派也许开始很纯粹,还没有脱离真理太远,不过后来的许多追随者用不可思议的迷信和戏法败坏了它,甚至于用丑陋的污垢毒害它。因而这个异端显然可以说是有害和致命的。

解释者程子在这里写道:"第四个教派是最晚的,它朝拜偶像佛。与前三个教派相比,它带来了很多符合真理和理性的东西。但是正因此它也更危险,因为它成功地掩藏了那真理外表下的毒液,并将其广泛地传播。所以任何热爱美德和智慧的人,都应该避开它的教条、可憎的布道和诱人而可耻

---

① 张居正(第21页)。巴黎手稿上有耶稣会的拼音:"fi xim gin chi tao, wu pie guei ye tuon che, kiao ço y tuon:ju yam xi, me xi, kie kin tao kia, fe kia chi lui, kia xi"(p.359)。

的外表。否则，它就会如同瘟疫的传播一样，让人防不胜防。"①程子如是说。

事实上，编年史的注释者邱琼山用非常严肃又不无尖酸的语句，不仅谴责了这个教派，而且还谴责了明帝的愚蠢和鲁莽，因为是他允许这个教派和它的怪物，即偶像佛，进入中华帝国的。显然，他因此给所有的不幸和灾祸提供了一条道路，以致从世界的开端一直到今天，没有比这更不幸和悲伤的事情降临中国了。明帝非常对不起他的祖先和后裔。虽然有许多僭主，也出现过一些危险而可恶的人，但相比于明帝的罪恶来，他们中的任何一个都显得很无辜，也很诚实。邱琼山说："还有什么比引入一个来自野蛮之地的教义，引入一个我们的祖先不会、也不愿追随的教义更让我们远离对祖先的虔诚和尊敬呢？那与和平、人类社会为敌的法则，扰乱并破坏了所有次序——自然在父母与子女、君王与臣民、丈夫与妻子之间建立的次序，这些次序是通过成员间相互的职责得以维护的。这样的罪行甚至蔓延到了天上。"②这就是编年史的解释者的话。

阁老与其他的解释者一起激烈地谴责这个教派和新生的事物，并教导人们要维护圣人们坚定维护的法则和道路，这对所有的国家和民族来说都是一样的。显然，这个法则即是"儒教"，也就是所谓的文人们的法则和教义。它是孔夫子从古代的君王和哲人那里继承过来的。通过许多教训和教导，孔夫子又完善并阐明了这个法则。若我们时代的文人们承认这个法则，

---

① 朱熹："程子曰：'佛氏之言，比之杨墨，尤为近理。所以其害为尤甚。学者当如淫声美色以远之，不尔，则骎骎然入于其中矣。'"（第57页）巴黎手稿上有拼音："fe xi chi yen pi chi yam me yeu guei kin li so y ki hai guei yeu xin hio che tam ju yn kim mui se y yuen chi pu ulh çe çin çin gen ge yu ki chum y"（p. 360）。

② 巴黎手稿的拼音如此："çu fe kiao ge chum que chi xi çu tien ti cai pie y lai y tie chi ho ui yeu xin yu çu che ye etc. Mim ti guei gin chi çu nai çum uu fu chi kiao guei chum que chi chu nai tam uai y chi gin cai çu ta hin y guei çien uan nien uu kium chi ho mim ti chi çui xam tum hu tien y."（p. 361）汉字应该是："此佛教入中国之始，自天地开辟以来，夷狄之祸未有甚于此者也……明帝为人之子，乃崇无父之教，为中国之主，乃党外夷之人。开兹大衅，以为千万年无穷之祸。明帝之罪上通乎天矣。"参见邱琼山：《世史正纲》，《四库全书存目丛书》卷七，济南：齐鲁书社，1996年，第243~244页。

并遵守它,那么现在将他们加以救赎就不会很难;因为那自然的法则应该被基督宗教的真理与法则所完善。①

2.17 子[1]曰[2]:"由[3]! 诲[4]女[5]知[6]之乎? 知[7]之为[8]知[9]之,不[10]知[11]为[12]不[13]知[14],是[15]知[16]也。"

§.3. *Confucius*[1] ait[2]: Sciens rerum & esse & haberi desideras, o mi discipule *Yeu*[3], age nunc ergo, docebo[4] te[5] scire[6], sive docebo te quis vere sciens rerum dici queat. Scis[7] quidpiam? Profitere[8] quod id ſcias[9]. Non[10] scis[11]? ingenue fatere te nescire; seu sic te gere[12], ut qui id [13] nescias[14]: hoc[15] enimvero scire[16] est, & rerum scientem esse. Neque enim hoc exigitur, ut causas omnes ac naturas rerum perspectas quis habeat, cum eas nec Sancti quidem exhaurire cognoscendo queant; sed ut ex ea quae officii sui sunt intelligat ac perdiscat, incognita pro cognitis non habeat, hisque temere assentiatur, &, quod deterius est, aliis errores suos venditet, tam sibi quam aliis imponens: sed adhibeat item ad considerandas res & tempus & diligentiam; peritiores se indentidem consulat, & in hoc priscorum Regum *Yao* & *Xun* prudentiam modestiamque imitetur. Ducebatur sciolus ille discipulus immodico laudis ac praecellentiae studio, adeoque non raro hic peccabat; quapropter eum *Confucius* hisce verbis ceu brachio molliori castigat.

孔夫子说:"我的弟子由啊,你想要获得关于事物的知识,现在你过来,我将教你求知,也就是教你认识谁是真正具有知识的人。你知道什么,你就说你知道;你不知道的你就要大方地承认你不知道,或者你就表现出你不知

---

① 对基督宗教有三种"法":自然法、摩西法、基督法。在这里的模式中,摩西法没有地位,这似乎暗示中国人通过儒教可以从自然法直接到基督法。

道。这就是知道,就是认识事物。一个人不必非得知道万物的一切原因和本性,即便圣人们也无法通过知识穷尽它们。但是一个人必须学习并理解其职责范围内的事情,不应该将未知的事情当作已知的,不应该匆忙接受它们,不要将邪恶的东西和自己的错误传给其他人——用来欺骗自己和他人。他应该不断地将事物、时间和关键点纳入思考,他要不断地询问那些比自己更专业的人,要模仿古代君王尧和舜的谨慎和勤勉。"那个一知半解的弟子,一直被无节制的称赞和对卓越的追求所引导,因而没少犯错误。为此,孔夫子用这些像温柔的枝条般的话来纠正他的偏颇。

2.18 子[1]张[2]学[3]干[4]禄[5]。

f.13.p.1.§.1. Discipulus çù[1] cham[2] in disciplinam *Confucii* tradiderat sese, & operam dabat[3] philosophiae, ut obtineret[4] litterarum doctrinaeque praesidio dignitates in Republica, & qui illas consequuntur amplos census[5]. Ut ergo discipulum instituat.

弟子子张投身于孔夫子门下学习哲学,为了借由文学和教养的帮助,在国家中谋求官位,以及随之而来的丰厚俸禄,孔夫子要教导这个弟子。

子[1]曰[2]:"多[3]闻[4]阙[5]疑[6],慎[7]言[8]其[9]余[10],则[11]寡[12]尤[13];多[14]见[15]阙[16]殆[17],慎[18]行[19]其[20]余[21],则[22]寡[23]悔[24]。言[25]寡[26]尤[27],行[28]寡[29]悔[30],禄[31]在[32]其[33]中[34]矣。"

§.2. *Confucius*[1] sic ait[2]: Ex multis[3] hominum sermonibus, quos audire[4] te contigerit, prudenter secerne, ac relinque[5], silentioque fac premas quaecumque dubia[6] fuerint vel incerta: considerate[7] vero fac proloquaris[8,9] caetera[10], quamvis tibi certa videantur esse, tutoque dici posse: sic[11] enim fiet, ut verbis quidem perraro[12] pecces[13]. Rursus ex multis[14] rebus atque negotiis quae vulgo videbis[15] suscipi ac tractari, iis prudenter abstineto[16] prudens quae sunt cum periculo[17] vel offensione conjuncta; caute[18] vero te geras[19] & considerate[20] reliquis[21] etiam in rebus: sic[22] enim fiet ut raro[23] te rei vel temere susceptae vel male gestae poenitudo[24] subeat. Porro ubi tam praeclara vitae morumque ratio servabitur, ut quis nec verbo[25] nisi forte rarissime[26] offendat[27], nec facti[28] nisi rarissime[29] poeniteat[30], mihi crede, perampli census[31] his[33] tam caute considerateque vivendi artibus[32] continentur[34]: tantam quippe prudentiam & virtutem publicae dignitates, & qui cum his conjuncti sunt census, ultro consequentur.

孔夫子这样说:"碰巧听到的很多言论,对于任何可疑或者不确定的事情,你要默默地去区分和剔除;有些事情,尽管它们在你看来是确定的,也要小心地说出。这样才可以说你是安全的,你就能在言语上少犯错误。另外,从你所承担和处理的诸多事情和事务中,你要谨慎地避免那些危险或者会导致错误的事情;在这些事情上要小心谨慎地表现自己。这样你才不会因为粗心大意或做错事而感到懊悔。进一步,若遵循生活和传统中高贵的原则,你就会在言语上少犯错误,在行为上也会很少懊悔。因此,相信我,这样谨慎和明智的生活方式会带来大量的财富。显然,公共职务及与之相连的财富将会随着这样的谨慎和明智而来。"

2.19 哀[1]公[2]问[3]曰[4]:"何[5]为[6]则[7]民[8]服[9-10]?"孔[11]子[12]对曰[13]:"举[14]直[15]错[16]诸[17]枉[18],则[19]民[20]服[21];举[22]枉[23]错[24]诸[25]直[26],则[27]民[28]不[29]服[30]。"

p.2.§.1 Ngai[1] cum[2], Regulus regni *lu* postremus, consulens[3] Confucium ait[4]: Quomodo[5] perficiam[6], ut[7] populus[8] aequo animo se mihi subdat[9] atque imperata faciat[10]? *Confucius*[11-12] respondet[13]: Admove Reipublicae atque evehe[14] ad munera publica viros integros[15] ac rectos; exclude[16] vero ab administratione Reipublicae omnes[17] eos quos cognoveris esse homines cupidos, & vilis, pravi tortuosique[18] ingenii: sic[19] fiet ut subditi[20] tui omnes aequissimo animo & illis & tibi pareant[21]: quod si contrarium feceris, & evexeris[22] improbos[23] quos dixi, excluseris[24] autem ac neglexeris omnes[25] probos[26] ac rectos, utique[27] populus[28] tibi haud[29] aequo animo subdetur[30]. Nimirum sic est natura comparatum, ut subditos inter ii quoque qui fidem, continentiam & aequitatem ipsi negligunt, virtutes has tamen in suis Magistratibus magnopere diligant atque suspiciant; contraria vero oderint, nec ullo modo ferant: quocirca tam justis tuorum studiis obsecundare te necesse erit, siquidem eos cum fide, constantia & alacritate parere tibi volueris.

鲁国最后的诸侯哀公向孔夫子请教说:"我要如何做才能使人民乐意服从并执行我的命令呢?"孔夫子答道:"你要培养和提携那些可靠和正直的人担任国家的公共职务,要罢黜所有那些你认识到是贪婪和本性卑鄙、乖张、不正直的人,这样你所有的臣民就会乐意服从你。相反,如果你提携那些不忠实的人,而且罢黜并轻视那些忠实且正直的人,人民显然不会乐意服从你。毫无疑问,这是很自然的,那些非常喜爱并钦佩他们的长官身上的诚信、节制和正义等等美德的人们,他们自己却忽视这些美德,不能接受它们。因此,倘若你希望他们充满诚信、坚定而愉快地服从你,你就必须按前面谈到的努力去做。"

2.20 季[1]康[2]子[3]问[4]:"使[5]民[6]敬[7]、忠[8]以[9]劝[10],如[11]之何[12]?"子[13]曰[14]:"临[15]之[16]以[17]庄[18],则[19]敬[20];孝[20]慈[21],则[22]忠[23];举[24]善[25]而[26]教[27]不[28]能[29],则[30]劝[31]。"

§.2. Ki[1] cam[2] cu[3], unus Optimatum regni Lu, sciscitatur[4] a Confucio in hunc modum: Is qui magistratum gerit, volens perficere[5] ut populus[6] adversum se reverentiam[7] fidemque servet[8], [9]utque ad virtutis item studium excitetur[10], quo[11] pacto[12] id perficiet ? *Confucius*[13] respondet[14] : Quoties se dat in conspectum[15] suorum, si cum[16] decoro[17] & gravitate[17] se gerat, nihil appareat in eo leve vel incompositum, nihil agreste vel inhumanum; tum[18] subditi eum suspicient[19] ac verebuntur. Rursus si fungatur ipsemet officio pii atque obedientis[20] filii erga parentes ac majores suos, subditos item clementer ac benigne[21] tractet, illi tam apposite virtutis exemplo permoti, devincti etiam clementiae beneficentiaeque vinculo, plane[22] tum respondebunt insigni cum fide[23] Principi suo & Magistratibus. Denique si evexerit[24] admoveritque gubernandae secum Reipublicae viros spectatae[25] probitatis, &[26] humaniter ac benigne instituerit[27] etiam imbecilles, quibus non[28] est tantum virtutis ac facultatis[29], sic ut eos haudquaquam despiciat negligatque; tum[30] quoque fiet ut excitentur[31] animi omnium, & in summis infimisque virtutis ac laudis studium mirabiliter exardescat.

鲁国的贵族之一季康子向孔夫子这样问道："那担任公职的人，想要使人民尊重和信任他，并且还想激起人民对美德的渴望，要如何做呢？"孔夫子答道："首先，他自己要常常去视察，如果以庄重得体来对待他们，没有怠慢或者不雅，没有粗鲁和野蛮，那么臣民们将会钦佩和尊敬他。其次，如果他自己能像孝顺的儿子对待父母和祖先那样履行职责，并且能仁慈而和蔼地治理臣民，臣民就会被与美德相称的榜样激励，被温和、仁慈的契约束缚，那么显然他们将会以荣誉和忠诚来回报统治者和长官。最后，要提携和擢升那些被认为是正直的、能够治理国家的人，并且要和蔼亲切地培养那些能力差的人——他们虽然缺乏足够的美德和能力，但绝不可以鄙弃、轻视他们。谁能做到这些，谁就能够使所有人都被唤醒，无论能力高低，所有的人都会焕发出追求美德与赞扬的热情。"

2.21 或¹谓²孔³子⁴曰⁵:"子⁶奚⁷不⁸为⁹政¹⁰?"

f.14.p.1.§.1.　　Forte¹ quispiam alloquens² Confucium³⁻⁴ ait⁵: O Confuci⁶, quare⁷ non⁸ geris⁹ magistratum¹⁰?

Quo tempore Tim *cum* Regulus *primum coepit administrare regnum suum* Lu, *privatus agebat* Confucius, *propterea quod ii, quorum consiliis tunc maxime Princeps utebatur,* Kí xí *scilicet et* Yâm hó, *homines essent improbi et perturbatores Reipublicae.*

有人对孔夫子说:"孔夫子啊,你为什么不去担任官职呢?"

那时候,诸侯定公刚开始统治他的诸侯国鲁国,孔夫子尚未出仕,因为定公主要采纳不忠而且扰乱国家的季氏和阳货①的意见。

子¹曰²:"《书》³云⁴:'孝⁵乎惟⁶孝⁷,友⁸于⁹兄¹⁰弟¹¹,施¹²于¹³有¹⁴政¹⁵。'是¹⁶亦¹⁷为¹⁸政¹⁹,奚²⁰其²¹为²²为²³政²⁴?"

§.2.　Sed cum hanc causam significare nollet Confucius¹, alia percunctatori satisfacturus, sic ait²: In libro Xu³ Kim sic dicitur⁴: O singularem obedientiam⁵? (*Sapientis scilicet* Kiun chin, *imperante familia* Cheu; *nam hujus viri laudes ibidem afferuntur.*) Hoc tantum⁶ egit ipse ut obediret⁷ parentibus, & mutuus vigeret⁸ amor inter⁹ se & fratres suos majores¹⁰ ac minores¹¹ natu, extendens¹² haec virtutis industriaeque commoda ad eos in quos¹³ habebat¹⁴ privatum domesticumque imperium¹⁵: hoc¹⁶ autem, mihi crede, etiam¹⁷ est¹⁸ gubernare¹⁹, & mag-

---

① 阳货,季氏家臣,名虎。尝囚季桓子而专国政。季氏是鲁国的权臣,而阳货是季氏家的权臣,也是当时炙手可热的人物。

istratum inter privatos quidem parietes, at non sine laude & emolumento gerere: quorsum[20] igitur magistratum[21] geram[22] publicum, ut censear ac dicar gerere[23] magistratum[24]?

孔夫子不愿意向这人表明原因，但是为了回应提问者，他说："《书经》这样说：'多么孝顺啊！（这里是对周朝的贤人君陈①的称赞）服从自己的父母，加深自己与兄弟之间的友爱，将美德和勤勉的优点贯彻到他自己治理的人中。'相信我，这也是治理，在私人领域为官，同样会获得称赞和益处。因此，为什么我非得担任官职才被认为是治理国政呢？"

2.22 子[1]曰[2]:"人[3]而[4]无[5]信[6],不[7]知[8]其[9]可[10]也。大[11]车[12]无[13]輗[14],小[15]车[16]无[17]軏[18],其[19]何[20]以[21]行[22]之哉?"

§.3. *Confucius*[1] ait[2]: Qui homo[3] cum sit, tamen[4] careat[5] fide[6], sive dictorum conventorumque constantia & veritate, non[7] intelligo[8] hujus[9] usum[10], seu cui tandem usui possit esse. Magna[11] plaustra[12] si careant[13] transverso[14] ad temonem[14] ligno, cui boves adstringi solent ac jungi; parva[15] curulia[16] si careant[17] arcuato[18] ligno, quo equus continetur & jungitur, curulibus hujusmodi[19] quo[20] tandem modo[21] iter[22], instituetur? tametsi forte per aliquot passus recta queant procedere, ad primum tamen flexum mox haerebunt: sic homo cui fides deest, non modo publicis in rebus, sed nec privatis domesticisque utilis erit. Est omnino Virtus ista preciosissima Regum gemma; cum hac Imperia quamvis ampla prospere pacificeque gubernantur.

---

① 君陈，周公旦之子。《书·君陈序》："周公既没，命君陈分正东郊成周，作《君陈》。"孔颖达疏："周公迁殷顽民于成周。顽民既迁，周公亲自监之。周公既没，成王命其臣名君陈代周公监之，分别居处，正此东郊成周之邑。"《十三经注疏》，北京：中华书局，1980 年，第 236 页。《礼记·坊记》"君陈曰"，汉郑玄注："君陈，盖周公之子，伯禽弟也。"《十三经注疏》第 1620 页。

孔夫子说:"没有毅力与忠诚去遵守诺言和约定的人,我不知道他有什么用。大车若没有辕前的横木,牛儿如何被绑上并与之拴在一起?小车若没有辕上的曲木,马儿如何被拴牢并与之连在一起?这样的马车怎么能上路呢?① 虽然在直路上可以前进几步,但到了转弯的地方就会遇到困难。背弃信用的人,不仅在国事上,而且在个人和家庭事务上,都将是无用的。总之,那信用的美德是君王们最宝贵的宝石,拥有了它,在任何情况下帝国都会被顺利而和平地统治。"

Certe quam ea Priscis, et Imperatoribus, et Administris Imperii cordi fuerit, ex eo, quod secundo ex familia Cheu Imperatori, Chîm Vâm dicto, quondam contigit, satis potest intelligi. Hic namque dum una cum fratre suo adolescentulo adolescens et ipse annorum septemdecim in horto se oblectat, decerptum ex arbore folium ad frontem applicans sui fratris, (ritum scilicet imitatus quo admota fronti tabella creari solebant Reguli,) jocabundus, Regni Tàm Regulum te creo, inquit: hic Su Yè, unus Optimatum, Rata est (inquit) o Imperator, haec creatio. Cumque ille joci gratia se fecisse diceret, perseveravit Sapiens ratam esse; neque enim jocos in Principem cadere; verbo standum esse: quid multa? Xo Yu (Principi nomen hoc erat) regnum obtinuit, in quo ipsi longa deinde series novem et viginti Regulorum posterorum ejus successit.

显然,对于古代的君王和帝国的辅臣来说也一样。当周王朝的第二个帝王成王 17 岁时,一天他与弟弟在花园里玩耍。他从树上采摘树叶放在弟弟的面前(也就是模仿当面授予玉板来分封诸侯的礼仪),开玩笑说:"我任命你为唐地的诸侯。"当时的一个贵族史佚说:"皇帝啊,这片树叶、这个任命是有权威的。"成王说他只是在开玩笑,然而智者坚持认为这句话是有效的:

---

① 朱熹:"大车,谓平地任载之车。輗,辕端横木,缚轭以驾牛者。小车,谓田车、兵车、乘车。軏,辕端上曲,钩衡以驾马者。车无此二者,则不可以行,人而无信,亦犹是也。"(第 59 页)张居正有同样的解释。

君王无戏言,应该信守诺言。还能说什么呢?于是叔虞(这就是那位被封于唐地的诸侯的名字)获得了封地。随后,在那里他的后裔延续了长达二十九代。①

2.23　子¹张²问³:"十⁴世⁵可⁶知⁷也?"

p.2.§.1.　Discipulus *cu*¹ *cham*² quaerit³ ex Magistro suo, an decem⁴ familiae⁵ Imperiales, quae labentibus saeculis aliquando consecuturae sint eam quae tunc rerum potiebatur, possit⁶ praesciri⁷, an scilicet jam nunc sciri queat quae futurae sint leges & instituta singulorum, qui ortus & interitus.

弟子子张向他的老师询问,是否可以预知在延续了十个王朝之后谁会掌握权力,也就是说,现在是否能够知道以后会有哪些法律和制度会出现或被废除?

Sinense saeculum triginta dumtaxat annis constat; *atque haec vocis* Xi *vulgaris acceptio*:*hic tamen significat omne tempus illud quo familia quaepiam imperat*, *sive triginta annorum sit*, *sive trecentorum*, *pluriumve*.

中国的一个世代(saeculum)通常指三十年,然而"Xi(世)"还表达有更广的含义:在这里它指一个朝代统治的时间,或者三十年,或者三百年,或者更多。

---

① 桐叶封弟的故事。《史记·晋世家》载:武王崩,成王立,唐有乱,周公诛灭唐。成王与叔虞戏,削桐叶为珪以与叔虞,曰:"以此封若。"史佚因请择日立叔虞。成王曰:"吾与之戏耳。"史佚曰:"天子无戏言。言则史书之,礼成之,乐歌之。"于是遂封叔虞于唐。唐在河、汾之东,方百里,故曰唐叔虞。姓姬氏,字子于。《史记》,北京:中华书局,2014 年,第 1977~1978 页。

子¹曰²："殷³因⁴于⁵夏⁶礼⁷，所⁸损⁹益¹⁰，可¹¹知¹²也；周¹³因¹⁴于¹⁵殷¹⁶礼¹⁷，所¹⁸损¹⁹益²⁰，可²¹知²²也。其²³或²⁴继²⁵周²⁶者，虽²⁷百²⁸世²⁹，可³⁰知³¹也。"

§.2. *Confucius*¹ respondet² : Domus Imperatoriae *Yn*, sive *Xam*, (quae proxime successerat familiae *Hiá*) conformavit⁴ sese cum⁵ familia Imperiali *Hia*⁶, quod ad leges quidem attinet atque officia⁷ majoris momenti & quasi ipsos cardines Imperii, nec in his quicquam immutavit; in iis autem rebus quae minoris errant momenti quid⁸ ipsa vel sustulerit⁹, vel addiderit¹⁰ de novo; quid immutarit, inquam, in ipso modo & quasi temperamento legum & officiorum, potest¹¹ utique facile sciri¹². Similiter de familia *Cheu*¹³, quae hac aetate nostra potitur rerum, & conformis¹⁴ est cum¹⁵ familia *Yn*¹⁶ proxime antecedenti in ipsa morum¹⁷ legumque substantia, quid¹⁸ ea vel sustulerit¹⁹ & antiquarit, vel instituerit²⁰ de novo, potest²¹ itidem sciri²². Hoc certum, primae familiarum cordifuisse imprimis fidem ac sinceritatem, & in hac studium suum gloriamque potissimum collocasse: alteram mascula quadam simplicitate conspicuam, de substantia rerum morumque integritate in primis laborasse: nostram vero, quae est tertia, ornatu elegantiaque rerum omnium, & cultu externo ac cerimoniis, uti videmus, plurimum delectari. Quotquot²³ igitur olim forte²⁴ successerint²⁵ domui *Cheu*²⁶, licet²⁷ centum²⁸ numero domus²⁹ Imperatoriae, ex praeteritis aestimando futura, poterit³⁰ haud difficulter jam nunc de iis praesciri³¹, seu conditione proposita quadantenus conjici quae quamque sors maneat, quae cujusque futura sit firmitas & gloria, quae item incrementa; sive cum explorata sint nobis tam membra politici corporis, quam nexus ipsi membrorum, & vigor ipse ac spiritus quo sunt imbuta, quis neget posse nos de futuris olim Imperiis quae singulorum firmitas ac potentia, quae item virtus ac gloria futura videatur, conjectura satis verisimili diu ante pronunciare.

孔夫子答道:"殷(或者说商)朝(承继的上一个王朝是夏朝)是在夏朝的基础上建立的,因为它传承了夏朝重要的法律和礼仪——它们如同帝国的枢纽,殷不会对其做任何的改变;但是对于那些不怎么重要的,或者会废除它们,或者会增加新的东西。这样,就很容易知道商朝在法律和礼仪上做了哪些改变。周朝也一样,它在我们的时代获得政权,但法律和礼仪也是以殷朝的法律与礼仪为基础而制定的;周朝所接受和拒绝的,或者增加的新的东西,同样也是可以知道的。的确,第一朝尤其重视诚信和忠诚,为此付诸努力并获得荣誉;第二朝以某种男子气的简朴而闻名,尤其重视法律的正义和事物淳朴的本质;我们的第三朝,正如我们所见的那样,格外喜欢文饰及外在的崇拜和仪式。① 因此,无论将来继承周朝的朝代可能有多少个,就算有上百个,都能从过去评判它们自己的未来。即使是现在也不难知道这些事情:将来的朝代会有怎样的命运、是否稳定、会有怎样的进步。我们已经研究了政治体制的组成部分、各部分之间的关系,以及它们所蕴含的力量和精神,因此我们能够说出并且足以证明很久之后未来的朝代是否稳定,是否具有牢固的权力,会有怎样的美德和荣耀。对此谁能否认呢?"

2.24 子[1]曰[2]:"非[3]其[4]鬼[5]而[6]祭[7]之[8],谄也。

f.15.p.1.§.1. *Confucius*[1] ait[2]: Si non[3] est proprius[4] spiritus[5], cui tu ipse pro ratione conditionis tuae atque officii sacrificare possis ac debeas, &[6] tamen ei sacrifices[7], revera adularis[8], seu per adulatoriam illam cultus a te non deferendi significationem felicitatis quidpiam importunius emendicas.

---

① 朱熹:"夏尚忠,商尚质,周尚文。"参见程树德:《论语集释》,北京:中华书局,1990年,第129页。

孔夫子说："如果根据你的地位和职责,并非是你能够或应该祭祀的神灵,你却仍然去献祭,这就是在谄媚。也就是说,你本不该谄媚地献祭,不恰当地乞求某种幸福。"

Sinarum Monarchia debitae subordinationis, qua infima per media, media per summa regit ac moderatur, somper fuit hodieque est studiosissima; hujus exemplum prisci Reges atque Philosophi petivisse videntur ab illa coelestium et aliorum omnium quae cientur corporum certis locis ac sedibus inter sese apta connexione, quorum scilicet conversiones ac motus observabant ipsi ab uno Movente supremo gradatim omnes usque ad infimos rite provenire; unde in cultu Spirituum, quos ipsos quoque aliis alios superiores esse intelligebant, ordinem quendam rituum et sacrificiorum a Priscis accurate praescriptum observari placuit. Itaque coeli terraeque Spiritui ac Domino unus Imperator ritu solenni sacrificat; praesidibus montium fluminumque ii qui Reguli et Optimates sunt; inferioribus Praefecti; et sic deinceps. Damnat ergo Philosophus temeritatem quorundam hominum, qui magis hic vel ambitioni suae vel cupiditati, quam ipsis Spiritibus, neglecto quem diximus ordine rituque, serviebant.

中国君主政体过去一直是并且现在仍是最适宜的:最低阶层被中间阶层支配和控制,中间阶层被最高阶层支配和控制。从那些神圣的和所有其他事物的恰当地位和次序中,古代的君王和哲人们找到了这种典范。也就是说,他们发现这些变化和运动来自一种至高的运动,然后一步一步地形成所有的运动直到最低级的运动。① 因此,在逝者的献祭礼仪中,他们知道哪一些鬼魂更高贵,他们高兴地看到古人们也准确地遵循礼仪的次序和献祭的规则。因此,只有皇帝一人可以通过隆重的仪式来祭祀天地之间的神灵和统治者;诸侯与贵族可以祭祀山川的保护神;地方长官祭祀更低一级的鬼神。如此依次序而来。② 因此,哲学家在这里谴责那些人的鲁莽,他们忽视了我们刚才说过的次序和礼仪,是为他们的野心和贪婪而不是为他们的鬼神服务的。

见¹义²不³为⁴,无⁵勇⁶也。"

§.2. Colaus cum hoc loco superiorem connectens: Docemur (inquit) ea tractare quae fori sunt nostri viriumque humanarum; arcanis autem Spirituum, & iis quae sphaeram nostram excedunt, curiosius perscrutandis prudenter abstinere. Itaque videre¹ quempiam & intelligere, quid pfficii sui sit, quid aequum² rectumque sit hic & nunc; nec tamen id suscipere³ vel perficere⁴, quia metu scilicet impediatur vel cupiditate, id profecto minime⁵ fortis⁶ animi est; quinimo turpis est abjectaeque imbecillitatis, quam adeo damnet unusquisque: at non item recte

---

① 这两句话直接来自"Epsitola B.P. Nostri Ignatii de Virtute Obedientiae",参见 *Les Constitutions des Jésuites avec les déclarations: texte latin d'après l'édition de Prague*(Paris:Paulin, 1843), pp. 424-425:"De là, sans doute, dans les Anges cette hiérarchie, cette série d'ordres subordonnés les uns aux autres; de là dans les corps célestes et dans tous ceux qui se meuvent ces places fixes, ces postes qui les lient si étroitement l'un à l'autre, en sorte que la révolution et le mouvement engendrés par un moteur suprême et unique parvient par degrés et par ordre jusqu'aux derniers."在耶稣会士翻译注释的《大学》(10.1)中有同样的隐喻和表达。

② 在最后部分张居正指出"庶人祭其先"(第26页)。这或许因为当时的礼仪之争而略去了。《中国哲学家孔夫子》认为孔夫子在这里指责人们祭祀天神与地神,以及山川之神和其他的鬼神。就原文意思而言,似乎孔夫子只是指责那些祭祀并非自己祖先的人。张居正早已将其意思转化为对政治等级制度的服从。

quis damnet alterum, quod is reconditas ac sublimes naturas Spirituum, quae aciem nostrarum mentium quasi fugiunt, perspectas habere non possit.

在这里,阁老(张居正)将这句话与上面的话联系起来。他说:"我们被教导要处理好我们范围之内、人类能力所及的事情。而且要谨慎地避免费尽心思去探究那些在我们的理解范围之外的、神秘的鬼神。因此,任何人都要看清并认识到自己的职责所在,认识到此时此刻什么是公平和正确的。不能做到这一点的人显然是被恐惧或者贪婪所阻碍,而不足以拥有一个勇敢的灵魂,相反,这是应该被所有人谴责的、丑恶而卑贱的软弱。但是没有人能谴责别人,因为他不能看到和把握鬼神们隐藏着的崇高的本性——鬼神们似乎超出了我们能理解的范围。"①

---

① 张居正:"不惑于鬼神之难知,而专用力于人道之所宜也。"(第26页)显然《中国哲学家孔夫子》有意没有提到这一人文主义的关怀。

八佾第三

3.1 孔夫子谓季氏,"八佾舞于庭,是可忍也,孰不可忍也?"

f.1.p.1.§.1. *Confucius* agens de praetore Regni Lu, Ki-xi dicto, qui ritus Imperatorios usurpabat, admirans ac stomachabundus ait: octonis choris saltatur in ejus aula parentali: Hoc autem si tolerabile est, ecquid tandem non tolerabile erit?

孔夫子在讨论关于季氏僭用帝王礼仪一事时曾经这样惊讶而愤怒地说:"以八列舞队舞于祠堂,如果这样的事都可以容忍,那么最终还将有什么不可以容忍的呢?"

Pro veteri gentis instituto solis imperatoribus erat licitum in parentali majorum suorum aula producere choros funebres octo: quorum singuli totidem qui saltabant ad numeros, constabant: Regulis interim, quando solemniter majoribus suis parentabant, senos tantum choros; Pretoribus quaternos; literatis aliisque inferioris note Mandarinis, binos producere permissis. Uni quidem Cheu-cum, quamvis Regulo dumtaxat, propter eximia tamen ejusdem merita erga Familiam tunc imperantem, totumque Imperium, Chim-vam Imperator nepos ipsius ex fratre, primi quoque ordinis honores funebres olim concesserat: Quos cum Praetoria domus Ki-xi per insignem arrogantiam usurparet, damnat eam Philosophus, et docet neglectum ac violationem prisci moris rectique ordinis neutiquam ferri oportere; quippe licentiam ejusmodi semen esse quoddam maximarum perturbationum; et quasi scintilias, ex quibus gravissima deinde rebellionum existant incendia.

依先人之制，只有君王在献祭时，可以在其先王的祠堂中排列八支舞队，这些舞队或者按照节奏舞蹈，或者静止不动。而诸侯依礼于献祭时至多只能有六支舞队，大夫则为四队，其他更低级的文士被允许拥有两队。而实际上只有周公，尽管他是个诸侯，却因在那时对皇室和整个国家建立了卓著的功勋，成王曾允许其享有最高等级的丧葬仪式，而傲慢自大的季氏竟然僭越这一丧葬仪式。哲学家谴责这种傲慢，并指出完全不能接受对古代礼法和正确秩序等级的漠视和破坏。显然，放纵是导致极大动乱的根源，会如同星星之火般发展成为极其严重的叛逆大火。①

3.2 三家者以《雍》彻。子曰："'相维辟公，天子穆穆'，奚取于三家之堂？"

§.2. Tres Familiae *Lu*, scilicet *Mem Sun*, *Xo Sun*, *Ki Sun*, sive *Ki-xi*, quotiescunque Majoribus suis parentabant solemnius, peractis jam officiis funebribus, cum cantu carminis *Yum* dicti colligebant mensas atque edulia (*Yum*, libri carminum pars est illa, qua laudes familiae *Cheu* continentur) *Confucius* hanc item licentiam arrogantiamque damnans, ac risu dignam esse notans, sic ait: Quando ipsemet Imperator in aula funebri majoribus parentat, assistentibus ei Regulis ac ministrantibus; tunc quidem cum solemni cantu illo, rituque fercula colliguntur. Verba carminis haec errant: Ministri rituum soli sunt Reguli: Imperator autem sic assistit, ut in eo prorsus arcana majestas et reverentia virtusque reluceat. Quaero nunc ego: Praetoribus illis dum parentant, an assistant forte Reguli? An Imperatoria Majestas adest? Quod si nihil horum adsit; quo jure, qua authoritate, qua fronte tam alieni ritus usurpantur in trium familiarum

---

① 火的这一比喻，未见于朱熹、张居正之注。

parentali aula? Nimirum qui nunc ritus invadunt regios, metuendum est, ne invadant brevi et ipsa regna; sublatoque discrimine clientis ac Principis, tollatur et ipse Princeps.

鲁国三家,即孟孙、叔孙、季孙(或称季氏),每当祭祀祖先结束后,他们便唱着《雍》(《雍》是赞颂周氏家族诗歌的一部分)来收拾桌子与食物。认识到这一行为的放纵与傲慢,并认为其非常可笑的孔夫子说:"天子在先王祠堂祭祀时,由诸侯伴随并辅佐。伴着庄重的歌曲和仪式,人们将供品收拾下去。这种情况下,他们才配享有(被给予)那合礼的音乐和祭礼,歌词颂云:'唯有诸侯们实行仪式,而天子则静立,以彰显其神圣、尊贵、名望与美德。'而现在我想问:当这些大夫在献祭的时候,有没有诸侯相助? 天子在吗?① 如果都不在,他们三家又凭什么权利、什么权威、什么面目在祠堂中窃用这些不相宜的礼法呢? 毫无疑问,现在这些人在攻击皇室的礼法,这是应当警惕的,他们很快会夺取王权。君臣礼仪等级之别被毁弃后,君主便会被废黜。"②

3.3 子曰:"人而不仁,如礼何? 人而不仁,如乐何?"

p.2. *Confucius* ait: Homini non probo, qui, inquam, vera, solidaque virtute non sit instructus, cui tandem sint usui ritus, cerimoniae, officiaque exteriora? Rursus: homini non probo cui tandem sit usui harmonia concentusque musicus? Etenim cum ab ipso animo virtutibus imbuto, seu radice sua profluere debeant officia ritusque omnes, si quidem non adsit animus hujusmodi, profecto in-

---

① 张居正:"今三家之堂,助祭者不过陪臣,亦有辟公之相助乎? 主祭者不过大夫,亦有天子之穆穆乎?"(第27页)

② 此句参考了张居正:"盖礼所以辨上下之分,不可毫发僭差,人臣而敢僭用君上之礼,则妄心一生,何所不至。篡夺之祸,必由此起。"又"所以立万世人臣之大防也"(第27页)。

ane quoddam humanitatis simulachrum, merumque mendacium ritus omnes officiaque erunt. Rursus, cum necesse sit animum virtutis expertem variis concuti motibus, assidueque perturbari, inutilis profecto in tanta motuum interiorum discordia, concordia omnis instrumentorum vocumque erit. Familias usurpatrices rituum Imperialium paragraphus hic denuo perstringit ac damnat.

孔夫子说:"不正直的人没有以真实而稳固的美德为指导,仪式、典礼和外在的礼节对他们有什么用呢? 再说,音乐中的和谐对于不正直的人又有什么用呢? 实际上,如同从根发出一样,所有的礼节与仪式都应该出自具有美德的灵魂。如果没有这样的灵魂,那就如同在行虚妄之事,这样的仪式与礼节也都是纯粹的谎言。此外,一个缺乏美德的灵魂必定会被多样的运动扰乱,并常常陷于混乱中,而在这各种冲动的混乱中,歌声与器乐的协调也就没有意义了。"①这一段话再次谴责了僭用天子之礼的家族。②

3.4 林放问礼之本。

f.2.p.1.§.1. *Lin Fam* vir probus et rectus, oriundus e regno *Lu*, cum observaret homines suorum temporum perquam operose, magnisque expensis celebrare convivia, funeral ducere, & Dubitans an idem mos fuerit priscorum Regum, eademque temporum illorum ratio, sciscitatur ex *Conficio*, et quod officiorum fundamentum sit: seu, in quo tandem posita sit vis ac ratio civilium rituum & officiorum.

林放是一个正直的人,出生于鲁国。当他看到他那个时代的人们煞费

---

① 程子、朱熹、张居正都涉及人心亡这个问题。张居正也提到"心放逸而不能敬"(第 28 页)。不过,"内心的各种活动"这种说法来源于耶稣会的灵修,特别是圣依那爵的《神操》。

② 朱熹解释了历史背景(第 62 页)而张居正没有。这是比较特别的,因为一般来说,张居正比朱熹提供了更多的历史背景资料。从此能看出,耶稣会士不是专用张居正的评论,他们自己可以补充历史材料。

苦心且耗资巨大地操办宴会、举行祭祀时，便怀疑这些习俗是否是先王之道，是否依照先王时代的秩序。他就此问孔夫子礼的基础："民间仪式和礼节的权力和尺度何在？"①

子曰："大哉问！

§.2. Admirabundus *Confucius* & collaudans hominem, qui de eo quod in quaque re maximum est, laboraret maxime, sic ait: O praeclaram, o magnam, quaestionem!

孔夫子很惊讶，赞叹这位能看到这件事情的重要性并且尽力求索答案的人，他如是说："这一问多么优秀和重要啊！

礼，与其奢也，宁俭；丧，与其易也，宁戚。"

§.3. Dico igitur, quod uti aliarum rerum sic & officiorum, sua singulis substantia est, & qui deinde ad substantiam accedit, ornatus quidam ac decor. Utraque si adsint, tum quidem numeris omnibus absoluta censebuntur officia: at si alterutrum desiderari necesse fuerit, utique sine ornatu ipsam rem (quod priscis ferè temporibus usu veniebat) quàm sine re ornatum malim. Exempli gratia: In officiis vulgo maximè usitatis conviviorum & funerum, ego quidem prae tanto splendore epularum, tantâque illa prodigalitate, quâ nunc instruuntur, malim moderatum quid, & à priscâ majorum nostrorum simplicitate, parsimoniaque non abhor-

---

① 朱熹（第62页）和张居正（第28页）都提供了这个故事的历史背景。我们可以注意到，"礼"被翻译成"民间礼仪"，说明这些礼仪并不带宗教色彩。另外，耶稣会士在中国也反对奢侈的丧礼而推崇基督宗教的朴素方式。

rens; plurimum verò mutuae convivas inter fidei, reverentiae, & charitatis. Rursus, in celebrandis funeribus exequiisque, ego prae illo tam sumptuoso apparatu luxuque funebri ex merâ consuetudine profecto multo malim verum luctum, verasque lachrymas, & immortale desiderium illius, cujus funus ducitur. Offendebat Philosophum luxuries illa rituum, & cerimoniarum, quae istis familiae *Cheu* temporibus immodicè prorsus excreverant; ardebatque revocare mores priscae aetatis, quae de ipso potiùs animo, quàm de indiciis animi laborabat.

正如其他事物一样,纷繁的礼仪有一个单纯的本质,接近本质的礼仪自然装饰华美。文质兼得的礼仪在各个方面都是完美的。① 但是,如果二者必居其一,我更愿意选择那个没有装饰的东西本身(就像古时所做的那样),而不选择徒有文饰而没有实质的东西。比如,在大众的宴会与丧葬中,相较于现在那种精美食物和铺张浪费,我更愿意采用一种节制的、由我们古老祖先传下来的简朴的方式来表示敬意。宾客之间应该有诚信、敬意与仁爱。② 另外,在举行葬礼时,相较昂贵的礼器和纯粹因为习俗而举办的奢华仪式,我更希望有真心的悲伤、诚挚的泪水,以及对过世者的永恒哀悼。"③周朝在礼仪上的铺张浪费,一日比一日更甚,这触怒了哲学家,他希望人们遵循古老时代的礼制,这一礼制更注重内在的心灵,而非其外在的表现。④"

3.5 子曰:"夷狄之有君,不如诸夏之亡也。"

p.2.§.1. *Confucius* ingemiscens ait: Barbari Orientales et Boreales habent

---

① 朱熹把礼仪分为"文""质"两面(第62页)。张居正也认为,"夫礼之全体有质有文"(第28页)。
② fides 和 charitas 有一种基督教的色彩。耶稣会士加上了来强调这些宴会与丧葬的仪式已经有了教会的精神。
③ 张居正没有提及"永恒哀悼"。
④ 关于心灵的评论是耶稣会士自己加上去的。

Regem, qui Rex sit non tantùm nomine, sed ipsa re, & authoritate, utpote cui cedant, cui morem gerant, quem vereantur subditi sui: Non uti miserabilis haec China nostra, quae jam non habet Regem, sublato scilicet discrimine, apud Barbaros quoque, inviolato, clientis ac Principis; idque propter insolentiam quarumdam familiarum, prisci juris atque ordinis inimicam.

孔夫子叹道："东方与北方蛮族的国君不仅仅是名义上的，而且是真实的、有实权的。他们的臣民服从和敬重国君。在我们这可悲的中国却因抹去了君臣的差异而没有了国君，使得君臣之别反而保留在蛮族那里。这一切都是因为某些家族违背了古老宗法和秩序的傲慢。"

3.6　季氏旅于泰山。 子谓冉有曰："女弗能救与？"对曰："不能。"子曰："呜呼！ 曾谓泰山不如林放乎？"

§.2. *Tai-xan* mons est praealtus ac nobilissimus in Provincia *Xan tum* olim regno *Lu*. Porrò *Ki-xi* supra memoratus sacrificabat monti *Tai-xan*, spiritui (inquam) montis praesidi (uti interpretes disertè dicunt) Cum tamen non alii, quam ipsimet Regulo regni *Lu* fas esset sacrificare. Offensus ea re *Confucius* & alloquens discipulum suum *Gen-yeu* (pertinebat hic enim ad familiam Praetoris, & domesticus ejusdem Mandarinus erat) sic ait: Tu ergo non potes mederi tanto malo? Respondet discipulus: non possum. Tum *Confucius* rursum ait, edito prius suspirio, (quod *U-hu* duabus vocibus exprimitur.) An igitur aliquando dicetur, quod spiritus, qui *Tai xan* monti praesidet, non posit comparari cum viro illo tam vulgari *Lin Fam*, qui me nuper consulebat? Exquirebat is admodum sollicitè Officiorum rituumque rationem & fundamentum, ne forte per ignorantiam peccaret: & nos existimabimus spiritum illum naturâ tam perspicacem vel ignorare, vel etiam negligere id quod jus ac ratio poscit: adeoque susceptururum esse sacra, quae perturbato rerum ordine tam arroganter ac temerè offeruntur? Tacitè carpit hîc etiam discipuli socordiam, qui non magis angatur ac laboret de tollendo tam gravi offendiculo. (Ex hoc paragrapho et explanatione Colai maximè constat, quid Sinae jam olim senserint de praesidibus rerum spiritibus; eos utique esse praeditos intellectu ac mente, & aequi rectique studio teneri.)

　　泰山是山东省(原来的鲁国地界)内一座巍峨而受尊崇的山。前面提及的季氏献祭于泰山,即祭祀山的守护神(正如注疏者所详细讨论的)。而按照礼仪应该只有鲁国国君可以在那里献祭。孔夫子震惊于此,对他的弟子冉有(他事实上是季氏家臣)如是说:"你不能阻止如此巨大的恶吗?"弟子回答说:"我不能。"孔夫子先深深地叹息(这里用"呜呼"两个字表达),然后回应道:"难道保护泰山的神还不如最近向我请教的凡人林放?他因极度的焦虑而询问礼仪的尺度与基础,以使他不因无知而犯错。我们能想象,如此机智的神会不知道、会忽视礼法与理性的要求吗?它可能接受如此草率和傲慢的祭品吗?"通过这些话,孔夫子隐晦地责备了这位懈怠的弟子,因为冉有不注意去纠正季氏对于泰山的严重冒犯之错。(这一段落和阁老的诠释表明,中国人对于守护神的看法,认为神灵们被明确地赋予了智慧与心灵,并且他们寻求公平和正义。)①

---

① 　巴黎手稿中有张居正的评论:"泰山是五岳之尊,其神聪明正直,必然知礼,岂肯享季氏非礼之祭,而反不如林放之知礼乎?"这在其现代版本中可以轻易找到(第29页)。手稿中还有一句更简短的评论"张侗初:泰山是识礼的尊神"。这与《中国哲学家孔夫子》在括号里面翻译的内容相吻合。换言之,中国古人没有崇拜自然界匿名力量的,不过他们认为神有思想和伦理道德。通过这个,耶稣会士可以排除对中国古人有唯物主义或无神论的怀疑,但当时欧洲读者依旧怀疑中国人崇拜偶像。

3.7 子曰:"君子无所争,必也射乎! 揖让而升,下而饮。 其争也君子。"

  f.3.p.1.§.1. *Confucius* ait: Inter viros graves ac probos non est de quo contendant. Imo verò (inquies) nonne datur jaculandi certamen & contentio? Utique datur. At cujusmodi tandem illa? Qui jaculis certaturi sunt, prius quam subeant in aulam exercitio isti destinatam, ter socios suos reverenter salutant, ter eis priorem locum deferunt, ac tum denique subeunt in aulam: Hic verò qui victor evasit, caeterisque feliciùs scopum attigit, descendit unà cum victis, quos comiter salutatos iterum jubet in aulam conscendere, ibique suis ipsos manibus vinum fundere, ac stantes potare vinum poenale (sic dictum, quòd tali ejusdem potatione victi mulctarentur.) Nimirum in ipso certaminis quoque fervore observare licet concordiam, modestiam, comitatem, & planè viros esse probos ac graves qui certant: Dum è contrario viles improbique homines, si quando inter se contendant, exardescere solent in iras, et ferarum propè ritu inter se concurrere.

  孔夫子说:"稳重而正直的人①之间是没有争斗的。如果真的有的话,那就是在进行射击与竞技的比赛时吧? 但那又究竟是怎样的情形呢? 那些参加射击比赛的人,在进行竞技之前,会礼让再三,而后最终走入厅堂。比其他人更为成功地击中目标的人便成为胜利者,胜利者与那被打败的人们,同下厅堂,并向他们再次行礼,邀请他们一同升入厅堂,还亲自为他们斟酒,他们便在那儿饮罚酒(因为要以饮酒来惩罚被打败的人)。毫无疑问,在激烈的竞赛中可以看到相互的赞誉、温文尔雅的谦让,这些都显示出了竞争双方

---

  ① 这一关于君子的说法,可能是对张居正"有德行的君子,他心平气和,与人恭逊……"一句的翻译(第30页)。

的善良与稳重。而小人们互相之间所起的争斗常常出于愤怒,而竞争的他们近乎野兽。"①

3.8 子夏问曰:"'巧笑倩兮,美目盼兮,素以为绚兮。'何谓也?"

§.2. Discipulus *çu-hia* quaerit dicens: Carmen extat hujusmodi: Blando risui decor ac venustas oris conciliat gratiam. Item pulchris oculis apta coloris albi nigrique proportio. Nimirum ubi subjectum ipsum & quasi solum probè dispolitum est, inde evadit ornatus ei superadditus & forma oculis tam grata. Postremum hunc versiculum *Su y quei hiven hi* nondum percipiebat discipulus: quocircà Magistrum suum consulens, quid(inquit)versus ille significat?

弟子子夏问道:"有这样的一首诗:'迷人的笑脸充满魅力且优雅。黑白分明、比例适当的美丽眼睛也是如此。'"这位弟子没有能把握到这句诗的最后一句"素以为绚兮"的含义。因此,他向老师请教道:"这句诗是什么意思?"

子曰:"绘事后素。"

p.2 §.1. *Confucius* rem declarans simili, quod petit ab arte Pictoria, sic ait: Sicut Picturae opus, seu figura illa quam coloribus suis exprimit exornatque Pictor, est quid posterius ipso strato fundamentoque Picturae, seu prima illa colorum sacie, quae tabulae seu telae induci solet: Sic lepor ille ac venustas, quae ab ore oculisque solet existere, est ipso ore oculisque posterior.

---

① 附于原文的所有细节来自张居正的评论,比如"罚酒"(第30页)。

孔夫子以绘画为喻对这位弟子说道:"正如绘画之上色,是在画家绘制底本之后的事情。而颜色如何涂抹,也要受底本的制约。与此类似,先要有面容和眼睛本身,才有来自面容和眼睛的魅力与优雅。"

曰:"礼后乎?"子曰:"起予者商也! 始可与言《诗》已矣。"

§.2. Discipulus audito simili, perapposite intulit dicens: Fortassis igitur docetur illo carmine, quod officia ritusque omnes exteriores sint quid posterius? Sic ut prima sedes Officiorum & quasi fundamentum ipse animus sit plenus fide & veracitate, cui animo deinde sua respondeant officia, suus addatur rituum variorum ornatus ac splendor? Gavisus interpretatione tam apposita *Confucius* sic ait: Qui feliciter assequatur & explicet me, sive mentem meam, tu is ipse es o mi discipule *Xam*. (*Xam* cognomen est ipsius *cu-hia*) nunc primum potero, sive audebo tecum agens citare Priscorum carmina atque authoritates, quamvis explicatu sane difficiles.

弟子子夏听完这个比喻之后,又进一步问道:"或许正如这首诗所教导的那样,是否所有外在的礼节和仪式都是在后的?礼的如同根基一般的心灵应该首先要充满忠与信,这忠信又是礼本身在心灵中的反映,而后才添加上各种外在的仪式。①"因如此恰当的阐释而愉悦的孔夫子如是说:"那跟随并阐明我和我思想的人,就是你,我的弟子商(商是子夏的姓)。现在我可以,或者说能够开始对你引用古代诗歌及其他经典了,无论解释起来多么困难。"

---

① 朱熹:"礼必以忠信为质。"(第63页)

3.9 子曰："夏礼，吾能言之，杞不足征也；殷礼，吾能言之，宋不足征也。 文献不足故也。 足，则吾能征之矣。"

f.4.p.1.§.1. *Confucius* ait: De Priscis Familiae *Hia* (fuit haec inter Imperiales & Monarchicas Sinarum Familias omnium prima) moribus, institutis, ritibus & litteris, ego possem utique loqui, & summam illorum posteritati tradere: Sed enim prorsus regnum *Ki*, quod à posteris Familiae *Hia* nunc obtinetur, non est sufficiens ad testificandum & confirmandum ea quae dicturus essem. Similiter familiae *Yn* seu *Xam*, familiarum Imperialium secundae moribus, ritibusque & litteris, ego possem loqui & referre multa, quae aetati nostrae incitamento essent futura ad imitandum mores antiquos & egregias laudes majorum suorum; sed enim regnum *Sum*, quod nunc de pristino splendore suo & amplitudine plurimum amisit estque penes posteros istius familiae, non sufficit ad testificandum vera esse, quae à me referrentur: libri nimirum & sapientes, qui in utroque regno seu inter posteros utriusque familiae perpauci existunt hoc tempore, haud sufficiunt; haud ii, inquam, sunt, à quibus aetas nostra testimonium satis luculentum petat, hoc in causa est: alioqui si sufficerent; tunc & ego possem vicissim testificari; plurimumque lucis ac ponderis accederet testificationi meae ab illorum testimonio & authoritate. Nunc autem cum mihi desint praesidia tam necessaria; quorsum frustra laborem & proloquar ea, quae posteri non credant.

孔夫子说："关于先代夏（这是在中国历史上所有帝国与王国中最早出现的一个王朝）的礼法、建制、仪式和文明，我无论如何还能谈谈，并能将其最高理念传给后人。但不管怎样，杞国，这个由夏朝后裔所遗留下来的国家，不足以证实我所教授的。同样，关于殷，或称商，这个第二王朝的礼法、建制、仪式和文明，我能宣讲并传授很多那些对我们时代而言值得模仿的古老风俗和祖先们的丰功伟绩。而殷商后裔所在的宋国,则已失去其往日的荣光和伟大,不足以证实我所传授的。虽然那些能证实我理念的书籍和智者还在夏商后裔中存在,却已是凤毛麟角了;照我看来,他们不能作为我们这个时代所寻求的坚定的证据。然而如果这些人足够多的话,情况将完全不同:我的说法就能够被证实。我所要做的只是在他们之后加上我的证据,以给予人们更加清晰有力的明证。但现在,这些对我而言必要的帮助是如此缺乏,我的努力只是白费;我所宣讲的,后人也不相信。"

3.10 子曰:"禘自既灌而往者,吾不欲观之矣。"

§.2. *Confucius* ait: Quotiescunque peragitur gravis ille ritus *Ti* dictus, qui proprius est Imperatorum, & quo solent hi quinto quoque anno in parentali majorum suorum aulâ honorare familiae conditorem, & qui ex illo deinde prognati sunt Imperatores; etsi principio satis graviter, & ritè multa fiant; ubi tamen jam vinum novies de more oblatum est, novies item libatum, quicquid deinceps agitur, quia oscitanter agitur, & exiguâ cum reverentiâ, ego quidem non aveo vel gaudeo spectare, tametsi ratione officii mei cogar assistere. Verùm quod hîc omnium maximè mihi displicet, est, quod honores illos solis Imperatoribus debitos (& uni quondam *Cheu-cum* quamvis tantùm Regulo concessos ab Imperatore *Chim-vam* ejusdem nepote, idque propter eximia prorsus viri merita in totum Imperium) nunc videam aliis quoque Regulis ejusdem *Cheu-cum* posteris deferri, contra jus omne moremque Imperii.

孔夫子说:"那叫作'禘'的隆重礼仪常常施行,它适用于天子。他们通常每五年会在其祖先祠堂中敬奉王朝的开创者,正因为他,其子嗣得以为天子。尽管最初他们怀着足够的诚意和周到的礼数来行此礼——每次都依礼供九次酒,祭九次酒,但接下来所进行的部分就有所懈怠,且缺乏敬意,因此我确实既不愿,也不乐意去看,尽管出于职责我被迫参与。而实际上最让我不满的是,我看到了那专属于君王的尊崇,违律背德地给予周公之后的诸侯(尽管出于周公对整个帝国的极大贡献,他的侄子成王曾给予他这样的尊荣)。"

3.11 或问禘之说。子曰:"不知也;知其说者之于天下也,其如示诸斯乎!"指其掌。

p. 2. Quidam percontarus est à *Confucio* parentalis officii longè solemnissimi *Ti* dicti rationem: videbat illud in Regno *Lu* exerceri, sed institutionem illius & usum ignorabat. *Confucius* ei respondens ait: Non scio: dico tamen, quod quisquis probè intellexerit arcanas illas ac sublimes ritûs hujus & officii rationes, in rebus ad Imperii gubernationem spectantibus, is habiturus sit omnia tam perspecta, tamque in promptu, ac si posita videret omnia hic, in palmâ, inquam, manus suae, quae dicens, digito monstravit suam ipsius palmam, uti à discipulis est traditum; facilè nimirum reget homines, qui debitos honores praestare majoribus defunctis norit. Duabus interim de causis noluit Philosophus mysterium hoc percunctatori exponere: prima, quod illo contineatur apex quidam filialis pietatis & obedientiae, ad quem ipso quidem opere & exercitio nemo praeter Priscos illos magnarum virtutum Reges; cognitione verò & intellectu nemo praeter admodum sapientes videtur pertigisse: quorsum ergo vulgari cuipiam homini illa exposuisset? Altera, quia declarari non poterant ea, quae ad ritum illum pertinebant, quin illicò patefieret, ac plusquam tacitè damnaretur insignis arrogantia Reguli, qui hîc ritu Imperatorio contra fas moremque Imperii utebatur: atqui veritas haec odium periculumque parere nata erat.

有人向孔夫子询问长期以来被认为是对先人最为庄重的礼——禘的含

义。他看到了这一礼节在鲁国施行,但却不知道其教化意义和作用。① 孔夫子回答说:"我不知道,并且我要说,如果有人能够正确理解这些仪式和礼节中的崇高和神秘的道理,他将能在国政上洞见一切,看待一切事物就如同看自己的手掌一般清晰。"孔夫子用一个手指指着他自己的手掌来说明这些道理,正如弟子们的记述。那知悉对逝去先人所应行之礼者,定能轻松地管理好人民。哲学家出于两个理由不愿意向询问者解释:第一个理由是子女孝顺的极致就包含于此"禘"之中,除了具有大德的先王,没有人能够凭孝道的运作和实现达到孝的极致;除了具有智慧的人,没有人能凭借真实的观察和体悟来达到孝顺的极致②。不过,为什么孔夫子要向普通人说这些道理呢?第二个理由是,那些关涉到这一礼法的东西不能被宣告出来,不能立即明说。更多的是要间接地谴责那违背国家法律和习俗,僭用天子这一礼仪的诸侯们的明显的傲慢与自大。只不过,这一事实会导致仇恨与危险的产生,所以孔夫子才没有说出来。

3.12 祭如在,祭神如神在。

f.5.p.1.§.1. *Confucius* (uti à discipulis ejusdem traditur). Quotiescunque majorum suorum memoriam, & accepta ab eis beneficia solemniùs recolebat, cum eo pii gratique animi sensu & significatione praescriptos ritus excercebat, ac si revera majores ipsi praesentes astitissent. (Ex hoc loquendi modo colligi potest, non fuisse Sinas in hoc errore, quod manes majorum suorum vita functorum suis assisterent parentantium officiis.) Idem quotiescunque magistratum gerens, pro of-

---

① 张居正:"或人见鲁国尝行禘祭之礼,而不知当初制礼之意,故以禘之说问于孔夫子。"(第33页)
② 朱熹提到,古代的统治者具有四种使他们适宜为政的美德:仁、孝、诚和敬,使他们能进行禘,并且获得一切知识。朱熹也暗示,除了先王,圣人也能得到这个知识(第64页)。同样,张居正提出,只有先王和圣人可以得到这个知识(第33页)。

ficio suo praescriptos honores deferebat spiritibus locorum praesidibus, tantâ cum veneratione & gravitate illos deferebat, ac si spiritus ipsi spectabiles astitissent.

（如同他弟子们所记述的那样）每当庄重追忆先祖及其馈赠，施行既定的礼仪时，孔夫子都带着发自内心的虔敬和感恩，就如同先祖们确实存在那样。① （仅从这些话中便可以了解到，中国人并没有犯这样的错误，即认为其祖先的亡灵真会在举行祭祀时出现）。② 每当他承担一项公职时，他都会在执行公务之前，向保护当地的神灵举行所应当尊奉的仪式，他对这些神灵的祭奉是如此虔诚敬重，就如同那些神灵会在那里看着一般。

子曰："吾不与祭，如不祭。"

§.2. Solebat itaque non rarò *Confucius* ipse dicere: Ego si quandoque graviter impeditus non assistam per me ipse dictis officiis, eisque ritè fungar: tametsi vices meas alteri protinùs commendem, minimè tamen acquiesco; sed angor animo non secus ac si nondum sacris illis quisquam operatus fuisset. Argumentum illustre tum pietatis, tum venerationis admodùm sincerae, quo Philosophus vel majores suos, vel tutelares spiritus prosequebatur.

因此孔夫子常说："一旦我不能亲自参加那依礼应参加的仪式，尽管我委托其他人来代行，这样做也不过是小小的懈怠推托，但我的心灵也定然会被折磨，就如同没有人进行过祭礼一般。"这是哲学家对其先人和守护神的恭敬的责任感，以及全然虔敬的一个明显例子。

---

① 此处根据程氏兄弟和朱熹的注。张居正则指出，祭祀起于对自己祖先的发自内心的孝敬之情（第33页）。

② 耶稣会士加上这个来说明，古人相信神不在物质上而在精神上。耶稣会士并不关心这句话表现出了无神论，而更关心它表现出了偶像崇拜的痕迹。

3.13 王孙贾问曰:"与其媚于奥,宁媚于灶。 何谓也?"

§.3. *Van sun kià* (Praefecti nomen est) percontatur à *Confucio* dicens: Proverbium illud nostrum: prae hoc quod captetur gratia spiritus *Ngao* dicti, qui praesidere censetur aulae domesticae, & superioris esse ordinis; satius tamen fuerit captare gratiam spiritus *çao* dicti, qui foci praeses est, quamvis hic ille sit inferior: hoc, inquam, proverbium quid obsecro significat? Praefectus ille plurimum valebat gratiâ & authoritate apud Regem *Guéi*, ad cujus regnum Philosophus tunc fortè diverterat: ratus autem venisse illum dignitatis obtinendae causâ, percunctatione illa jocabundus hortatur, suam ut operam gratiamque imploret; hanc enim prae Regis ipsius gratia ei quodammodo necessariam fore.

王孙贾(这是一个大夫的名字)向孔夫子询问:"人们常说的那句俗语,与其取悦那个据说掌管整个家庭,并高于其他神,叫'奥'的神的欢心,不如取悦守护灶台的叫作'灶'的神,尽管他是较低级的神。请你告诉我这句俗语的意思。"王孙贾在卫国享有极高的荣耀与威势,而哲学家对卫国国君治国之策颇为不满。王孙贾认为孔夫子来卫国,不过是想要谋取一个职位,于是就用这样的问题来取笑孔夫子,从而让孔夫子来乞求自己的帮助与支持。因为他的帮助的确是很有必要的。①

Domos familiasque singulas duorum maximè spirituum tutelae fideique esse commissas, prisci autumabant; è quibus is, qui Ngao *dicebatur, nobilior censebatur; vulgò tamen alterum qui foco praesidebat, impensius colebant, suadente sic (ut aiebant) non utilitate modò, sed etiam necessitate; quippe sine foco nec vitam duci*

---

① 王孙贾"嘲弄孔夫子"的说法来自朱熹(第65页)。张居正则表达得更清楚,他说王孙贾嘲弄孔夫子,因为他相信孔夫子是为谋求一个职位而来找他寻求帮助的(第34页)。

posse; *vitâ autem deficiente nec ipsos coli posse spiritus.*

古代人认为，在信仰的诸神灵中，家族最应该依赖这两个神的福佑：其中一个被称为"奥"，他的级别更高；而对于普通大众而言，他们更尊崇守护灶台的另一个神。这样做（如他们所说）不仅因为其有用性，还因为其必要性：显然，没有灶台，则无法生活。而在生活崩溃的情况下，神灵自身也无法得到尊崇。

子曰："不然；获罪于天，无所祷也。"

p.2.§.1. Sed *confucius* haud ignarus quò tenderet superbi hominis jocosa percunctatio; judicans alienum esse à rectâ ratione, viroque sapiente & probo indignissimum adulando gratiam alterius aucupari, sic ait: Nequaquam sic ut tacitè mihi suades, agendum est. Nequaquam sequor vulgi morem: Quisquis enim peccaverit in coelum, non habet aliud Numen superius à quo peccati veniam deprecetur.

孔夫子并非不知道这个傲慢自大的人的意图。他认为，在正确的理性看来，向他人乞求帮助以获得权力对于一个高尚而有智慧的人而言是极为不当的。于是，孔夫子说："这样的话是绝不可能说动我的，这不过是白费力气，我绝不会遵从庸人的方式。实际上，得罪了天的人，就找不到另一个更高的神灵来让他通过祈祷使自己的过错得到赦免。"[1]

Hîc enim verò, quomodocunque Interpretis moderni quidam se torqueant omnino tamen dicendum est, de eodem planè coelo loqui Philosophum, de quo loquebatur prodigus quondam filius, cum ploraret ab sè peccatum fuisse in coelum. Neque desunt nobis Interpretes, qui contra impios cives ita sentiant. Inprimis Cun ngan

---

[1] 这里，《中国哲学家孔夫子》用了一些传统的基督教观念，《论语》原文中并没有关于赦免或者饶恕的内容。

ait; Vu sò tào yu chum xin: *non habet quod veniam precetur à spiritibus universis.* (*Offenso videlicet spirituum universorum Domino*) *Uberius autem clariùsque noster Colaus, qui Confucii sententiam explanans, unum, inquit, est coelum, quod summè colendum est, et cui nihil aequale. Ab hoc et probis obveniunt prospera, et improbis adversa, tam certò, tamque exactè, ut ne minimo quidem errori sit locus. Quisquis ita res agit, ut obsequetur rationi, hunc utique beata fors manet: quisquis autem repugnat, hoc ipso peccat in coelum. Immissas verò calamitates ab coelo vindice ecquis tandem effugiat? Aut quomodo implorata* Ngáo *et* cáo *spirituum ope declinare queat? Ex quibus perspicuum sit, oportere hominem parere rationi, et servire coelo; et ne ipsis quidam spiritibus(nedum hominibus) adulari.*

在某种程度上来说,现代的注释者①对此有所曲解。很明显,哲学家所指的天,和纨绔家子弟为免于罪责而呼告的天是同一个天。许多诠释者攻击这些对神不尊敬的人,如孔安国说"无所祷于众神"②(显然是冒犯了万神之主)。我们的阁老对孔夫子的这句话进行了清晰而丰富的解释,他说:只有天才能获得最高的崇敬,无物可与之相配。善良之人自天而得顺意,不善之人则得违愿,丝毫不爽。谁服从理性,好运必将一直与谁相伴。而如果与之作对而得罪于天,那么谁又真能逃脱天道的复仇呢?③ 或者,又怎么能通过向奥神和灶神祷告来将这过错免除呢? 从这里可以看出,人必须服从于理性,并服从于天,④而非服从其他什么神灵或人。

---

① 这可能指的是朱熹,他在其注疏中用"理"(亦即原则)来代替"天"(第65页)。而其他的注释者,例如孔安国则仅仅将其解读为一种政治性的隐喻:天被看作是天子,而下级的神灵则被看作是分封的诸侯(孔安国曰:"奥,内也,以喻近臣,灶以喻执政。")

② 在巴黎手稿中,可以看到其中文引文为"无所祷于众神"(第二卷第30页)。Cun Ngan 应该是指孔安国,但这有可能是错的。这个评论来源于《论语注疏》。也许那时耶稣会士手里已有了《论语注疏》。

③ 原文为:coelo vindice。这整个段落都是对张居正注疏的完整翻译(第34页),但张居正没有使用"复仇"这样的词语。

④ 张居正试图保留"天"和"理":"当顺理以事天"。(第34页)

3.14 子曰："周监于二代，郁郁乎文哉！吾从周。"

§.2. *Confucius* ait: Haec, quae nunc rerum potitur, familia *Cheu*; in ortu suo statim conjecit oculos in duas familias *Hiá* & *Xam*, quae ante illam tenuerant Imperium; cumque viros haberet & literis & armis claros; horum operâ (maximè quidem Principum *Ven-vam*, *Vu-vam* & *Cheu-cum*) tam feliciter attemperavit praecedentium familiarum leges ac mores, partim addendo quaedam, partim etiam tollendo; ut ipsa tandem ornatissimum quid in omni litterarum & officiorum genere, vitaeque totius cultu evaserit. Ego itaque lubens sequor familiae *Cheu* mores & instituta: maximè quando mihi contigit illâ imperante nasci, atque aetatem agere.

孔夫子说："这个现在掌管诸事的周王朝，在其刚刚建立之初，就立即考察在它之前掌权的两个王朝夏和商。尽管周朝已经在文治和武功上有很优秀的人，不过周王朝通过这一工作（主要得益于国君文王和武王及周公）来对前朝的法律与习俗进行有益的调整，以使法律、礼俗及精神文化生活达到高度的辉煌。因此，我愿意遵从周王朝的习俗与文化，特别是因为我出生并生活在这一王朝。"

3.15 子入大庙，每事问。或曰："孰谓鄹人之子知礼乎？入大庙，每事问。"子闻之，曰："是礼也。"

§.3. *Confucius* quo tempore magistratum gerebat in regno *Lu*, crebrò ingrediebatur in magnam illam celebremque aulam quae memoriae sapientissimi *Cheu-cum* dicata erat, ut inibi cum reliquis regni primoribus consuetos honores defuncto Principi ritè deferret. Porrò quotiescunque sic ingrediebatur; solebat ipse de singulis propè rebus admodum multa sollicitè studioseque sciscitari; quis scilicet vasorum esset usus, quo fine, quo ritu, modoque singula peragi oporteret. Quidam hoc animadvertens ait: Ecquis sibi persuadeat, dicatve *Ceu* hominis filium (ita *Confucium* vocitabat, propterea quod ejus pater *Xo leam he*, Praefectus olim fuisset oppido *Ceu* dicto) Peritum esse rituum? Quotiescunque enim intrat in majorem hanc aulam, singula exquirit; eo planć modo, quo imperitissimus quisque solet. At *Confucius* hoc audito sic ait: Imo verò hoc ipsum genus quoddam rituum est & argumentum satis illustre quam quis eorum non imperitus sit. Planè sic erat: tanta quippe cura, studium tam singulare exquirentis minutissima quaeque, satis declarabant, intelligere Philosophum, quid ibi, quantique momenti res ageretur, & in quanto haberet pretio ritus illos ac cerimonias. Simul etiam prodebat sese hominis modestia, cum eximiam quandam rituum peritiam assecutus esset, eâ tamen haudquaquam efferebatur, aut sic fidebat, ut non assiduè consuleret alios, ab eisdem proficere gaudens ac discere.

孔夫子那时在鲁国担任公职,常常进入为纪念被称为周公的那位最智慧之人而修建的那座宏伟壮丽的庙宇,因为要在那里与其他的王室贵族一起用礼仪向过世的君王致以平常的敬意,所以无论走到什么地方,他都会相当关切地询问他近旁的礼器。他当然知道应该如何使用礼器:在什么范围之内,在怎样的仪式上使用,以及怎样用它们来完成仪式。注意到这件事的某个人说:"怎么会有人相信,或者认为这个鄹人的儿子(这里指的是孔夫子,因为他的父亲叔梁纥据说是鄹县的地方长官)对礼很熟悉呢?事实上,每次他走进那座大型庙宇时,都会去探究每件事,看来他对礼法的细节并不熟悉。"孔夫子听到这话以后说:"这实际上就是礼的本质,而这也就足以表明,这样做的那个人并非是不熟悉礼的。"如此仔细的询问,如你所见般地小心注意,对每个细节都一一探求,这一切足以表明,哲学家知道做这些事情的重要性,以及其拥有的巨大的礼仪价值。同时,这也能使人明白,即使拥有关于礼的知识也要谦逊虚心，不能因此而自负，或者认为不必求教于人。由此才可以不断地学习与进步。

3.16 子曰："射不主皮，为力不同科，古之道也。"

f. 6. p. 1. §. 1. *Confucius* ait: Qui sagittas mittunt, non perforant corium (extant heac verba in libro officiorum, ubi de sagittariorum exercitiis agitur) Laus inquit, ac victoria periti sagittarii non in eo consistebat olim, ut scopum perforaret (constrabat scopus ex corio) sed ut feriret; nec immeritò: quia vires ja-culo certantium non sunt aequales; neque certamen erat de robore, sed de peritiâ & dexteritate: erat haec Priscorum lex & ratio; à quâ, proh dolor! Deflectere jam coepit aetas nostra, malè resumptis armis quae *Vu-vam* familiae *Cheu* conditor bene sapienterque jussereat recondi. Nunc denuò robur militare, nunc artes bellicae in pretio sunt; virtus autem negligitur, quae tamen una scopum verae laudis attingit; & cum robur acquiri nequeat discendo, virtus potest.

孔夫子说："'射箭的人，不会射穿靶皮'（这些话记载在礼仪之书中关于射箭活动的部分①），熟练的射击者的胜利和获得的赞誉，也不在于他能射穿靶子（靶子是用皮做的），而在于能够击中它。因为在射击竞赛中，每个人的力量不同，所以竞赛不基于力量，而基于技巧，这是古代的法律和理性。真可悲！我们这个时代已然走偏了，因为周王朝的创立人武王英明决定丢弃的兵器，如今又重新装备上了。② 现在，征战以武力为本，非常看重战争的技艺，美德被忽略了；然而只有美德才配得到射击比赛胜利的荣耀，因为武力不能通过教化而获得，美德则可以。"

---

① 即《仪礼·乡射礼》，参见张居正（第35页）。

② 朱熹提及："武王克商，散军郊射，而贯革之射息。"（第65页）张居正没有提到武王。

3.17 子贡欲去告朔之饩羊。

§.2. Solebant exeunte quovis anno Imperatores Calendarium anni sequentis jamdiu antè confectum in Regulos distribuere; Reguli verò asservare illud in parentalibus majorum suorum aulis, ad quas deinde Calendis cujusuque mensis accedebant & producto consultoque Calendario secundùm praescriptos ritus ovem occidebant: quo ritu dicebantur commonefacere spiritus seu facti, sui rationem iisdem reddere, *id-est, sic gerebant se, ac si praesentibus majorum spiritibus pii gratique animi studia testarentur: etenim mera quaedam panegyris erat ea, de quâ hic agitur, commonefactio*? Mos hic in regno *Lu* jam per annos plurimos intermissus fuerat: Ovis tamen è censu publico subministrabatur singulis ab eo, cui demandata erat haec cura. *Cu-cum* ergo discipulus cupiebat imposterum tolli illam, quâ spiritus commonefiebant Calendis cujusque mensis, vivam ovem: cupiebat, inquam, supersederi impensis, quas planè supervacaneas esse judicabat.

每年结束的时候,天子都会将准备好的来年的历书提前分发给诸侯。诸侯则将其妥善地保存在自己的祖庙中。之后每月进入祖庙,查阅历书,并按照既定的仪式,宰杀羔羊。在仪式中,他们被认为是在纪念神灵,或者是将自己行事的理由归于神灵。(这样约束自己,并且在祖先神灵面前证明自己在虔诚和感恩的心灵方面的热忱:这里所做的纪念活动,难道不就是某种希腊节庆①吗?)这一礼俗很多年前在鲁国便已经中断了,而行政官员依然每次都为这个祭典准备活羊,这件事明显有问题。因此弟子子贡想要解决这个为颁布历法而用羊进行祭告所产生的问题,也即他想取消这笔在他看来

---

① Panegyris,指古希腊人在特定日期为敬拜某一特定神灵举办的集会。这里找不到合适的中文专名,勉强翻译为"希腊节庆"。

相当多余的开销。

子曰："赐也，尔爱其羊，我爱其礼。"

p.2.§.1. Sed *Confucius*, qui rem maturiùs expendebat, ac futurae seltem aetati volebat consultum, haudquaquam probato parsimoniae istius consilio, mi discipule (inquit) *Su* (Su nomen est ipsius *cu-cum*) Su quidem amas istas oves; at ego amo istum morem & ritum: mos ille tam laudatus jam negligitur, & quodammodo sublatus est: verùm si posthac oves ali desierint, ipsa quoque spes moris aliquando revocandi funitus tolletur. At certè haud inutiles censeri debent expensae, quae nos officii nostri non patiuntur esse immemores, & quae Regis alicujus, ut spero, animum excitabunt olim ad restaurandum priscae pietatis observantiaeque morem.

但看事情更为成熟，且为今后打算的孔夫子无论如何也不赞成这一节俭的建议。他说："我的弟子赐啊（赐是子贡的名），你爱的是那羊；而我爱的则是那礼制与礼仪。如此值得赞赏的礼制现在已被忽视，并且在某种意义上来说已经消亡了。而如果连祭献的羔羊也被免除的话，那么恢复这一礼制的希望也就完全破灭了。所以这种保留绝不应是无价值的花费，因为这花费让我们不会忘记我们的礼，并且我希望能够在某个时候唤醒君王们重建古代虔敬忠顺①礼制的意识。②"

---

① 此处原文 observantiaeque 一词，应该是用来阐释张居正注中所说"人不知有君，……人不知有亲"的相反情况，亦即，人们可以正确地了解等级高下（参见 36 页）。

② 在皇帝每年颁布历法的政治性意义这一点上，张居正进行了更进一步的强调（第 36 页），对于张居正而言，这一政治性事件无疑是相当重要的。

3.18 子曰："事君尽礼，人以为谄也。"

§.2. *Confucius* ait: Ego sic obsequor & servio Regi meo, ut penitus exhauriam quidquid ad exteriorem illam venerationem observantiamque desiderari potest. Verùm homines quidam imprudentes ac temerarii, qui vel animum meum non habent perspectum, vel etiam ex suo metiuntur meum, propter hoc ipsum judicant me adulatorem esse, & qui per artes ejusmodi, gratiam mei Principis abjectè captem.

孔夫子说："我诚心服务于我的君主，以至于这种内在的尽忠竭力能够在外在的尊敬中表现出来。有些人确实是无知而鲁莽的，他们既不尊重我的想法，又以自己的心思来揣度我，由此断定我是一个阿谀奉承的人，并且也以同样的方式断定我卑鄙地渴求君王对我的恩惠。"

3.19 定公问："君使臣，臣事君，如之何？"孔夫子对曰："君使臣以礼，臣事君以忠。"

f.7.p.1.§.1. *Tim cum* Rex regni *Lu* quaestionem instituit hujusmodi. Rex dum imperat subjectis suis; & subditi vicissim dum serviunt Regi suo quâ ratione se gerent? *Confucius* respondit: Rex imperet suditis cum prudenti quâdam moderatione: neminem suorum aspernetur: cuique pro cujusque meritis, officio, gradu, dignitate attemperet sese; cum his agendo blandiùs, severiùs cum illis, cum unis sidentiùs, cum aliis cautius. Subditi vero serviant Regi magna cum fide, studioque syncerae veritatis, non modo nihil ut eum celent earum rerum, quas scire par sit; sed etiam quidquid imperatum, quamvis arduum sit atque difficile, suscipiant tamen fortiter, constanterque perficiant: Nec dubitent, ubi res postulaverit, ipsius quoque virae discrimen alacriter subire.

鲁国君王定公问道:"君主应该如何支配他的臣属,同时,臣属应该如何辅佐他的君主?"孔夫子回答:"君主支配臣属,要自控且不要轻视手下任何一个人,要极为体贴而严肃地根据每个人的成就,给予他应得的职位、荣耀与尊严。对有的人,要予以充分的信任,有的则需要格外小心。臣属则要怀有巨大的忠诚和诚挚来侍奉君主,不应向君主隐瞒他所应知道的事情。即使君主吩咐的事情是艰苦而困难的,也要勇于承担并坚决完成。对于君主下的命令,不要有所怀疑,如果情况需要,他们要毫不犹豫地将生命置之度外。"

3.20 子曰:"《关雎》,乐而不淫,哀而不伤。"

§.2. *Confucius* ait: Carmen epthalamium *Quan-ciu* dictum laetum quidem est ac festivum, & non obscaenum: Maestum est, quatenus exprimit amantis desiderium, variosque affectus animi, non tamen est ejusmodi, quod afficiat quemquam vehementius ac perturbet. Diu erat, quod virginem cui *Tai Su* nomen, eximiis naturae dotibus ac virtutibus ornatam *Ven-vam* Rex in uxorem sibi expetierat: & ardebat ille quidem amore desiderioque virginis: Verumtamen sic ardebat, ut nihil ageret, vel diceret Philosopho Rege indignum. Ubi verò nuptiarum dies tandem adfuit; quamvis aula festo concentu musicorum tota resonaret; adeò tamen nihil audiebatur, quod verecundas aures offenderet; ut è contrario petulantiores motus animi coercerent eximia quae carminibus illis continebantur documenta. Commendatur hic itaque singularis quaedam moderatio tam Principis quam Regiae totius.

孔夫子说:"情歌《关雎》,欢乐愉悦而不放纵,悲伤而不哀痛。它表现出对爱的渴望和各种爱的感受,却也同样不会爱恋过度和陷于迷乱。文王想追求一位名为太姒的道德、品性都非常优异的美丽少女做他的妻子。他对这少女燃起爱与渴求之心。虽然燃烧着,但却什么也没做,也没有说任何与哲学王①不相称的话。当新婚的日子终于到来时,齐奏之音乐在整个大厅中回响,即使是最为纤弱②的耳朵,对这音乐也没有不适的地方。恰恰相反,这悠扬的、典范般的音乐抑制了躁动的心灵。因此,唯独这一位王妃而非其他人得到了颂扬。"

Inter alias illustres faeminas tres imprimis, dictae San-mù, *id est*, *trium maximorum Principum matres*, *Scriptorum encomiis celebrantur*; Tai kiam Vam-ki *Regis mater*, Tai-gîn *mater Regis* Ven-vam, *qui et familiae* Cheu *conditor*; Tai su *ex quâ natus deinde* Vu-vam *familiae ejusdem primus Imperator*, *adeoque* Chîm-vam *secundi celeberrimique Imperatoris avia*: *Nec dubitant matronarum istarum prudentiae ac virtuti acceptam referre tantorum filiorum tam praeclaram institutionem*, *et successus rerum maximè secundos*. *Porrò qui plura cognoscere desideret de bis aliisque laudatissimis faeminis*, *libros* Quei muen pie to, *et* Lie niu chuen *consulat*. *Inveniet hîc inter alia virtutum exempla castimoniam Lucretianae aemulam*; *multas*, *inquam*, *tuendi pudoris causâ promptissimè morientes*.

在其他有名的女性中,有三位最为出色的,被称为"三母",三位最伟大的君王的母亲,在作家的颂词中也常常被提到。她们是:太姜,王季之母;太任,周朝奠基者文王之母;太姒,由她生出了第一位君王——武王,并且也是最受人尊敬的第二位君主成王的祖母。毫无疑问正是这些明智与富有美德的母亲,其儿子们才获得了如此优异的教育,并取得了极为骄人的成就。想了解更多关于这些和其他被称颂的女性的情况,可以读读《闺门》③和《列女

---

① 这里用柏拉图"哲学王"的概念来指称理想的君主。

② 原文为 verecundas,意为"胆怯的,谦逊的",这里指的应该是那种受不了强烈音乐刺激的人。

③ 拉丁文原文为 *Quei muen pie to* ,书名待考。

传》。你们将会发现这些道德楷模和卢克莱提亚(Lucretia)①是类似的。她们中的很多人,依我说,都是因极力展现贞洁而死的。

3.21 哀公问社于宰我。宰我对曰:"夏后氏以松,殷人以柏,周人以栗,曰,使民战栗。"

§.3. *Ngai* cum Rex Regni *Lu* percunctatus est de areâ seu patenti quodam extra urbem circo *Xe* dicto, à discipulo *cai-ngò*. In campo illo telluri(seu veriùs supremo coeli terraeque Imperatori, quemadmodum *Confucius* hoc ipsum declarat in lib. *Chun-yum* f.14.p.2.§.1.) Sacrificium offerebatur. *Cai-ngò* discipulus respondit Regi in hunc modum: *Hia* Imperialis familia campum istum conserebat pinis; Secundae verò familiae *Yu* homines cypressis; tertiae denique familiae, quae nunc tenet imperium *Cheu* dictae homines castaneis illum adornabant; haec autem ideò fecisse dico, ut populus pertimesceret seu horrore quodam concuteretur. Moris erat in eodem loco noxios afficere supplicio; Cumque memoratae arbores ferale quid ac horridum prae se ferrent; hinc priscorum mentem temere interpretatus, ibi finxit, esse mysterium, ubi nullum erat. Equidem cum singulae familiarum diversis in locis aulam constituissent, locum sacrificio supliciisque destinatum iis censeverunt arboribus, quas ipsa loci natura, solique ingenium postulasset.

鲁国的国君哀公向孔夫子的弟子宰我询问关于城镇区域之外的空地中,被叫作"社"的东西。在那上面为大地(或者实际上毋宁说是高乎天地之

---

① 古罗马传说中的人物,她接待王子受辱而后自尽,这引起了罗马人民的抗争,王制从而被推翻,罗马共和国得以建立。

八佾第三　　87

神,关于这一概念,孔夫子在《中庸》f.14.p.2.§.1.中曾有提及)①举行祭祀活动。宰我这样回答国君:"夏王朝为天地之神种植松树,接下来的殷人种植柏树,到了第三个王朝,也就是现在掌权的周王朝则置备栗树,而我也很容易说明这样做的原因,是为了让人民感到恐惧和战栗。因为,有罪的人就是在那里接受惩罚。这些神树承载着对死亡的恐惧。"在这里,这位弟子对古人的思想进行了冒失的阐释,炮制了本不存在的隐秘之意。事实上,这只是因为各个王朝的社庙所建的位置不同,每个王朝在那片土地上种植什么树木,仅仅是由生长树的这片土地自身的天然状况所决定的。②

子闻之,曰:"成事不说,遂事不谏,既往不咎。"

p.2.§.1. *Confucius* ergo cum inaudivisset quid à discipulo fuisset responsum, parum utique prudenter, neque ad rem sic ait: Peractâ jam re, non est loquendum: Imò quamvis re necdum peractâ, eo tamen loci deductâ ut impediri jam nequeat, non est adhibenda monitio, quippe inutilis & frustranea: denique re jam praeteritâ non sunt exigendae poenae, eo quidem consilio, ut, quod jam factum est infectum reddatur; non autem quod per illas non caveatur in posterum. Caeterum haec ipsa sic dicta correptionis vim habent: Severiùs quippe castigare vix poterat temeritatem discipuli, quam sic non castigando. Volebat nimirum Philosophus justitiâ, clementiâque, non autem minis atque terroribus subditos in officio contineri; ideò molestissimè ferebat interpretatione tam falsâ concitatum fuisse Regis animum ad immodicam severitatem, à quâ priscorum aetas semper alienis-

---

① 《中庸》第十九章:"郊社之礼,所以事上帝。"耶稣会士做这样的引述,乃是为了展现古代中国存在着的一神信仰及其对多神信仰的否定。

② 朱熹指出,将恐惧和"社"联系在一起,源于社也被用于施行惩罚(第67页),在此基础上,张居正做了进一步的阐发(第38页)。

sima fuerat.

孔夫子在听到他的弟子对这一事情缺乏深思熟虑的回答后说:"已经做了的事,就不要再说了。而尽管如此,这事却并没有结束,因为君王会因这样的话被引入歧途,而这将是无论再怎样规劝都徒劳无功的;已经过去的事情就不要再去追究责备了——因为已经无法防止其发生了。"这些责备也有其他的意义:它显然能够严厉地纠正弟子的轻率浮躁,这比起没有纠正要好得多。无疑,哲学家希望用正义而仁爱的方式使他的弟子在良心的问责和畏惧中持守礼。因为宰我用错误的阐释将君主那本就暴戾的心导向到那对于先人而言不可思议的极度暴虐上。

3.22 子曰:"管仲之器小哉!"

§.2. *Confucius* ait *Quon-chúm* Praefecti capacitas o quam modica est! Erat hic praepotenti Regi Regni çi à consiliis; cumque plurimum valeret industriâ, prudentiâ, aliisque rerum gerendarum artibus; multa feliciter perfecerat, vugoque sermonibus omnium celebrabatur: Quoniam tamen vera virtus sapientiaque homini deerat, abjectè de illo sentit & loquitur Philosophus; sic enim judicabat, veram cujusque magnitudinem, veram capacis altique animi laudem ex unâ virtute peti & existimari oportere. His autem Magistris ac Ducibus, ubi quis seipsum, familiamque, suam rectè instituerit, tum demùm posse utilitates maximas in Principem subditosque populos derivari.

孔夫子说:"啊,大臣管仲的气量真小!"管仲是齐国国君的谋士中一个相当有地位的人。他因自己的勤奋、熟练和投机而变得极其强势。他能轻易地完成很多事情,并且获得了民众的一致盛赞。但哲学家认为他缺乏真正的美德和智慧,并说了上面的这些话。他下这样的判断,是因为真正的伟大和对宽广高尚灵魂的赞美应该仅仅以美德为标准,只有贤师良相立身开国才能为君王和人民带来最大的福祉。①

或曰："管仲俭乎？"曰："管氏有三归，官事不摄，焉得俭？"

§.3. Quam Philosophi mentem cum quidam adstantium minimè assequeretur, ratus praefectum de avaritiâ, nimiâque parsimoniâ notari, sic ait: An igitur *Quon-chúm* sumptus odit, immodicè restrictus & tenax? Respondet *Confucius*: *Quon-chúm* Praefecti familia habet sumptuosam turrim illam *San-quei* dictam, cujus extruendae auctor fuit ipse in primis. Item consilio ejusdem & authoritate perfectum est, ut lites & causae subditorum non omnes promiscuè ad unius hominis tribunal deferrentur, sed ut sunt eae diversisaepè fori, ita diversi constituerentur Judices, qui cum otio examinarent singula, & jus dicerent: Nec tamen ignorabat ipse, quam multum hoc pacto quotannis expenderetur de censu Regis sui: Quomodo igitur, haec qui faciat, censeri possit peccare parsimoniâ?

关于记载中这位有权势的官员的吝啬和极度节俭，有人进一步追问孔夫子的看法："他这样不愿意花钱，难道不是相当节制和有分寸的吗？"孔夫子回答说："管仲的家中有非常昂贵的'三归'之台，它由第一流的工匠制作而成。另外，他这样谋划，既然事物是分门别类的，那么法律案件就不能直接交由一人统管，而是要任命不同的专职法官，每人审理一类案件，不急不忙地结案。而他并非不知道，这样的治国方式对国家而言每年的开销巨大。因此，做这种事的人，怎么能被认为是节俭的呢？"

---

① 朱熹（第67页）和张居正（第39页）都提到紧随"圣贤大学之道"的必要性。

"然则管仲知礼乎？"曰："邦君树塞门，管氏亦树塞门。 邦君为两君之好，有反坫，管氏亦有反坫。 管氏而知礼，孰不知礼？"

f.8.p.1. At enim (subsumit alter) si vir est tam splendidus, tamque munificus, & qui recto judiciorum ordini tam praeclarè consuluit; nonne ergò dicendum erit, quod *Quon-chúm* probe calleat officia, quod (inquam) cujusque sit officium, quid quaeque res poscat. Respondet *Confucius*: Rex erecto pariete velat majorem portam Paletii, utique pro jure suo & more (soli namque domui Regiae erat licitum extra majorem portam Palatii sui parietem seu vestibulum quoddam erigere, per quod uni Regi medius patebat egressus vel ingressus, reliquis omnibus per laterales dumtaxat fores incedentibus) & tamen *Quon-chúm* familia similiter etiam pariete obtegit portam domus suae, haud secus ac si foret regia. Rex item si quando instituit duorum Regum convivium, (si inquam) hospes illi sit alter Regulus, quem ad caenam invitet; habet utique pro opulentia sua & majestate Regia varios, ubi crateres aurei, aliaque vasa collocentur, abacos. *Quon-chúm* familia per insignem arrogantiam similiter item habet poculis instructos abacos. Enimverò si *Quon-chúm* familiaque ejus, cùm tam aliena faciat ab officio modestiâque subditi, tamen sciat, seu scire censeatur officia, ecquis tandem non censebitur non scire officia, quantumvis eadem negligat; contemnat mores patrios, & quae alieni juris sunt, invadat?

但是有人（可能是另一个人）追问道："管仲优秀而慷慨，并且能够按照正确的法律程序行政，难道由此还不能说明他是一个恰当的符合礼的要求的知礼之人吗？"孔夫子回答说："君主在宫殿的大门树立一道屏障来遮蔽，这无疑是君主的特权和一种礼制（只有王室成员才能合法地在宫门外加设院墙或是院门，只有君王才能从中间的门进出，其他所有人都只能从旁门进出)。而管仲的家,也用屏障遮住自家的门,就如同君主的门一般。君王为了两国国君的友好聚会,大摆盛宴邀请另一个君王时,为显示王室的大度和富有,宴席上会使用各种用来摆放金制的酒杯和其他容器的架子。而管仲家,因为明显的傲慢自大也设有这种用来盛放饮器的架子。如果管仲和他的家族这样做事情也算是谦逊懂得礼的话,那么还有谁会被认为不知道礼呢,无论他实际上多么无视礼,多么轻视祖先的礼制,对法律多么陌生!"

3.23 子语鲁大师乐,曰:"乐其可知也:始作,翕如也;从之,纯如也,皦如也,绎如也,以成。"

p.2. Musicâ plurimum delectabatur philosophus, non quidem adeò propter suavitatem, quae mulcebat aures, quàm propter utilitates, quas summi pariter infimique ex illâ percipiebant, quotiescunque Priscorum more instituebatur: sic prorsus, ut quandoque Regni totius innovatio quaedam, morumque singularis emendatio sequeretur. Tanta doctrinae vis erat, quam Prisci Reges ac Magistri numeris suis illigaverant. *Confucius* itaque ex Regno *Guéi* redux in patriam *Lù* regnum, cum videret Musicam passim negligi; multa item quae ad Republicae administrationem, morumque disciplinam pertinebant, propè jam oblivioni tradita, vehementer optans instaurari omnia, alloquens Regni *Lù* magnum magistrum sic ait: Musices quae Majoribus nostris in tanto fuit pretio, ejus tu saltem, qui pro officio illam tractas, potes esse peritus. Et illa quidem principio consonè unitis (inquam) & vocibus & instrumentis pleno, ut aiunt, choro resonabat: deinde vero paululum remittens, cum proprio tamen cujusque vocis & instrumenti sono harmonicè perseverabat: sic quidem ut clara semper & sine ullâ confusione: continenter & sine interruptione: hac ratione majorum nostrorum musica perficiebatur.

哲学家极度醉心于音乐,并非因为其能够愉悦耳朵,而是为了最高的和最低的阶层都能从中获得的益处,这益处是古代礼制带来的。因此若整个国家的音乐变了,跟着便是道德的惊人变换。古代的很多君王和他们的老师都相当认可音乐的强大力量。因此,当孔夫子离开卫国回到自己的祖国鲁国后,他看到人们忽视音乐,治国和道德教化也已经到了这样的程度,以至于都被人们遗忘了。这时孔夫子迫切地决意要去复兴这一切,因此他对鲁国的大师这样说:"我们祖先的音乐是如此有价值,你这以礼而从事于它的人应该熟知于此。在一开始声音和器乐便要完全协调一致,如同产生回响一般,到了曲终,连一丝差异也不再有,从而使人的歌声与器乐之声达到完全的和谐一致,而即使如此,这音乐也总是清晰可辨,而非混同为一的。这样的音乐才是我们祖先理念的完美实现。"

3.24　仪封人请见,曰:"君子之至于斯也,吾未尝不得见也。"从者见之。出曰:"二三子,何患于丧乎?天下之无道也久矣,天将以夫子为木铎。"

f.9.p.1. Oppidi quod *Y* vocabatur limitum praefectus à *Confucii* discipulis petivit copiam sibi fieri conveniendi & salutandi magistrum ipsorum dicens: Spectatae probitatis sapientiaeque viros quotiescunque accesserunt huc, ego nunquam non obtinui ut viderem. Discipuli introduxerunt hominem ut salutaret Philosophum: Quo salutato cùm egrederetur, conversus ad eosdem ait: O vos duo tres-ve filii, quorsum maeretis & angimini animo, quod Magister ille vester vivat nunc procul à regno patrio & privatus sua dignitate? Porrò quod in imperio nostro sine lege vivatur, jam diu est: Et ego quidem sic statuo, futurum brevi ut caelum, ex *Confucio* efficiat quasi vivum quoddam instrumentum *Mo to*, seu sonoram aeris campani linguam ad populi totius institutionem.

在仪邑地界上的长官因为想要拜访孔夫子而对他的弟子说:"每当那些被认为是正直而智慧之人来到这里,我都必定会留下并拜见他们的。"弟子们便引荐他去拜访哲学家。当拜见孔夫子出来后,他对聚集在一起的孔夫子的弟子说:"啊,你们这两三个孩子! 你们为何为老师现在远离祖国和失去名望而忧伤烦恼呢? 我们国家现在没有法律已经很久了。我想,不久老天就会差遣孔夫子,他就像活着的木铎,即木质响舌的铜铃,是来教化所有的民众的。"

Eligebatur olim Mandarinus unus e gravioribus, qui leges imperii, et sanam virorum sanctorum doctrinam per onmes Provincias divulgaret: utebatur is autem tintinnabulo, quod aeneum cùm esset, linguâ tamen ligneâ instructum erat: hinc Mo to *dictum; contra quàm tintinnabulum militare, quo statuta scilicet militaria bellique leges vulgari consueverant, quod ex aere totum erat; adeoque* Kin-to *vulgo dicebatur. Significatur hîc itaque, doctrinam Philosophi per Imperium totum propagatum iri: uti revera deinde contigit.*

最严肃的一位官员被挑选出来,他对所有的省份宣扬帝国的法律和圣人的教化之音。他会用木质响舌的铜铃——木铎来做到这一点。与这种铃铛不同,在战斗中,向所有人宣告战斗打响号令的铃铛被人们称作"军铎",军铎完全是铜制的。木铎表示哲学家的教导会传遍整个帝国,正如最终发生的那样。

3.25 子谓《韶》,"尽美矣,又尽善也"。 谓《武》,"尽美矣,未尽善也"。

p. 2. §. 1. *Confucius*, uti commemorant, dicebat de musicâ *Xao*, cujus author extiterat *Xún* Imperator, quod illa penitùs exhauserat elegantiam & pulcritudinem. Item quod exhauserat eadem clementiam & suavitatem. Dicebat autem de musicia *Vù* dicta (fuerat haec Imperatoris *Vu-vam*) praestantissimam, quidem fuisse, plenamque majestatis: At non item suavissimam, bellum quippe & arma resonantem.

孔夫子的弟子们回忆道,孔夫子曾经说过,舜帝所作的音乐《韶》,乐音极其典雅而美妙,同时充满慈爱和善意。而音乐《武》(这是武王的作品)虽说极为庄严,是相当优秀的,但却没有达到完全的慈爱善意之境,这显然是武王那个时代战乱不断的一种反映。

3.26 子曰:"居上不宽,为礼不敬,临丧不哀,吾何以观之哉?"

§.2. *Confucius* ait: Praefecti non sint clementes, rursus si qui funguntur mutuis urbanitatis officiis ceremoniisque, si non ex animo colant se mutuò: si denique tot inter apparatus funebres, nullus tamen veri doloris luctusque sensus existat: Ego quorsum obsecro spectator horum omnium esse velim?

孔夫子说:"官员不应该是不仁爱的,如果他们举行了很多政治性的礼节和仪式,这些仪式却不是发自其内心的;如果丧礼有繁多复杂的程序,却没有真正的哀痛之情——请问,我怎么会愿意看到这一切呢?"

里仁第四

4.1 子曰:"里仁为美。 择不处仁,焉得知?"

f.10.p.1.§.1. *Confucius* ait: Prorsus infrequens sit vicus & ignobilis, ubi scilicet familiae degant non plures viginti quinque; incolae tamen loci tales sint, ut mutua fides & amor vigeat; ab hoc uno petatur laus omnis & decor; sit item quispiam qui sedem sibi deligat, nec tamen commorari velit in hâc, quam diximus, sede charitatis & innocentiae: Hunc ego quomodo censere queam esse prudentem?

孔夫子说:"村社应该是小而无名的,全部居民不多于二十五户人家①,互相之间充满信任和关爱。这才是美好和值得赞美的。如果有人为自己挑选住处,但是不愿意居住在我们所说的慈爱和纯净的环境,怎么能将他看作明智的人?"

4.2 子曰:"不仁者不可以久处约,不可以长处乐。 仁者安仁,知者利仁。"

§.2. *Confucius* ait: Improbi, haudquaquam possunt longiori tempore commorari cum aerumnis & paupertate, haud item possunt longiori tempore commorari cum faventis fortunae laetitiis. Vir interim probus, quaecunque sors casusve incidat, in unâ conquiescit virtute: Vir etiam prudens non emolumentum

---

① 朱熹:"二十五家为一里。"

& lucrum suum petit ex virtute.

孔夫子说:"那些不正直的人,绝不可能长时间地安于艰苦和贫穷,也不能长时间地安于享受人生的快乐。然而正直的人,无论遭受什么命运或者境遇怎样,他总能持守同样的美德。智慧的人不会从美德中寻求利益和好处。"①

4.3 子曰:"唯仁者能好人,能恶人。"

p.2.§.1. *Confucius* ait:Solus ille qui probus est, tutò potest diligere homines, tutò potest odisse homines.

孔夫子说:"只有正直的人才能正确地爱人和憎恨人。"②

4.4 子曰:"苟志于仁矣,无恶也。"

§.2. *Confucius* ait:Si quis seriò firmiterque applicet animum ad virtutem, is nihil quod turpe sit aut contrarium rationi committet.

孔夫子说:"认真且坚定地专注于美德的人就不会做任何可耻的或者违反理性的事。"③

4.5 子曰:"富与贵,是人之所欲也;不以其道得之,不处也。贫与贱,是人之所恶也;不以其道得之,不去也。

§.3. *Confucius* ait:Opes & honores ea sunt quae mortales appetunt. Verùm

---

① 朱熹注为:"知者利于仁而不易所守。"(第69页)耶稣会士将"利"理解为利益,并用否定句来翻译,与原文有出入。

② 与基督徒普遍的爱相对照。

③ 张居正认为人可以通过仁"复还天理"(第44页)。这里将天理译为理性。

si non sit consentaneum ipsi rationi illa obtinere verus Philosophus neutiquam in illis persistet. Ultrò scilicet se his abdicabit. Rursus inopia & humilitas vilitasque ea sunt quae mortales oderunt ac fugiunt: verus autem Philosophus, tametsi fortè non secundùm ipsum jus & ipsum haec illi obvenerint, ipse tamen haudquaquam id aget, ut ab se per fas & nefas inopiae vilitatem avertat.

孔夫子说:"财富和荣誉是人所追求的,但如果不符合理性,真正的哲学家绝对不会追求,甚至于还会拒绝。同样,人们痛恨并逃避贫穷、卑微和低贱,不过即便碰巧处于这样的境况当中,即便遭到不公正的对待,真正的哲学家也不会尝试以各种方式来逃避。

君子去仁，恶乎成名？"

f.11.p.1.§.1.　Quocirca si quis audire velit Philosophus, & tamen abjiciat verae sapientiae virtutisque studium, talis qui sit, quomodo mereatur vel sibi conciliet Philosophi nomen ac famam.

因此,如果哪个哲学家想要学习,但是又拒绝追求真正的智慧和美德,那么,这种人怎么配得上哲学家的名号和声望呢?"

君子无终食之间违仁。 造次必于是，颠沛必于是。"

§.2.　Verus Philosophus ne tantillo quidem tempore quo solet corpus refici quidpiam committat contrarium virtuti rectaeque rationi: Et quamvis incidat casus maximè repentinus, planè tamen in hoc virtutis proposito persistat. Imò quaecumque tandem rebus eversis ac perditis calamitates premant, planè tamen in hoc virtutis fundamento perseveret.

即使在一顿饭的短暂时间中,真正的哲学家也不会做任何违背美德和正确理性的事情。虽然命运无常,但他也完全持守美德,并立足于这种生活方式;还有无论承受什么样的毁灭性灾难,他都会完全坚持立足于这美德的根基之中。"

4.6 子曰:"我未见好仁者,恶不仁者。 好仁者,无以尚之;恶不仁者,其为仁矣,不使不仁者加乎其身。

§.3. *Confucius* ait: ego nondum vidi quemquam, qui gauderet virtute & abhorreret à vitiis seu improbitate. Utriusque ratio haec est, quod eum qui gaudeat virtute, velim tam inflammato illius studio & amore teneri, ut nihil eidem anteponat. Rursus, qui abhorreat ab improbitate, eum sic volo operam dare probitati ut non patiatur ne tantillo quidem, quod vitiosum sit, affici & inquinari suam personam.

孔夫子说:"我还没见过乐于美德的人,也没有见过憎恨罪恶的人。① 二者的标准如下:我希望乐于美德的人有激情和热爱,以至无物可以先于美德;反过来,我希望憎恨罪恶的人,能够付之以真诚的努力来使自己免于微小罪恶的沾染和影响。

有能一日用其力于仁矣乎? 我未见力不足者。"

p.2.§.1. Verumtamen an est credibile dari quempiam qui generoso determinatae mentis consilio velit, adeoque possit vel unius diei spatio impendere omnes vires suas in studium virtutis, & tamen ad eam non pertingat? Ego certè nondum vidi quemquam, cujus ad hoc vires non sufficerent.

---

① 这里把"仁"译成美德(virtus)。

如果有人以毅然决然的决心①想要,或者说能够在一天里竭尽全力地去追随美德,然而还不能获得美德,这可信吗?我还真没见过有谁力量不够的。"

盖有之矣,我未之见也。"

§.2. Fortasse tamen dabitur qui reverà tam imbecillis sit, at ego certè necdum vidi quemquam.

可能有人的确力不从心,但我真的未见过这样的人。"

4.7 子曰:"人之过也,各于其党。 观过,斯知仁矣。"

f.12. p.1. §.1. *Confucius* ait: Quotiescumque homines excessu quodam peccant singuli ferè peccant in suo genere, sic ut quales ipsi sint, talis etiam sit excessus. Unde considerato quo quis peccat excessu, hoc ipso scit, qualis ipsa sit virtus in qua vel excessu vel defectu quis peccat.

孔夫子说:"人们总是会犯他自己那一类②的错误。有不及的错误,也有过度的错误。由此,通过考察他所犯的错误,就可以知道他在美德上所犯的错误是因为过度还是不及。"

4.8 子曰:"朝闻道,夕死可矣。"

§.2. *Confucius* ait: Manè qui audiverit legem, vesperi mori potest, Nec

---

① "毅然决然的决心"是一种宋明理学式的解释,不改变原本的含义,而是将概念精确化。对于朱熹而言,着眼点在于志。

② 朱熹:"党,类也。"(第71页)

erit quod vixisse paeniteat aut taedeat mori.

孔夫子说:"早上认识到了法则的人,晚上死去了。他将不会后悔曾经活过,即使死去也不会伤心。"

4.9 子曰:"士志于道,而耻恶衣恶食者,未足与议也。"

p.2.§.1. *Confucius* ait: Homo literatus qui constituerit operam dare verae Philosophiae & tamen erubescat viliorem vestitum, viliorem cibum, is profectò nondum idoneus est qui cum philosopheris.

孔夫子说:"有志于献身真正哲学的文人,如果耻于廉价的衣服和食物,那就不值得与他谈论哲学了。"

4.10 子曰:"君子之于天下也,无适也,无莫也,义之与比。"

§.2. *Confucius* ait: Perfectus vir, seu, verus Philosophus in hoc orbe non habet obfirmatum animum ad agendum, neque habet ad non agendum: convenientia cujusque rei est id quod sequitur.

孔夫子说:"完美的人或真正的哲学家对于世界上的事,并不刻意强求,要做什么,或不要做什么,他遵循的是适度的原则。"

4.11 子曰:"君子怀德,小人怀土;君子怀刑,小人怀惠。"

§.3. *Confucius* ait: Proborum tota mens & cogitatio occupatur unà virtute, improbi contrà suis intenti commodis. Pari modo probi homines continenter animo volvunt ac revolvunt Imperii leges, Improbi verò cogitationes suas omnes defixas habent in lucris.

孔夫子说："正直之人全部心思都被美德所占据，相反，不正直之人其心思则在贪图利益上。正如正直之人总是把全部心思花在恢复和发展帝国的法制上，而不正直之人则把全部心思放在获取利益上。"

4.12 子曰："放于利而行，多怨。"

f.13.p.1.§.1. *Confucius* ait: Turpiter inhians lucris suis & juxta ea suas res agens; plurimis utique reddetur odiosus.

孔夫子说："可耻地根据自己的利益做事情的人一定会被大部分人怨恨。"

4.13 子曰："能以礼让为国乎？ 何有？ 不能以礼让为国，如礼何？"

§.2. *Confucius* ait: Si quidem Rex possit sive velit pro suo Regis officio moderari sese, & sic regere, quid obsecro laborabit？ E contrario, si nolens ipse pro suo Principis officio moderari sese, administret regnum, cui tandem erunt usui tam inania frivolaque officia.

孔夫子说："如果一个国君能够或想要依照君主的礼节来节制自己，然后再去治国，那么我还能要求他去做什么别的呢？ 相反，如果他不想依照君主的礼节来节制自己，却还要治理国家，那么所有的礼节对他来讲都是虚妄的。"

4.14 子曰："不患无位，患所以立。 不患莫己知，求为可知也。"

§.3. *Confucius* ait: Noli maerere propterea quod careas publicâ dignitate.

De hoc angaris, quod iis careas virtutibus propter quas eveharis. Rursus, noli maerere, quod nemo sit à quo ipse cognoscaris. De hoc uno scilicet nobis laborandum est, tales ut simus, qui mereamur cognosci.

孔夫子说:"你不要因为没有官位而悲哀,而应该为缺乏所应有的美德而痛苦。同样,你不要因为没人知道你而悲哀,而应该致力于一件事,那就是努力让自己值得为人所知。"

4.15 子曰:"参乎! 吾道一以贯之。"曾子曰:"唯。"

§.4. *Confucius* ait: Heus tu, mi discipule *Sin* (alias *Çem-çu*) mea doctrina in radice suâ unum quid est, seu in uno maximè fundatur principio, quo ipse utor deinde in ordine ad omnes reliquas actiones. *Çem-çu* Magistri sui mentem soliciter assecutus, prorsus, inquit, res habet ut dicis.

孔夫子说:"你,听着,我的弟子参(曾子)。我的教导在根本上是统一的,建立在一个原则上面,我用这一原则去统率其他行为。"曾子明白了老师话语的意思,所以说:"我明白。"

子出,门人问曰:"何谓也?"曾子曰:"夫子之道,忠恕而已矣。"

p.2. *Confucio* non multo post egresso, discipuli ab *Çem çu* sciscitati sunt, dicentes: Ecquid obsecro significat illa Magistri verba? Ad quos *Çem çu* sic ait: *Confucii* doctrina fundamentalis, & unicum rectè vivendi principium hoc est: Quidquid agas agere verè ex animo totisque viribus & à tuo ipsius corde gradum facere ad alios: seu, talem te esse erga alios, quales esse velis alios erga te; atque hoc sufficere, nec aliâ re esse opus.

孔夫子出去后没多久,弟子们向曾子问道:"求教你,老师的这些话是什么意思呢?"曾子告诉他们:"孔夫子正确做人的根本教导,也是唯一原则就是:无论你做什么,都应该下决心去做,并且尽自己的最大能力去做。① 你应该从自己的内心扩展到别人的内心,也就是说你应该用希望别人对待你的方式去对待别人,这些就已经足够了,不需要其他更多的东西了。"

4.16 子曰:"君子喻于义,小人喻于利。"

f.14.p.1. *Confucius* ait: Vir probus ac verè Philosophus valde perspicax est in iis quae sunt rationi consentanea, improbi verò ac homines oculatissimi suis in lucris & commodis, quid è re suâ sit, quid contrà, acutissimè discernunt.

孔夫子说:"正直的人和真正的哲学家对于合于理性之事独具慧眼;而相反地,不正直的人和追逐利益的人则看重自己的收益和损失。"

4.17 子曰:"见贤思齐焉,见不贤而内自省也。"

p.2.§.1. *Confucius* ait: Probus si videat quempiam virtutibus instructum mox cogitat eidem se conformare. Idem si videat hominem virtutis expertem, inde etiam fructum suum petens, interius secum ipse mox disquirit, an ei fortè vitio suo sit similis.

孔夫子说:"正直的人如果看到有美德的人,就会马上想到要同样地塑造自己。同样,如果他看到无德的人追逐利益,就会立即检点自身,看是否也有类似的错误。"

---

① 这里对于"忠"的翻译,可参张居正的解释(第51页)。这一含义出自朱熹,甚至,出自更早的干弼。然而其他解释者将"忠"理解为下对上的一种仪式性的服从。常常与"信"相联系,信是平级之间的礼节。

4.18 子曰："事父母几谏，见志不从，又敬不违，劳而不怨。"

§.2. *Confucius* ait: Filius constanter morem gerat serviatque Patri & Matri. Si tamen ab eis fortè peccaretur, leniter ac pedetentim commoneat: quod si viderit eo esse animo parentes, ut non obsequantur monenti, supersedeat: Iterumque solita prodat observantiae argumenta, & nequaquam verbo factoque eis adversetur. Quod si etiam laboribus molestiisque, immo etiam verberibus obruant eum castigentque; eis tamen haudquaquam succenseat filius.

孔夫子说："子女要持之以恒地服从并侍奉父母。如果父母做错了事，子女就该小心地加以提醒。如果父母听不进意见，就应该停止，但仍要孝顺他们，不在言语和行为上触犯他们。即使父母打骂惩罚子女，做子女的也不要怨恨父母。"

4.19 子曰："父母在，不远游，游必有方。"

§.3. *Confucius* ait: Quandiu Pater & Mater superstites sunt, filius ne longius seu in longinquiores terras evagetur. Verumtatem si gravis quaepiam necessitas longiùs proficisci coëgerit, sciant omnino parentes ubi terrarum filius versetur.

孔夫子说："只要父亲和母亲仍然健在，子女就不要到遥远的国度去。如果不得不去远行，就必须让父母知道他在哪里定居。"

4.20　子曰:"三年无改于父之道,可谓孝矣。"

f.15.p.1.§.1.　*Confucius* ait: Quisquis parentibus vitâ jam functis totos tres annos non discesserit à patrio more & instituto, is poterit nuncupari obediens.

孔夫子说:"父母过世后三年,仍然不放弃父亲留传下来的规矩的人,可以称得上孝顺。"

4.21　子曰:"父母之年,不可不知也。一则以喜,一则以惧。"

§.2.　*Confucius* ait: Patris ac Matris annos seu aetatem, probus ac pius filius assiduè reminisci debet, nec potest citrà culpam ignorare, partim ut laetetur ipse, partim ut pertimescat.

孔夫子说:"父亲和母亲的年纪或者岁数,孝顺和恭敬的儿子应该一直记着,丝毫不能出错,一方面因其长寿而欢欣,一方面又因此而忧惧。"

4.22　子曰:"古者言之不出,耻躬之不逮也。"

§.3.　*Confucius* ait: Prisci sermonem non proferebant nisi rarò & perparcè: Pudore quodam suo impediti scilicet, quod intelligerent se rebus factisque propriis nondum pertingere quò pertingebant sermone.

孔夫子说:"除非能够做到言简意赅,否则古代的人不会发言。羞耻感阻止他们演讲,因为他们知道他们所说的,他们还不能充分地做到。"①

---

①　朱熹:"逮,及也。"(第74页)

4.23 子曰："以约失之者鲜矣。"

§.4. *Confucius* ait：Homines frugi & assiduâ disciplinâ continentes sese & tamen delinquentes, utique rari sunt.

孔夫子说："一个人因有节制并持之以恒地学习而犯错,这样的事确实少见啊。"

4.24 子曰："君子欲讷于言而敏于行。"

p.2.§.1. *Confucius* ait：Verus Philosophus studio quodam tardus est ac muti propè instar in suis verbis(vel affectat nescio quam tarditatem & quasi impedimentum linguae in suis verbis), contra verò celer & expeditus idem est in operibus suis.

孔夫子说："真正的哲学家很少说话,甚至于总是沉默不语(或者他们的目的是在演说中使用某种缓慢而顿挫的口语风格)。相反,他们行动起来却是迅速而敏捷的。"

4.25 子曰："德不孤,必有邻。"

§.2. *Confucius* ait：Virtus non est solitaria nec desertae instar：Omnino habet vicinos suos; cultores, inquam & sectatores.

孔夫子说："美德不孤单的,不像荒漠,它总是有自己的邻人、支持者和跟随者。"

4.26 子游曰:"事君数,斯辱矣;朋友数,斯疏矣。"

§. 3. Discipulus *çu yeu* ait:Qui ministrat Regi, si importunus sit hoc ipso probrum sibi accersit:qui item apud sodales & amicos suos importunus, hoc ipso ab alienabit ab se animos illorum. Sed caveant hîc(inquit Interpres)vicissim viri Principes & quicunque amicitias colunt, ne dum monentur paulò liberiùs, repugnanter id accipiant, audiantque cum molestià, quod tamen cum fide benevolentiâque dicitur:Periculum est enim, ne vero amico protinùs succedat blandus, & fido monitori improbus assentator, qui eosdem non modò ferri sinat praecipites, sed ultrò quoque in exitium & ruinam propellat.

弟子子游说:"侍奉君主的人如果令人厌烦,就会因此招致耻辱。同样,在同伴和朋友中令人厌烦的人,也会被那些朋友疏远。"但是,(解释者说)反过来,那些君主和所有珍视朋友的人,在被频繁劝谏的时候,就要小心了,别人出于信任和好意向他们进谏,他们不应该带着反感接受,或是带着烦恼倾听。在真朋友的忠言之后,紧接着的是阿谀奉承;忠诚之臣之后,就是奸佞之臣。这的的确确是危险的,还不仅仅是危险,更甚者会让他们走向死亡和毁灭。"①

---

① 见张居正的解释(第 55 页)。

公冶长第五

5.1　子谓公冶长，"可妻也。 虽在缧绁之中，非其罪也"。 以其子妻之。

f.1.p.1.§.1.　*Confucius* dicebat de discipulo suo *Cum ye cham* dicto; convenit ei uxorem dare, quippe viro planè integro, & maturae solidaeque virtutis. Nam tametsi sit inter atro fune vinctos, id est, carceri mancipatos; id tamen accidit alienâ culpa calumniantis innocentem; non accidit ipsius culpâ: *Confucius* itaque suam ei filiam nuptui dedit.

孔夫子在谈到他的弟子公冶长时说："应该给他一位妻子，显然他是一个可信赖的、拥有成熟和稳固美德之人。① 尽管他身处黑暗被绳索束缚——被关在监狱，②但这是指控他的人的过错，而不是他自身的过错。"因此孔夫子把自己的女儿嫁给公冶长做妻子。

5.2　子谓南容，"邦有道，不废；邦无道，免于刑戮"。 以其兄之子妻之。

§.2　*Confucius* dicebat de discipulo suo *Nân-yùn*: Vir hic est rarae pruden-

---

① 朱熹没有这一注解，这是张居正补充的。
② 对于黑暗和绳索的解释可以在朱熹和张居正的注解里看到。拉丁译本在这里用了现在时，以表示公冶长早年做过囚犯的影响至今。

tiae, & solidae adultaeque virtutis; itaque si in regno vigeant virtutes ac leges; ipse non negligitur, sed ad regni munia adhibetur:Si verò regnum sit sine virtute ac legibus; tum sua prudentiâ servat se ab interitu ac periculis incolumem, propterea *Confucius* sui fratris filiam ei in uxorem dedit.

孔夫子谈到他的弟子南容时说:"这个人有罕见的审慎,以及稳固和成熟的美德,因此如果美德和法律在一个国家盛行,他就不会被忽视,会被赋予管理国家的职责;不过,如果一国缺乏美德和法律,由于审慎,他也能确保自己的安危。"因此,孔夫子把他兄弟的女儿嫁给了他做妻子。

5.3 子谓子贱,"君子哉若人! 鲁无君子者,斯焉取斯?"

p.2. *Confucius* item dicebat de *çu-çien* discipulo suo:Quantae sapientiae ac virtutis vir hic est! At enim si regno huic nostro Lù, ex quo oriundus ipse est, non essent tot tamque insignes sapientiâ & virtute viri, quorum exemplis, usu, & institutione assiduè profecit; ipse undenam, aut quomodo sibi comparasset hanc tantam virtutem, tantamque sapientiam?

同样地,孔夫子就他的弟子子贱说:"这个人真是智慧和美德兼具啊!但是如果在我们鲁国(他也在这里出生)没有那么多以智慧和美德闻名的人,使得他能够通过这些人的榜样、经历、教育而不断完善自己,那么,他是从哪里,或怎样得到这样的美德和智慧的呢?"

5.4 子贡问曰:"赐也何如?"子曰:"女,器也。"曰:"何器也?"曰:"瑚琏也。"

f.2.p.1.§.1. *Çu-cum* & ipse *Confucii* disicipulorum unus, cum audivisset *çu-çien* condiscipuli sui ab ipso Magistro prolatum encomium; curiosus sciendi, quid de se Magister suus sentiret, ex eodem percontatus ait: Ego *Su* (nomen hoc erat ipsius *çù-cùm*) qualisnam sum? *Confucius* respondit: Tu es vas. Quo ille audito iterum quaerens ait: cujus modi vas ego sum? Cui respondens *Confucius*, tu, inquit, es pretiosum & elegans illud vas *Hû-lièn* dictum quod inter vasa ad usum oblationum, quas Reges in majorum suorum aulâ facere consueverant, erat pretiosum imprimis. Cum hoc itaque comparavit *Confucius* hunc suum discipulum, ut ostenderet ipsum ejusmodi talentis ornatum, quibus primum inter caeteros Regni Praefectos locum mereretur.

子贡是孔夫子的一个弟子,因为听到自己的老师赞美同学子贱,他很想知道对于他老师会怎么想。因此他问道:"赐(这是子贡的名字)是怎么样的人?"孔夫子回答:"你是容器。"听到这以后,他又问道:"我是什么样的容器?"孔夫子回答他说:"你是那珍贵、精致的被称为瑚琏的容器。君王们的宗庙中用作祭祀的容器,它是特别珍贵的。"孔夫子把自己的这个弟子比作这种容器,是为了说明这个弟子拥有卓越的才能,凭借此,他能居于国家百官中的首位。①

5.5 或曰:"雍也仁而不佞。"

§.2. *Confucii* discipulorum unus *Yum* dictus, vir erat prae caetéris taciturnus; quidam hanc ejus taciturnitatem notans, *Confucio* dicebat: *Yum* discipulus tuus equidem vir probus est; verumtamen indisertus et parum eloquens.

孔夫子的另一个弟子雍,跟其他人比起来是一个沉默的人。有个人观

---

① 朱熹和张居正的注释都认为,在孔夫子看来,子贡还未达到君子的水平,君子不会是一个"器"。虽然子贡是一个"器",但他是最为珍贵的一个。耶稣会士的注释没有提到孔夫子对于子贡的一些否定看法。张居正注释,像子贡这样的人可以为"邦家之光"(第 57 页)。也许耶稣会士是故意的,因为对于他们来说,作为天主的"器"体现了完美的宗教服从。

察到他的沉默，对孔夫子说："你的弟子雍的确是个正直的人，但却没有口才且很少说话。"

子曰："焉用佞？御人以口给，屡憎于人。不知其仁。焉用佞？"

§.3. *Confucius* respondit: Ecquem tandem usum habet illa oris facundia & loquacitas? Nam obruere & opprimere alios garruli oris promptitudine, plerumque indignationem movet odiumque apud homines. Quod attinet ad *Yum* discipulum meum, quem virum esse probum asseris; ego quidem nescio, nec discutio, ipsius probitatem: unum quaero, cui tandem est usui illa quam tanti aestimas, oris facundia?

孔夫子回答说："这嘴上的才能和多话最终有什么用呢？因为用喋喋不休的话语盖过和压制别人，只会激起他人更多的愤怒和憎恨。对于我的弟子雍，你断言他是一个正直的人。我确实不知道，也打算不讨论他的正直。我只问一件事情：你说的那个雄辩的口才，最终对谁有用呢？"

5.6 子使漆雕开仕。对曰："吾斯之未能信。"子说。

p.2.§.1. *Confucius* jusserat discipulorum suorum unum *çie tiao cai* dictum; Magistratum gerere. Hic respondit: Ego hujus rei nondum teneo vel assecutus sum sufficientem peritiam, ut eam ausim suscipere. Confucius audito discipuli sui responso prudentiae modestiaeque pleno, admodum gavisus est.

孔夫子曾指使他的一个弟子漆雕开去担任官职。漆雕开说："我尚未具备这种能力，也缺乏足够的经历，我不敢接受它。"在听到他的弟子审慎和谦虚的回答后,孔夫子非常喜悦。①

5.7 子曰:"道不行,乘桴浮于海。 从我者其由与?"子路闻之喜。 子曰:"由也好勇过我,无所取材。"

  Quia *Confucii* temporibus jacebat in Regni *Lù* neglecta virtus; neque Rex probos sapientesque viros ad publica munia adhibebat: *Confucius*, qui dignitates eo maximè consilio admittebat; quod speraret sic faciliùs doctrinam suam à populis admittendam; videns se, probosque viros passim negligi, dolore plenus, in illa tandem prorupit verba, & dixit: Mea doctrina hodie negligitur, & non propagatur: Quorsum igitur Chinam adhuc incolo? Conscendam ratem, navigaturus per maria, & hoc tam corruptum moribus saeculum ocyùs fugiam. Proculdubio sequetur me abeuntem vel unus hic discipulus meus *Yeu* (vir ad ardua quaeque tentanda promptus aeque & audax) *çu-lu* haec audiens gavisus est. At *Confucius* conversus ad hunc praefervidi animi discipulum; heus, inquit, mi *Yeu*; amore ac studio fortitudinis equidem superas me; at cares re illa qua arripias, quod consultius est; cares, inquam, judicii maturitate.

  在孔夫子的时代,美德在鲁国处于被忽视的状态,君王也不任用诚实和智慧的人。经过充分的考虑,孔夫子接受了国君授予他的职位,内心他希望他的教导会更容易地被人们接受。他看到他自己和正直的人们处处被忽视,内心充满了悲伤,终于脱口说出这些话:"如今我的教导被忽视,并且得不到传播。因此今天在中国我又能到哪里生活?我要登上木筏,穿过大海

---

  ① 在我们所用的《张居正讲评〈论语〉皇家读本》中,这条(5.6)和下面(5.7)的次序被颠倒。《中国哲学家孔夫子》遵从朱熹的次序。如果耶稣会士用过张居正的版本,却遵从朱熹次序,则表明他们还是更愿意以朱熹的版本为依据。

航行,尽快逃离这道德如此败坏的时代。无疑,只有我的弟子由(他是一个热切而又敢于处理艰难的事情的人)将追随我而去。"子路听了这话很高兴。但孔夫子转向这个性情急躁的弟子说:"听着,我的由! 在对勇气的执着追求这方面你确实超过了我,但你不能把握那些更为审慎的事物,你缺乏成熟的判断力。"①

5.8 孟武伯问,子路仁乎? 子曰:"不知也。"

f.3.p.1.§.1. Praefectus Regni *Lù men vu pe* dictus, volens promovere aliquos ad publica munia, percontatus est *Confucium* dicens: çu lu discipulus tuus estne verae solidaeque virtutis; *Confucius* quod sciret virtutem esse rem adeò ar-duam, ac proinde non facilè temerèque cuilibet tribuendam; prudenter admodùm respondit: vera solidaque virtus res est intimo cujusque animi recessu abdita; adeoque quis eam habeat, vel non habeat, pernosci difficile est: Quare an *çu-lu*, ut à me quaeris, verae solidaeque sit virtutus, ego quidem nescio.

鲁国的长官孟武伯打算推举一些人为官。他向孔夫子询问道:"你的弟子子路有没有真正的和稳固的美德?"因为孔夫子知道美德是一种崇高的事物,无论如何它都不会轻易鲁莽地被给予任何人,所以他非常审慎地回答:"真正的和稳固的美德隐藏于一个人心灵最深的隐秘处。很难确切地知道谁拥有它或没有它。因此你询问我子路是否有真正的和稳固的美德,我真不知道。"②

---

① 朱熹和张居正都提出子路误解孔夫子是想离开国家的。这一点没有出现在耶稣会士的翻译中。耶稣会士亦随着朱熹和张居正,把"材"等同于"裁"。

② 朱熹和张居正都认识到,虽然"仁"寓于每个人的心中,但却难以获得和保持。孔夫子在这里并不是指子路不完美,而是认为很难获知他的本心。即"心灵最深的隐秘处"。

又问。子曰："由也，千乘之国，可使治其赋也，不知其仁也。"

§.2. Superiore *Confucii* responso non contentus Praefectus; eundem iterum de virtute discipuli *çu-lu* interrogat; persuadere enim sibi non poterat, *Confucium* nescire discipulorum suorum virtutes. Tum *Confucius* respondit; Cum sit eximiâ fortitudine, bellicâque virtute praeditus discipulus meus *Yeu*, in mille etiam curruum bellicorum regno, potest ipsi committi gubernanda ejusdem militia. Verumtamen nescio ejus interiorem virtutem.

对孔夫子以上回答不满意的长官，再次询问关于子路美德的问题。事实上，孟武伯不相信孔夫子不知道他的弟子是否具有美德。于是孔夫子回答："既然我的弟子由具有勇气和杰出的军事才能，那么有千辆战车的国家的军队的管理可以托付给他。然而我不知道他是否有内在的美德。"

"求也何如？"子曰："求也，千室之邑，百乘之家，可使为之宰也，不知其仁也。"

§.3. Idem Praefectus de alio *Kieu* discipulo *Confucium* percontatus, ait; Discipulus tuus *Kieu* qualisnam est? *Confucius* respondit; *Kieu* discipulo meo mille etiam familiarum oppidum, vel centum curruum bellicorum familia, potest committi, ut agat eorum gubernatorem; Attamen non mihi constat de ipsius virtute illâ interiore.

就孔夫子的另一个弟子求，这个长官询问道："你的弟子求怎么样？"孔夫子回答："像有千个家庭的城镇，或者有百辆战车的王国，可以交由我的弟子求治理。尽管如此，我仍然不知道他是否有内在的美德。"

"赤也何如?"子曰:"赤也,束带立于朝,可使与宾客言也,不知其仁也。"

p.2.§.1. Rursum Praefectus interrogans *Confucium* ait: Discipulus tuus *Che* qualisnam est? An ipse fortè eam, de quâ quaerimus, solidam virtutem possidet? *Confucius* respondit: Meus discipulus *Che* politiam callet, rituumque est peritissimus, indutus solemni veste, cinctusque Praefectorum cingulo si consistat inter caeteros Praefectos in aula regia, ubi se videndum exhibet Imperator; potest ei committi munus cum hospitibus legatis ad Regiam adventantibus loquendi & agendi. Caeterum, quod ex me quaeris, nescio an ipse sit vir verae solidaeque virtutis interioris.

长官再次问孔夫子:"你的弟子赤怎么样?他是否具有我们所要求的真正的美德?"孔夫子回答:"我的弟子赤很懂得礼节方面的事情,并且在举行仪式方面很有经验。他穿上庄重的衣服,束上大夫的腰带与其他大夫一起立于朝堂之上。所以当外国使臣来朝,致辞和接待的职责可以托付给他。关于你向我询问的其他问题,我不知道他是否有内在的真正而稳固的美德。"

5.9 子谓子贡曰:"女与回也孰愈?"

§.2. *Confucius* alloquens discipulum suum *çu-cum* (erat hic alienorum dictorum factorumve facilis Censor ac Judex) ait: Si te comparavero cum *Hoêi* socio studiorum, uter alterum antecellet?

孔夫子正在和弟子子贡(这是位对其他人的言语和行动会轻易做出判

断或批评的人①)说话,他说:"如果我把你和你的同学回比较,你们哪一个超过另一个呢?"

对曰:"赐也。 何敢望回! 回也闻一以知十,赐也闻一以知二。"

§.3. Respondit çu-cum: Ego Su (nomen est çu-cum) qui ausim me ex adverso ponere cum condiscipulo Hoêi. Hic enim tantâ valet ingenii perspicaciâ, ut in ipso cujusque rei exordio, ejusdem simul videat terminum; adeoque audiens rem unam, jam inde intelligit decem alias: Cùm interim ego, si quid assequor, longo usus studio & ratiocinatione vix tandem assequar; adeoque audiens rem unam per hanc, si quando succedit feliciter, in cognitionem venio duarum.

子贡回答道:"赐(这是子贡的名字)怎么敢把自己和回放在一起相比? 事实上,具有天赋洞察力的他是如此厉害,当他看到一件事情的开端时,马上就能够知道其结尾;当他听到一件事时,就能从那件事知道其他十件事; 而我听到了一件事情,并了解了它,也只是得知两件事而已。② 我要用长时间的学习和推理才能最终明白某些事情。"③

子曰:"弗如也。 吾与女弗如也。"

§.4. Confucius tam modesto discipuli responso applaudens ait: Hoc quod tam syncere fateris, nimirum te non esse, qualis ille est; ego omnimo concedo tibi; planeque assentior te non esse talem qualis ille est. Caeterum haec ipsa tui cogni-

---

① 这一注解来自张居正(第 61 页)而非朱熹。
② 这一注解来自朱熹(第 77 页)并且也被张居正转述(第 61 页):一代表开始,十代表结束。
③ 朱熹提到子贡是用推测的方法(第 77 页),张居正提到的是用类比的方法(第 61 页)。

tio, et tam ingenua professio minoris facultatis, satis declarant, te, audita re una, plures quam duas cognoscendo posse assequi, et inferre ratiocinando.

对如此谦虚回答的弟子，孔夫子十分赞赏。他说："你坦白地承认你跟他不一样，我自己完全同意你；我完全同意你跟他不一样。① 确实，这个你对自己的认识，以及你对自己能力较差的声明，足以证明在听到一件事情后，你可以通过推理知道两件以上的事情。②"

5.10 宰予昼寝。 子曰："朽木不可雕也，粪土之墙不可杇也；于予与何诛？"

f.4.p.1.§.1.　*Confucii* discipulus *çai-yu* dictus, de die crebro stertebat ac dormiebat; *Confucius* segnitiem ejus reprehensurus ait: Putre lignum non est aptum sculpi; Luteus paries non est aptus incrustari calce, in hoc itaque *çai-yu* tam segni torpidoque discipulo cui sit usui correptio mea?

孔夫子的弟子宰予常常在白天睡觉，还打呼噜。孔夫子责备他懒惰，说："朽烂的木头不适宜雕琢器物；粪土之墙不适宜刷石灰粉，因此，对于这个如此麻木又懒惰的弟子宰予，我的责备还有用吗？"

子曰："始吾于人也，听其言而信其行；今吾于人也，听其言而观其行。 于予与改是。"

§.2.　*Confucius* adeò torpentem exstimulaturus ait: Primis quidem tempori-

---

① 对经典文本的另一个解读说孔夫子自己和子贡的智慧都不及颜回，但朱熹和张居正没有选择这种解读。

② 最后一句来自张居正，作为对进步的激励。在张居正看来，似乎子贡比颜回优秀，因为他能意识到自己的无知而后进步，直到研究人性和天道，正如《论语》里其他部分所表明的(第62页)。

bus aetatis meae ego cum hominibus agens, audiensque illorum verba, protinus credebam illos eodem modo operari; nec dubitabam, quin agerent quae dicebant. At modò, mutatâ rerum morumque facie deceptum me agnosco. Itaque jam imposterum agens cum hominibus audiam quidem illorum verba; sed & simul contemplabor eorumdem opera & actiones, an verbis respondeant. Aliter non credam. Cum hoc discipulo meo *Ya* experientia jam doctus me correxi in hoc.

孔夫子想要激励这个嗜睡的人,说:"早年间和人们相处时,听了他的言论我就相信他会有相应的行动。我不怀疑他们说要做的事,但是刚才,我意识到事物和行为方式的改变欺骗了我。① 从此,当和人相处的时候,我不仅要听他的言论,还将观察他是否言行一致。不然,我将不会相信。弟子予给我的经验教训,让我在这方面改正了自己。"

5.11 子曰:"吾未见刚者。"或对曰:"申枨。"子曰:"枨也欲,焉得刚?"

p.2. *Confucius* aliquando dixerat: Ego nondum vidi virum fortem. Adstantium forte aliquis, ad Philosophum conversus ait: *Xin-cem* nonne est fortis? *Confucius* respondit: *çem* discipulus meus obsequitur appetitionibus pravis et oblectamentis sensuum; quomodo censeri potest vir fortis?

孔夫子曾经说:"我还没见过一个坚强的人。"在他身边站着的一个人,转向哲学家,说:"难道申枨不是坚强的吗?"孔夫子回答道:"我的弟子枨屈服于不正当的欲望和感官的愉悦,他怎么能被断定是坚强的人呢?"

---

① 这一句来自张居正(第62页)。

5.12 子贡曰："我不欲人之加诸我也,吾亦欲无加诸人。"子曰："赐也,非尔所及也。"

f.5.p.1.§.1. Discipulus çu-cum dixerat: Ego quod nolo ab aliis fieri mihi; ego quoque volo non fieri a me aliis; *Confucius* ut hos tam praeclare de seipso sentientis reprimeret spiritus, heus (inquit) mi *Sú* falli te nolo. Clare loquar: Nondum tu eo pervenisti; adhuc magnum maris aequor arandum est.

弟子子贡说:"我不想要别人强加于我的东西,我也不会强加于别人。"为了约束这些过高地认识自己的人,①孔夫子说道:"我的赐啊,我不想让你失望!但你还没有达到那个境界,你还有大海要跨越。"②

5.13 子贡曰："夫子之文章,可得而闻也;夫子之言性与天道,不可得而闻也。"

§.2. Aliquando çu-cum dixerat: *Confucii* Magistri nostri exteriorem illam compositionem & ornatum seu styli, seu morum & actionum; potest quis etiam mediocris ingenii assequi & percipere: At, verò haec a *Confucie* nostro assiduè praedicata natura ejusque dictamen caelitus homini inditum, non possunt tamen capi penitus que perspici ne a perspicacibus quoque ingeniis.

子贡曾经说:"我们老师孔夫子的性格、行为和所穿服饰风格,即使是那些天性平庸的人也能够知道;然而这不断被我们的孔夫子声明的天性和天

---

① 这是对张居正注解的翻译(第64页)。
② 这个比喻不在中文注释里,而是来自维吉尔的《埃涅阿斯记》(Book Ⅱ, 780)。

赋予人的指示,却不能被人完全理解,除了那些天赋洞察力的人。"①

5.14 子路有闻未之能行,唯恐有闻。

p.2.§.1. *Çu-lú* praefervidae indolis discipulus, bonae laudabilisque rei quidpiam audiens ardebat illico perficere. Sed quandoque id quod auditu perceperat, non valens ipse quam primum opere complere; angebatur animo scilicet ac solum timebat, ne interim novi quidpiam esset ad virtutem spectans quod sese offerret denuo audiendum, antequam illud, quod prius intellexerat opere complevisset.

性情急躁的弟子子路,当他听到某种值得赞美的善事,就会马上去做。但是当他不能尽快完成他所听到的善事时,就会担忧并害怕没有完成先前的工作,而有新的向善的事情出现,并再次被他听闻。

5.15 子贡问曰:"孔文子何以谓之'文'也?"子曰:"敏而好学,不耻下问,是以谓之'文'也。"

§.2. Jam olim in more positum erat Sinis, ut qui in Magistratu aut dignitate sua laudabiliter vel perperam vixisset, post mortem propria vel honoris vel opprobrii nota afficeretur. *Çu-cum* itaque *Confucii* discipulus, cum sciret Regni *Guei* Praefectum *Cum-yu* dictum, dum viveret, multa haud laudabilia patrasse, (inter caetera author fuerat cuidam *Tai xo cie* nominato, uxoris repudiandae, ut ei

---

① 朱熹注云:"至于性与天道,则夫子罕言之。"(第79页)事实上,《论语》里只出现了两次"性"这个概念。然而拉丁译本似乎认为孔夫子对此谈了很多。朱熹和张居正都认为只有很少人能像子贡那样明白性与天道。另外,拉丁译本把天道理解为自然的法规,由天赋予人,倾向于把天道看作被印在人性上的自然法则。而朱熹认为,"性者,人所受之天理;天道者,天理自然之本体"(第79页)。张居正则有一点不同看法,"若夫仁义礼智,禀于有生之初的,叫做性。元亨利贞,运于于穆之中的,叫做天道"(第64页)。

deinde suam ipsius filiam daret nuptui) & tamen post mortem honorifico illo cognomento *Cum vem çu* auctum appellatumque fuisse; non parum miratus, Magistrum interrogat dicens: Praefectus ille *Cum vem çu*, quanam de causa post mortem vocatus est, honoratusque litera illa *Vên*, quae ornatum significat. *Confucius* respondit: Praefectus autem iste tametsi acutus ipse & perspicax natura esset; tamen gaudebat identidem studere libris & addiscere; nec erubescebat aut dedignabatur inferiores quoque ministros, imo & plebeios consulere, & quidem iis de rebus, quas, qui consulebantur, forte non usquequaque callebant. Ornatus itaque modestia tam singulari dum ageret in vivis, idcirco a morte sua jure merito cognominatus est ornatus. Liber enim, e quo ejusmodi posthumi tituli depromi solent, sic ait: *Kîn hio náo vén yue vén*. Id est: qui cum viverent, diligenter studuerunt, aliosque libenter consuluerunt, a morte cognominandi sunt ornati.

　　过去的中国是建立在道德之上的国家，一个人生前履行职责时，所做的是可赞美的或是错误的事，在死后会被追授一个令人感到荣耀的或耻辱的谥号。卫国的大夫孔文在世时，并没有做很多可嘉之事（其中，他建议太叔疾休妻，为了把自己的女儿嫁给他①），但在死后他却获得了尊敬和称赞，被封谥号"孔文子"。于是孔夫子的弟子子贡很疑惑，他问老师道："那个大夫孔文子，为什么在死后被授予表示卓越的'文'这个字？"孔夫子回答道："尽管这位大夫生来就聪明和敏锐，但仍喜欢不断地读书和学习。他从不藐视等级低于他的小官甚至老百姓，也不羞于向他们请教，请教那些被请教的人或许也不完全明白的事情。在世时，他因为如此非凡的谦虚而闻名，因此在死后就理所当然地获得了'文'这一谥号。"事实上，授予故去的人谥号大多依据一本书，那书上这样说："勤学好问曰'文'。"也就是谁在活着的时候能

---

①　这个故事被朱熹(第79页)而不是张居正转述。

勤奋地学习并乐意请教其他人，在死后就被谥为"文"。①

5.16 子谓子产有君子之道四焉：其行己也恭，其事上也敬，其养民也惠，其使民也义。

f.6.p.1.§.1. *Confucius* Praefectum Regni *Chím*, *çú chàn* dictum identidem depraedicans aiebat：Praefectus çu chàn habet proprias perfecti viri virtutes quatuor. Nam ipse res agens suas ipsius, admodum moderatus, modestoque ac demisso est animo, nunquam se suaque laudat：idem tamen alios, qui probitate conspicui sunt, palam depraedicat, sibique ultro praefert. Deinde, ipse serviendo & obsequendo Principi ac Superioribus suis magna cum observantia se gerit, promptequo & alacriter facit imperata. Praeterea ipse conservando tutandoque populo perquam est beneficus, quae subditis suis commodo sunt & lucro, sollicite procurans；quae damno, arcens. Denique ipse gubernando populo, & jure dicundo, magnam adhibet aequitatem & justitiam, neminei favens impensius, neminem asperius quam fas sit tractans, aequus adversus omnes. Itaque Regnum chim tametsi jaceat inter duo Regna praepotentia cin & cu medio situm loco；tali tamen administro rerum suatum, egregie tuetur libertatem suam, vimque omnem & insidias vicinorum Regnorum avertit. Tantum scilicet praesidii est, vel in unius viri sapientia & virtute.

孔夫子不断赞扬郑国大夫子产说："子产大夫具有完美的人的四种美德。首先，他在做自己的事情时，非常节制，他的心态平和且谦虚，从来不赞美自己，却公开地宣扬那些闻名的正直的人们，把他们放在自己的前面。其

---

① 最后一句来自张居正的注解。从《论语》的这段文字我们可以看到耶稣会士在参考张居正的注解的同时还参考了其他的注解，比如这段就出自朱熹的《四书章句集注》。

次,在侍奉他的君主和长官时,他又非常顺从,及时执行他们的命令;他在保护百姓时,非常仁慈,积极地做那些对下面的人来说方便的事,避免那些有害的事。最后,在治国和执法时,平等和公正,不优待任何人,也不严厉地对待任何人,而是平等对待所有人。① 因此,尽管郑国位于两个强国晋和楚之间,但避免了任何邻国的武力和阴谋的侵害,从而保持了自己国家的独立自由。② 这全部是因为他一个人的智慧和美德。

5.17　子曰:"晏平仲善与人交,久而敬之。"

§.2. *Confucius* ait: *Yém pîm chúm* (nomen hoc erat Praefecto Regni *çî*) omnes explet numeros, in colenda cum hominibus amicitia: Est enim amicus vetus, & tamen reverens. Velut si amicitia foret etiamnum recens.

孔夫子说:"晏平仲(这是齐国的大夫的名字)让所有人都满意,因为他珍惜友谊。实际上,正如友谊永远是新鲜的,他对老朋友仍然表现出尊敬之情。"

5.18　子曰:"臧文仲居蔡,山节藻棁,何如其知也?"

§.3. *Confucius* ait: *Cam ven chum* domo sua abdidit magnam testudinem *çai* dictam, seu, habitat in domo, quae similitudine sua refert locum illum nativum testudinis, *cai* dictum: Nam montium figuris caelata habet epistylia, & herbarum palustrium figuris depictas columellas: Qualis, obsecro censeri potest ejus

---

① 在拉丁译本里,中文的"恭"被表达为中庸,"敬"被表达为服从,"惠"被表达为仁慈,"义"被表达为平等和正义。

② 这一注解来自张居正(第66页)。

prudentia qui commissi sibi populi oblitus felicitatem captet aut speret ex hujusmodi loco.

孔夫子说:"臧文仲在家里藏了被称作'蔡'的大龟,或者他以龟来比喻说明他的老家——蔡。① 他的屋子上雕刻有山,栋梁上描绘有沼泽地的草。我请问,那种忘记了人民的托付,从这样的地方寻求幸福的人,怎么会被认为是有智慧的人呢?"②

5.19 子张问曰:"令尹子文三仕为令尹,无喜色;三已之,无愠色。旧令尹之政,必以告新令尹。何如?"子曰:"忠矣。"曰:"仁矣乎?"曰:"未知;——焉得仁?"

p.2. Discipulus *çu-cham* quaesivit a *Confucius* dicens: Gubernator Regni *çu*, nominatus *çu ven*, ter ad officium promotus gessit supremum Magistratum *Lîm yn* dictum, absque ulla, quam vultu praeferret, laetiae specie: Idemque exauthoratus est, absque ulla item, quam vultu proderet, indignationis specie: Imo de praeterita officii illius sui *Lim yn* administratione infallibiliter certiorem faciebat novum, qui ipse successerat, gubernatorem, ei sine ulla prorsus invidia candide significans, quidquid usu didicerat prodesse vel obesse posse urbi feliciter administrandae. Ecquid videtur dicendum de hoc vito? *Confucius* respindit: Vir sane fidelis & rectus fuit: Instat discipulus & ait: Annon solidae virtutis vir dici potest? Philosophus respondit: Necdum scio. Quomodo enim scire possim an ipse obtinuit solidam animi veramque virtutem.

---

① 这一解释由张居正(第66页)而非朱熹给出。

② 臧文仲忘记了人民这种意思在朱熹和张居正的注解里都有("不务民义")。不过,张居正提到臧文仲用大龟来占卜(第66页),认为他诒渎鬼神(第67页)。《中国哲学家孔夫子》没有提到这样的迷信行为,而只责怪臧文仲奢侈。

弟子子张问孔夫子："楚国令尹子文，三次被提升为最高行政长官，没有流露出喜悦的样貌。他被免官三次，也没有摆出生气的样貌；把过去管理的事务毫无差错地交给新任的令尹时，也没有对他表现出丝毫的嫉妒，还教其治理国家的技巧。① 关于这个人能说些什么？"孔夫子回答道："他真的是一个忠诚、正直的人。"子张继续问："他是不是拥有美德的人呢？"哲学家回答道："我还不知道。我怎么能知道他是否真的有真正的、稳固的美德呢？"

"崔子弑齐君，陈文子有马十乘，弃而违之。至于他邦，则曰：'犹吾大夫崔子也。'违之。之一邦，则又曰：'犹吾大夫崔子也。'违之。何如？"子曰："清矣。"曰："仁矣乎？"曰："未知；——焉得仁？"

f. 7. p. 1.　　Idem discipulus *çu cham* rursum percontans ait: Olim Regni *çi* Praefectus *çui çu* nomine, occiderat ejusdem Regni çi Regem: Tum alter ejusdem Regni Praefectus *Chin ven çu* dictus, immane parricidium execratus, tametsi ratione dignitatis & muneris sui, quod tum gerebat ibi commode splendideque viveret, habens equorum decem quadrigas, seu, quadraginta equos; haec tamen omnia ultro reliquit, & profectus pervenit ad aliud Regnum: Ubi cum improbos item Praefectos, Regnique parum fideles offendisset, illico ait: Hi Praefecti similes & ejusdem omnino farinae sunt cum nostrate Praefecto *çui çu*: Nihil itaque negotii mihi cum illis sit. Profectus ergo inde, pervenit ad unum aliud Regnum: Ubi similiter offendens improbos Praefectos, illico etiam ait: Et hi etiam similes omnino sunt nostrati Praefecto *çui çu*. Quare inde quoque abiit profectus alio. De hoc viro quid tibi videtur? *Confucius* respondit: Dici sane meretur, qualis re ipsa fuit, vir purus &

---

① 张居正提到子文没有嫉妒(第67页)。

integer. çu cham iterum quaerit; sed solidae virtutis vir fuisse dicendus est? *Confucius* respondit nescio; *Cum enim vera solidaque virtus in intimo corde lateat, & in externis certo deprehendi nequeat; quomodo ego assequi illico aut scire possum, an ipse veram solidamque virtuem acquisiverit.*

这个弟子子张又问道:"以前齐国大夫崔杼杀了齐国的国君,另一个大夫陈文子憎恨这个弑君者。尽管他有十乘马车,在齐国过着舒适的生活,却自愿放弃了所有的东西,离开齐国去到另一个国家。在那里当他遇到同样贪婪对国王少有忠诚的大夫,陈文子马上说:'这些大夫和我们的大夫崔杼完全是一类的。我跟他们没有什么好商量的。'于是陈文子又从那里去另外一个国家。也同样遇到贪婪的大夫,他又说:'这些人也和我们的大夫崔杼一样。'因此他又离开去了另外的地方。这个人在你看来如何?"孔夫子回答道:"他完全是一个清白的人。"子张又问:"但他不是拥有稳固美德的人吗?"孔夫子回答说:"我不知道,内心隐藏有真正稳固的美德时,在外部是不能发现的。我怎么能马上知道他内心是否获得了真正的和稳固的美德呢?"

5.20 季文子三思而后行。 子闻之,曰:"再,斯可矣。"

p.2.§.1. Olim Regni *Lu* Praefectus *Kî vên çù* dictus, vir erat morolus & cunctator in expediendis negotiis; Quippe omino ter secum ipse perpendebat singula; ac tum demum exequebatur. *Confucius* haec audiens ait; iterum, seu bis expendere mature omnia, hoc enim vero convenit; nec opus est deinde cunctari diutius ac deliberare; ne dum justo prudentiores sumus, contra ipsam prudentiam vel maxime peccemus.

鲁国大夫季文子是个挑剔者和拖延者,在面对要解决的麻烦问题时,他要考虑三次,然后才行动。孔夫子听到这些后,说:"每件事情思考两次,就已经很合适了;没必要思考和拖延得更久。当我们以为自己这样做是更谨慎时，我们已经因'谨慎'本身犯了很大的错误。"

5.21 子曰："宁武子，邦有道，则知；邦无道，则愚。 其知可及也，其愚不可及也。"

§.2. *Confucius* ait: *Ním vù çù* Praefectus Regni *Guei*, quando in Regno, seu domo Regia, viget probitas, prudens audit apud omnes. Si quando autem Regnum est sine lege ac probitate sic ut perturbari incipiat ac periclitari; ipse tempestati subducens sese, sic latitat, ut a vulgi oculis remotus, prudentia sua & consilio fulcire labantem Rempublicam non cesset: Caeterum quia haec privatus, & clam praestat; ipse tum rudis audit, meticulosus & ad res gerendas imperitus: At ego sane sic judico quod ad ejus prudentiam, qua pacis tempore in regno eminet, facile possit quis pertingere illumque imitari. At vero ad prudentissimam ejus ruditatem illam, dum perturbata sunt omnia, incolumitati propriae publicaeque consulentem, non potest nisi difficillime & a paucissimis pertingi.

孔夫子说："卫国的大夫宁武子，当国家有法律和正义之时，所有人都知道他的智慧谨慎。然而当国家无法律和正义，开始被扰乱和处于危险中时，宁武子就躲避灾难隐藏起来，从百姓的眼前移开，用他的智慧和计划继续支持衰落中的国家。他虽在暗中扶持着国家，但那时，他看起来无知、害怕、无法处理事情。但是我断定，他在国家的和平时期表现出的杰出智慧，是每个人都能够轻易地效仿并实现的。但是当所有事情都在混乱中时，他表现出最谨慎的无知，关心着国家和自身的安全，这是其他人很难做到的。"①

---

① 从《论语》里很难知道为什么孔夫子赞扬宁武子的愚。朱熹认为他能在动乱的时代里为国家效力的同时也保住自己的性命(第81页)。张居正有相似的解释(第69页)。

5.22 子在陈，曰："归与！ 归与！ 吾党之小子狂简，斐然成章，不知所以裁之。"

f.8.p.1. *Confucius* cum esset in Regno *Chin*; videret doctrinam suam non admitti; Revertar itaque, revertar in patrium Regnum *Lu*: Saltem populares mei adolescentes discipuli, ut sunt altioris spiritus ad summa quaeque adspirantis, et inferiora communiaque aspernantis, ita ad elegantiam & ornatum contexunt orationes suas & lucubrationes; nec sciunt interim quid & qua ratione castigent; ignari scilicet regulae illius secundum quam solemus quidquid est nimium, ultarque fines recti luxurians prudenter amputare.

孔夫子在陈国时，看到他自己的教导没有被接受就说："我要回家，要回到鲁国。至少，我的年轻的弟子们有更高的志气，他们追求所有高贵的事物，而蔑视那些平庸的事物。① 他们的文章辞藻华丽，富于雄辩，然而他们并不知道哪些地方需要修改，以及如何修改。我们明智削减事物的过分规则，他们并不知晓。"

5.23 子曰："伯夷、叔齐不念旧恶，怨是用希。"

p.2.§.1. *Confucius* dixit: *Pe y* & *Xo cí* filii Regis Regni *Cu cho* (de quibus parte 4 agetur) Non reminiscebantur, sive, non revocabant in memoriam praeterita aliorum scelera. Licet odio haberent improbos propter scelera sua, si tamen serio resipiscerent; sic eos complectebantur, ac si nihil unquam peccavissent.

---

① 朱熹把"狂简"理解为"志大而略于事也"（第 81 页），张居正也有同样的理解（第 70 页）。这里，耶稣会士加上了基督教的或柏拉图（式）的解读。

Querelarum igitur & obmurmurationum de istis quidem Principibus fuit usus longe rarissimus; Adeo chari erant ominibus, graves odiosique nemini.

孔夫子说："孤竹君(在第四部分将被提到)的儿子伯夷和叔齐,不记恨其他人的罪过。他们若是记得他人的恶行,就会憎恨。然而伯夷和叔齐拥抱恶人,好像他们从来没有犯什么罪。因此至今人们对这两位君主的不满和抱怨是最少的。这样他们对于所有的人来说都是可亲的,而不是令人难以忍受和讨厌的。"

5.24 子曰："孰谓微生高直? 或乞醯焉,乞诸其邻而与之。"

§.2. *Vi sem cao* vir erat in opinione quidem vulgi admodum syncerus & candidus; Sed *Confucius*, qui observarat hominem, ut ostendat quam obnoxia sint errori judicia multitudinis imperitae, unam exponens ipsius actionem sic ait: Ecquis, obsecro, dicat *Vi sem cao* virum esse rectum & syncerum, quandoquidem nuper uno aliquo petente ab illo acetum; cum ei revera non esset, non hoc tamen ingenue fassus est; sed contrarium simulans clam mutuum petivit a suo vicino, et petenti dedit. Porro videant nunc, qui candorem hominis usque adeo depraedicant, an res ipsa famae respondeat.

微生高是一个百姓们认可的非常正直的人,但是无知的大众的判断有可能是错误的。观察了这个人的孔夫子揭穿了微生高的一个行为说："我恳求,谁说微生高是正直的人? 最近有个人到他那里要醋,虽然他没有,但是他没有坦白承认这一点,而是偷偷地从他的邻居那里借来,然后给那个来要醋的人。应该让对人宣扬纯善的人看看,其名声是否与事实本身相符合。"①

---

① 最后一句来自张居正,他强调名与实的一致性(第71页)。

5.25 子曰："巧言、令色、足恭，左丘明耻之，丘亦耻之。 匿怨而友其人，左丘明耻之，丘亦耻之。"

f. 9. p. 1. §. 1. *Confucius* aiebat: Affectata comptae orationis verba, quibus mulceas ac titilles hominum aures; affectatam item blandi oris speciem qua aliorum oculos allicias; Nimias denique cerimonias, quibus aliorum gratiam animosque captes; artes scilicet industriasque levium hominum atque fallacium, ad voluntatem loquentium omnia, nihil ad veritatem; verbo, adulatorum; insignis quidem vir ille *ço kieu mim* erubescebat & damnabat; Et ego quoque non minus erubesco & damno. Praeterea mutua hominum inter se consuetudo, fidem & candidam veritatem vel maximè postulat; Itaque tegere odium animo conceptum & iterum falsis simulatae amicitiae officiis prosequi eum ipsum hominem quem revera oderis vir ille sapientissimus *ço kieu mim* item erubescebat oderatque, sed & ego quoque detestor et erubesco.

"你用花言巧语取悦人们的耳朵，用矫饰讨喜的外貌吸引他人的眼睛，最后用过分的仪式收获他人的感恩之心，轻浮虚伪之人的努力全都用在甜蜜的话语上，一点都不顾真理。那位知名的左丘明对奉承者的言辞感到羞耻，并谴责他们。而我的羞耻感不次于他。此外，人们彼此间的交往要求最大程度的信任和无瑕的坦诚。因此，在心中藏有仇恨，以伪装的友爱之礼追随你实际上憎恨的人，这也是那个最智慧的左丘明感到羞耻和厌恶的，而我也诅咒这样的人，并为之感到羞耻。"

5.26 颜渊季路侍。 子曰："盍各言尔志？"

§.2. Discipuli *Yen yuen* unus, alter *Ki lu*, vel *çu lu* soli adstabant lateri

Confucii Magistri sui, tum *Confucius* ad illos conversus ait: Cur non uterque mihi exponitis vestrum animi propositum ac desiderium?

弟子颜渊和季路(子路),站在老师孔夫子旁边,于是孔夫子转向他们说:"你们两个何不向我陈述你们内心的意向和愿望呢?"

子路曰:"愿车马、衣轻裘,与朋友共敝之而无憾。"

§.3. *Çu lu* prior respondens ait: Desidero ego currus & equos, induique bonis ac levibus pelliceis; & haec omina cum amicis habere communia; eisdem quoque res meas atterentibus longo usu & prorsus absumentibus tamen neutiquam indignari, nec id molestè ferre.

子路首先回答说:"我希望有车马和轻而好的皮衣,并将这些与我的朋友们共享。即使被用旧甚至完全用坏,我也一点不遗憾,也不会不愉快。"

颜渊曰:"愿无伐善,无施劳。"

§.4. Discipulorum alter *Yen yuen* deinde item respondit: Ego vero desidero non ostentare, aut inaniter jactare, si quae in me sunt bona; nec extendere vel amplificare merita mea coram aliis.

另一个弟子颜渊接着回答:"如果在我这儿有好的东西,我真的希望不要展示,或者直接扔掉算了,也不要在其他人面前放大或颂扬我的功绩。"

子路曰:"愿闻子之志。"子曰:"老者安之,朋友信之,少者怀之。"

p.2. Tum illorum alter *çu lu* ait: Desideramus nunc audire tuam sententiam, desiderium ac votum. Tum *Confucius* respondit: Quod ego imprimis expeto, hoc est, ut ii qui jam grandes natu sunt, placidè quiescant, foveantur ab ominibus & observentur: ut amicos inter & aequales mutua fides constet: ut, qui minores aetate sunt, qui valetudine, viribus, conditione caeteris inferiores amanter & benignè foveantur: Verbo, votum generis humani, votum meum est.

随后弟子子路对孔夫子说:"现在我们想听你的意向和愿望。"孔夫子回答:"我首先希望的是,上年纪的人能够安详,能够保持平和,能够被人赡养和关心;朋友之间有彼此同等的信任;那些年纪很小的人,那些在健康、能力等方面还很差的人,能被亲切而友善地加以关心。换言之,人类的愿望就是我的愿望。"

5.27 子曰:"已矣乎! 吾未见能见其过而内自讼者也。"

f.10.p.1.§.1. *Confucius* ait: Actum est, proh dolor! Quotus enim quisque reperiatur hac aetate nostrâ, qui suimet severus censor sit, idemque testis, accusator, & Judex: Ego quidem nondum vidi quemquam hujusmodi, qui vellet, inquam, agnoscere suam culpam, & intus, id est, pro interiori illo mentis suae quasi tribunali semet in jus vocare, seseque reum agere, debitasque exigere poenas.

孔夫子说:"完了,悲痛啊! 在我们这个时代,多少人当中才会有一个人,能做到自我审查、自我指责与自我批判? 事实上我还没看到有谁愿意认识自己的过错,并且像在法庭受审一样在内心全面检讨自己的过错,并承担责任和接受惩罚。"

5.28 子曰:"十室之邑,必有忠信如丘者焉,不如丘之好学也。"

§.2. *Confucius* ait: In quolibet quamvis ignobili & parvo, exempli gratiâ, decem nec amplius, domorum pago, utique dantur aliqui synceri homines ac veraces(qualis & ipse sum) proprio quodam naturae beneficio tales. At non dantur aequè ut ego amantes discere & proficere.

孔夫子说:"尽管无论在哪个不知名的小地方,比如说超过十户人家的地区,确实有一些真诚正直的人(像我这种类型的),极具天赋。但是没有人像我一样热爱学习和进步。"①

---

① 参见朱熹的"生质之美"(第83页),张居正在这里也援引朱熹。二者的意思都是:孔夫子生而具备道德的善,然而与常人不同,他并没有止于天性,而是继续加以完善。

雍也第六

6.1 子曰："雍也可使南面。"

§.3. *Confucius* laudaturus discipulum suum *Gen-yum* ait: Discipulus meus *Yum* vir est admodùm moderatus, lenis, minimèque minutus ac tetricus; dignus proinde, quem faciant Austrum versùs respicere, sive obverso ad meridiem vultu considentem ius dicere: Id est, dignum iudico praefecturâ. Nam apud Sinas non tantùm Regis aula, sed omnium etiam Praefectorum Regiorum tribunalia Austrum respiciunt.

孔夫子称赞他的弟子冉雍说："我的弟子雍是一个非常克制的善良人，并且做事大方、严谨。因此他适合面朝南方，也就是面向南方而坐来颁布法律。也就是说，我认为他适合担任大夫。"在中国，君王的宫殿和大夫的衙门都面向南方。①

6.2 仲弓问子桑伯子。子曰："可也，简。"

p.2. §.1. Modo memoratum discipulum *Yum*, seu *Chum cum* cupido

---

① 朱熹将面向南方解释为做统治者(第83页)。这也是张居正给出的解释(第74页)。然而耶稣会士在这里没有采用他们的解释，而似乎是采用了另一个读本所阐发的含义，即把面向南方解释为做高官。这个解释极大地减弱了孔夫子对冉雍的赞赏程度。同样地，耶稣会士暗示，由于不属于贵族阶层，冉雍不能成为一个统治者。在这个拉丁文的翻译版本中，耶稣会士也许是受到了他们自身的关于世袭君主制度观点的影响，但是这也许不是孔夫子本人的观点。

incessit percunctandi de *çu sam pe çu* dicto, quem studio & indole sibi haud absimilem esse noverat; magistrum itaque interrogavit de *çu sam pe çu*, quid ipsi videretur? *Confucius* respondit: Potest, seu, dignus est, & ipse magistratum gerere: vir enim moderatus est nec qui minutiis intentus, majora negligat.

刚刚提到过的弟子雍,即仲弓,他很想问有关子桑伯子的事,因为知道在勤奋和天赋方面,他和子桑伯子有很多相似之处。因此他问老师怎么看待子桑伯子这个人。孔夫子回答:"他有能力,可以去做官。这人确实也有节制,他不是那种被小事劳烦而忽略大事的人。"①

Iste çu sam pe çu *oriundus è Regno* Lù (*quem non injuriâ quis vocet Diogenem Sinicum*) *Magnus fuit vel suimet contemptor, vel certè gravitatis elegantiaeque Sinicae: laceris incedebat vestibus et sine pileo, adeò non erubescens paupertatem suam, ut ostentaret potiùs, dicere solitus:* Nec coelum clam regit omnia, nec terra clam sustinet omnia: quo pacto igitur coelum ac terra velint me regere paupertatem? *Facetum illud quod de ipso traditur:* Confucius *visendi gratia adibat hominem: At is discooperto ut erat capite tantum hospitem excepit: haud leviter ea res* Confucii *discipulos offendit, quòd, neglecto ritu operti capitis hospitem salutaret: qui adeò, quorsum* (*inquiunt*) *ô Magister adis hominem usque adeo agrestem et rusticum? Ad quos Philosophus:* Placet mihi recti hominis simplicitas; rusticitas utique non placet: At huic ego mederi pervelim. *Ipsum deinde* çu sam pe çu *quod is vicissim pararet salutare* Confucium *discipuli sui gravitate* Confucianâ *nihilo minùs offensi, dehortabantur scilicet: Quibus ille non auditis:* Eundum est, *inquit*; nam integritas hominis mihi placet, gravitas non item: At huic ego mederi desidero.

---

① "简"这个字被朱熹和张居正理解为不为琐事烦扰。在这里,耶稣会士错误地理解为"不关心小事"。

那个在鲁国出生的伟大的子桑伯子①（不妨称他为"中国的第欧根尼"），是个既鄙视他自身，也鄙视中国庄重、文雅之礼节的人：他穿破旧的衣服，不戴帽子；不仅从不为他糟糕的处境脸红，反而常常向人们展示这种处境，他常常说："上天没有隐秘地统治万物，大地也不是隐秘地支撑万物，因此凭什么上天和大地要我隐秘地过贫困的生活？"有个关于他的幽默故事流传了下来。孔夫子怀着敬意去拜访他，②但是子桑伯子接待客人的时候，光着头，没有戴帽子。这件事情严重地冒犯了孔夫子的弟子们，因为子桑伯子在接待客人的时候忽略了遮盖头部的礼节。弟子们就对孔夫子说："老师啊，你怎么会接近这样一个粗鄙之人！"哲学家（孔夫子）回答他们说："我喜欢正直之人的简朴，他的率直使我满意，只是不喜欢他的粗鄙；然而我希望纠正他。"之后子桑伯子准备回访孔夫子，而他的弟子们被孔门的繁文缛节极大地冒犯了，所以他们当然劝阻子桑伯子；然而子桑伯子没有听从弟子的劝阻。"我应该去回访，"他说，"我喜欢那个人的完善，而非他的繁文缛节；然而我希望纠正他。"

---

① 朱熹注意到子桑伯子这个人的一个可能的身份，即《庄子·大宗师》中的"子桑户"："子桑户、孟子反、子琴张三人相与为友。"可知子桑户与孟子反为同一时期之人，而子桑伯子与孟子反均出现于《论语·雍也》中。另外，《九章·涉江》（战国屈原著）中，也有这样的话："接舆髡首兮，桑扈臝行。"（接舆头发不整啊，桑扈裸着身子走路）此处"桑扈"与"桑户"同音，而其极度不重礼节的行为与对子桑伯子的描述相同。不过并无进一步的证据证明子桑户即为子桑伯子。(北京爱如生数字化技术研究中心：中国基本古籍库 http://dh.ersjk.com/，检索时间：2020 年 3 月 2 日)

② 孔夫子与子桑伯子会面的故事被张居正注意到了（第 74 页），而朱熹则没有提到。这个故事可见《说苑·修文》（西汉刘向著）："孔子见子桑伯子，子桑伯子不衣冠而处，弟子曰：'夫子何为见此人乎？'曰：'其质美而无文，吾欲说而文之。'孔子去，子桑伯子门人不说，曰：'何为见孔子乎？'曰：'其质美而文繁，吾欲说而去其文。'"（北京爱如生数字化技术研究中心：中国基本古籍库 http://dh.ersjk.com/，检索时间：2020 年 3 月 2 日）

仲弓曰："居敬而行简，以临其民，不亦可乎？ 居简而行简，无乃大简乎？"

§.2. Ad haec *Chum cum* quaerens ait: ut quis domi suae secum ipse severus sit & rerum quamvis minimarum rationem exigat ab se, & sicubi peccatum est, etiam poenas; At verò foris, & dum gerendae sunt res publicae; tunc uti remissione quadam indulgentiàque in gubernando suo populo nonne expedit? Contrà verò domi suae, id est, in suà ipsius personà, seu secum ipso remissum esse, sibique indulgere; & dum gerendae sunt res publicae similiter esse remissum, nonne haec est nimia planè remissio, & quae cedat in damnum non unius tantum, sed multorum?

仲弓问道："一个人在家中应该严格要求自己，事无巨细都必须合理，但凡有一点过错，那都是自己的责任。但是当他在外面治理国家的时候，在统治老百姓时，难道不应该有所变通和宽容吗？如果一个人在家中，对他自己和家人通融宽大；在治理国家的时候，也类似地通融宽大。这难道不是过度通融宽大吗？这样伤害的不是一个人，而是很多人，难道不是吗？"

子曰："雍之言然。"

§.3. *Confucius* supradictum discursum approbans ait: Discipuli mei *Yum* verba omnino vera sunt.

孔夫子肯定了以上的说法，说道："我的弟子雍说的话是正确的。"

6.3 哀公问："弟子孰为好学？"孔子对曰："有颜回者好学，不迁怒，不贰过。不幸短命死矣。今也则亡，未闻好学者也。"

f.11.p.1. *Ngai cum* Regulus Regni *Lu* quaesivit ex *Confucio* de discipulis ipsius, ecquis eorum esset prae caeteris studiosior. *Confucius* respondit: Fuit mihi discipulus *Yên hoêi* admirabili quodam ardens studio discendi & proficiendi. Itaque omnino non transferebat is seu exerebat iram vel in homines vel in res, à quibus lacessitus fuerat. Neque is etiam bis unquam peccabat. Sed infelix abruptâ vitâ meo ac bonorum omnium dolore immaturè obiit (aetatis scilicet anno trigesimo secundo) terris tantum ostensus. Nunc igitur ipso mortuo, ego adhuc quidem non cognovi quemquam, nec audivi, qui pari flagraret studio virtutis ac sapientiae.

鲁国的诸侯哀公曾经向孔夫子问起他的弟子的情况，问弟子之中谁是最为好学的。孔夫子回答说："原来我有个弟子颜回，他热衷于用突出的努力来学习和进步。由于别人的攻击而产生的愤怒，他不曾迁移到他人或事上。他不会两次犯同样的错误。但是很不幸，他的人生在我及所有善良之人的悲痛中终止了，他早早地（32 岁①）就去世并被安葬了。现在他死了，我至今再也没有遇见过，也没有听到过，和他同样热爱学习美德和智慧的人了。"

---

① 朱熹而非张居正给出了颜回去世的年份（第 84 页）。这也许表明耶稣会士既查阅了朱熹的评注，也查阅了张居正的评注。

雍也第六 139

6.4 子华使于齐，冉子为其母请粟。子曰："与之釜。"请益。曰："与之庾。"冉子与之粟五秉。

f.12.p.1.§.1.　Hoc paragrapho discipuli commendant *Confucii* Magistri sui aequitatem in conferendis beneficiis. Nam discipulo *çu hoa* fortè misso ob publica quaedam negotia in Regnum *çi*, jussu *Confucii*; discipulorum alius *Gén çù* dictus, pro ipsius condiscipuli matre apud *Confucium* tunc Magistratu fungentem intercedens rogavit ut praeberetur eidem milium per modum annonae. *Confucius* respondit: Detur ei una mensura *Fu* dicta, quae è minoribus est. Verùm cum parum id esse videretur; rursum patrocinatus; rogavit augeri mensuram: Et *Confucius* respondit: Detur ei major mensura *Yu*, sed cùm hoc etiam auctarium tenue esse videretur; ipsemet *Gen-çu* promens de suo, praebuit ei milii quinque mensuras grandes *Pim* dictas, utique prodiga, & majore, quam par erat, liberalitate.

　　这个段落讲述的是弟子们认为老师孔夫子在利益分配上是公平的。[①] 由于孔夫子的命令，弟子子华为国事出使去了齐国。另一个弟子冉子为了子华的母亲，去向时任地方长官的孔夫子请求从每年的收成中给予子华母亲一定数量的小米。孔夫子回答："可以给她一釜。"这是最小的计量单位。由于这看上去非常少，冉子请求给她多一些，孔夫子说："再给她一庾。"然而尽管量是更多了，但看上去仍然很少。于是冉子从他自己的财产中取出一些，给予子华的母亲五秉——最大的计量单位——的小米，这份慷慨过于浪费，相较于合适的量。

[①]　这个评论是对张居正的一处评注的翻译(第76页)。

子曰："赤之适齐也，乘肥马，衣轻裘。 吾闻之也：君子周急不继富。"

§. 2. *Confucius*, memoratam discipuli sui *Gen-çu* liberalitatem, uti nimiam, damnans; ne putes (inquit) avaritia quâdam, sordidâve parsimoniâ factum esse, quod non jusserim praeberi amplius. Et enim condiscipulus tuus *Che çu* (idem est qui *çu hoa*) profectus in Regnum *çî* conscendit splendidum & probè pastum equum, & induit sese levibus optimisque pelliceis, quippe dives ipse ac locuples. Atqui, quod semper ego audivi vir probus ac prudens elargitur egentibus, non autem superaddit divitibus.

孔夫子知道弟子冉子的过分慷慨之举后，责备他说："你不应该认为，我不给予更多的命令是出于贪婪、罪恶或是吝啬。① 你的同学赤(子华)是骑着喂养得很好的骏马，穿着名贵的衣服去齐国的，显然他家里很富裕。我听说正直、审慎、有智慧的人只会雪里送炭，不会锦上添花。"

6.5 原思为之宰，与之粟九百，辞。

§.3. *Confucius* in Regno *Lu* primi ordinis gerens Magistratum, discipulo suo *Yven su* ibidem oppidi Praefecto sic tamen ut ipsimet *Confucio* pareret, praebuit in censum praefecturae, quam exercebat, novies centum (non exprimitur species mensurae, aut rei in censum datae) at ille recusavit.

孔夫子在鲁国掌管朝廷的首要部门时，他的弟子原思是一个要听命于孔夫子的城镇的长官。孔夫子给予原思九百官俸(并未提及度量单位和作

---

① 这个句子是对张居正的一处评注的翻译(第77页)。

为俸禄的东西)①，但是原思拒绝了。

子曰："毋！以与尔邻里乡党乎！"

§.4. *Confucius* factum improbans ait: Ne recuses stipendia à Rege statuta. Si superflua familiae tuae sunt, admittas tamen, ut dispertiaris inter tuas villas, pagos, vicos, & oppida curae tuae commissa, in quibus utique egeni & pauperes.

孔夫子责备原思拒绝受禄的行为说："你不应该拒绝君王发放的俸禄。② 如果对你的家庭来说俸禄有剩余，你仍然应该接受！你可以把多余的俸禄分配给你管辖的村庄和城镇，在那里确实有需要的穷苦人们。"

6.6 子谓仲弓，曰："犁牛之子骍且角，虽欲勿用，山川其舍诸。"

p.2. Sinenses olim ad sacrificia tantum adhibebant animalia unius coloris: ipse verò color alius fuit atque alius pro varietate temporis & familiarum, penes quas fuit Imperium. Tempore Imperii *Cheu* rufus erat in pretio. *Confucius* igitur loquens de discipulo suo *Chum cum*, eumque sub appositâ metaphorâ laudare volens, ait maculosae seu versicoloris vaccae filio sive vitulo, rufo toto & instructo suis cornibus eleganter rotundis: Tametsi hominum plerique velint non uti ad sacrificium, eò quod natus sit ex maculosâ matre: Anne etiam montes & flumina (praesides, inquam, montium fluminumque spiritus) illum idcirco respuent, si offeratur? Haud opinior. Ita ergo discipulus hic meus, tametsi pater ei sit vilis & abjectae conditionis homo, variis item notatus vitiorum maculis, adeoque

---

① 朱熹注意到了这个不精确的度量单位(第85页)。
② 这个关于遵守国家规章的评论来自张居正(第77页)。

maculosi bovis instar; ipse tamen virtute insignis, rufi instar est vituli. Uti igitur stulto certè improboque filio, nec virtus patris ac sapientia ornamento esse potest; nec improbitas stultitiaque patris fraudi esse debet probo filio & sapienti, adeoque digno qui ad publica munia adhibeatur.

中国人过去习惯于选用同种颜色的动物进行祭祀：这种颜色会随着时代和王朝的更替而变换。周朝偏爱红色。① 因此孔夫子论及他的弟子仲弓，想要以一种近似的比喻来称赞他，说："有斑点的或杂色母牛的牛犊，如果全身红色并且双角弧度优美：即便多数人不愿意使用这头生于有污点的母亲的牛犊来祭祀，但是难道山川（即山川的守护神）也会因此而拒绝它作为祭品？我认为完全不会。因此，我的这位弟子，尽管他的父亲平庸低贱，类似地沾染了各种罪恶，就好像那头有污点的牛；然而仲弓本人以美德而知名，就像红色的牛犊。因此，正如父亲的美德和智慧不能掩饰儿子的愚蠢和邪恶，父亲的无耻和愚蠢，也不应该成为正直且智慧的儿子担任公职的阻碍。"

6.7 子曰："回也，其心三月不违仁，

f.13.p.1.§.1.　*Confucius* aiebat: Solus *Hoéi* discipulus erat cujus animus sui victor trium mensium spatio, nunquam amittebat hanc virtutem *Gin*.

孔夫子曾说："能在三个月内战胜自己的只有弟子回，他从来没有放弃仁这个美德。②

Vitus Gin *est illa interior et solida animi perfectio quâ fit ut naturale lumen caelitus inditum constanter sequamur, sic ut a suscepto cursu ne exiguo quidem*

---

① 这个评注来自张居正（第78页）。

② 朱熹和宋朝其他的学者认为颜回没有任何自私的欲望。张居正在这里添加了一个意思："克己去私"（第78页）——这也是斯多亚学派和基督教的一个重要观点。另外，拉丁文本暗示颜回从未丢失仁。

temporis momento desistat.

美德的仁是心灵内在的、稳定的完善品质,我们靠它持续地遵从上天赋予的自然之光,即便是在很短的一段时间内也不会放弃既定的方向。①

其余则日月至焉而已矣。"

At verò caeteri discipulorum meorum, uno quidem die, nonnulli etiam mense uno satis animosè dant operam excolendo animo, victoriaeque sui; adeòque pertingunt & ipsi, quò tam impigrè fortiterque contendunt: Sed enim non est perpetua quaedam vis atque contentio; consistunt tandem, & mox aguntur retro; & non sine labore parta, repente amittunt.

但是我的其他弟子,确实在某一天,或某一个月中,有人会足够积极地去努力提升自己,占胜自己;并且确实,他们获得了他们积极追求的东西,但是他们的这种努力和奋斗是不能持久的,最终会停息,然后很快就恢复原样。他们并非没有努力,只是这努力很快就丧失了。"②

6.8 季康子问:"仲由可使从政也与?"子曰:"由也果,于从政乎何有?"曰:"赐也可使从政也与?"曰:"赐也达,于从政乎何有?"曰:"求也可使从政也与?"曰:"求也艺,于从政乎何有?"

§.2. *Ki cam çu* Praefectus Regni *Lu* quaerit à Philosopho, an *Chum yeu* dis-

---

① 耶稣会士没有翻译"仁"这个词,但不久之后,他们被一个关于仁的定义提醒了。这个关于仁的定义出自张居正的评论:"仁乃吾心之全德,必纯乎天理而无私欲之累者,乃足以为仁。"(第78页)张居正沿袭了朱熹的看法,即仁与内心是同一的。朱熹"仁者,心之德。心不违仁者"(第86页)。

② 在张居正的评注中,他解释说人们并没有在心中长久地维持仁(第78页)。拉丁文本更加强调为了保持仁,持续的斗争是必要的。

cipulus ejus possit admoveri gerendae Reipublicae? *Confucius* respondet: Disicipulus meus *Yeu* vir est haudquaquam lentus, aut timidus; sed admodum certi promptique consilii, quique adeò lites quaslibet sapienter decidere, & quaecumque etiam intricata difficiliaque negotia expedire queat: In gerendo igitur magistratu quid habeat, obsecro de quo laboret? Praefectus rursum quaerens ait: Discipulus tuus *Su* potestne admoveri item gerendo magistratui? Respondet Philosophus: Discipulus meus *Su* est perspicacis & omnia penetrantis ingenii, quo rerum causas, negotiorumque rationes omnes ac fines perquàm facile cognoscit: In gerenda itaque praefectura, quid habet negotii vel difficultatis? Tertium quaerens ait: An etiam *Kieu* discipulo tuo potest iniungi administranda Respublica? Respondet *Confucius*: *Kieu* discipulus meus arte valet & ingenio ad res omnes idoneo: ad gerendum itaque magistratum quod attinet, quid impedimenti quaeso habet, quominùs eum praeclarè gerat?

鲁国的大夫季康子向哲学家询问，他的弟子仲由是否能被提拔去治理国家。孔夫子回答："我的弟子由一点也不迟钝或者懦弱，相反，他做事果敢，决断可信，并且他有能力制止任何争吵，无论如何困难复杂的问题，他都有能力解决。因此，如果让他担任地方长官，他怎么会觉得劳苦呢？"大夫又询问说："你的弟子赐同样能被提拔去治理国家吗？"哲学家回答说："我的弟子赐，有着善于观察和解决一切事务的禀赋；他很容易就能了解事情的缘由，并且知道所有工作的方法和目的。因此，如果担任长官，他会有什么不妥和困难吗？"季康子第三次询问说："你的弟子求，是否有能力治理国家？"孔夫子回答说："我的弟子求多才多艺，并且他的天性决定了他可以做所有的事。因此，如果去担任地方长官，我请问会有什么阻碍，使他不能治理得非常好吗？"

6.9 季氏使闵子骞为费宰。 闵子骞曰："善为我辞焉！ 如有复我者，则吾必在汶上矣！"

p.2. *Ki xi* Colaus Regni *Lu*, vir improbus misso nuntio jussit *Confucii* discipulum *Mim çu kien* agere *Pi* oppidi sui Praefectum; *Mim cu kien* ut erat vir probus & integer nuncio dixit; Quaeso te, optimis verbis pro me recusa ac deprecare onus, quod usque adeo reformido. Certè si contigerit, ut excusationem non admittat, & tu iterum revertaris ad me cum eodem mandato; tunc ego necessitate compulsus fugae mihi consulam, & consistam ad flumen *Ven* in citero Regno *çi*. Praeclarus sanè Philosophus, qui dignitatem & censum ab improbo delatum, exilii molestiis posthaberet.

鲁国的阁老①季氏是个不正直的人，他派遣使者传令给孔夫子的弟子闵子骞，让他去担任费这个城镇的城宰。闵子骞是一个正直而完美之人，他对使者说："我恳求你，用好话为我辞掉吧！我的的确确对担任这个职务感到恐惧。如果确实发生这样的情况，即季氏不接受我的理由，而你带着同样的命令再次回到我这里，那我就不得不考虑逃亡了，我将逃到汶河附近的齐国那里了。"确实闵子骞是个很伟大的哲学家②，他宁可选择逃亡也不要不正直之人所提供的权力和财富。

---

① 阁老(Colaus)这种称呼在这里不太合适，因为在战国时期不存在。耶稣会士在述及中国古代历史时习惯使用这样的称呼。

② 我们可以注意到在这里"哲学家"不是指孔夫子，而是指闵子骞。

6.10 伯牛有疾，子问之，自牖执其手，曰："亡之，命矣夫！ 斯人也而有斯疾也！ 斯人也而有斯疾也！"

f.14.p.1. Vetus erat mos Sinarum, ut qui decumbebant ex morbo, lectulum collocarent ad Borealem fenestram domus suae, oppositi directè meridionali plagae ejusdem domûs. Quoniam verò simillimus quoque situs erat Regis, quotiescumque is considebat, ut scilicet obversus Aquiloni, Meridiem recta fronte respiceret: idcirco, si quando Rex visebat aegrotantem; stratum huius ad Meridionalem cubiculi partem sine morâ transferebatur, tantoque hospiti locus honoratissimus, uti par erat deferebatur, *Pe nieu* itaque discipulo *Confucii*, fortè aegrotante cumque visendi gratiâ adeunte *Confucio*; voluit is honore quanto poterat maximo excipere Magistrum; stratumque suum non secus ac si Regem praestolaretur, transferri iussit. At *Confucius* rem subodoratus, & certùs haud admittere honorem uni debitum Regi, peramicè quidem percontatus est discipulum de suâ valetudine; caeterum ab ingressu cubiculi abstinens sese, forinsecus ex ipsâ fenestrâ, ad quam aeger applicuerat lectulum, apprehendit ejus manum; certaque notans mortis indicia, ingemiscens ait: Moriendum est. Haec est caeli voluntas. Proh dolor! fieri ne potest, ut cum talis ac tantus vir sit, tamen habeat talem morbum! fieri ne potest, ut cum talis ac tantus vir sit, tamen habeat talem morbum!

按照中国古老的礼制，当人卧病在床的时候，人们就把他的床放置于屋子北面的窗户旁边，正对着屋子的南面。因为类似的位置是属于君王的，无论在任何时候，君王坐下都要背北面南。因此，当君王来看望病人的时候，病人的床就要立刻被移到卧室的南边。并且，最光荣的位置要留给伟大的客人，以使客人感到荣耀。孔夫子的弟子伯牛患了严重的病，孔夫子去看望他。伯牛想要用他所能提供的最大的荣耀来接待老师；他要求把他的床挪移，就像他在接待君王一样，但是孔夫子不同意他这样做，他丝毫不要求仅仅适用于君王的荣耀。孔夫子远离了伯牛卧室的入口，而是站在靠近病人床的窗户外面，伸进手去握住伯牛的手，非常友善地询问他的身体健康情况。孔夫子观察到伯牛将要死亡的确凿证据，叹息着说："你快要死了。这是上天的意志。真是令人悲伤啊！这种事情本不应该发生在如此杰出和伟大的人身上，然而你却得了如此严重的病！这种事情本不应该发生在如此杰出和伟大的人身上，然而你却得了如此严重的病！"[1]

6.11 子曰："贤哉，回也！ 一箪食，一瓢饮，在陋巷，人不堪其忧，回也不改其乐。 贤哉！ 回也。"

p.2.§.1. Hilarem pauperiem, frugalitatemque discipuli sui *Yen hoei* celebraturus *Confucius* ait: O quam sapiens ac probus erat *Hoei* discipulus meus charissimus! Cum uno quasillo seu fiscella orizae coctae in cibum, & unâ scutellâ aquae in potum contentus & alacer degebat in vili desertoque plateae angulo. Caeteri homines utque non valerent sustinere hanc ejus tantam in victu cultuque asperitatem; adeoque plenam taediorum, ut autumant, maestamque vitam. Sed enim magnus ille Philosophus *Hoei*, sui semper similis nullo modo mutabat suam laetitiam. O rarum! ô verè sapientem virum discipulum meum *Hoei*.

为了赞美弟子颜回的节俭和能够安于贫穷，孔夫子说："噢，我挚爱的弟子回，是多么的正直和有智慧！以一小篮子煮熟的饭作为食物，以一小瓢的

---

[1] 关于孔夫子的态度，朱熹提供了两种解释：第一种解释是，伯牛染上了麻风病；第二种解释是，孔夫子由于谦逊，不想要居于房子的南面(第87页)。张居正沿用朱熹的第二种解释。虽然这种解释不一定是最可靠的，但它在表达孔夫子的道德人格方面却是最有意义的(第80页)。耶稣会士翻译了张居正的解释。

水作为饮品,他快乐地居住在简陋偏僻的街角。其他人确实难以在食住方面忍受如此的艰苦,因为认为,这样的艰苦生活是应该满怀悲伤的。但是任何境遇都无法改变伟大哲学家回那一如既往的快乐。噢,世所罕见啊! 多么有智慧的人,我的弟子回!"①

6.12 冉求曰:"非不说子之道,力不足也。"子曰:"力不足者,中道而废。 今女画。"

§.2. *Gen Kieu* remissioris animi discipulus cum *Confucio* Magistro suo colloquens ait: Non est quidem quod ego non amem aestimemque tuam, *Confucii* doctrinam & quod ideò parum in ea proficiam: Sed vires meae non sufficiunt. *Confucius* respondit: Vires cui non sufficiunt is in medio viae consistit. Nunc autem tu, mi bone vir, per socordiam viâ nondum coeptâ tibi terminum ipso statuis.

精神上散漫的弟子冉求,在与他的老师孔夫子交谈时说道:"真的不是因为我不敬爱你,不尊重你和你的教导,也不是因为我在这方面努力得少,而是因为我的力量不足。"孔夫子回答说:"力量不足的人会在行程的中途停止不前。但是现在你,我的好弟子,由于懒散,在行程还未开始处,就给你自己构筑了边界。"

6.13 子谓子夏曰:"女为君子儒! 无为小人儒!"

f.15.p.1.§.1. *Confucius* alloquens discipulum suum *çu-hia* ait: Tu, mi dis-

---

① 耶稣会士认同颜回是一个哲学家的观点。在耶稣会士看来,哲学不仅是关于思辨的学说,而且是一种提高自身的生活方式。在这里,耶稣会士似乎注意到了儒家、斯多亚学派和基督教的结合。

cipule, unus esto de perfectis illis, verèque magnis ac Regiis literatis: Haudquaquam sis de literatulis illis, seu vilibus improbisque literatis.

孔夫子对他的弟子子夏说："你，我的弟子，要成为完美之人，即伟大、高贵的文人，千万不要成为邪恶的、不正直文人。"

6.14 子游为武城宰。子曰："女得人焉尔乎？"曰："有澹台灭明者，行不由径，非公事，未尝至于偃之室也。"

§.2. *Çu yeu* discipulus *Confucii* olim agebat oppidi *Vu-chim* in Regno *Lu* Praefectum. *Confucius* eo divertens, percontans ait: Tunc in hoc oppido nactus es egregium virum tibi familiarem? Respondit discipulus: Est hîc vir unus ex familiâ *Tan tai* nomine *Mie mîn*, homo perquam serius & rectus, qui per Regiam virtutis viam incedens, nunquam declinat ad obliquas privatarum affectionum semitas. Itaque nisi detur publicum aliquod negotium, non admodum frequens venit etiam ad meas, amici tamen sui, aedes.

孔夫子的弟子子游担任了鲁国武城的城宰。孔夫子问他："在这个城镇有没有与你交好的出色的人？"弟子回答说："有一个来自澹台家、名叫灭明的，是一个非常严谨和正直的人，他步行穿过的是高贵的美德之路，即从不由于私人的目的而转向不正当的道路。因此，除非有某种公务，否则他从不光顾我的房间——尽管这是他朋友的房间。"

6.15 子曰："孟之反不伐，奔而殿，将入门，策其马，曰：'非敢后也，马不进也。'"

p.2. *Confucius* laudans Praefectum exercitûs *Mem chi fan* à singulari quâdam modestiâ, admirabundus sic ait: *Mem chi fan*, nunquam se jactat. Nuper quidem ardente bello inter regna *Lu*, & *çi*, cùm inito fortè conflictu funderetur exercitus noster, cum jam strages cum fuga fieret, ipse tum praesenti animo in extremo agmine persistebat, victoris impetum reprimens, impigrè munus obiens ducis pariter militisque. Ubi verò plerisque suorum in tuto positis, ipse etiam jamjam ingressurus erat propriae urbis portas, tum videlicet stimulavit suum equum, postremus omnium incedens, & dixit: Haud equidem fuissem ausus ego accepta clade postremum tenere agmen fugientis exercitus, sed enim equus hic meus lassitudine fractus non progreditur.

军队的大夫孟之反由于独特的谦虚，受到了孔夫子的赞叹："孟之反，从不彰显他自己。最近在鲁国和齐国之间的激烈战斗中，他要为在战斗中被击败的我们的军队殿后，那时屠杀和逃跑都即将发生，他凭借自己敏捷的思维，一直坚守在队伍行列的最后，阻挡着胜利者的追击，积极地承担作为领导者和士兵的责任。当大部分士兵安全地进了城门之后，他才驱赶他的马进城。行走在全体士兵后面，他说：'认识到灾难后，的确不是我有勇气去支援溃逃的军队而处在末尾的行列，而是我的这匹马太累了，是它止步不前而已。'"

6.16　子曰："不有祝鮀之佞，而有宋朝之美，难乎免于今之世矣。"

f.16.p.1.§.1.　*Confucius* videns in Regno *Guêi* promoveri eos dumtaxat qui valerent gratia vel diserti oris vel venusti, ingemiscens ait: Nisi cuipiam fuerit vel *Cho to* Praefecti loquacitas vel certè fuerit venustuli illius *Sum chao* lepor & elegantia, difficile est evadere ab hoc praesenti saeculo, nec insidiis invidorum, odiisque & injuriis inimicorum opprimi.

孔夫子看到在卫国被提拔的人，他们或者仅仅有雄辩的口才，或者仅仅有美丽的相貌,于是叹息着说:"除非对卫国效忠的人有大夫祝鮀那样雄辩的口才,又或者确实有俊美的宋朝的魅力和优雅,否则卫国就很难避免不正义的敌人的阴谋、憎恨及压迫。"

6.17 子曰:"谁能出不由户? 何莫由斯道也。"

§.2. *Confucius* ait: Quis autem egrediatur domo, & non per ipsos egrediatur postes domûs? Cur igitur non procedimus per ipsam viam? Cur inquam non simili ratione quidquid negotii suscipimus, quidquid aggredimur rerum, per ipsam cujusque rei convenientiam & propriam quasi viam postemque ingredimur, & perducimus ad finem, quem nobis ipso praefiximus.

孔夫子说:"谁能不通过门走出房子呢?我们为什么不这样走?我的意思是,我们为什么不用同样的方法来做事?我们为什么不按照符合事物自身的方式来做,就像穿过房门那样,直达我们面前的目标?"①

6.18 子曰:"质胜文则野,文胜质则史。 文质彬彬,然后君子。"

§.3. *Confucius* ait: Si simplex naturae indoles excedit exteriorem ornatum & compositionem, id est, si natura sibi prorsus relicta sit, nihilque vel subsidii, vel ornamenti acceperit ab arte, vel culturâ tum illa procul dubio rude quid erit, rusticumque & agreste. Contra si ars, seu veriùs ornatus ille cultusque, exterior, excedit naturalem, illam simplicitatem; tum affectatum, nescio quid, merè politicum & merè concinnulum existet. At verò si interiori naturae simplicitati & candori

---

① 朱熹说:"非道远人,人自远尔。"(第89页)张居正也强调道的内在尺度:"盖为人之道,各在当人之身。"(第84页)而另一方面,《中国哲学家孔夫子》这本书仍然暗示有一些外在的目标需要去达到。

exterior ille cultus & ornatus ita societur, ut citra excessum alterutrius vel defectum sibi mutuo gratâ cum diversitate, sed & justâ cum proportione respondeant: Tum demum verus existet *Kiun çu*; existet (inquam) illustre quiddam & numeris suis absolutum, viri scilicet gravis ac politi pulcherrima sanè species: Sicut & pulcherrimam solet efficere in ipso quoque corpore, apta figura membrorum cum suavitate quadam coloris conjuncta.

孔夫子说:"如果天然的单纯的品质超越了其外部的修饰和装扮,也就是说,如果天性得以保全并且既不从技艺或者训练中接受任何有帮助的东西,也不因此获得修饰,那么毫无疑问这种天性将是野蛮、简陋、粗糙的。另外,如果技艺即华丽的装饰和教化超越了天然的朴素,就会显现出纯粹政治性的、不自然的、造作的东西。但是确实,如果外在的教化、华丽的装饰能与内在的朴素和纯洁天性结合起来,没有一方超过或少于另一方即两者不同,却能恰当地相互匹配,那么这样的人就会成为一个真正的君子;(也就是说)他将成为完美的人,不仅外貌出众,而且内在的教化也都完善,是庄重和文雅之人的最美类型,就好像身体的美丽是由四肢和俊俏脸庞的合适比例所造就的一般。"[1]

6.19 子曰:"人之生也直,罔之生也幸而免。"

p.2.§.1. *Confucius* ait: Homo nascitur rectus. Depravatur? Tum vivere illum, & mortem evadere, fortuitum ac immeritum quid est.

孔夫子说:"人生而正直。若是误入歧途呢?那么生和死都是偶然的,

---

[1] 这是西方对于美的古典定义,如西塞罗(Marcus Tullius Ciero)在《图斯库卢姆谈话录》(*Tusculan Disputations*)中所表述的:corporis est quaedam apta figura membrorum cum coloris quadam suavitate quae dicitur pulchritude, *Tusculanarum Disputationum*, iv, xiii. 耶稣会士不仅仅将"君子"当作一个道德典范,而且跟古典希腊-罗马文化一样,将其作为美学典范。

没有价值的。"

6.20 子曰："知之者不如好之者，好之者不如乐之者。"

§.2. *Confucius* agens de tribus quasi classibus hominum virtutem profitentium, sic ait: Ii qui intelligunt ac satis perspectum habent quid sit virtus, & quantoperè sit expetenda, non sunt aequiparandi cum iis, qui amant, id est, qui virtutem studio affectuque prosequuntur, sed hi quoque virtutis amantes non sunt aequiparandi cum illis qui jam laeti potiuntur eo quod amant.

孔夫子以三种人来说明美德，他这样说道："那些懂得并足够关心什么是美德的人，是比不上那些以热情来爱和追求美德的人；但是那些以热情来爱和追求美德的人比不上那些快乐地享受美德的人。"

6.21 子曰："中人以上，可以语上也；中人以下，不可以语上也。"

§.3. Rectam docendi alios rationem traditurus *Confucius* sic ait: A mediocris ingenii hominibus sursum ascendendo, possunt utique proponi sublimiora, quippe capient, discentque feliciter. At verò à mediocris ingenii hominibus deorsum descendendo, non possunt proponi sublimiora: Quippe tam ipsi, quàm qui docere ipsos voluerint, oleum & operam perdent.

为了把正确的教育方法传授给弟子们，孔夫子如此说道："对于中等天分以上的人，一定可以对他们提及更为崇高的事物，因为他们可以快速地掌握。但是对于中等天分以下的人，就不能对他们提及更为崇高的事物，因为这些人以及那些妄图教导他们的人都将会白白浪费时间和精力。"

6.22 樊迟问知。 子曰："务民之义，敬鬼神而远之，可谓知矣。"问仁。 曰："仁者先难而后获，可谓仁矣。"

　　f. 17. p. 1.　　Discipulus *Fân chî* Magistrum suum percontatus est de Prudentiâ, seu prudente. *Confucius* respondit: Quisquis enixè dat operam humanis, seu iis quae hominem maximè condecent virtutibus: Veneratur item spiritus. & cum iisdem nonnisi eminùs agit, hic demùm potest dici verè prudens. Discipulus *Fân-chî* percontatus est de virtute *Gîn*, seu de interiore, eâque solidâ & consummatâ virtute. Respondit *Confucius*: Verae solidaeque virtutis homo si primùm laboret, & postea obtineat, tum poterit dici verae solidaeque virtutis homo.

　　弟子樊迟曾就智慧和智者向他的老师请教。孔夫子回答说："尽力为了人民，或是为了尽可能将人引向美德之物而工作，也敬重神灵，但仅仅在远处致敬，这样的人才真正能够被称为智者。"弟子樊迟就美德"仁"，即内在、稳定和完全的美德向孔夫子请教。孔夫子回答说："拥有真正、纯粹的美德的人，如果他能劳作在前，收获在后，那么他就能够被称为是有真正纯粹美德的人。"

6.23　子曰："知者乐水，仁者乐山。 知者动，仁者静。 知者乐，仁者寿。"

　　p. 2. §. 1.　　*Confucius* ait: Aequi verique perspicaces industriique homines gaudent aquis: At verò solidae virtutis viri gaudent montibus. Illi quippe, id est, aequi verique perspicaces homines, non aliter quàm fluenta quaedam in perpetuo sunt motu; dum res, causasque rerum indagant; dum alia ex aliis deducunt, semperque agunt quid & moliuntur: Isti verò, id est, solidae virtutis viri, montium instar in perpetua quiete firmi immobilesque persistunt. Aequi verique perspicaces viri quidem jucundè vivunt; virtutis autem possessores, quia tam placidè, tam tranquillè; idcircò etiam diu vivunt.

孔夫子说："关注和追求正义和真理的人喜爱水，但是真正具有稳定美德的人喜爱山。的确，那些关注正义和真理的人无异于永恒运动的川流，当他们探究事物和事物的原因的时候，当他们从一物推导另一物时，总是在行动，总是在奋进。事实上，另外一些拥有稳定美德的人就像山一样，永远保持静谧不动。关注正义和真理的人的确生活得快乐，然而拥有美德的人因为生活如此地平和与宁静而长寿。"

6.24　子曰："齐一变，至于鲁；鲁一变，至于道。"

§.2. *Confucius* ait: Regnum *çi*, si fortè fortunâ restaurabitur aliquando, simul atque mutatio illa in melius, seu restauratio continget, vix tamen ipsum pertinget ad praesentem Regni nostri *Lù* statum. At verò Regnum *Lù* simul atque simili mutationi seu revocationi locum dabit; assequetur illico Priscorum Regum suorum virtutem, & regendi institutum. Cum enim civilis illa comitas & observantia, etiamnum vigeant, nihil in eo magnoperè desideratur, nisi ut restauret ac renovet propè jam collapsam clementer ac justè subditos regendi rationem.

孔夫子说："齐国如果幸运地有机会重建，同时这种改变或重建是向更好的方面发展，那么还是难以达到我们鲁国现在的状态。但是鲁国同时也有相似的变革，将立即追上古代君王的美德和统治方式。如果社会的礼仪和虔敬依旧强大，那么不需要做什么；否则，那仁慈而正义地统治臣民的方式即将崩溃，需要重建和革新。"

6.25 子曰："觚不觚，觚哉！ 觚哉！"

f.18.p.1.§.1.　*Confucius* ut doceat, unumquemque mortalium vel implere nomen suum oportere, vel certè deponere; simili utitur petito à tabellâ quadratâ vulgo *cu* dictâ, quâ olim Sinae papyri loco utebantur ad scribendum: Ait itaque: Tabella illa quadrata *cu* nisi quadrangularis fuerit, quadrata qui dicetur? Si Rex quae Regis, si homo quae hominis sunt non exerceat, quomodo dici potest Rex vel homo?

孔夫子教育人们，要么名如其实，要么放弃与实不相符的名。他用正方形的小板——觚作为事例来说明（中国人曾经用觚而非纸来书写）。他说："觚，这正方形的小板，除非它属于四边形，否则怎么会被认为是正方形呢？如果君王不履行属于君王的职责，人不履行属于人的职责，又如何能被称为君王或者人呢？"

6.26 宰我问曰："仁者，虽告之曰：'井有仁焉。'其从之也？" 子曰："何为其然也？ 君子可逝也，不可陷也；可欺也，不可罔也。"

§.2.　*Cai ngo* discipulus virtutem (pietatis imprimis) Sectari se profitebatur, cum tamen virtutis hujus naturam ac proprietates necdum satis ipse perciperet: Magistrum itaque interrogans ait: An homo verè pius, aliorum amans, talis esse debet, ut tametsi nonnisi incertae fidei quispiam nunciet dicatve in puteo esse hominem qui periclitetur, ipse è vestigio nuntiantem prosequatur, ac cum periculo capitis sui in puteum se demittat? Ad hanc discipuli quaestionem *Confucius* respondit: Quorsum faciat is hoc modo? vir perfectus, tenetur ille quidem succurrere periclitanti: Sed non tenetur neque licitè potest cum praesentissimo discrimine; quo fiat, ut nec alteri nec sibi consulat, quocirca expedit decipi, non tamen expedit perire.

弟子宰我宣称自己要一直追求美德(尤其是要虔敬地追求美德),然而他并不理解美德的本质和特征。因此,他询问老师说:"虔敬之人对他人的爱应该如此吗？即一个并不可信的人告诉他有人掉进了水井,他也会紧随其后,并且不顾自己生命的危险,跳入水井？"对于弟子的这个问题,孔夫子回答说:"出于什么目的呢,他要这样做？一个完美的人,他确实被要求去帮助陷于危险之中的人。但是并不能要求他在危及自身的时刻也这样做。出于什么目的呢,他要这么做？既不考虑他人,也不考虑自身。完美的人允许被欺骗,但不允许被毁灭。"

6.27 子曰:"君子博学于文,约之以礼,亦可以弗畔矣夫。"

p.2. §.1. *Confucius* ait: Verus Philosophus amplissimo quodam versatur studio in libris scientiisque omnibus; omnia examinans restringit exigitque ad regulam rectae rationis. Et sic quidem fieri poterit, ut is à veritate & virtute nunquam declinet.

孔夫子说:"真正的哲学家凭借最伟大的热情去钻研书本和所有思想,考察所有事物,并得出正确的理性的规律。① 他确实能够这样做,这使得他从不会离开真理和美德。"

---

① 《中国哲学家孔夫子》在这里把"礼"翻译为"正确的理性的规律"(regula rectae rationis)。这遵从了朱熹和张居正的解释,他们都把它翻译为"天理之节文"。在先秦时代,礼是一个独立的范畴,而朱熹把它归于理性的基本范畴之下。

6.28 子见南子，子路不说。夫子矢之曰："予所否者，天厌之！天厌之！"

§.2. *Confucius* olim in Regno *Guéi* Magistratum gerebat, Imperante *Lim cum* Rege. Porrò coniugem Regis *Nân-çu* dictam cupido incessit Philosophi: Philosophus haud ignarus foeminam esse deterioris famae, semel iterumque congressum excusarat. Sed cum instaret illa (quippe moris tunc erat, ut quotquot magistratum gererent, etiam Reginae sisterentur) *Confucius* offensionem metuens adivit tandem Reginam *Nan-çu*. Discipulus *çu-lu* non admodum probavit factum Magistri. Sed enim *Confucius* egregio conscientiae suae fretus testimonio, haud cunctanter obstringens se jurisjurandi religione sic ait: Ego si quid iniqui seu flagitiosi in animo admisi, si quid peccavi; coelum me execretur! coelum me execretur!

孔夫子曾经在卫国做官，受君王灵公统辖。灵公有个叫南子的配偶，她想要接近哲学家。哲学家知道这个女人名声不好，一而再地拒绝见面。但是她坚持要求（按当时的风气，很多人为了做官，也会见王后），孔夫子害怕冒犯她，最后还是去拜访了王后南子。弟子子路十分不赞同老师的行为。但是孔夫子仅仅依靠自己良心的见证，毫不迟疑地起神圣的誓言约束自己，如此说道："如果我的心灵中接受了不正义或可耻的东西，如果我曾犯罪，那么让上天诅咒我！让上天诅咒我！"

Idem Lin cum, *uti memorant fasti Sinenses, dum quodam die cum* Nancù Reginâ *urbem lustrat uno eodemque vectus curru obvium fortè* Confucium *compellans invitavit, ut in unum ex curribus qui Regium pone sequebantur, conscenderet: At philosophus immodestiâ tantâ viri foeminaeque, tametsi conjugium, eodem curru considentium vehementer offensus non sine stomacho oblati currûs ho-*

norem recusans discessit.

正如中国年表中所记载的。这位灵公某天与王后南子乘着一辆马车巡视城邦时，在路上偶然遇到孔夫子，便招呼并邀请他坐上跟在君王后面的另一辆马车。但是哲学家被男女之间的不检点，共乘一辆马车的行为严重地冒犯了，即便他们是夫妇，他拒绝了享用君王马车的荣耀。

6.29　子曰："中庸之为德也，其至矣乎！民鲜久矣。"

f.19.p.1.§.1.　*Confucius* ait: Aurea mediocritas, seu medium tenere in omnibus etiam quotidianis & ordinariis actionibus, haec demum est verae perfectaeque virtutis. At haec quam ardua & sublimis est! Mortalium paucorum illam esse, jam vetus aliquid est. vetus malum: vetus querela est.

孔夫子说："黄金法则就是在日常的甚至是所有事务中持守中道，这的确属于真实而完美的美德。但是这种崇高的品德是多么难以获得啊！在古代便已经有很少人拥有这样的美德了。这是古代的恶，应该被谴责。"

6.30　子贡曰："如有博施于民而能济众，何如？可谓仁乎？"子曰："何事于仁！必先圣乎！尧舜其犹病诸！

§.2.　Discipulus *çu cum* agens de virtute illa *Gin* quatenus pietas vocatur de illa consulens *Confucium* sic ait. Si detur ergò quispiam largissime beneficia conferens in alios, itemque potens opitulari omnibus, quid tibi videtur? An, ejusmodi qui sit, poterit censeri ac dici verè pius. *Confucius* respondit: Quomodo res ista à pietate hujusmodi quam affers perficienda? necessaria quoque hic est sanctitas. *Yâo* & *Xún* ipsi hîc quoque laborabant: & ad hoc impares vires suas esse sentiebant huic virtuti assequendae.

弟子子贡就被称为虔敬的美德"仁"问孔夫子:"如果一个人慷慨地给予他人益处,也能够帮助所有人,这种行为在你看来怎么样呢?他是否能够被称为虔敬的人呢?"孔夫子回答说:"你所说的这种虔敬怎么能够成事呢?这里还必须有神圣。① 尧和舜在这方面也很痛苦:他们都感到凭自己的力量不足以追随这种美德。

夫仁者,己欲立而立人,己欲达而达人。"

p.2.§.1. Est igitur sanctitas illa vel charitas pietasve quam exigo, mi discipule, affectio animi constans & consentanea rationi, quâ quis abjectâ propriae utilitatis commodivè curâ, totius orbis homines amplectitur, haud secùs, ac si unum quid idemque secum forent; atque adeò communem cum iisdem sensum tam inter prospera, quàm adversa & habet & prodit. Exempli causa hujuscemodi pius ipsemet desiderans erigi ac florere, protinus consilio; & ope & operâ, etiam erigit quoscunque alios, quos vel nativa tenuitas, imbecillitasque depressos humi reneat, vel gravior fortunae casus ex alto dejectos afflixerit, prostraveritque. Similiter ipsemet volens feliciter res penetrare; non sustinet videre alios, qui vel errant coeci, vel laboribus ac difficultatibus victi succumbant; sed ipse per se nihil non tentat ac molitur quo opituletur & his & illis, atque ita etiam penetrare facit alios & perfringere objectas difficultates, & ex errorum ignorantiaeque tenebris feliciter tandem eluctari. Haec porrò charitas pietasue, ubi mortalium animis semel insederit; tum verò totus orbis unius erit instar familiae, quin & hominis unius instar homines erunt universi, & quidquid ubique rerum est propter admirabilem illum summorum, mediorum, infimorum inter se mutuò nexum atque ordinem,

---

① "圣"这个词被翻译为"圣洁"或"神圣"。

unius & ejusdem substantiae esse videbitur.

因此,我的弟子,我所考察的神圣、仁慈或者虔敬,是心灵与理性相谐的产物,因为一个人不再关心自身的利益和处境,而是毫无差别地爱全天下的人,就像全天下的人与他成为了一体;并且确实,无论身处幸运或不幸之中,他都与人们感同身受。例如,当一个虔敬的人自身想要取得成就和变得发达的时候,也同样地会用自己的行动、影响和力量去帮助那些遭受贫困与软弱的人,以及被不幸碾压击垮的人。① 同样,当他想要看清一切时,见到他人盲目地犯错,或是被痛苦和困境压倒,他难以忍受。他极尽全力去帮助每一个人,帮助他们解决面前的困难并成功地走出错误和无知的阴影。一旦这种仁慈和虔敬成为共识,那么全世界的人都将亲如一家,甚至如同一个人。因为在最高的、中间的、最低的阶层之间存在的无处不在的联系和秩序,使整个人类看起来就如同一体。②"

能近取譬,可谓仁之方也已。"

§.2. Alios itaque diligamus, sicut nos ipsi diligimus: Alios et nobis metiamur: Labores aliorum & commoda ex nostris aestimemus. Denique, ut paucis omnia complectar, nosse è propinquo (sive à nobismetipsis) desumere seu instituere comparationem ad alios, quibus adeò contingere velimus aut nolimus id

---

① 这与朱熹所讲的"以己及人"是一致的——它是无意识而不费力的,就像《中国哲学家孔夫子》这本书所建议的翻译一样。对朱熹来说,这是仁的表达。这可以被认为是黄金法则的一个表达。

② 最后的两个句子翻译了张居正的评注:"天下一家,万物一体的气象。"(第91页)《中国哲学家孔夫子》这本书在此跟随了宋明理学(二程兄弟、朱熹及张居正)给出的本体论解释:美德"仁"基于道德的统一体及全宇宙的气象之上。"气象"这个术语在这里的翻译和"实体"同义(现代的翻译有"气质"或"性情")。耶稣会士在接受宋代的宇宙论和形而上学方面遇到了困难,他们错误地认为"气象"或者"气"是物质的原则。但是此处并没有把"气象"和"气"联系起来。我们也可以发现,张居正提到了只有全人类成为一家人,而不是成为一个人。耶稣会士也许在这里引入了基督教的思想:全人类统一于耶稣基督之中。

omne, quod ipsi nobis contingere volumus aut nolumus; haec demum potest dici virtutis *Gîn*, seu memoratae jam charitatis ac pietatis exercitandae ars ac regula.

因此我们应该爱其他人,就像我们爱自己一样。我们应该从自身出发去衡量其他人,去评判其他人的劳苦和利益。最后,让我用很少的话来做一总结,我们应该知道如何从最近的地方(也即从我们自身)开始,确立对待其他人的准则。我们应该以我们想要让别人对待我们的方式去对待他人,不要以我们不想让别人对待我们的方式去对待他人。这就能够拥有美德'仁',或者前面已经提到过的仁慈和虔敬。"[1]

---

[1] 此处"方"被翻译为"技艺"(ars),对于朱熹来说,由己及人在实践上要求自省(第92页)。Pierre-Sylvain Régis(1632—1707)在《中国哲学家孔夫子》的书评中仅引用了《论语》中的这句话,强调这和基督徒的博爱相似。(见 Pierre-Sylvain Régis, "Review: Confucius Sinarum Philosophus", *Journal des Savans*, Académie des inscriptions & belles-lettres, Institut de France, 1707, pp. 173-176)

述而第七

7.1 子曰:"述而不作,信而好古,窃比于我老彭。"

fol.1.p.1. *Confucius* ait: Praeco sum, seu relaror, & non author doctrinae, quam palàm facio. Credo, & amo antiquitatem, ex quâ studiosè suffuror, & excerpo quae ad rem meam sunt; imitatus in me ipso famosum illum senem *Pûm*: Quippe qui prior veterum monimenta simili conatu, tradidit posteritati.

孔夫子说:"我是信使或传道者,非我所宣扬的学说的作者。① 我相信并爱好古代,从中选择并孜孜汲取对我有用的东西。② 我仿效那位著名的老彭,因为他通过类似的努力把前人的经典传授给后人。"

Narrant Sinenses hunc Laò Pùm *septingentos vixisse annos vegeto semper corpore, attigisseque tempora familiae* Xam, *quâ imperante magistratum quoque gesserit.*

中国人说的这位老彭在世有七百多年而且总是体格强健,一直活到商朝时期。那时,他也治国理政。③

---

① 耶稣会士的翻译不关注孔夫子所做之事,而是着眼于他信使的身份。有趣的是,传教士也将自己看作福音的"信使"(praecones)。

② 这里似乎在翻译张居正的"裁定",意思是拣选古人留下的文献的过程。然而,在中国的注疏中找不到"孜孜汲取"的观点。耶稣会士的译文表明孔夫子不是仅仅传播古代的文献,而是对古代文献有所拣选和安排。

③ 耶稣会士似乎接受了老彭寿命超长这一事实,而朱熹和张居正并没有提及。毕竟,耶稣会士并不怀疑《创世纪》中默突拉舍(Mathusalem)活了969年。一些注释者认为事实上有两个老彭:一个生活于尧的时代,另外一个则生活在商朝。

7.2 子曰："默而识之，学而不厌，诲人不倦，何有于我哉？"

p.2.§.1. *Confucius* ait: Vacare silentio, &, quae seu vidimus, seu audivimus, recolere memoriâ: Seriò constanterque dare operam studiis, & non affici taedio; docere alios, nec frangi vel fatigari docendi labore: Tria haec quo pacto fuerint in me aliquando?

孔夫子说："沉思并默忆那些看到或听到的；①认真而持续地学习，而不至厌倦；教导他人，努力不为教学之苦气馁、疲倦：这三者我何时能做到呢？"②

7.3 子曰："德之不修，学之不讲，闻义不能徙，不善不能改，是吾忧也。"

§.2. *Confucius* ait: virtutem non coluisse studiosius; de optimis scientiis ac disciplinis non differuisse crebriùs; audivisse quae recta & consentanea rationi sunt, nec tamen valuisse ad ea me transferre; denique vitia non valuisse pro voto emendare; haec, inquam, quatuor sunt meus dolor, & justa maeroris causa.

孔夫子说："美德不更努力地培养；好的学问不总是经常地讲授；听那些正直正义的事情却不学习它们来修正自己；最后，没有通过致力于改正缺点

---

① 所有的注释者都将默思作为孔夫子学习和回忆的方式，耶稣会士的译文则将默思作为回忆之前的一个独立的行为。在这里，耶稣会士表达了一种始于默思的基督教式的意识考察。朱熹和张居正将这一段看作谦逊的实践。

② 朱熹、张居正都把这句话理解为是孔夫子谦虚的表现。

来完善自己:以上这四点,就是我忧虑和痛苦的原因啊!"①

7.4 子之燕居,申申如也,夭夭如也。

§.3. Discipuli Magistrum suum *Confucium* hoc elogio passim celebrabant, *Confucius* magister noster, inquiebant, quotiescumque solus & à negotiis liber domi degebat, quam erat jucundus & affabilis, quam explicato serenoque animo! Quam comis ac placidus!

弟子们通过这样的描述来赞颂他们的老师孔夫子:"无论独处或闲暇,我们的老师孔夫子,都是愉悦和亲切的! 他的神情是多么的舒展而平静! 他是多么的谦恭与和善!"

7.5 子曰:"甚矣吾衰也! 久矣吾不复梦见周公!"

f.2.p.1.§.1. *Confucius* jam senior, dicebat: Magna sanè est mea nunc imbecillitas. Nunc diu est quod ego non amplius (uti olim cum aetas vegeret) per somnium videam magnum illum magistrum *Cheu Cum*.

孔夫子年纪已老,他说道:"我现在已经衰弱得这么厉害了! 现在我已好长时间不再(不像多年前一样)梦到那位伟大的老师周公了。"

7.6 子曰:"志于道,

§.2. In hoc paragraph, & quatuor sequentibus declarant Philosophus, quo

---

① 这一段表明孔夫子清楚自己的界限。张居正表示孔夫子事实上有自我改正的潜能,但是他自己却担心没有(第93页)。耶稣会士的译文停留在俗世的层次(缺点),不去谈宗教意义上的罪。

tandem modo consummetur ac perficiatur virtutis studium, sive, quid agendum sit virtutis studioso, ut in eâ perfectus evadat. *Confucius* itaque ait: Primum mens defigenda in consentaneo rationis dictamine, seu in eo quod ratio à nobis exigit.

在这一段和接下来的四段里，哲学家说明了美德的培养是通过什么途径来实现和完善的，或者说在培养美德时需要做什么。孔夫子说："首先，精神应该趋向于理性的指示，或是趋向于那理性向我们展现的东西。①

据于德，"

§.3.　Deinde, serio magnoque animo arripienda, seu apprehendenda virtus.

其次，严肃的心灵应该紧紧地抓住或者依靠美德。"

依于仁，"

§.4.　Tertiò firmiter incumbendum in absolutam virtutis interioris perfectionem.

再次，应该绝对牢固地依靠内在的尽善尽美的美德。②"

游于艺。"

p.2.§.1.　Quartò ut vigeat exercitium, & quae hoc consequitur facilitas & peritia in bonis artibus officiisque.

---

①　张居正将"道"理解为"人伦事物当然之理"（第94页）。耶稣会士的译文则遵循宋明理学的道德理性论。

②　注意此处对"仁"的翻译是"内在的尽善尽美的美德"，其中"德"即"内在美德"一说。耶稣会士的译文充分表明"仁"并非诸种美德之一，而是超越所有的美德。

最后，如果锻炼得纯熟，在好的技艺和礼仪中的驾轻就熟也将随之而来了。"

7.7 子曰："自行束脩以上，吾未尝无诲焉。"

§.2. More receptum jam olim apud Sinas erat, ut qui se alteri instituendum liberalibus disciplinis traderet, primo statim accessu mineval① Magistro offerret. Tenuissimum porrò minervalis genus erat fasciculus siccatae carnis decem minimum frustis constans. *Confucius* ait: Quicumque, accesserunt ad me, ut in disciplinam meam admitterentur, incipiendo ab illis, qui offerebant fasciculum siccatae carnis, infimum minervalis genus & ab his ascendendo ad alios qui offerebant lautiora; horum ego neminem unquam non institui ac docui.

根据中国人的习惯，如果一个人想向他人学习自由的学问，第一次拜见老师时，他需要向老师提供些学费。其实这个学费是至少包含了十脡的好的干肉的包裹。孔夫子说："为了接受我的教诲而前来拜会我的人，有人给的是这最低限度的干肉包裹，有人给的是珍贵佳肴，介于二者之间的人，我从来不会拒绝教导他们。"

7.8 子曰："不愤不启，不悱不发。举一隅不以三隅反，则不复也。"

§.3. *Confucius* ait: In Scholâ sapientiae non adhibentem conatum, hunc ego quidem non erudiam. Item non aperientem mihi verbis mentem suam, quia scilicet vel nolit, vel non possit; eum nec ego intelligam, nec errores ejusdem vel

---

① mineval, 在比利时是一种学费, 这一名称显著表明这一部分的翻译出自柏应理或鲁日满。

dubia habere potero perspecta. Denique proponente me unum quadrati angulum, & tamen non ex hoc reliquos tres angulos per se inferenti; huic certè non repetam amplius eandem frustrà crambem.

孔夫子说:"在智慧的学校里不去努力的人,我必然不会教导他。同样地,我也不会教导那些不愿意或者没有能力理解我言语的人,因为我不知道也不会去解决他们的疑惑,或是纠正他们的错误。最后,如果一个人不能从我给他的四方形里的一个角去推知另外三个角,我肯定不会毫无意义地再次教导他。"

7.9　子食于有丧者之侧，未尝饱也。

f.3.p.1.§.1.　Laudant hoc & sequenti paragrapho discipuli Magistrum suum. *Confucius*, inquiunt, funebribus officiis perfunctus, ac deinde solemnes inter epulas ad eorum qui funus duxerant latus assidens; de appositis cibis vix cogitans, haud unquam famem explebat: tanto scilicet tenebatur luctu desiderioque illius qui obierat.

在这一段和接下来的一段,弟子们赞美他们的老师。[①] 正如他们所说,孔夫子出席葬礼时,坐在举行葬礼的人们之间。祭祀的食物就在一旁,他全然不去理会,也从不去解决自己的饥饿问题:这是为了表达对死者的尊重和哀悼之情。

7.10　子于是日哭，则不歌。

§.3.　Idem *Confucius* in ejusmodi funebri die ubertim plorabat defunctum,

---

① 张居正和朱熹都没有这类注释,可能是耶稣会士为了文本的连贯而加上去的。

atque ita prorsus non canebat.

同样地,孔夫子在葬礼这天为死者哭了很多,就不再唱歌。

7.11 子谓颜渊曰:"用之则行,舍之则藏,惟我与尔有是夫。"

§.3. *Confucius* alloquens discipulum suum *Yen yven* ait: Qui evocati adhibitique ad munia publica, actutum & sine tergiversatione, capessamus Rempublicam; Rursus qui amissa dignitate illâ, illicò & sine querimoniâ, molestiave animi, privati latitemus domi nostrae; soli (opinor) ego & tu sumus ejusmodi.

孔夫子对他的弟子颜渊说道:"我们若被征召去处理国家大事,要立刻毫无托辞地去拯救国家。相反,当失去了这样的权力时,我们要立即不带遗憾和苦恼地把自己隐藏于家中:只有我和你是属于这一类人。"

子路曰:"子行三军,则谁与?"

p.2.§.1. Discipulus *çu lu* audiens à Magistro laudari condiscipulum, ut erat ipse bellicae fortitudinis suae sibi conscius, si inquit, *Confucius* Magister ducturus esset (*Reverentiae ergo praesentem in tertiâ personâ alloquitur, more gentis usitatissimo*) Tres exercitus; tum quemnam sibi adjungeret in collegam.

弟子子路以他战斗的勇猛而自豪,当子路听到孔夫子赞美他的同学颜渊时,[1]说道:"假如老师孔夫子率领三军,他会与谁共事?"(当然,在这里他用了第三人称来叙述以显示其尊敬,正如许多中国人也如此使用。)

---

[1] 子路说话时的情境是朱熹(第95页)和张居正(第97页)给出的。

子曰："暴虎冯河，死而无悔者，吾不与也。必也临事而惧，好谋而成者也。"

§.2. *Confucius*, ut vanos simul martiosque spiritus discipuli deprimeret, sic ait: Inermis ac nudis manibus qui aggrediatur indomitan tigrem, & sine rate vel schapha committat sese spatioso rapidoque flumini; mille item inter mortes versetur; & tamen non aliquo teneatur metu; Hunc ego sanè nolim mecum copias ducere. Rarò namque temeritas usui fuit, damno quàm saepissimè, honori nunquam. Necesse est quidem non perturbati in rebus asperis; sed quando se offert discrimen anceps ac improvisum, tum vel maxime praesentis animi uti consilio, & consideratè vigilanterque se gerere. Quanquam multò etiam malim talem & conari, & verò gaudere percipere animo futura & aliquanto ante constituere, quid accidere possit in utramque partem.

孔夫子为了压制这位弟子的虚荣心和武勇精神，说道："赤手空拳地攻击没有被驯服的老虎的人，或者没有舟船而把自己置于急流中的人，虽历千次死亡都不惧怕，但我丝毫不想让他带领我的部队。轻率的人不但很少成事，而且经常误事。我所共事的人，必须是在难事上不轻忽，当被指派不能预期完成的麻烦事时，他会使用智谋警觉地思考。我并不希望有这样的情况，但确实也要想象一下与我共事之人面对这两种情况的结果是什么。"

7.12 子曰："富而可求也，虽执鞭之士，吾亦为之。如不可求，从吾所好。"

f. 4. p. 1. §. 1. *Confucius* insanos hominum conatus in coacervandis opibus perstringens ait: Divitiae si quidem possunt humanis viribus industriisque obtineri; ad eas obtinendas, vel Agasonem, si necesse fuerit ego quoque agerem. Si copiae & opes non possunt humanis viribus industriisque comparari, sed à solo caelo dependeant; sequar scilicet ipse quod amo, & teneor & possum, lumen, inquam, ductumque rationis à caelo mihi inditum.

孔夫子批评人们不理智地积累财富说:"如果财富真可以通过人们的努力和勤奋而得到,有必要的话我可以去当执鞭的驱车人;但财富并非通过人的努力和勤奋就能获得,而是由天命决定:我会去做那些我喜爱的、能被我掌握的和我力所能及的事情,也就是天给我理性的光芒和引导。"①

7.13 子之所慎:齐,战,疾。

§. 2. Tria narrantur fuisse in quibus *Confucius* plurimum vigilantiae, curae & operae ponebat; abstinentia scilicet, antequam sacris operaretur, conflictus cum hoste, morbus.

据说有三件事情,孔夫子会给予极度的重视、关注和努力:祭祀之前的斋戒、与敌人的战斗和疾病。

7.14 子在齐闻《韶》,三月不知肉味,曰:"不图为乐之至于斯也。"

§.3. Xao nomen est seu genus Musicae ab Imperatore *Xun* olim conditae, quâ continentur virtutes ac laudes magni illius Legislatoris *Yao* dicti; à quo & ipse *Xun* ad Imperii societatem & deinde successionem assumptus fuerat.

---

① 最后这句话是宋明理学对原文的诠释,关于"义理"的概念,朱熹(第96页)和张居正(第98页)都有所提及。

Confucius ergo collabente paulatim familia *Cheu*, existens fortem Regno *çi* ibique audiens musicam illam *Xao*; tanto repentè sensu voluptatis affectus est; ut cum tertium jam mensem illâ pasceretur quippe tribus omnino mensibus, non perciperet carnium, quibus vescebatur, saporem. Enimverò (aiebat ipse) Haud unquam ego existimaveram eum qui composuit hanc muscicam, pertigisse ad hujusmodi suavitatem.

《韶》是舜帝创作的一类音乐的乐名,此乐含有对被称为"尧"的伟大立法者美德的赞誉。舜与他一起统治之后继承了他的统治。周王朝分崩离析时,孔夫子流落到齐国,听到了《韶》乐,他立刻被极大的快乐所感染。在三个月中,他的心只在《韶》乐上,而不知道他所吃的肉的滋味。他说:"当然,我敬重这音乐的作者,并享受这种柔美之音。"

7.15 冉有曰:"夫子为卫君乎?"子贡曰:"诺,吾将问之。"

p.2.§.1. *Lim cum* Rex Regni *Guei* habuit filium nomine *Quai quei*: Hic quòd novercam adulteram occidere tentavisset, à Patre è Regno ejicitur. In vicinum itaque *çin* Regum profugit, sed relicto domi filio, cui *Che* nomen erat. Moritur interea *Lim cum*. Populus filium profugi Principis in avito collocat solio. Audiunt hoc, qui patrem susceperant. Damnant factum. Reducunt profugum. Obsistit filius, & clam missa armatorum manu, venire prohibet. Inter haec varii sermones hominum atque sententiae. Negabant illi, esse licitum filio tenere Regnum vivo Patre & invito: Sed hi, contrà excidisse jam pridem jure Patris & Regni, qui vitae Matris, tametsi non suae, struxisset insidias. Utique non alteri, quam qui & innocens esset, & filius, deferendum videri sceptrum. Porrò sub idem tempus *Confucius* degebat in hoc ipso Regno *Guei*. Ejus itaque discipulus *Gen yeu* à condiscipulo *çu cum*, quaerit, an *Confucius* quoque favet eidem *Che* Regni *Guei*

Principi? çu cum, protinus respondit: optimè: ego exquiram.

卫国国君灵公有子名叫蒯聩,他意图杀死不贞的继母而被父亲放逐。他逃亡到了邻近的晋国,而把儿子名为辄的留在了家。当灵公死后,国人把逃亡君主的儿子放在了他祖父的宝座上。支持父亲蒯聩的人知道后,谴责了这件事,并打算迎回被放逐的蒯聩。但是儿子反对这件事,并秘密地派遣了武装的士兵,阻止父亲(蒯聩)回来。在这件事上,人们议论纷纷。有些人反对说,父亲还活着,因此不能赞同儿子为君;但另一些人则反对说,蒯聩试图以一种阴谋结束其母亲——虽非生母——的生命,这样的人已经失去了父权和国权。当然儿子辄认为,王权不应该转给另一位,不管他是否无辜。那时孔夫子在卫国。① 他的弟子冉有向同学子贡问道:"老师是否支持辄为卫国国君?"子贡马上回答:"好的,我将去询问。"

入,曰:"伯夷、叔齐何人也?"曰:"古之贤人也。"曰:"怨乎?"曰:"求仁而得仁,又何怨?"出,曰:"夫子不为也。"

§.2. Regni *çu cho* Regi tres fuêre filii, maximus natu *Pe y*, minimus *Xo çi* dicebatur, secundi non extat nomen. Pater, qui minimum teneriùs diligebat, eundem morti jam proximus Regni haeredem denuntiat. Sed mortuo Patre, subditi majorem natu regnare volunt: Ipsi namque deberi coronam nascendi jure & ordine. Verúm is voluntatem Patris tam juri suo, quam votis suorum anteponens, Regnum fratri ultrò cedit. Sed & hic non minùs memor fraternae charitatis, quàm alter filialis observantiae; fratrem, quod primo loco genitus sit, ad suscipienda Regni gubernacula constanter urget. Certamen hoc tam rare gratiae cum perquam diu tenuisset, & neuter alteri persuadere potuisset, quod utrique suo quodam jure

---

① 这一大段详细说明应该是出自张居正的文本(第99页)。

debebatur; ut tam inusitatae contentioni finis tandem fieret, ambo clam suis generosâ tamdem fugâ ex aulâ in solitudinem se contulêre, victores ambo, victique. Secundus itaque fratrum relictum à majore minimoque regnum, communi populi ac procerum consensu suscipit. Porrò certamen hoc fratrum, uter alteri coronam cederet, contendentium, ei certamini, quod (ut paulò supra memoravimus) tunc Patri erat cum filio, prorsus è diametro opponebatur. Discipulus itaque *çu cum* per ambages Philosophi sententiam callidè exquirens; ingressus est ut Magistrum consuleret, duo fratres, inquit, *Pe y & Xo çi* cujusmodi fuerunt homines? Philosophus quo tenderet illa percontatio, animadvertens, respondit *Pe y & Xo çi* omnino fuerunt è priscis spectatae virtutis ac sapientiae viris. Discipulus *çu cum*, instat, & ait: Sed num credibile est sibi constitisse non eos paenituerit deinde facti sui, fugaeque? Tum *Confucius* in hoc facto, inquit, ambo quaesiverunt veram virtutem, & invenerunt veram virtutem. Numquid igitur eos paenitudo subierit ubi error nec peccatum praecessit? Satis hoc responso declarabat *Confucius*, quid de improbo *Che* paterni principatûs invasore sentiret; quippe dum sic laudabat à virtute ac sapientiâ illos, qui invicem Regno cesserant; damnabat utique eum, cujus impia temeritas & ambitio debitam Patri, quamvis fonti, pietatem violarat. *çu cum* igitur egreditur, & condiscipulo suo *Gen yeu* ait: *Confucius* haudquaquam favet *Che* Principis factioni.

孤竹国的君王有三个儿子，最大的名为伯夷，最小的名为叔齐，而第二个儿子的名字没有记录。父亲喜欢年纪最小的儿子，宣布由他继承自己的王位。但是当父亲死后，根据祖先对长幼继位的规定，臣民都想让大儿子继位。不过，伯夷将父亲的意愿放在自己的权利之前，也放在臣民的意愿之前而把王位让给了弟弟。但是，叔齐看重兄弟情谊，并不逊于伯夷为人子的孝顺，他坚持要求先出生的兄长应该继承王位。这个少有的善意相让持续了非常久，而且两方都不能劝服对方，因为两者都有其须遵守的礼法。为了终结这样不平常的相争,两人最后都秘密地放弃了高贵的出身,独自离开王城,两人都胜利了,也都失败了。排行第二的兄弟被最大和最小的王子所留下,人民和贵族们接纳了他。显然这两个兄弟相互礼让王位的行为,与前面的父子相争截然相反。① 弟子子贡迂回地探询哲学家的看法。他进来向老师问道:"伯夷和叔齐两兄弟是怎么样的人呢?"哲学家专注地回答了这个问题:"伯夷和叔齐都是古代的有美德和智慧的人。"弟子子贡追问:"你相信他们没有犹豫、没有后悔吗,对于他们的决定和逃跑?"孔夫子就这件事说道:"两人都追寻并发现了真正的美德。他们无错、无罪,为什么要后悔?"孔夫子的这个回答已经足够让人了解他对侵犯父亲统治地位的、不正义的辄的看法;赞美伯夷和叔齐礼让王位的美德和智慧的同时也说明了辄的过错,其错误的鲁莽和对父亲的野心,无论如何都是错误的。他违反了礼法。子贡走出来,对同学冉有说:"老师完全不支持王子辄一党。"

7.16 子曰:"饭疏食饮水,曲肱而枕之,乐亦在其中矣。不义而富且贵,于我如浮云。"

f.5.p.1. *Confucius* aiebat vescor ferè admodum vulgari parabilique cibo; poto lympham, & dum brevi somno reficio vires, inflecto cubitum, capitique subjicio & is mihi pro cervicali est. Hoc interim affirmo quòd sua Philosopho voluptas etiam constat haec inter. Habet omnino suas virtus delicias, medias inter asperitates. Quisquis autem expers virtutis est, etsi idem sit dives & opulentus, adeoque sicut ferè usu venit, honoratus; apud me certè quidem erit instar volantis nubis.

孔夫子说:"我吃的几乎都是普通简单的食物,喝清水;小睡以恢复体力

---

① 张居正提到兄弟逊国的事,正好与卫君父子争国的相反(第99页)。

时,就弯着胳膊当枕头睡。同时,我肯定哲学家的快乐就在其中。美德的快乐便全然在这通常的困境中。无论是谁没有了美德,即使他是富裕的,荣耀似乎也从利益中而来,但它对我来说确实如同浮云。"

7.17 子曰:"加我数年,五十以学《易》,可以无大过矣。"

p. 2. §. 1.　*Confucius* septuagenarius aiebat: Caelum si concederet mihi aliquot adhuc vitae annos, penitus ut perdiscerem doctrinam libri *Ye Kim*, id est, mutationum; possem, utique, vacare graviori saltem quâcumque noxâ & crimine.

年已七十的孔夫子说道:"若上天再给我几年的时光,我就可以透彻学习《易经》一书的道理,也就是世事变化的道理;我在任何时候都能避免严重的失误和过错。"①

7.18 子所雅言,《诗》、《书》、执礼,皆雅言也。

§.2.　*Confucius* (uti memorant discipuli) Quae crebrioribus usurpabat sermonibus, erant ferè tria. Odae, id est, Sententiae priscorum Sapientum & Regum, metro ligatae. Chronica, seu res ab eisdem Regibus ac Majoribus suis vel rectè vel perperam gestae, Denique studiosè observata & exercita ab eisdem Regibus officia & ritus. Haec tria, inquam, erant ea ferè omnia de quibus passim disserebat *Confucius*.

孔夫子(正如弟子们的回忆)经常重复言说的有三件事:一是《诗》,也就是古时智者与君王的言辞,按格律编排在一起;二是《书》,即对君王及其祖

---

① 这里的翻译依据朱熹(第97页)和张居正(第100~101页)。此书没有提到"五十"这两个字的解读。朱熹把它们并成一个"卒"字(第97页)。

先们做过的或正确或错误的事的记载；三是认真地考证并实行古代君王的那些礼节与仪式。这三件几乎就是孔夫子随时随处谈论的全部事。

7.19 叶公问孔子于子路，子路不对。

f.6.p.1.§.1. Praefectus civitatis *Xe* homo arrogans, utpote qui titulum *Cum* officio suo longè superiorem temerè sibi vindicabat. Hic, inquam, quaesivit de *Confucio* à discipulo *çu lu*, quid scilicet hominis esset Magister suus? *çu lu* non respondit.

县令尹是个傲慢的人，他僭用了高于自己职位很多的"公"来称呼自己。他向子路询问："孔夫子是怎样一个人？"子路并不回答。

子曰："女奚不曰，其为人也，发愤忘食，乐以忘忧，不知老之将至云尔。"

§.2. *Confucius* ubi cognovit percontationem praefecti & silentium discipuli; huic ait: Tu quin sic respondisti? Ipse est vir ejusmodi, ut non alia de re magis laboret, quam ut in suscepto virtutis ac bonarum artium studio assiduè proficiat: In quo si quidpiam non usquequaque assecutus est, hoc ipso contendit exeritque vires omnes & conatus, sic prorsus, ut obliviscatur etiam cibi sumendi, quoad assequatur. Ubi autem assecutus est; tum tantis exultat laetitiis, ut jam non meminerit amplius tristitiae molestiaeque praecedentis; nec advertat senectutem inter haec jam prope advenisse. Haec, dico tibi respondere potueras praefecto percontanti.

当孔夫子知道了令尹的提问及弟子的沉默后，这样说道："为什么你不这样回答呢：'他是这样一个人，不过多地用功于别的事情，只热衷追求美德和好的技艺①,如果这些还未被全然求得,他会急切地施展全部的力量继续努力。用功时,他会忘记吃饭直到求得为止。但是在获得的时候,他自身会感到非常快乐,以至忘记了追寻之时因遭遇困难而产生的悲伤和困扰,也不会注意到自己已经接近老年?'我说的这些你可以用来回答令尹的提问了。"

7.20 子曰:"我非生而知之者,好古,敏以求之者也。"

p.2.§.1. *Confucius* ait: Ego non sum natus cum sapientiâ (vel, ego non is sum, qui natus illicò sapiens extiterim) sed ab ineunte aetate mea semper amans ac studiosus fui antiquitatis; omnem semper adhibens operam ac diligentiam: Per haec itaque comparavi illam, quaecumque demum mihi tribuitur, sapientiam.

孔夫子说:"我并非出生就有智慧(或者说,我不是一出生就显出有智慧的人)。当我到一定的年岁时,总是爱好并追求古老的东西,并用尽全部的力量去勤奋学习它。这样,最后我才拥有了属于我自己的智慧。"②

7.21 子不语怪,力,乱,神。

§.2. *Confucius* (uti memorant discipuli) de quatuor rebus non nisi rarissimè, & quidem brevibus loquebatur. De rebus scilicet exoticis, inusitatis, peregrinis, de monstris, atque prodigiis. De factionibus atque dissidiis, perturbationibus publicis Denique de spiritibus, quod eorum virtus, efficacitas, natura usque adeò subtilis ac sublimis sit, & ab humano sensu remota, ut de illâ debite

---

① 在耶稣会士所受的教育中,"好的技艺"(bonae artes)就是"自由技艺"的另外一个名称。张居正提到孔夫子的教导包含在"天下之义理"当中(第102页)。

② 最后这句话是对张居正注释的翻译,表述了孔夫子所要求的智慧来源于他对道德培养的实践。然而张居正更进一步认为,这些话还表述了孔夫子内在的节制(第102页)。

loqui sit periculum.

除非是非常罕有而短暂地提及,孔夫子(正如弟子们的回忆)几乎不说四件事情:奇异不寻常的事情,关于鬼怪的奇观之事,内讧争吵、公共秩序混乱之事,鬼神的事。因为这些事情的效验、性质、力量既微小又深远,其本性、力量都远超出人能感觉的范围,所以谈及这些东西必定是危险的。①

7.22　子曰:"三人行,必有我师焉。 择其善者而从之,其不善者而改之。"

p.2.　*Confucius* ait: Si vel tres duntaxat homines pariter ambulemus, haud dubiè dabitur in his meus Magister: erunt, inquam, duo ex quibus proficiam. Exempli gratiâ: Probus sit unus, & alter improbus. Mox seligam illius quidem bona, seu virtutes, & sequar imitando: Hujus verò mala, seu vitia tacitus inspiciam, meque ipse discutiam, & si quidem reum me invenero, mox corrigam.

孔夫子说:"若我们三个人一起走路,那毫无疑问在其中就有我的老师:他们是我可以得以完善自身的两种人。我将选择其中好的一个,并学习其优点和美德,而另一个真正坏的或是邪恶的,我将默默地审视其缺点,如果发现自己也有同样的缺点就立即改正。"

7.23　子曰:"天生德于予,桓魋其如予何?"

f.7.p.1.§.1.　Transiverat *Confucius* à Regno *Guei* in Regnum Sum: Ubi discipulos in umbrâ praegrandis arboris quotidie exercebat. Porrò loci praefectus *Von tui* nomine, quia *Confucium* ejusque doctrinam oderat, arborem illam succidi jus-

---

① 朱熹和张居正都认为孔夫子不谈论是因为理解"神"是非常困难的。

sit. Perculit ea res discipulorum animos, verentium, ne de tollendo etiam è vivis ipsomet Magistro cogitaret. At *Confucius* cognito suorum metu sic ait: Caelum siquidem procreavit virtutem, dotesque naturae in me, cum vita mea à caelo tota pendeat, *Von tui* itaque praefectus iste quorsum me sic exagitet? An pugnare cum caelo tentat mortalis!

孔夫子从卫国到了宋国，他每天都在一棵大树①的树荫之下训练弟子。当地的长官桓魋憎恨孔夫子及其教导。他命令把那棵树砍掉。这件事让弟子们害怕，担心他会计划杀死老师。孔夫子知道了他们的担心后，说："上天创造了我的美德，赐天赋于我。既然我的生命全部都依靠上天，桓魋要袭击我又如何呢？难道一个凡人能尝试与上天争斗吗？"

7.24 子曰："二三子以我为隐乎？ 吾无隐乎尔。 吾无行而不与二三子者，是丘也。"

§.2. Suspicione quadam liberaturus discipulos *Confucius*, itane vero, inquit, ô duo tresve discipuli mei, sic de me sentitis, quod celem vos quidpiam quod ad virtutis sapientiaeque studium spectat? Atque sic vobis affirmo, quod ego nullâ utor reticentiâ vel occultatione vobiscum. Ego reverà nihil egi unquam, quod non communicarim & palàm vobis discipulis meis fecerim. Talis niminum sum ego.

为消除弟子们的疑惑，孔夫子说："啊，我的两三个弟子们，你们可能认为我对你们隐瞒了与追求美德和智慧有关的知识。我向你们发誓：我并没有对你们沉默隐瞒。我对你们毫无保留，没有不让你们知道的。我就是这样的人。"

---

① 无论是朱熹还是张居正，都没有提到这棵树。

7.25 子以四教：文、行、忠、信。

p.2. §.1. *Confucius* tametsi, ut modò dictum est, nihil omnino sanae doctrinae celaret suos, in quatuor tamen praecipuè eosdem instituebat. In literis, id est, libris *Xi kim*, & *Xu kim*, nec non in liberalibus quibusque disciplinis ac scientiis. Deinde in usu & exercitatione eorum omnium, quae didicerant: Tertio quartove loco suis assiduè inculcabat ut persisterent in seriâ prorsus ac syncerâ voluntate agendi quidquid agerent, cum fide constantiâque & cum robore quodam invictae mentis conjunctâ.

正如他自己所说的那样，孔夫子对弟子完全没有隐瞒。他从四个方面教育弟子：第一是"文"，也就是《诗经》和《书经》，以及其他自由的学问和知识；第二是将他们学到的东西付诸实践；第三是敦促他们无论做什么事情都要严肃和忠诚；第四是要有与强大心灵相关联的稳定信仰。

7.26 子曰："圣人，吾不得而见之矣；得见君子者，斯可矣。"

§.2. *Confucius* ait: Hominem sanctum ego adhuc quidem non potui videre: verum, ut queam videre aliquando virum virtute sapientiaque caeteris praestantem; hoc quidem adhuc fieri poterit.

孔夫子说："圣人我到现在都没有见到，但是若我能在某时见到有美德、有智慧的人，也很好了；也就可以了。"

子曰："善人，吾不得而见之矣；得见有恒者，斯可矣。

§.3. *Confucius* etiam, inquit, probum usquequaque & integrum virum, ego adhuc quidem non potui videre. Verum ut liceat mihi videre quempiam qui habeat robur & constantiam in suscepto virtutis sapientiaeque studio; hoc enimvero adhuc fieri poterit.

孔夫子同样也说："正直之人我到现在都未能见到，但是若我能见到某个人能够始终如一地去追求美德和智慧，也就可以了。"

亡而为有，虚而为盈，约而为泰，难乎有恒矣。"

§.4. *Confucius*, non habens, inquit, & tamen simulans se habere, vacuus & inanis doctrinae, & virtutis, & tamen simulans harum copiam & plenitudinem: exilis ac tenuis, & tamen ostentans magnitudinem nescio quam, & excellentiam: Simulator hujusmodi tametsi fortè per exiguum tempus imponat hominibus, vehementer tamen laborabit in servanda fingendi constantiâ, sic ut non pateat aliquando fraus ac simulatio.

孔夫子说道："没有却假装有，教养和美德上的不足、思想上的空虚都用完美和充实去掩盖，贫困、瘦弱却假装富有充足：在短时间内还可以假装给别人看，但是要长期地掩盖这些虚假和伪装是很难的。"

7.27 子钓而不纲，弋不射宿。

f.8.p.1.§.1. *Confucius*, uti memorabant ejus discipuli cùm fortè privatus piscationi, aucupioque daret operam, hamo duntaxat & arundine piscabatur, & non retibus. Similiter cum aucupabatur, silo sagittam adstringebat, quâ praetervolantium avium unam alteramve peteret; & non feriebat quiescentes.

正如弟子的回忆，孔夫子自己偶尔钓鱼和射鸟，他只用鱼钩和鱼饵钓鱼，而不用渔网。同样，当他射鸟时，只用一个箭头射这只或那只飞鸟，而不去射那些在巢里休息的鸟儿。

7.28 子曰："盖有不知而作之者，我无是也。多闻，择其善者而从之；多见而识之，知之次也。"

§.2. *Confucius* ait : Quomodo dantur homines tam rerum ignari, & tamen tam activi & expediti? Ego quidem non habeo hoc saltem vitii : Multis auditis, seligere ex illis optima, & sequi : Multa item videre, & omnium meminisse, ut ex omnibus profiscerem : haec sciendi secunda classis est, cui me applico scilicet.

孔夫子说："有这样一种人，他什么都不知道却依然行动。至少我没犯这样的错误：我多听，选择其中好的来学习；多看，然后全部记在心里，以便把全部的知识当作行动的起点。这是我所采用的次一等的知道。"

7.29 互乡难与言，童子见，门人惑。

§.3. Locus *Hu hiam* difficilis erat ad sermones de virtute suscipiendos; ob incolarum pravitatem aut tarditatem. Adfuit quodam die puer inde oriundus, isque palam se stitit obtulitque *Confucio*, hic rogantem benignus admisit. Videntes hoc discipuli, suboffensi sunt.

在互乡这个地方，很难与人们进行关于美德的谈话，因为这里的居民执迷不悟，进步也很慢。一天，那里的一个孩童来到孔夫子跟前，孔夫子亲切地接见了他。而看到这一幕的弟子都很惊讶。

子曰："与其进也，不与其退也，唯何甚？ 人洁己以进，与其洁也，不保其往也。"

p.2.§.1. *Confucius* id resciens, sic ait: Admisi nunc ipsum ut intraret in disciplinam meam; non autem admisi ipsum, ut illico repellam. Quorsum igitur haec vehementia, & offensio vestra? Quotiescumque homo quispiam renovavit sese, ut in scholam ac disciplinam meam admittatur; admittam sanè hanc ipsius renovationem, novaeque vitae propositum. Non autem sponsor sum, & fideijussor pro ipsius vitâ futurâ an sit perseveraturus.

孔夫子知道了这件事后，如此说道："现在我接见他是为了让他接受到我的教诲，因而不能撵走他，你们为何反应这么强烈呢？无论何时，只要是愿意更新自己知识的人，都可以为我的学派和教导所接受。我要接受这个想要更新知识、拥有新生命的人。我并不能保证他未来的生活状态是否会保持下去。"

7.30 子曰："仁远乎哉？ 我欲仁，斯仁至矣。"

§. 2. *Confucius* ait: Virtusne fortassis abest longè à nobis. Ego certè si expeto virtutem, haec ipsa virtus ad me accessit. Foris quaerenda non est, quae nobiscum nascitur.

孔夫子说："也许美德已经很长时间没有在我们身边了吧？我若真地渴望美德，美德即向我靠近。美德不应在外寻找，它本来就在我们心中。"①

---

① 最后这句话显然来自孟子的启发，基于人性内在善的确信。张居正曰："仁具于心。"（第 108 页）

7.31 陈司败问昭公知礼乎，孔子曰："知礼。"

§.3. Regni *Chin* Mandarinus *Su pai* (muneris publici nomen est) quaesivit ex *Confucio*, an *Chao cum* Princeps Regni *Lu* calleret ritus ac leges? *Confucius* respondit eum callere ritus.

陈国的司败(一种官名)询问孔夫子："鲁国君主昭公是否精通礼仪和法律？"孔夫子回答说："他是精通礼仪的。"

孔子退，揖巫马期而进之，曰："吾闻君子不党，君子亦党乎？君取于吴，为同姓，谓之吴孟子。君而知礼，孰不知礼？"

f.9.p.1.§.1. *Confucio* abeunte, salutans ipse discipulum *Confucii* fortè sibi obvium *Vû ma ki* dictum, & accedens ad eum ait: Ego quidem semper audivi virum perfectum non assentari; an igitur, Philosophus quandoque etiam assentatur? Nonne constat Principes ambos regnorum *U* & *Lu* ejusdem esse cognomenti *Ki* scilicet, & tamen Rex Regni vestri *Lu* uxorem duxit ex *U* familia item Regiâ, quae est ejusdem cum suâ cognomenti, quod Legibus Regni vetitum est: Imò quo felicius res lateret, appellavit nuptam suam non *U mem ki* vero proprioque cognomine; sed *U mem çu* ficto cognomine. Profecto si Rex ille, dum sic illudit ritibus; nihilominus peritus est rituum; ecquis, obsecro, mortalium non sit peritus rituum ac legum licet easdem violet ac contemnat?

孔夫子离开后，陈司败向孔夫子的名叫巫马期的门人作揖，并走近他说道："我经常听说完美的人并不偏袒。既然如此，哲学家在任何时候都不应该偏袒吧？吴国和鲁国的君主都以姬为姓氏不是吗？然而你们鲁国国君从吴国国君家中娶来了跟他姓氏相同的妻子，这是国法所禁止的。为了遮掩这一点，他并不按照通常的做法称呼他的妻子为'吴孟姬'，而是称之为'吴孟子'。如果连这样的君王都懂得礼仪，那就没有人不精通礼仪了。我想请问，一个熟知礼仪和法律的人，是否会违背和蔑视礼仪和法律？"

巫马期以告。子曰："丘也幸，苟有过，人必知之。"

§.2. *Vu ma ki* discipulus confestim de his certiorem fecit Magistrum. *Confucius* ergo, o, inquit, me fortunatum! Si enim quid pecco, alii certo certius id resciunt: A quibus moneri queam ut me emendem.

弟子巫马期告知了老师。孔夫子因此说："噢，我多幸运！别人能够意识到我犯错了，这样我就能被别人提醒并改正了。"

7.32 子与人歌而善，必使反之，而后和之。

p.2.§.1. *Confucius* (uti memorant discipuli) unà cum aliis canens, si quidem bellè cani animadverteret, omnio jubebat repeti symphoniam: quâ pascebatur. Mox inde vicem reddens & gratiam, cum reliquis vocem jungens ipse modulabatur.

孔夫子（正如弟子们的回忆）跟别人一起唱歌，如果有人歌唱得非常好，他必然会请歌者重唱一遍。然后，当歌者再次歌唱的时候，他也会跟着歌者一起唱。

7.33 子曰："文，莫吾犹人也。躬行君子，则吾未之有得。"

§.2. *Confucius* ait: Ornatu copiâque vel dicendi vel scribendi nonne ego propè accedo ad alios? Sed ut ipsemet constanter agam virum virtute sapientiâque praestantem; hoc opus hic labor est. Certè ego nondum id sum consecutus.

孔夫子说:"在说话和写作方面进行修辞的能力,我难道不是几乎跟别人一样好吗？但是为了做一个更好的美德和智慧兼具的人,我还需要努力。我还没有做到。"

7.34 子曰:"若圣与仁,则吾岂敢？ 抑为之不厌,诲人不倦,则可谓云尔已矣。"公西华曰:"正唯弟子不能学也。"

§.3. *Confucius* ait: Quod attinet ad sanctitatem cum solidâ illâ synceri animi perfectione, quibus praeditum me vulgo autumant; equidem ego qui ausim mihi arrogare? An fortasse, id unum significant, in exercitio & conatu, quo ad perfectionem contendo, non me languescere; in docendo & instituendo alios non defatigari? Tunc quidem poterunt dici significare quidpiam: Hoc enim solum & non amplius me posse fateor. Discipulus *Cum si hoâ* haec dicentem Magistrum audiens, & ingemiscens ait: Sanctus & perfectus dici non sustines, sapientissime Magister; idem tamen fateris animum tibi esse in studio virtutis excolendae alacrem & constantem, in aliorum institutione prorsus indefessum: Enimverò hoc ipsum est quod ego discipulus tuus necdum queo addiscere; & te imitari, quamvis maximè velim.

孔夫子说:"大家普遍认为我有天赋的神圣和坚毅完美的纯洁心灵,但是我怎么敢当呢？或者他们的意思仅仅是:我不知疲倦地通过行动和尝试,试图让自己近于完善;同样,在教育指导他人方面我也不会疲倦。他们或许是这个意思,我承认我也只能做到这些而已。"弟子公西华听到老师这话,叹息说:"最智慧的老师啊,你坚决推辞神圣与完美的称誉,而坦承在追求美德和培育他人方面,你是热忱和坚定的。可以肯定地说,你的弟子我无法效仿和学习你,即便我非常想要。"

7.35 子疾病，子路请祷。子曰："有诸？"子路对曰："有之；诔曰：'祷尔于上下神祇。'"子曰："丘之祷久矣。"

f.10.p.1. *Confucio* quondam aegrotante cùm de salute magistri angerentur; unus illorum *çu lu*, adiens aegrotum rogavit potestatem sibi fieri deprecandi spiritus pro ejusdem incolumitate. Mos enim jam tunc erat, ubi morbus, aliave calamitas quempiam premeret, instituendi deprecationes. *Confucius* scifcitabundus, daturne, inquit, ejusmodi usus deprecandi morbos & calamitates? *çu lu* discipulus respondit: datur utique: antiquissimus enim liber *Lui* dictus sic ait: Deprecamur vos superiores, id est, caeli, & inferiores, id est, terrae spiritus. *Confucius* ad haec respondit: quod ego ritè venerer ac deprecer spiritus jam diu est. *Cham* colaus & Interpres noster aegrotantis Philosophi mentem sic exponit: Quod liber ille vocat deprecari, nihil est aliud, quam, si quid fortè peccatum fuerit, reum se agere coram spiritibus, & facti paenitentem liberari paena & calamitate promeritâ; deinde verò quae fausta sunt prosperaque ab iisdem flagitare. Ad me quod attinet, adhuc quidem non ausus fui verbo factore quod sciam offendere spiritus; sed hoc egi, per omnem vitam, in hoc elaboravi, ut rationi parerem in omnibus: contra quam si quid peccatum à me est aliquando; protinus id scilicet expiavi ac emendavi. Unde profecto quod ego deprecer spiritus jam diu est.

有一次，孔夫子病得非常严重，弟子们为老师的健康担忧。弟子子路走近老师，请求他允许为此而向神灵祈祷。当人们为疾病和危险困扰的时候，常常习惯于祈祷。孔夫子说道："用祈祷的方法来避免疾病可以吗？"弟子子路回答说："是的，古老的典籍《诔》中这样说：'我们向你祈祷，天上的高等神灵和地上的低等神灵。'"孔夫子对此回应说："我向神灵祈祷已经很久了。"我们的诠释者阁老张居正这样解释病中哲学家的意思："《诔》所谓祈祷，无非是说如果犯了罪,罪人要在神灵面前祈祷,以求从应受的惩罚中解脱出来,然后再向神灵祈求好运和富贵。但是就我自己(孔夫子)来说,平时在言语或行为方面,我不敢冒犯神灵;在所有的事情上我都凭理性去做,但凡犯了一点错,我立马就改正并补偿了。因此可以说,我已经向神灵祈祷很久了。"①

7.36 子曰:"奢则不孙,俭则固。 与其不孙也,宁固。"

p.2.§.1. *Confucius* ait: Prodigus est quispiam luxuique deditus? Ergo nec submissus. Aequo parcior est quispiam? Sordidus? Avarus? Ergò vilis idem & abjectus; attamen prae eo quod est non esse submissum, sed opibus ac potentiâ efferre sese, praestat, minùs, inquam, perniciosum fuerit, esse sordidum ac vilem: hujusmodi namque sibi fere uni damno est, ille toti Reipublicae damno esse potest.

孔夫子说:"有人奢侈和铺张浪费吗? 这是不谦逊的。比较而言,如果有人更为节俭、庸俗和贪婪,那么他就是贫贱而寒酸的吗? 但是相比在财富和权力面前的奢侈,贫贱和寒酸则是更好、更少破坏性的,庸俗和贫贱仅仅损害自身,而奢侈则损害整个国家。"②

---

① 这一段是对张居正注释的准确翻译:"夫所谓祷者,是说平日所为不善,如今告于鬼神,忏悔前非,以求解灾降福耳。若我平生,一言一动不敢得罪于鬼神,有善则迁,有过即改。则我之祷于鬼神者,盖已久矣。"(第111页)原文中出现了"祷"的观念,《谏》书,*Sinarum Philosophus* 仅仅直译了过来。张居正在注释中引入起源佛教的词语"忏悔"。对于张居正来说,孔夫子过着道德的生活,因为他不愿意冒犯神灵。如今他即将过世,向神灵祈祷也没有用,而且还会使他看上去像是要从神灵那里得到什么似的。

② 此处的解释来自张居正(第112页)。

7.37 子曰:"君子坦荡荡,小人长戚戚。"

§.2. *Confucius* ait: Vir probus nunquam non aequanimis, tranquillus, ac placidus est. Improbus verò, nunquam non turbato & amaro est animo.

孔夫子说:"正直的人总是平和而安详的,不正直的人总是烦躁、苦恼的。"

7.38 子温而厉,威而不猛,恭而安。

§.3. *Confucius*, (ut testantur ejusdem discipuli) Blandus erat, comis, affabilis; & tamen idem venerandus & compositus; Gravis erat ac severus ubi res postulabat; idem tamen haudquaquam morosus, asper, truculentus. Officiosus, observans aliorum & reverens; sic tamen ut perquam temperatè, suaviter, ac citrà molestiam & fastidium.

弟子们认为孔夫子温和、仁慈而友善,他阅历深厚并且被大家尊敬。当处理事情的时候,他是威严的;然而无论在哪一方面,他都不是难以接近、难以相处的,也不是凶残之人。他尊重别人、关心别人的方式是温和可爱的,从不会让人烦恼和讨厌。

泰伯第八

8.1 子曰:"泰伯,其可谓至德也已矣。三以天下让,民无得而称焉。"

f.11.p.1. *Confucius* ait: Principis *Tai vam* filius *Tai pe*, equidem potest dici summae fuisse virtutis, & cui nihil addi queat. Imperium iterum iterumque, cum fratre & generosè cessit: verum tantae laudis ignara multitudo non valuit heroas suos pro merito depraedicare.

孔夫子说:"国君太王的儿子泰伯,确实有最为崇高的美德,他不留恋任何东西。王位一次又一次地被他让给兄弟和贵族。当然有那么多的民众,他们无法得知泰伯的事迹,自然就无法对他过去的高尚行为进行应有的称颂。"

Tai pe & *Yu chum filii erant majores natu* Tai vam *ii cum scirent minorem natu fratrem* Ki lie *à patre amari impensius, eique Regnum destinari, in utriusque gratiam spontanei exules australium Barbarorum ditiones petunt, qui ut celent genus suum tonsâ Caesarie necnon maculis servilibusque notis corpus deformant. Ab hoc fundatum* Nankim *Regnum in urbe* Sucheu *annis ante Christum circiter 1160. Ubi etiamnum hujus sepulchrum extat.*

泰伯和虞仲是太王的长子和次子,当他们知道弟弟季历很受父亲宠爱,并被选定要继承王位时,两人就放弃权力自愿流放到南方的蛮荒地方。他们从此还隐藏了家族身份，剪掉头发，在身体上画上点，充当奴隶。① 在基督前 1160 年，他们在苏州城建立起了南京的王国，到现在那里还保存有他们的陵墓。

8.2 子曰："恭而无礼则劳，慎而无礼则葸，勇而无礼则乱，直而无礼则绞。

　　p. 2. §. 1.　*Confucius* ait: Comis & officiosus est quispiam; at sine debito modo ac mensurâ; utique fatigabit se gratis, nec rarò cum molestia fastidioque aliorum. In negotiis tractandis consideratus est ac sollicitus; at sine debita moderatione; utique erit perplexus, & qui ad singula quaeque haereat ac trepidet. Fortis quis est, ac strenuus; at sine prudentiae fraeno ac moderatione, sic ut res quasvis temerè aggrediatur; is utique perturbator erit rei domesticae & publicae. Denique rectus est quis, ac justus; at sine modo & discretione; nihil valens dissimulare; talis utique saepe angetur animo seque ipsum irretiet periculis ac molestiis.

　　孔夫子说："有些人恭恭敬敬，礼节周全，却欠缺度量和规范，这就肯定会劳累自己，并带来其他麻烦和勉强为之的事。有些人在处理事情时思虑过多，欠缺适度的调整，并且在每件事情上都犹豫和畏惧，这就会出现混乱。有些人勇敢有冲劲，却遇事盲目，欠缺谨慎的克制和深思，这就肯定会扰乱私事和公事。有人诚实正直，不会为了生活而掩饰什么，却缺乏辨别和判断，这就肯定会经常卷入危险和麻烦中，而且自己的心灵也会被束缚。

---

① 朱熹提到泰伯和太王有政治分歧，因此他自动放弃了宫廷生活（第 102 页）。张居正的版本更为理想化地指出太王承认幼子季历有更高的价值（第 113 页）。

君子笃于亲，则民兴于仁；故旧不遗，则民不偷。”

§.2. Si quidem is qui Magistratu fungitur, solidè constanterque se gerat erga suos parentes; tum procul dubio subditi hoc exemplo certatim quoque efflorescent in virtute. Idem si antiquiores aetate, vel meritis, haud negligat abjiciatve; tum subditi non minus facient, & cives suos vel annis, graves, vel meritis colent, ac fovebunt.

如果长官对待父母坚定而忠诚，那么毫无疑问，他的臣属也会被他的榜样激励，美德也因此得以兴盛。同样，如果长官并不忽视或遗弃那些年老的人和有功之人，那么他的臣属并不会做得比他少，他们也会珍惜并重视年老的人和有功之人。”

8.3 曾子有疾，召门弟子曰：“启予足！启予手！《诗》云：‘战战兢兢，如临深渊，如履薄冰。’而今而后，吾知免夫！小子！”

f.12.p.1.§.1. *Cem-çu*, inter discipulos *Confucii* secundus, & pietatis erga parentes longè studiosissimus, graviter aegrotans, & morti jam proximus, convocatis scholae seu disciplinae suae discipulis; agite, inquit, retegite meos pedes, retegite meas manus, quae à parentibus acceperam, sana, quoad potui, integraque conservavi, quo promptiùs ea diutiusque in eorumdem obsequium impenderem. Id me docuit Odarum Liber, dum ait: Esto timens ac pavidus, sollicitus & cautus, ad instar appropinquantis profundo rapidoque fluminis alveo: vel instar calcantis tenuem glaciem, ne quidpiam committas, quod parentes contristet, vel offendat; sed enim vivendi finis, uti senio, jam adest; atque adeo jam nunc imposterum ego sic intelligo supersederi à me posse curis ejusmodi. His dictis, suos iterum inclamavit, condiscipuli mei, inquiens; postremâ scilicet hâc compellatione eosdem ad sui imitationem cohortans.

在孔夫子的弟子中排第二位的曾子,长期以来热衷于孝顺父母。如今他患了重病,并濒临死亡,他召集同门弟子,说:"来,露出我的脚,露出我的手,我从父母那里接受了这些,尽我所能地保持健康和完整,因为我更为频繁和长久地将它们用于顺从父母。《诗经》这样教导我:'要害怕恐惧,小心谨慎,像在接近陡峭湍急的河谷,又像踩在薄薄的冰面上那样,不要做任何使父母伤心,或是冒犯他们的事情。'现在,我感到生命接近终点,我意识到,从今往后,我可以从这样的忧虑中解脱了。"说完之后,他再次呼喊:"我的同学啊!"他以这种最后的呼声鼓励他们效仿自己。①

Ex hoc pietatis & obedientiae specioso ne dicam inepto aut superstitioso titulo, multi, Tartaro imperante, maluerunt aquis aut laqueo suffocari quam capillitium amittere, imò optabilius honoratiusque semper hic visum laqueo vitam finire quàm capite minui. Intolerandum quippe Sinensibus videtur ad Patres suos & Majores, ut aiunt, remeare absque capite, & hoc spectaculo & opprobrio manes patrios affligere, sesque reos sistere tam nefandi criminis, cujus causâ corpus, quod à parentibus integrum acceperunt, Acephalorum instar mutilum & truncatum iis spectandum offerre cogantur.

出于对虔敬和顺服的尊重,我不会用愚蠢和迷信这样的称呼,在鞑靼统治下,很多人宁愿溺水或上吊也不剪发。的确,相对于砍头,通过上吊来结束生命常常是更为可取和荣耀的。似乎对于中国人来说,不可容忍以无头之身回归到自己的父母和祖先那里,用这样的情境和耻辱来伤害祖先的鬼魂,他们认为这种罪愆是如此不敬,因为从父母那里接受了完整的身体,却

---

① 最后一句翻译出自张居正的一句评论(第115页)。

被迫向他们展示残缺的无头形象。①

8.4 曾子有疾，孟敬子问之。

§.2. *Cem-çu* sic aegrotantem Regni *Lu* Praefectus *Mem-kim-çù* dictus visendi gratia adivit & percontatus est de valetudine.

鲁国大夫孟敬子前去探望患病的曾子，并询问他的健康状况。

曾子言曰："鸟之将死，其鸣也哀；人之将死，其言也善。

p.2.§.1. *Cem-çu* Praefectum alloquens ait: Aves dum jam moriturae sunt, ipsarum vox lugubris & gemebunda est. Homines verò dum jam proximè sunt morituri ipsorum sermo tunc vel maximè bonus est & fidelis.

曾子对大夫说道："鸟要死了，它们的叫声充满了哀伤和叹息。人要死亡了，说出的话语也非常善良和忠恳。

君子所贵乎道者三：动容貌，斯远暴慢矣；正颜色，斯近信矣；出辞气，斯远鄙倍矣。笾豆之事，则有司存。"

§.2. Philosophus, inquit, quae majoris facit in verae Philosophiae disciplinâ, tria sunt. Primum est, motus, figura, habitusque corporis; & hac ratione longè removens quidquid agreste vel dissolutum est. Secundum, vera & non

---

① 耶稣会士再次表达了他们并不赞成中国人过于关注子女的孝顺，因为对他们来说，最高尚的责任不是对父母的而是对上帝的。而且基督教重视心灵的纯洁，并不关注肉体的完整，正如耶稣所指出的："若是你的右眼叫你跌倒，就剜出来丢掉。宁可失去百体中的一体，不叫全身丢在地狱里。"（《玛窦福音》第5章第29节）

simulata oris species; Sic enim acceditur proximè ad fidem & veritatem. Tertium profluens à prudenti ore sermonis gratia; haec enim longè removebit, quod minus decorum sit, vel rationi dissentaneum. Ad viminea verò ligneaque vasa sacrificiorum & oblationum usibus destinata quod attinet; utique dantur alii, qui pro officio suo procurent ac servent.

哲学家在学习真正哲学的过程中，要注意三件事。① 第一，端庄的举止、仪容和装束，可以让人远离各种野蛮和懈怠；第二，说话时表情真实无妄，就会得到别人的真诚之心；第三，言谈审慎并显示出善意，就可以用理性长久地消除不雅与不和。至于编织用作祭祀的器具，这样的事交给负责打理和维护的人去做吧！"

8.5 曾子曰："以能问于不能，以多问于寡；有若无，实若虚，犯而不校——昔者吾友尝从事于斯矣。"

f.13.p1.§.1. *Cem-çu* commemorans condiscipuli *Yen hoei* pridem defuncti virtutem sic, inquit, qui prudentiâ & consilio pollens; adeoque & consilium petat etiam ab imperito, qui florens ingenio peritiâque rerum abundans, sciscitetur discendi gratiâ ab hebetiore ac tenuiore, qui habeat eximias dotes quasi nihil haberet. Qui plenus sit, & tamen instar vacui, propter animi demissionem, quâ de se modestissimè; de aliis praeclarè sentit. Qui offensus ab alio & lacessitus, tamen non succenseat. Unus erat è millibus, unus olim meus sodalis *Yen hoei* in ejusmodi virtutum studio semper elaborans seseque exercens.

曾子以前的同学颜回拥有极高的智慧和学识，曾子回忆其生前的美德，说道："他有着非凡的能力、丰富的经验，却仍去拜访并请教经验不足的人；

---

① 我们可以注意到，这里"君子"被翻译成"哲人"（哲学家），而"道"被翻译成"哲学"。

他有着突出的天赋还仍旧虚心地学习,向比他迟钝愚弱的人询问,就好像自己不懂一样。他的知识是充盈的,却好像是空空的那样。他有一颗沉着冷静的心,谦逊并能厚待他人。被他人冒犯和激怒时,也不计较。在一千人中,能这样致力于培养自己美德的,只有我曾经的伙伴颜回一人。"①

8.6 曾子曰:"可以托六尺之孤,可以寄百里之命,临大节而不可夺也——君子人与? 君子人也。"

§.2. Idem çem-çu aiebat: Is cui poterit committi sex palmorum, id est, admodum adolescens, quinquennis scilicet, stirpis Regiae pupillus: Cui poterit item committi centum stadiorum Sinicorum dynastia: Ingruente autem repentinâ quâpiam calamitate, & magno rerum discrimine; tamen haud valens eripi sibi; & dejici animo, sic ut admittat quidpiam à dignitate suâ, constantiâque alienum: hujusmodi qui fuerit, an non censendus erit prorsus eximius vir? Utique prorsus eximius vir censendus erit.

曾子又说:"可以放心地把只有五岁六尺高的年幼国君托付给他,也可以把行驶百里的使命赋予他。在面临任何突然的损失和巨大的危机时,他也不会被强大的外力所动而放弃信念,以接受任何与他的名誉和忠诚相悖的东西。能做到这些的人,难道不会被认为是卓越的人吗? 他一定会被认为是卓越的人。"

8.7 曾子曰:"士不可以不弘毅,任重而道远。

p.2.§.1. Idem çem-çu aiebat: Homines litterati non debent, non esse amplo

---

① 原文中并没有提到这位朋友的名字,但是古代传说是颜回。朱熹(第104页)和张居正(第116页)都采用了这种说法。

magnoque animo, forti item & constanti. Onus quippe, seu munus, quod ipsorum humeris impendet, admodùm grave est, & iter quod decurrendum, longinquum.

曾子接着说："接受良好教育的人不应该没有强大的心灵和笃定的意志。当然，他的责任和负担非常重大，他要走的路途非常遥远，他要用自己的肩膀承受这一切。

仁以为己任，不亦重乎？ 死而后已，不亦远乎？"

§.2. Vera synceraque virtus proprium est ipsorum onus; nonne reverà grave? Rursus cum mors supervenit, tum demùm cessat labor & tanti oneris sustinendi necessitas: Nonne ergo longum est, nonne diuturnum, quod spatium adaequat vitae totius?

他所肩负的是实在而真诚的美德，这难道不重大吗？回过头来看，只有在死亡来临的时候，他的努力才能终止，他必须背负的才能放下。这相当于一生的责任和努力，他要走的难道不遥远吗？要经历的难道不长久吗？"

8.8 子曰："兴于诗，

§.3. *Confucius* ait: Jacentes ac repentes humi erigimur quodammodo per Odarum librum.

孔夫子说："在地上躺卧，或是徐行之中，我们都会被《诗经》中的篇章振奋。

立于礼，"

f.14.p.1.§.1. Erecti porrò consistimus & verò persistimus, in omni vitâ decorum constantiamque servantes, per Officiorum libros.

当被振奋起来后,通过《礼经》的教导,我们能保证自己的一生都可稳稳地站住脚跟。"

成于乐。"

§.2.   Ad extremum perficimur per musicam, illam scilicet, quae ipsas voluntates nostras doctrinâ suâ harmonicâ demulcet.

最后,音乐使我们变得完美,它消除了我们的欲望,并教给我们和谐的信念。"

8.9　子曰:"民可使由之,不可使知之。"

p.2.§.1.   *Confucius* ait: Populo quidem potest, & verò debet praecipi legum executio: At non potest, aequè praecipi scientiae studium.

孔夫子说:"庶民当然可以,而且的确应该被教导去遵行法律;但是相应地,却不能被教导去用知识理解法律。"①

8.10　子曰:"好勇疾贫,乱也。人而不仁,疾之已甚,乱也。"

§.2.   *Confucius* ait: Si quis fidens animi, & gaudens lacertis ac robore, idem quoque sit exosam habens paupertatem, quâ fortè premitur; facilè

---

①　在原句中,所遵从的是什么,知道或者不知道的是什么并没有明确指出。在朱熹以前,被理解成是"道"。然而朱熹则把这句话理解成是指向"理"的:人们跟随"理之当然",但他们并不理解其中的原因(第105页)。张居正也采用同样的说法(第119页)。但是拉丁文译本则指向"法",而且在这句话中,"法"明确指的是政治上的法律。

perturbator erit publicae tranquillitatis. Similiter homo improbus quamvis reverà odio sit dignus, exosus tamen vehementiùs & exagitatus, perturbator erit. His potentiâ clementiaque mederi potius quam severitate exasperare malebat *Confucius*.

孔夫子说:"如果一个人有勇气和力量,并且憎恨压迫人的贫穷,就容易扰乱社会的稳定。与此相似,对确实可憎的不正直的人,过于强烈的憎恨也会造成扰乱。"相比于用严苛的方法激怒他们,孔夫子倾向于使用仁慈和影响力来挽救这些人。

8.11 子曰:"如有周公之才之美,使骄且吝,其余不足观也已。"

§.3. *Confucius* ait: Etiamsi quis habeat *Cheu-cum* summi viri dotes, omnemque facultatum ejus excellentiam: dato tamen casu quod efferat sese fastu, superbiâque, & quod inde consequens est invidus sit alienae laudis & gloriae: In hujusmodi homine quicquid est reliquum, quamvis reverâ sit maximum, tamen non est dignum ad quod vel oculos convertamus.

孔夫子说:"即使有人拥有周公那样至高的天赋品质、完美的卓越才能,但如果他偶尔表现出傲慢不敬,并且还有随之而来的对他人获得的赞美和荣耀的嫉妒。对这样的人,不论他别的方面多么优秀,也都不值得回头去看了。"

8.12 子曰:"三年学,不至于谷,不易得也。"

f.15.p.1.§.1. *Confucius* ait: Diu & constanter virtuti sapientiaeque dantem operam, non defixa mente in censu, haudquaquam facile est invenire. Quod si inveniatur, eos Rex accersat nec dimittat (addit Colaus) negociatores verò sic repudiet ut nunquam accersat.

孔夫子说："为了美德和智慧而坚持长久地付出辛勤与努力,心思也不在财产俸禄上,这是很难的。国君在召唤一个人为官时,如果发现他仍然不放弃(阁老补充)讨价还价,就应该拒绝他出仕,并永远不再任用他。"

8.13 子曰:"笃信好学,守死善道。

§.2. *Confucius* ait:Philosophus, qui firmâ fide credit, quam fortè doctus est, veritatem, nec parcit labori & studio, is in quâdam vitae perpetuitate constabit sibimetipsi usque ad mortem, semperque illi optimè conveniet cum virtute & recto rationis dictamine.

孔夫子说:"接受良好教育、坚定地信仰真理的哲学家,不会减少自己的付出和热诚,直到死亡。在整整一生中,他都会与完美、美德和正确理性的诫命同行。①

危邦不入,乱邦不居。 天下有道则见,无道则隐。"

§.3. Itaque Philosophus ejusmodi periclitans Regnum haudquaquam intrat:In turbato quoque Regno haud unquam degit. Si quando in Imperio est virtus legumque observantia;tum ipse palàm se facit:Si verò in Imperio deest virtus;tum latet, privatus quidem, sed tutus.

这样的哲学家不会进入危险的国家,不会在陷于混乱的国家居住。如果在一个注重美德、法律严明的国家,他就会公开地出现;如果在一个缺失

---

① 与1.14相同,"好学"被译成"哲学"。另外,朱熹把笃信看作学习的一个条件,但是只有笃信,没有学习是不够的。读者可以把儒家在笃信和学习之间的张力与基督教中信仰和理性之间的张力,也就是宗教与哲学之间的矛盾相比较。

了美德的国家，他就会隐居起来，尽管无法公开活动，但这样是安全的。"

邦有道，贫且贱焉，耻也；邦无道，富且贵焉，耻也。"

p.2.§.1. Econtrariò, quando Regnum habet virtutem, quando vigent leges; Tunc autem privatae vitae otio marcescere, & velle vivere pauperem & adhuc negligi, pudendum est. Jam verò quando regno deest virtus, & jacent leges: Tunc eum, qui dici vult Philosophus, servire tempori, & velle augeri opibus ac honoribus; indignum quid est, maximeque probrosum ac pudendum.

相反，当一个国家注重美德且法律严明时，个人却退缩到私人的闲暇生活中，情愿过着穷困且不为人知的生活，这是一种耻辱。如果一个国家缺少美德且法律衰废时，个人却获得了权力和财富，这是不对的，是最大的耻辱。"

8.14 子曰："不在其位，不谋其政。"

§.2. *Confucius* ait: Non constiturus in hoc vel illo munere; non consultes agasve de illius administratione.

孔夫子说："既然你不在这个职位上，或者不负责这个工作，你就不要为这些管理的事情操劳谋划。"

8.15 子曰："师挚之始，《关雎》之乱，洋洋乎盈耳哉！"

§.3. *Confucius* ait: In Regno *Lu* Patrio Magni Magistri *Chi* musicae exordium, & *Quan-çiu* finalis stropha plenissimo vocum & instrumentorum concentu resonans; ô quam suaviter & jucundè implebat mulcebatque aures.

孔夫子说："在我的祖国鲁国,由师挚演奏的《关雎》从序章到末章,都非常完美和谐。啊!充满我耳朵的这些音乐,是多么优美,多么让人愉悦啊!"

8.16 子曰:"狂而不直,侗而不愿,悾悾而不信,吾不知之矣。"

f.16.p.1.§.1. *Confucius* ait: Callidus amator & gloriae & suimet; adeoque non rectus: Item qui naturâ sit hebetior idem tamen inconsideratus ac praeceps: Denique qui rudis & ad tractanda negotia ineptus sit, idem tamen non verax ac syncerus; qui, inquam, tales sunt; ego reverà nescio quid tandem hominis sint, vel quo pacto mederi quis eis queat.

孔夫子说:"有些人狡诈、自私而热衷于名利,他们是不正确的;有些人天生比较迟钝,却又轻率鲁莽;有些人愚蠢无知,而且没有信用,对人态度蛮横,也不真诚。他们天生如此,我真的不知道他们是什么样的人,也不知道怎样才能改正他们。"

8.17 子曰:"学如不及,犹恐失之。"

§.2. *Confucius* ait: Sic disce, semper quasi nondum perveneris. Imò etiam si quid didiceris, time ne amittas.

孔夫子说:"学习要如同永远不能达到目的一样。如果你真学到了一些东西,就会害怕失去它。"

8.18 子曰:"巍巍乎! 舜、禹之有天下也,而不与焉。"

§.3. *Confucius* ait: O magnitudinem! ô sublimitatem virtutis ac sapientiae *Xún* & *Yù*! Ambo sapientissimi cum admodum contenti viverent sorte suâ; quamvis reverà humili, quaeque illustrissimae ipsorum stirpi minimè responderet: Utrumque sua virtus ad Imperium evexit. Ambo itaque tenebant amplissimum hoc Sinarum imperium; at non vicissim tenebantur: sic ferè (ut Colaus exponit) quasi Imperium nihil interesset ipsorum. Parvi scilicet ducebant omnia prae unâ mentis suae nobilitate & praestantiâ. Quam quidem mentem norant à coelo procreatam esse ad virtutis & sapientiae possessionem eamque minimè incertam nec in casu vel in temeritate positam.

孔夫子说:"啊！舜和禹的美德和智慧是多么的伟大崇高啊！他们的出身都是低贱的,虽然没有显赫的家世,他们依然满足于自己的命运。最终,他们凭借着自己的美德,登上了统治者的宝座。虽然他们拥有着中国最高的权力,然而却不被权力控制。"如阁老所说,好像他们对政治权力没有兴趣似的。除了心灵的高贵、杰出,他们的确几乎不考虑其他事情。他们认识到:心灵由天所造,是为了拥有美德和智慧,这种拥有并非是不确定的、偶然的。"

8.19　子曰:"大哉，尧之为君也！　巍巍乎！　唯天为大，唯尧则之。　荡荡乎！　民无能名焉。

p.2.§.1. *Confucius* ait: O quantus olim erat *Yao* agens Imperatorem: Magnarum ac sublimium rerum solum caelum est maximum. At enim quamvis illud mole ac sublimitate sit maximum; solus tamen *Yao*, adaequavit illud virtutis suae magnitudine ac sublimitate. Quae quidem ejus virtus, quia erat tam ampla, tamque arcana, ut omnem vulgi sensum captumque fugeret; hinc eam populus nunquam potuit pro dignitate celebrare.

孔夫子说:"作为君王的尧是多么伟大啊！在伟大和崇高的事物中,以上天为最;然而不管上天多么伟大崇高,尧也能以其美德的博大和崇高与之相称。他的美德那么地广博而神秘,以至于天下无人可以理解和领会,因此他的人民从来无法以可与其相称的颂词赞颂他。①

巍巍乎其有成功也,焕乎其有文章!"

§.2. O Magnitudinem hujus Principis! ô sublimitatem! Ipse nimirum is fuit, qui habuit perfecta consummataque merita. O quàm splendida quàmque illustria ipse habuit ornamenta legum, rituum, officiorum, musices ac litterarum.

这位君王多么强大! 多么卓越! 毫无疑问,他拥有无与伦比的功绩。他因法律、礼仪、音乐与在文章上的取得成就而拥有的赞誉,是多么辉煌灿烂。"②

Certè quàm charus eam ob causam populo esset, ut alia praetereum, argumento sit, quod obeunti ditiones suas ac de more lustranti, obviam quandoque effusa subditorum multitudo certatim fausta omnia acclamaret, coelumque deprecaretur, ut optimo parenti suo ac Principi multas opes, filios, vitaeque annos concederet. Quod tamen populi votum pro suâ ipse modestiâ admittere recusans, multae opes, inquit, pariunt multas curas; multi filii multos timores; multi vitae anni saepè miserias, multa probra.

由于这些原因,尧被人民爱戴。我要忽略其他事情,只提出一个例证:当他在统治的领土上——视察民间风俗的时候,前进的路上,簇拥的人群争相竭尽一切溢美之辞高呼着,祈求上天——赐予他们最好的父亲和君王,更多的财富、子嗣和年寿,对此他回绝了。他谦虚地拒绝了人们为他所做的祈祷。他说道:"更多的财富意味着更大的责任,更多的子嗣会引起更多的担

---

① 通过陈述其范围和高度,译本在此表述的"天"指的是有形的"天",而不是带有宗教含义的天。

② 此处的列举出自张居正(第124页)。

忧,更长的寿命总会带来更多的苦恼和屈辱。"①

8.20 舜有臣五人而天下治。

§.3. Discipuli memores certè sententiae infra referendae f.17.p.1.§.1. quâ Philosophus deplorat quodammodo paucitatem virorum eximiis naturae dotibus instructorum, *Xún*, inquiunt, habebat Praefectos quinque magni nominis, & virtutis viros: Quorum primus *Yu* eluvionibus aquarum purgavit Imperium. Secundus *çie* derivatis jam eluvionibus primus Agriculturam restituit. Tertius *Sie* quinque institutiones (de quibus infra in libro *Mem-çu* parte 3.f.12. fiet mentio) conservandae & augendae Reipublicae necessarias condidit. Quartus *Cao yao* de criminibus mirâ cum aequitate cognoscebat. Quintus demùm *Pe ye* montium torrentes aquas, & exundationes, mirâ cum industriâ & rei agrariae commodo simul & incremento dispertiebatur. Per *Xun* itaque horum 5. virorum consilio operâ & industriâ Imperium tam praeclarè tamque feliciter administratum fuit.

孔夫子的弟子们牢记着,老师哀叹具备卓越品质和才能的人才之稀少时说的这些话(将在后面的 f.17.p.1.§.1.中提到):"舜有五位名声和品德卓著的官员:第一位禹,治理了帝国泛滥的洪水;第二位稷,在前一位降服洪水之后恢复了农业;第三位契,设立了'五官'来保证国家的安全和发展;第四位皋陶,以公平地判决罪刑而著名;第五位伯益,以非凡的才能、勤勉的工作使得从山上奔腾而下的泛滥的河水分流,带来了农业的丰收和粮食的增长。

---

① 见《庄子·外篇·天地》:"尧观乎华。华封人曰:'嘻,圣人!请祝圣人,使圣人寿。'尧曰:'辞。''使圣人富。'尧曰:'辞。''使圣人多男子。'尧曰:'辞。'封人曰:'寿,富,多男子,人之所欲也。女独不欲,何邪?'尧曰:'多男子则多惧,富则多事,寿则多辱。是三者,非所以养德也,故辞。'"(《庄子今注今译》,北京:中华书局,1983年,第306页。)在此处,耶稣会士似乎想强调尧仍然认为自己只是普通的人。

幸有五位的谋划、帮助,帝国被治理得井井有条,卓有成效。"①

武王曰:"予有乱臣十人。"

§.4.　Conditor *Cheu* familiae *Vu vam* gratulabundus sibi identidem dicebat: Ego habeo regiminis mei adjutores subditos decem homines. Hos inter primus erat *Cheu tum tan*. Secundus *Chao cum xe De hoc memorant Annales ea felicitate et industriâ Boreales regiones sibi commissas administrasse, ut sementis ac messis tempore è vinculis dimitteret reos omnes; et hi constituo revertendi tempore suâ sponte (cum tamen non deessent rei capitis) ad carcerem redirent. Tertius Tai cum vam, Quartus Pie cum. Quintus Yûm cum. Sextus Tai tien. Septimus Hûm yao. Octavus San y sem. Nonus Nân cum quo. Intus verò Ye kiam Regina uxor (cui adeò viros inter decimum locum tribuerunt) familiam Regiam, resque Palatii admirabili cum virtute ac prudentia regebat.*

周王朝的建立者武王一次又一次庆幸地说:"在我的手下,有十位辅佐我的臣子。他们之中排第一位的是周公旦。第二位是召公奭,关于他,史官记载他非常勤勉地管理北方地区而效果良好;在播种和收割的时节,他还会释放所有监禁的罪犯,这些囚犯也会在庄稼收割完毕后,在他规定的时间自愿地回到监狱中去(而且其中有尚未被砍头的死刑犯)。第三位是太公望。第四位是毕公。第五位是荣公。第六位是太颠。第七位是闳夭。第八位是散宜生。第九位是南宫适。在家中的妻子邑姜王后(实际上被人们排到了第十位),以自己的美德和深谋远虑管理着王室和内宫的事务。"②

---

① 原文并未提及五人的名字,由朱熹(第107页)简要地提到,张居正(第125页)那里详细介绍。
② 原文并未列举这十人。这列表由朱熹(第107页)和张居正(第125页)提出。

孔子曰："才难，不其然乎？ 唐虞之际，于斯为盛。 有妇人焉，九人而已。

f. 17. p. 1. §. 1.　*Confucius* ingemiscens ait: Quod veteri proverbio dicitur, magnae dotes difficiles ac rarae sunt; nonne hoc verum est? Sola ferè quae olim dicta fuit *Tam & Yu*, alias *Yao & Xun* pulcherrima in Imperio societas & successio unà cum hoc nostro familiae *Cheu* Imperio jure censeri potest floruisse praeclaris administris: Et hoc Imperium nostrum geminata felicitate omnino decem numeravit. Et inter decem datur una mulier, Regina scilicet *Ye kiam* Imperatoris *Vu-vam* uxor: adeoque novem duntaxat viri numerandi sunt & non ampliùs. Verissimum est itaque vetus illud effatum, magnas dotes difficiles ac raras esse.

孔夫子叹息道："如同古语说的，卓越的人才是稀有而难得的，难道这不是真的吗？古时几乎只有唐、虞（也就是尧和舜）在治理国家和社会上称得上是成功的。延续至今的、蓬勃发展的我们的周王朝，其在治理上是卓越的。在周朝，人才虽然加倍，不过，总共只有十人。在这十人中有一位是女性，正是武王的妻子邑姜王后；最多也只有九位男性，没有更多了。这样，那句古语所说的的确真切，伟大的人才是稀有而难得的。

三分天下有其二，以服事殷。 周之德，其可谓至德也已矣。"

§.2.　Transit Philosophus ad laudem Principis *Ven-vam* cui filius erat *Vu-vam*, ipse, inquit, de tribus partibus Imperii cum haberet jam illarum duas; (quatenùs scilicet obtinebat omnium studia ac voluntates) Tamen ne sic quidem ab officio optimi clientis avocari potuit; sed fidem Imperio potiorem habens, invictâ cum patientiâ paruit ac servivit familiae (quamvis jam tyrannicae) *Yn*:

propterea familiae *Cheu* virtus ispa potest reverà dici summa virtus, & cui nihil addi possit.

哲学家继续重温历史以赞颂君主文王,即武王的父亲。他说道:"文王虽然已经掌握了这个国家三分之二的国土(到此时,他竟仍然保持着完全的热诚和善意),但作为最忠诚的臣属,他仍不会背离礼节,他对国家有着很强的信心。凭着不可战胜的耐心,他遵从并效力于殷商朝(尽管当时已是暴君当道)。这样的周王朝,它的美德实际上也可说是最高的了,没办法再增加了。"

8.21 子曰:"禹,吾无间然矣。 菲饮食而致孝乎鬼神,恶衣服而致美乎黻冕,卑宫室而尽力乎沟洫。 禹,吾无间然矣。"

p.2. *Confucius* ait: Quod attinet ad *Yu* Imperatorem, ego non habeo nec invenio, quod arguam. Parcus erat ac mirè temperans potûs & cibi: Idem tamen maximè liberalis, magnificus, ac mundus erga spiritus. Admodùm vulgaris passim erat ei vestitus; Ejusdem tamen summus quidam ornatus ac splendor erat in veste sacerdotali & tiarâ, quotiescunque sacris operabatur. Humile erat minimèque sumptuosum Palatium: Idem tamen exerebat & exhauriebat omnes animi, & aerarii facultates in aquarum in mare derivandarum ductus & earumdem receptacula pro siccitatis tempore. In *Yu* ergo non habeo ego nec invenio quo arguam.

孔夫子说:"说到禹帝,我没发现有什么可以指责的。他节俭朴素,对饮食没有很高的要求;但对待鬼神他却极为慷慨、严肃。他衣着都是非常普通的;然而每当举行神圣仪式的时候,用于祭祀的礼服和冠冕上的装饰,其光泽又是最好的。他的宫室是简陋的,然而他却把自己的智慧和资财用于干旱时节灌溉的水利设施上。因此在禹身上,我找不到要指责的地方。"

Hunc quoque ex ea sortis humilitate, quam diximus, ad avitam primae stiripis suae dignitatem, virtus sapientiaque revocavit: Ob hujus quippe, meritorumque magnitudinem charus adeò fuit, tantoque in pretio Xun Imperatori; ut postquam eum per 17. postremos annos in Imperii Collegam adscivisset, tandem legitimo filio suo, cui Xam nomen, constanter rejecto (imitatus scilicet Yao sui decessoris exemplum) non dubitaverit eundem jam nonagenarium Imperii haeredem designare. Verum Yu, generosâ sese fugâ proripiens, in latebras sese abdidit. Sed à dynastis tandem detectus, in solium quamvis invitus evectus est. Eminuit in eo, admirabilis quaedam facilitas, affabilitasque adversùs omnes. Aes campanum jussit erigi in ipso Palatii sui atrio: ad cujus primum pulsum suos auditurus alacer provolabat. Itaque accidit aliquando, ut prandii unius tempore decies à mensâ surgeret: E balneo item, ubi corpus lavabat, semel iterumque ac tertio procurrerit; et quidem soluto et impexo etiamnum capillo; ut scilicet ad primum aeris campani signum, suorum vel postulata vel querelas audiret. Inter alias, quas plurimas condidit, leges, una fuit, quâ vino omnibus severè interdicebatur, misso in exilium vini inventore. Solitus erat dicere: Vinum aliquando pessumdabit res Imperii, nostramque familiam: *et ita reverà accidit, ut alibi memorabitur.* Imperavit solus annis decem, eo successu rerum, et copiâ, et tranquillitate, ut merito vocari aurea possint ejusdem tempora: et si quidem fas est Sinis hoc loco credere, aurum reverà pluisse dicitur per triduum eo imperante. Iter faciens aliquando, cùm fortè obvium habuisset hominem catenis vinctum; protinùs de curru suo desiliens, ubi cognovit esse reum capitis, et ad supplicium jam rapi; illachrymatus est; suisque demirantibus; superioris, inquit, aetatis homines ad exempla Regum Yao vitam suam moresque componebant: at nunc dum ego modicae virtutis homo Sinicam rem administro; non pauci meorum, ut video, pro suo quisque arbitratu, studiisque non optimis vitam instituunt. Vixit Yù annis centum ab omni privato affectu tam alienus, ut moriens caelo proposuerit Imperii successorem virum spectatae virtutis Ye appellatum, neglecto filio Ki; quem tamen et dynastae et populus haeredem esse voluerunt paterni Imperii, uti erat virtutum paternarum, et exinde electio Imperatorum in haereditariam filiorum ac nepotum successionem transit. Et haec quidem, quae hic et alibi annotamus, referuntur à Regiis illorum temporum scriptoribus et authenticis annalibus necnon à Philosophis Confucio et Mencio saepiùs confirmantur. Obiit verò praefatus Yu cycli noni anno 20. Quéivi dicto, qui respondet anno ante Christum 2208.

如我们所说到的，美德与智慧，从其不受重视的处境，也可追溯到它起源时那古老时代给予它的荣耀。显然，因为禹的伟大功绩，舜帝是那么地喜爱和重用他，以至于在他与舜共同当政的十七年后，舜毫不犹豫地把帝国的继承权指定给禹，这个已经九十岁的人（舜所效仿的正是其前任尧的榜样），而舜自己的可以合法继承王位的儿子商均，则被稳稳地排除在外。① 事实上，禹高尚地出走了，把自己藏了起来。但是他最终又被贵族发现，并被带了回去，不情愿地登上了王位。② 对所有人他都彬彬有礼，和蔼可亲。他命人在宫殿的接待厅中放置了一个铜钟，以使在铜钟敲响第一下时，就能迅速跑出去接见来人。因此有时会发生这样的事：一顿午饭，他会十次从餐桌旁站起来；同样，在沐浴中，在他冲洗身体的时候，他会披散着尚未梳理的头发跑出去三次。就是这样，他每次都能在铜钟响起第一声后，去倾听来者的要求和抱怨。③ 他制定了许多法律，其中一项是禁酒，酿酒者会被处以流放。

---

① 《帝王世纪》："(舜帝)九十五而使禹摄政，摄五年苗氏叛，南征，崩于鸣条，年百岁。"（北京爱如生数字化技术研究中心：中国基本古籍库http://dh.ersjk.com/，检索时间：2020年3月2日）

② 见司马迁《史记·夏本纪第二》："帝舜荐禹于天，为嗣。十七年而帝舜崩。三年丧毕，禹辞辟舜之子商均于阳城。天下诸侯皆去商均而朝禹。禹于是遂即天子位，南面朝天下，国号曰夏后。"（北京爱如生数字化技术研究中心：中国基本古籍库http://dh.ersjk.com/，检索时间：2020年3月2日）

③ 见《淮南子·卷十三·氾论训》："禹之时，以五音听治，悬钟鼓磬铎，置鞀，以待四方之士，为号曰：'教寡人以道者击鼓，谕寡人以义者击钟，告寡人以事者振铎，语寡人以忧者击磬，有狱讼者摇鞀。'当此之时，一馈而十起，一沐而三捉发，以劳天下之民。"（北京爱如生数字化技术研究中心：中国基本古籍库http://dh.ersjk.com/，检索时间：2020年3月2日）

他常说:"酒最终会毁掉这个国家,以及我们的王朝。"①而这样的事最后真的发生了,如在其他地方提到的那样。他单独统治了十年,带来了成功、富足和安宁。由于他的功绩,这十年可称为黄金时代。如果这在中国是可以相信的话,在他的治下,据说曾下了三天的金雨。②他曾经在路上遇到过一个被链条绑缚的人,他立刻从马车上跳了下来。当他了解到这是一个死刑犯并要受车裂分尸之刑时,便流泪了。他周围的人都很惊讶。"先辈的人们,"他说道,"生活在尧帝所树立的传统之下,但到了今天,我作为中国一个普通的道德的领导者,仍能见到我的子民中有不少人只依靠自己的判断生活,而非把生活建立在最高的追求上。"③禹毫无私心地生活了一百年,在他即将离世归天的时候,他向上天建议让益,一位拥有卓著美德的人,作为帝国的继承人,而不是自己的儿子启。但是贵族和平民都愿意启继承他父亲的帝国,以此继承他父亲的美德。自此之后,帝王的王位就变成世袭制了。这些,包括在此和其他地方提及的,都是由那个时代的王家史官所写的真实可靠的

---

① 见《战国策·魏策二》:"昔者帝女令仪狄作酒而美,进之禹,禹饮而甘之,遂疏仪狄,绝旨酒,曰:'后世必有以酒亡其国者。'"又见北宋刘恕《资治通鉴外纪·卷二》:"禹时仪狄作酒。禹饮而甘之,遂疏仪狄,绝旨酒,曰:'后世必有以酒亡国者。'"(北京爱如生数字化技术研究中心:中国基本古籍库 http://dh.ersjk.com/,检索时间:2020 年 3 月 2 日)

② 见《竹书纪年》:"夏六月,雨金于夏邑。"(文本参考:《竹书纪年集解》,〔梁〕沈约,广益书局,1936 年 9 月。)耶稣会士更多地从字面上理解中国古籍的意义,认为它们是真实的历史记录。然而此处他们并不抗拒表达这个传说,但也带了一个小心的提示。

③ 见西汉刘向《说苑·君道》:"禹出见罪人,下车问而泣之,左右曰:'夫罪人不顺道,故使然焉,君王何为痛之至于此也?'禹曰:'尧舜之人,皆以尧舜之心为心;今寡人为君也,百姓各自以其心为心,是以痛之。'《书》曰:'百姓有过,在予一人。'"(北京爱如生数字化技术研究中心:中国基本古籍库 http://dh.ersjk.com/,检索时间:2020 年 3 月 2 日)

编年史所记录的;不仅如此,这些史料都被孔夫子和孟子①等哲学家反复证实。禹在第九个甲子的第二十年②逝世,这一年被称为"癸未",即相当于基督前 2208 年。

---

① 孔夫子之言语引述多见于《论语》。《孟子》中也多处提及尧、舜、禹时期的历史,如:《滕文公上》《滕文公下》引用舜任用禹、皋陶等人治洪水、办教育等事迹;《离娄下》提及"禹恶旨酒而好善言";《万章上》中孟子在与万章的对话中转述舜禹之间的继位过程,以及禹曾经出走避让的事件,"昔者,舜荐禹于天,十有七年,舜崩。三年之丧毕,禹避舜之子于阳城,天下之民从之,若尧崩之后不从尧之子而从舜也";《告子下》再次引用禹治理洪水之事迹,"禹之治水,水之道也,是故禹以四海为壑。今吾子以邻国为壑"。

② 耶稣会士按照中国的甲子纪年法来整理中国历史,从黄帝元年开始,以六十年为一个甲子(cyclum),第九个甲子的第二十年即为黄帝五百年。参见《中国哲学家孔夫子》一书的纪年表部分。

子罕第九

9.1 子罕言利与命与仁。

f.1.p.1.§.1. Narrare consueverant discipuli, quod *Confucius* magister suus admodùm rarò, nec nisi difficulter loquebatur de lucris & emolumentis, & de fato, seu, decretis caelestibus; & de *Gin*, id est, de caelitus inditâ innocentiâ ac puritate cum praesidio ornamentoque virtutum omnium conjunctâ.

弟子们常常说,他们的老师孔夫子极少谈论也不情愿谈论利益、命运或天命,也不谈论"仁",即上天赋予的纯洁、纯粹连同一切美德的外在表现。①

9.2 达巷党人曰:"大哉孔子! 博学而无所成名。"

§.2. *Ta hiam* pagi sic dicti incolae fortè cum de *Confucio* sermo esset dicebant:O quantus vir est *Confucius*! Amplissima est eius in omni genere peritia & doctrina; atque adeò non datur ex quo magis praedicetur ipsius laus ac fama, cum in eo summa sint omnia.

达巷党人谈论孔夫子的时候,这样说道:"孔夫子是多么伟大的人啊! 他在所有门类的经验和学识中都是登峰造极的,然而他的荣誉和声望并不

---

① 这里给出了一个"仁"的新的定义,朱熹和张居正的注释没有给出这样的定义,但它明显地是宋明理学的定义,"仁"的两方面,其一驻于内心之中,其二表现在人际关系上。纯洁与纯粹(innocentia ac puritate)有宗教内涵,涉及恩典的国度和对罪恶的避免。虽然没有专门使用"恩典"一词,但这里可以认为"仁"等同于基督宗教的"恩典"。

特别来自其中的某个门类,因为在他那里,所有的经验和学识都臻于完美。"

子闻之,谓门弟子曰:"吾何执? 执御乎? 执射乎? 吾执御矣。"

§.3. *Confucius* fortè haec audiens, & alloquens discipulos ait: Optare puto rusticos illos ut me impensiùs addicam arti cuipiam. Ego igitur quid arripiam potissimum? Inter sex artes nostrates liberales duae sunt ad ingenium rusticorum magis accommodatae, aurigandi scilicet & jaculandi. Arripiamne igitur aurigandi artem, an arripiam artem jaculandi? Bene habet, ego rursum arripiam excolamque artem aurigandi, quae & est facilior, & vel ideò, quia humilis, mihi chara.

孔夫子碰巧听到这些话,他对弟子们说:"我认为这些乡下人希望我有一门专长。我应该有什么专长呢? 在我们国家的六种自由技艺①中,有两种技艺是特别适合乡下人本性的,即驾车和射箭。我是掌握驾车的技艺呢,还是射箭的技艺? 我会选择并培养驾车的技艺,因为它更容易、更卑微,也跟我更亲近。"②

9.3 子曰:"麻冕,礼也;今也纯,俭,吾从众。

p.2.§.1. *Confucius* aiebat: Ex subtiliori cannabe contectus pileus olim erat officiosi ritûs ususque proprius: Nunc verò aetate nostrâ sericus est in usu, isque minus sumptuosus, & minus operosus. Ego licet hic à Priscorum usu discedatur; quoniam tamen haud peccatur; sequor multitudinem, & hâc in re servio tempori.

---

① 耶稣会士的翻译意味着中国的技艺类似于西方的自由技艺(liberales artes)。事实上,中国的六艺和西方的七艺都不是以培养专业技能为目标的,而是致力于教化人们的。

② 朱熹和张居正都解释说,孔夫子选择驾车是表明自己的低下。耶稣会士遵从了这种解释,但或多或少地失去了孔夫子回答中所含的讽刺意味。

孔夫子说："细麻做的毡帽曾经用于公共和私人的礼仪之中。我们的时代则使用丝制的，耗费更少，更轻简。这里可以放弃古代的习惯，因为这几乎没有过错，在这件事情上我跟随多数人，顺从时代。①

拜下，礼也；今拜乎上，泰也。 虽违众，吾从下。"

§. 2. Salutare Principem, idque eminus & ex atrio inferiori, mos ac ritus erat Priscorum. Nunc verò salutare Principem superius in ipsa aula, reverà nimium quid est, & quasi arrogans. Quocirca licet hîc adverser multitudini; ego tamen sequor priscum ex inferiori atrio salutandi ritum.

远远地从庭下就开始向君主致敬，这是古人的习惯和礼仪。现在直接在庭上向君主致敬，这实在是太过分并且显得傲慢。在这方面我反对多数人，我仍然遵从古人从庭下敬礼的仪式。"

9.4　子绝四：毋意，毋必，毋固，毋我。

§.3. *Confucius* (si discipulis fas est credere) penitùs non habebat quatuor. Quoad res futuras non habebat proprium quoddam propensae mentis studium seu intentionem. Item non habebat obfirmatae mentis propositum ac determinationem, neque habebat, pertinaciam in re semel susceptâ, modoque gerendae rei mordicus tuendo; Nec habebat denique seipsum suasque commoditates prae oculis.

孔夫子彻底地杜绝四种毛病（如果他弟子的话可信）：他内心没有对将来之事做任何猜想的意图；他内心也没有绝对的肯定和判断；另外，在做既定的事情时，他从不固执己见；最后，他也没有把自我和私利放在眼前。

---

① 这个对时代的顺从的观点是张居正提到的（第 128 页）。

9.5 子畏于匡。

f.2.p.1.§.1. *Confucius* fortè periclitans cum curâ & vigilantiâ versabatur in *Quam loco*. Periculi causam praebuit oris similitudo cum altero ejusdem loci quondam praefecto, *cui Hiam hu* nomen, quem loci incolae, quos olim divexaverat, injuriarum memores ad necem quaerebant, diversorio Philosophi per quinque dies armis obsesso.

孔夫子碰巧怀着担心与警觉生活在匡地,他处于险境之中。孔夫子的样貌与这个地方的某个前任长官相似是这次危险的原因,这个长官叫阳虎,他曾经迫害过当地的居民,当地居民记住了他的恶行并要求杀死他。哲学家的住所被武装围困了五天。①

曰:"文王既没,文不在兹乎?

§.2. Perculsos itaque tam inopino periculo discipulos confirmaturus *Confucius*, inquit. Sexcenti ferè sunt anni quod *Ven-vam* sapiens ille Rex jam interiit: Sed an propterea praeclara lex illa, & quasi legis lux, quae refulsit ipsius operâ, pariter extincta est, & non existit hic inter nos etiam nunc.

对于这个意外的危险,弟子们很是惊慌。为了使他们镇定下来,孔夫子说:"智慧的文王已经过世六百年了。但是因他的工作而如星光般闪耀的礼法,难道也同样消失了,不再存在于我们之中吗?

---

① 阳虎的名字和这个事件都见于司马迁,并由朱熹和张居正复述。《史记·孔子世家》:"将适陈,过匡,颜刻为仆,以其策指之曰:'昔吾入此,由彼缺也。'匡人闻之,以为鲁之阳虎。阳虎尝暴匡人,匡人于是遂止孔子。孔子状类阳虎,拘焉五日。"北京:中华书局,2014 年,第 2325 页。

天之将丧斯文也，后死者不得与于斯文也；天之未丧斯文也，匡人其如予何？"

§.3. Caelum itaque si extincturum erat, hanc legis lucem, post Regem illum uti natus ita etiam moriturus ego non valuissem conferre operam, in hac lege quadamtenùs promulgandâ. Caelum verò si necdum extinctam voluit hujus legis promulgationem; profectò vitae nostrae, etiam volet consultum. *Quam* igitur loci incolae quid ipsi tandem mihi facient.

如果上天想要熄灭这个礼法之光，在文王之后出生的我将会死去，我将不能致力于这个礼法的发扬。如果上天不希望这个礼法的发扬就此消失，就必然愿意照顾我们的生命。① 所以匡人终究能对我做什么呢？"②

9.6 太宰问于子贡曰："夫子圣者与？ 何其多能也？"

§.4. Unus è Praefectis *Tai cai* (Magistratus nomen est) percunctatus est à *Confucii* discipulo *çu cum* dicens: *Confucius* Magister vester num vir sanctus est is? Nisi enim talis esset, quomodo tam multa calleret.

一个太宰（官名）疑惑地询问孔夫子的弟子子贡说："你们的老师孔夫子难道是圣人吗？除非他是这样的人，否则他怎么可以通晓这么多东西！"③

---

① 这段文字译自张居正的"我命在天"的评论（第130页）。

② 耶稣会士在这里的翻译是十分严谨的，特别是与理雅各（James Legge）的翻译对比。理雅各在这里解读为上帝给予孔夫子的"神圣使命"。

③ 理雅各和同时期大多数的翻译者都用"贤人"来指代中文的"圣人"，而《中国哲学家孔夫子》在这里却使用了有宗教意味的"sanctus"来描述孔夫子。后来，把孔夫子描述为神圣或圣人的做法受到罗马方面的谴责。

子罕第九　219

子贡曰："固天纵之将圣，又多能也。"

p.2. §.1.　*Çu-cum* respondit: quod ad Magistrum nostrum attinet, reverà caelum prodiga cum liberalitate perfecit ut sanctus esset. Sed & idem insuper multâ valet peritiâ scientiarum.

子贡回答说："我们的老师，固然是上天慷慨地把他造就为圣人的。但此外他也富有知识经验。"

子闻之，曰："太宰知我乎？吾少也贱，故多能鄙事。君子多乎哉？不多也。"

§.2.　*Confucius* haec audiens ait: *Tai çai* Praefectus ille num probe novit me? Ego (ut de me loquar) adolescens cùm essem, conditione fui satis humili; idcirco Magistra paupertate doctus multa nunc calleo; sed humilia vulgariaque (aucupari scilicet, piscari, aurigari, jaculari, & c.) Sed enim an ratio viri probi ac sapientis ne dicam sancti, in multis illis consistit? Profectò non in multis consistit illa.

孔夫子听说了这些后说："这个太宰难道真了解我吗？（如我所说）我年轻的时候，地位低下，所以贫穷成为教导我的老师，我通晓了很多技艺，但这些都是鄙贱的（包括打猎、捕鱼、驾车、射箭等等）。但是正直、智慧之人的理性，更不用说圣人的理性①，就在这众多的技艺中吗？肯定不是。"

---

①　这里，"ratio"翻译自汉字"道"，这见于张居正的注释（第131页）。《中国哲学家孔夫子》此前认为孔夫子是众人眼中的"圣人"，而这里又添加一个注解，认为孔夫子不自居为"圣人"，张居正的评论中并没有明确表示。

9.7 牢曰："子云，'吾不试，故艺'。"

§.3. Ad confirmandum hoc *Confucii* dictum, refertur à discipulis; quod *Lao* condiscipulus eorumdem, crebro narrabat quod ipsemet *Confucius* dicebat: Ego primis aetatis meae temporibus non admotus fui gerendae Reipulicae; idcirco didici perdidicique artes liberales.

弟子们用他们的同门牢的话来印证孔夫子的说法，牢经常引述孔夫子自己的话："我早年没有被任命去治理国家，所以我学习并精通了各种自由技艺。"

9.8 子曰："吾有知乎哉？无知也。有鄙夫问于我，空空如也。我叩其两端而竭焉。"

§.4. *Confucius* molestè ferens vulgò se haberi rerum omium peritissimum aiebat: Egone ut tantam habeam scientiam? Imò vero eam non habeo. Fateor quidem quod ubi datur vulgaris humilisque homuncio, qui percontetur ex me quidpiam, quamvis idem rudis ineptique sit instar; mox ego tractanda suscipio ipsa rei, de quâ me consulit, duo quasi capita, atque haec disserendo exhaurio.

孔夫子苦恼于被大家普遍地认为知道所有的事情。① 他说："我有这么多知识吗？我实在没有。我只承认这一点，即当一个地位卑微的人问我问题的时候，不管他怎样粗鄙和愚蠢，我都会从他那个问题的首尾两头展开讨

---

① 根据张居正，孔夫子之所以否认自己是知道一切事情的圣人（"孔子之圣无所不知"，第 131 页），仅仅是出于谦虚。耶稣会士没有提及这个关于孔夫子的全知的评论。

论,以此来穷尽地解决它。"①

9.9 子曰:"凤鸟不至,河不出图,吾已矣夫。"

f.3.p.1.　*Confucius* calamitatem deplorans suorum temporum desperansque emendationem dicebat:Aquila(aut solis avis)jam ampliùs non advenit. E flumine non prodit mappa(seu monstrum variè depictum)quae duo erant rediturae felicitatis praenuntia. De me meaque doctrinâ actum est, proh dolor!

孔夫子对自己所处的不幸时代感到悲痛,并且对其改善感到绝望,他说:"鹰(或太阳的鸟)没有再来,图(各种异兽的图像)也没有从河里再现,这两样东西是好运回归的预兆。我和我的学说注定要完了,悲哀啊!"

9.10 子见齐衰者、冕衣裳者与瞽者。见之,虽少,必作;过之,必趋。

p.2.§.1.　*Recte notat Colaus perturbatum hic esse ordinem litterarum, qui adeo talis esse deberet, qualem versio haec sua indicat.* Confucius cernens homines lugubri veste indutos ob mortem parentum;alios item pileo habituque Mandarinico insignes, quamvis iidem essent minoris aetatis, aut etiam capti oculis; tamen ipse conspicatus illos procul dubio assurgebat honoris gratiâ:& eosdem fortè praeteriens, procul dubio accelerabat gradum.(*Officioso more Sinarum quasi properè cedentium locum alteri honoris gratia*)vix ullâ scilicet habitâ ratione vel aetatis suae, vel authoritatis; at certè maximâ tum pietatis tum dignitatis alienae.

阁老是正确的,他注意到这段文字的顺序被打乱了,如他自己的版本所

---

① 把"两端"表达为"两头"是习惯用法,这也见于朱熹和张居正的评论。

示,原本的顺序应该如此①:孔夫子见到因父母过世而穿丧服的人,或者穿戴官帽和官服的年轻人,或者是盲人,即使他们年纪小,一定会站起以表示敬意。当碰巧在这些人身边走过的时候,他一定会加快步伐(按中国人的礼制,快步地走过表示对别人的敬意)。他这样做不是出于对年龄和权位的考虑,而是出于对别人的虔诚和尊重。

9.11 颜渊喟然叹曰:"仰之弥高,钻之弥坚,瞻之在前,忽焉在后。

§.2. *Yen-yuen* altum suspirans aiebat: Est omnino sublime quid, idemque profundissimum doctrina Magistri nostri. Suspicienti illam mihi, & jam gradum ad illam facienti, semper magis magisque alta apparet. Rursus penetranti mihi ad illam illius firmitatem, semper illa magis ac magis firma ac impenetrabilis deprehenditur. Contemplor illam quandoque velut positam ante ipsos oculos, & velut in ejus amplexum feror, quando ecce derepente existit mihi à tergo ex ipsis quasi manibus elapsa.

颜渊深深地感叹说:"我老师的学问实在是极其高妙和深邃的。我仰望着,一步步走向它,但对我来说,它总是显得越来越高深;另一方面,我钻研它,却总是发现它越来越坚硬和不可穿透。有时我注视着它,仿佛它就在眼前,有时却突然之间像影子一样飘到我后面。

---

① 这来自张居正的评论:"冕衣裳是贵者之命服也。虽少二字当在冕衣裳者之下,盖简编之误也。"(第132页)

夫子循循然善诱人，博我以文，约我以礼。"

§.3. Et tamen hanc ipsam doctrinam impertiens hominibus Magister noster suo quodam ordine pedetentim blandeque noverat allicere homines atque inducere quo volebat: dilatabat animum meum praesidiis Philosophiae suae, & restringens ad unum omnia, contrahebat me ad unam caelitus inditae rationis moderationem ac regulam.

而且我们的老师教这种学问的时候,知道如何按照次序,有步骤地、温和地吸引弟子,引导弟子们去他想让弟子们去的地方;他用自己的哲学开阔我的心灵。他收束万物为一,也使我与天理法则合而为一。"①

欲罢不能，既竭吾才，如有所立卓尔。 虽欲从之，末由也已。"

f.4.p.1. Ego verò cum vellem sistere & frui jam partis, omnino non poteram: Ubi ergo jam exhauseram quodammodo meas animi vires, sic prorsus erat ac si daretur quidpiam quod consisteret erectum ante oculos meos. Caeterum quamvis ardenter optarem assequi & amplecti illam, adhuc tamen non habebam viam ac modum quo votorum compos fierem; adeoque haerebam attonitus ad doctrinae hujus virtutisque celsitudinem & profunditatem.

当我希望中途停留并享受所获的时候,却完全不可能做到了:我已经竭尽我心灵的力量,它处在前面,就像有什么东西矗立在我眼前一样。即使我

---

① 朱熹将"博我以文"解释成"致知格物"(第111页),而张居正的解释是"使我通古今达事变,把天下的道理都渐次去贯通融会"(第133页)。耶稣会士在这里跟从理性主义的解释,引入哲学术语。"约我以礼"理解为"克己复礼"(朱熹,第111页)。张居正理解为"把天下的道理都逐渐去操持敛束"(第133页)。

热烈地渴望去追上并拥抱它,但到现在我还不具有能借以达成愿望的途径和方式。我依旧震惊于他的学问和美德的高妙和深邃,并一直追随它。"

9.12 子疾病,子路使门人为臣。

p.2.§.1. *Confucius* aegrotabat, nec sine periculo: Quo intellecto discipulus *çu lu* gratificaturus Magistro submisit jussitque aliquot discipulos assistere aegrotanti, & esse veluti honorarios quosdam administros, & funus etiam, si opus foret, cum splendore & apparatu procurare.

孔夫子病重,他的弟子子路知道了这件事,为了使老师欢喜,便派遣自己的一些弟子去照料老师,就好像这些弟子是有官职的孔夫子的仆从,而在必要时甚至要举办隆重的葬礼。

病间曰:"久矣哉,由之行诈也。 无臣而为有臣。 吾谁欺? 欺天乎?

§.2. Verum ubi morbus nonnihil remisit; *Confucius* re cognitâ haudquaquam probans studium hujusmodi gratificandi; ah! Inquit, à quanto jam tempore discipulus iste *Yeû* res agit nec rectè nec sincerè! Nuper quidem mos & ratio permittebat mihi frequentiam istam ministrorum & splendorem domesticum: at nunc quando defunctus sum magistratu, adeoque nullos, uti par est, habeo Ministros publicos; si tamen ambitiosè me gerens videar habere Ministros istos, ego quem tandem fallam? Certè ut fallam oculos mortalium, an fallam etiam ipsummet caelum?

当孔夫子的病情有一些减轻的时候,他知道了这件事情。他一点都不认同这种迎合的动机,他说:"我的弟子由从很久之前就做不正确和不诚实的事情了！不久之前,礼制允许我有很多的仆从和华丽的家。但是现在我已经离开官位了,我不应该有任何公共的仆从。如果我野心勃勃地拥有了这些仆从,我这究竟是在欺骗谁呢？我是欺骗凡人的眼睛,还是欺骗上天呢？

且予与其死于臣之手也，无宁死于二三子之手乎！ 且予纵不得大葬，予死于道路乎？"

§.3. Et verò, mihi prae istâ morte obeundâ inter ministrorum istorum obsequia & manus, nonne fuisset multò gratius dulciusque emori inter duorum triumve discipulorum manus? Certè ego licet tunc haud potuissem magnifico illo proprioque praefectorum funere efferri; an ego propterea moriens inter vos, fuissem mortuus in viâ publicâ, ibique jacuissem inhumatus?

而且对我来说,与其死在这些为我服务的仆从的手中,倒不如死在两三个弟子的手中,这不是令人更加愉快吗？即便不举行那隆重的、专属长官的葬礼,难道我还会死在公共的道路之中,躺在那里而得不到安葬吗？"

Tres paragraphos superiores concludit Interpres his verbis: Xim gîn yû çie pim guêi pé chi cum, lh sú tien chi chîm, xeù li chi chim, yé hâo pú keù jû çù çu sò y guêi van xi fa ye, *hoc est*: vir sanctus constitutus in praesenti discrimine gravis morbi, in syncera illa voluntate obsequendi caelo, & rectitudine servandi quod ratio dictat, ne pilo quidem capitis temerè, sicut hic patet, procedit.

注释者用以下这些话来总结上面三段话:"圣人于疾病危迫之中,而事天之诚,守礼之正,一毫不苟如此！此所以为万世法也。"意思是说,圣人即使处在严重疾病的危险之中,也仍然以真诚的意愿遵从理性,遵从上天的命令,甚至没有一丝草率的。

9.13 子貢曰："有美玉于斯，韞匵而藏諸？ 求善賈而沽諸？"子曰："沽之哉！ 沽之哉！ 我待賈者也。"

f.5.p.1.　*Çu cum* hortaturus Magistrum suum ut talenta sua ad publicum bonum exerat. Si habeat, inquit quispiam pulchram rarique pretii gemmam hoc tempore & statu rerum tam perturbato; eamne asservabit in arcâ & sic abscondet; an contrà exquiret cui aequo pretio divendat? *Confucius* haud ignarus quid isto simili significaretur, respondet: Vendatur sanè, per me licet, ô! vendatur sanè, at enim ego expecto aequum illius aestimatorem & licitatorem: Nec ê re nostrâ est emptorem quaerere.

子贡想要敦促他的老师发挥自己的才能来治理国家。他说："在这个如此动乱的时代和环境中，如果一个人，有一块稀世价值的漂亮宝石，他是把它保存在盒子里藏起来，还是相反，去寻求卖出一个与之相配的价钱？"孔夫子并非不知道这个类比暗示了什么，他回答说："在我看来，当然是卖掉！当然是卖掉！但是我正等待着有人给出合适的价格来收购呢！而不是为了此事专门去寻找买家。"

9.14 子欲居九夷。

p.2.§.1.　*Confucius* pertaesus temporum suorum desiderabat relictâ patriâ migrare ac degere inter novem gentes Barbarorum.

孔夫子对自己所处的时代感到厌烦，他想要离开祖国去九个蛮族之中生活。

或曰：“陋，如之何？”子曰：“君子居之，何陋之有？”

§.2. Forte fuit qui dissuasurus diceret: Viles abjectique sunt homines isti. Quomodo hoc fiet? Quî ibi deges? *Confucius* respondit: Syncerus virtutis ac sapientiae sector ubi degit; quomodo vile quid abjectumque ibi detur?

有人劝阻说：“那些地方的人是低下和卑微的，怎么能够这样做？你怎么在那里生活？”孔夫子回答说：“美德与智慧的纯粹追求者生活在那里，哪还会有什么低下和卑微的东西呢？”

9.15 子曰：“吾自卫返鲁，然后《乐》正，《雅》《颂》各得其所。”

§.3. *Confucius* aiebat: Ego ex Regno *Gúei* cum rediissem in patrium Regnum *Lu*, tum deinde musica operâ meâ pristino ordini ac puritati restituta fuit. Poëmata quoque *Yâ* & *çum* singula obtinuerunt demùm suum statum, harmoniam scilicet, ac majestatem pristinam.

孔夫子说：“我从卫国回到祖国鲁国后，恢复了《乐》原来的次序和纯正，《雅》和《颂》也都获得了自身应有的和谐及古代的庄严肃穆。”

9.16 子曰：“出则事公卿，入则事父兄，丧事不敢不勉，不为酒困，何有于我哉？”

§.4. *Confucius* aiebat: Foris versantem & in Republicâ tum servire, uti par est, Principi, & caeteris Magistratibus: domi verò degentem, tum servire parentibus fratribusque debitâ cum observantiâ: In luctu funebribusque officiis non audere non exerere vires omnes: Inter epulas denique non agere quidpiam per immoderatum vini usum, quod grave sit ac periculosum. Haec quatuor tametsi prima fronte facilia, reverà tamen difficilia sunt; atque adeo quomodo sint in me?

孔夫子说:"在外做官时应该服侍君主和长官;在家里生活时,则怀着应有的孝顺服侍父母和兄长;在丧葬礼仪之中不敢不尽全力;在宴会中不过度喝酒以免做出危险的事。这四点表面上看似乎简单,其实是困难的,我哪里做到了?"

9.17 子在川上曰:"逝者如斯夫！ 不舍昼夜。"

§.5. *Confucius* fortè consistens ad ripam fluminis, & perennem illius fluxum contemplatus innuensque in viâ virtutum non esse sistendum aiebat ut eunt & fluunt hoc modo aquae istae, nec sistunt cursum suum diu noctuque!

孔夫子碰巧立在河岸上,他看着并指着流动不息的河水说:"在追求美德的道路上不应该止步,正如河水以这样的方式流动,无论白天还是黑夜都不会终止它向前的进程。"

9.18 子曰:"吾未见好德如好色者也。"

f.6.p.1.§.1. *Confucius* aiebat:Ego adhuc quidem non vidi qui sic gauderet virtute, sicuti gaudet quis formosi oris corporisque elegantiâ & venustate.

孔夫子说:"我至今还没见过喜爱美德就像喜爱美丽动人的面容和身体一样的人。"

9.19 子曰:"譬如为山,未成一篑,止,吾止也。 譬如平地,虽覆一篑,进,吾往也。"

§.2. *Confucius* aiebat:Exempli gratia:Molior ego ex aggestâ continenter humo collem:priusquam perficiatur is, uno, qui ad operis integritatem etiamnum desideratur corbe, coeptum opus intermittitur; planè ego sum is qui intermitto, mea unius, haec culpa est. Contraria planè constantiae ratio est:Ipsa quantumvis lentè, perficit tamen res quantumvis magnas; quia coeptum opus nescit intermittere. Exempli gratia:ego planae telluri licet aggeram quotidie unum duntaxat corbem humo onustum:Tamen si assiduè progrediar aggerendo, mei progressus erunt, mea perfecti tandem collis erit gloria.

孔夫子说:"好比我不间断地堆土造山,在这座山建成之前,工程全部完成只差一筐土,因为这筐土,已经开始的工作中断了,那么显然是我中断的,只有我被责备。而与之相反,坚持不懈的原则是:不管多么缓慢,不管事情是多么艰巨,仍然去完成它,因为已经开始的工作不该停止。好比我在平地上每天堆积一筐土,只要我坚持堆积,我就是在推进,最终我将获得造山的荣誉。"

9.20 子曰:"语之而不惰者,其回也欤!"

p.2.§.1. *Confucius* aiebat:Dicente me, seu, docente quidpiam, qui non esset iners ac segnis, sed actutùm factis conaretur explere, quod faciendum esse ex me didicerat, enim vero fuit is discipulus meus *Hoêi*.

孔夫子说:"无论我说或教了什么,他并不懒惰迟疑,而是立即在行动中尝试贯彻我的教导。我的弟子回就是这样的人。"

9.21 子谓颜渊，曰："惜乎！ 吾见其进也，未见其止也。"

§.2. *Confucius* loquens de eodem *Yên-yuen*, praematurè defuncto aiebat: Proh dolor! Ego quidem videbam ipsum magnis passibus progredientem; At necdum videbam illum desistentem.

孔夫子提及这位过早去世的弟子颜渊，说："可惜啊！我一直见他不断地进步，而没有见他停下来过。"

9.22 子曰："苗而不秀者有矣夫！ 秀而不实者有矣夫！"

§.3. *Confucius* simili quodam hortaturus suos ad constantiam aiebat: Seges quae modo nascens viridantem protrudat herbulam, & tamen deinde nullos proferat flores, datur utique: Rursus, efflorescens jam seges, & tamen deinde nullos excludens fructus, datur similiter.

孔夫子通过类比的方式鼓励他的弟子们要持之以恒，他说："一定会有一些庄稼只生出绿色的幼苗，却不会开出任何花朵。类似地，也有已经开花却不结果实的。"

9.23 子曰："后生可畏，焉知来者之不如今也？ 四十、五十而无闻焉，斯亦不足畏也已。"

f.7.p.1.§.1. *Confucius* aiebat: Pueros ac juvenes par est suo quodam modo vereri: Nam cui tandem constat olim illos non meliores futuros quàm sint modò, sic ut etiam superent nos ipsos? Caeterùm qui quadragenarius vel quinquagenarius jam sit, & tamen necdum habeat nomen aut famam; ejusmodi qui sit, equidem non est dignus, quem quis vereatur: actum est.

孔夫子说:"在某种意义上尊重小孩和年轻人,因为谁知道将来他们会不会变得更好,甚至最终超越我们这些人呢？另外,那已经四十岁或者五十岁却仍然没有名气和声望的人,实际上不值得别人尊重,他们已经完了。"

9.24 子曰:"法语之言，能无从乎？ 改之为贵。 巽与之言，能无说乎？ 绎之为贵。 说而不绎，从而不改，吾末如之何也已矣。"

§.2. *Confucius* ait: Prolata cum fide ac veritate monentis verba, licet etiam subaspera, potestne quis non audire ac suscipere, aequo saltem animo, si minus laeto? Caeterum proficere ex illis & emen-dare, hoc est enimverò maximi faciendum. Rursus per ambages quasdam paulatim insinuatis consiliis & admonitionibus, an potest quisquam non gaudere? Quanquam proficere hîc, & ruminari illas identidem, hoc est enim vero primum maximeque necessarium. Quod si gaudeat quis tantùm, & interim non expendat ac ruminetur id quo gaudet; nec pascatur cibo, quo videtur usque adeò delectari: Item si quis excipiat reverenter monita syncera & recta; & interim mores suos non conformet cum eis ac nihil emendet; ego certè non invenio quo pacto me geram cum ejusmodi homine: Actum est, oleum & operam uterque perdimus.

孔夫子说:"真诚可信的谏言,可能尖锐,正义的人即便不太高兴,难道不会听取并采纳吗？此外,从谏言中获益并改正,这绝对是最应该做的。另外,谁会不喜欢通过委婉间接的方式给出的建议和警告？当下从中获益并反复咀嚼是第一要务。如果有人只是喜欢委婉的话语,却不同时反思和咀嚼他所喜欢的,就没有汲取营养,而仅仅是看起来喜悦于食物。类似地,如果有人郑重地接受真诚和正直的劝言,不过同时又不以这些劝言来重塑自己的品性,一点都不改正,那么我就真找不到什么方法与这种人打交道了,我们注定只是徒劳无益的。"

9.25　子曰："主忠信，毋友不如己者，过则勿惮改。"①

p.2.§.1.　*Confucius* aiebat: Nihil aequè sit cordi atque cordis synceritas ac fides. Non contrahas amicitiam cum eo, qui sit minus bonus quàm sis tu ipse. Peccasti? ergo ne dubites aut verearis emendare quod peccatum est.

孔夫子说："对于心而言，没有什么能与内心的纯洁和诚信相提并论。你不要跟不比你自己好的人做朋友。你犯错了吗？那就不要犹豫或害怕去改正错误。"

9.26　子曰："三军可夺帅也，匹夫不可夺志也。"

§.2.　*Confucius* aiebat: Trium legionum (id est, militum 37500) exercitui maximè repugnanti, suus quandoque potest eripi ductor & abripi in servitutem. Quantumvis autem tenui abjectoque homuncioni non potest ulla vi eripi liberae mentis arbitrium.

孔夫子说："对于三个正在战斗的军团（也就是 37500 个士兵）来说，它的统帅是可以被夺走或俘虏的。然而不管多么卑微的人，无论多么强大的力量都不能夺走其自由的意志。"

9.27　子曰："衣敝缊袍，与衣狐貉者立，而不耻者，其由也欤？

§.3.　*Confucius* collaudans suum discipulum *Yêu*, sive *çu lu* aiebat: qui in-

---

①　这段话不见于张居正的讲解，不过在《论语》第一章第八节有同样的话。

dutus jam tritam ac laceram, eamque ex viliori cannabe togam unà cum aliis sodalibus indutis pelles vulpinas, & pelliculas ho(Ho species est animalculi, cuius pellis rari est pretii) consisteret, & tamen nequaquam erubesceret; fuit is sanè discipulus Yeû.

孔夫子表扬自己的弟子由(子路)说:"穿着廉价的麻布做成的破旧衣服,和其他穿着狐皮和貉(一种皮毛稀有的小动物)皮的人站在一起,却一点都不感到羞愧,我的弟子由就是这样的人。

'不忮不求,何用不藏?'"

f.8.p.1.§.1.　Idem confirmat eandem laudem ex odâ quae sic habet: Quisquis non est invidus, nec cupidus; ad quos tandem usus non erit apprimè idoneus?

孔夫子又引用诗歌来加强赞扬:'既不嫉妒又不贪求的人,会有不适合他的工作吗?'"

子路终身诵之。 子曰:"是道也,何足以藏?"

§.2.　*Cu-lu* praeconio Magistri sui laetus, per omnem deinde vitam recitabat hunc versiculum. Quod advertens *Confucius*, & discipulum justo plùs sibi placentem repressurus sic ait: Ista laus & virtus quâ sit ut vaces invidia & cupiditate, quomodo sufficiat ut illico sis apprimè idoneus ad omnia, sic ut nihil jam desideretur amplius?

子路欢喜老师的赞扬,于是终身背诵这句诗。孔夫子制止了弟子取悦自己的行为,责备他说:"你可以脱离嫉妒和贪欲,有这样的荣耀和美德,然而就没有更好的可以期待了吗?"

9.28 子曰："岁寒，然后知松柏之后彫也。"

§.3. *Confucius* aiebat: Tempore brumali tum demùm scitur an pinis & cypressis sua deinde folia decidant. Illustre specimen illorum (inquit Colaus) quos tranquillâ Republicâ inter se mutuo perquàm similes, turbatâ deinde afflictaque dissimillimos fuisse probat, & fortes ab imbecillis, stultos à sapientibus manifestè discernit.

孔夫子说："在寒冷的季节，才知道松树和柏树的叶子是否是最后才掉落的。"阁老清楚地说明："在和平国度中，人们彼此之间是十分相似的，而在动乱和苦难的时代，他们的区别就会显露出来。强者和弱者、愚者和智者借此得此明确地区分出来。"①

9.29 子曰："智者不惑，仁者不忧，勇者不惧。"

p.2.§.1. *Confucius* aiebat: Prudens non haesitat anceps animi: Vero probus & innocens non moeret, fortis ac magnanimus non pertimescit ac trepidat.

孔夫子说："明智的人不会在心里犹豫不定，正直和纯洁的人不会感到忧伤，勇敢和无畏的人不会害怕和颤抖。"

---

① 张居正评论道："盖治平之世，人皆相安于无事，小人或与君子无异。至于遇事变、临利害，则或因祸患而屈身，或因困穷而改节，于是偷生背义，尽丧其生平者多矣。"（第143页）

9.30 子曰:"可与共学,未可与适道;可与适道,未可与立;可与立,未可与权。"

§.2.　*Confucius* aiebat: Sunt quibuscum possis pariter auspicari studium virtutis ac sapientiae, nec tamen possis deinde cum iisdem decurrere viam ipsam, seu exercitare propria sapientum opera. Alii sunt quibus cum etiam possis decurrere jam coeptam viam, nec tamen possis deinde cum iisdem, propterea quod careant constantiâ, diu persistere in via & cursu. Alii rursus sunt quibuscum possis constanter persistere in coeptâ via cursuque, nec tamen deinde possis cum iisdem ad exactissimum virtutis ac sapientiae aequilibrium exigere res omnes actionesque vitae totius.

孔夫子说:"有些人,你可以跟他们一起立志追求美德和智慧,但之后却不能跟他们一起行进在这条路上,一起实践智者的功课。另外一些人,你可以跟他们行进在开始的路上,但却因为他们缺乏恒心,所以在行进的道路上,你不能和他们坚持得长久。还有一些人,你可以跟他们在已经开始的道上坚定并持续地走下去,但在平等的一生中,还是不能跟他们一起将所有的事情做到完美,成为美德与智慧的极致。"

9.31 "唐棣之华,偏其反而。 岂不尔思,室是远而。"

f.9.p.1.§.1.　Citatur hic versiculus depromptus ex veteri Poëmate, quo degens quispiam extra patriam, longèque absens, & fortè conspicatus arborem, cui similem natali in solo viderat; amici, quem in patriâ reliquerat, recordatus hunc in modum cecinit: arboris pruniferae frondes ac flores flante zephyro in partem nunc hanc nunc illam agitantur assiduè. Ah! Quomodo non te cogitem, non te expetam videre! Sed heu! Inania sunt vota ista! Etenim domus utriusque nostrum est invicem remota.

引用一句来自古老的诗歌的诗句，在诗中，有人远离祖国而生活，恰好看到一棵树，这棵树看上去与家乡特有的树相似，于是他想起留在家乡的朋友，便这样唱了起来："唐棣树的叶子和花朵啊，在西风的吹拂中不停地晃动，有时偏向这儿，有时偏向那儿。啊！我怎么会不想念你，怎么会不期盼着看到你呢！但是这些愿望都是没有用的，唉！因为我们两家实在相隔太遥远了。"

子曰："未之思也，何远之有？"

§.2. *Confucius* hinc quoque doctrinae succum petens sic aiebat: dicit ille quidem cogitari ab se patriam & amicum; sed reverà non cogitat: nam hîc quae tandem distantia datur? Quasi dicat si quidem seria esset cogitatio, ad iter jam pridem accinxisset sese. Nos quoque longè minori jure querimur distare à nobis virtutem ac sapientiam, de quâ sic cogitamus, ut cogitemus tantùm: Alioquin si cogitatio foret seria; jam nobis innata virtus ultrò rueret in amplexus nostros.

孔夫子从这里寻找到可以教导的内容，他这样说："这个人说他自己想念祖国和朋友，但实际上他并不想念，因为如果想念的话会有什么距离可言呢？如他所说，如果他的思念真的十分强烈，那么他就应该预备好踏上旅途。正如我们也没有理由抱怨美德和智慧远离我们，如果我们如此想念它，如果思念足够强烈，那么内在的美德就会早落入我们的怀抱。"

Inusitata planè fuit, & quae modum videatur excessisse, diligentia, quâ discipuli minutissima quaeque & dicta Confucii *& facta, quin etiam situs omnes ac motus non observârunt modò, sed etiam literis ad memoriam posterorum commendarunt, & nos quoque fastidioso licet Europaeo, prout jacet, obtrudimus.*

这显然不寻常,似乎在某种程度上有些过度,弟子们是如此细致,不仅观察孔夫子最细微的言行乃至于一切动静状态,而且还根据后人的记忆形成文字。吹毛求疵的欧洲人可以倒下了,我们继续前进。

乡党第十

10.1 孔子于乡党，恂恂如也，似不能言者。

p.2.§.1. *Confucius* agens cum iis qui erant eiusdem secum gentis seu familiae, habebat modum quendam agendi valde syncerè et candidè. Videbatur non valere ullâ facundiâ, aut doctrinâ prae caeteris.

孔夫子与家人或乡亲在一起时，有着非常真诚和单纯的行事方式。在别人面前他看起来没有什么雄辩的口才，也没有学问。

其在宗庙朝廷，便便言，唯谨尔。

§.2. Idem tamen quotiescumque versabatur in Gentilitiis Regum aulis, aut regio in Palatio, clarè distinctèque loquebatur, at sic rursus ut nihil non maturè, consideratè, attentè.

然而每当在宗庙里或朝堂上，他说话不但清楚而且很流畅，并且都是仔细思虑后小心谨慎地说出的。没有一句不合时宜的话。

10.2 朝，与下大夫言，侃侃如也；与上大夫言，訚訚如也。

f.10.p.1.§.1. In aulâ Palatii regii quo tempore cum praefectis variorum ordinum Regem suum praestolabatur, ipse cum inferioribus quidem et aequalis secum dignitatis praefectis loquens cum gravitate quadam rectè solidèque se gerebat. Cum superioribus verò praefectis loquens, suam illam gravitatem temperabat affabili quadam comitate.

在上朝时,他与不同等级的官员一起等待君王,和地位较低或相当的士大夫一起时,他总是保持庄严,直率地不虚伪地进行交谈。① 而与地位较高的大夫交谈时,他以谦恭调和他的严肃。

君在,踧踖如也,与与如也。

§.2. Rege iam praesente assistebat cum singulari & quasi anxiâ quadam reverentiâ majestatis Regiae; sic tamen, ut simul placidè, praesentique semper animo.

当君王出现时,他独自站在旁边,好像对君王的尊严感到焦虑不安;但同时,他很从容,心灵总是保持在当下。

10.3 **君召使擯,色勃如也,足躩如也。**

§.3. Rege accersente ipsum, ac iubente excipere hospites dynastas, tum verò oris ipsius color mutabatur quodammodo: Item pedes euntis et gressus impediti videbantur.

君王召见他,派遣他去接待外国的宾客,立刻,他的脸色立刻就有所改变,他走路时的脚和步伐仿佛也是受阻的。②

---

① 张居正:"侃侃是刚直,訚訚是和悦中有持正的意思。"(第146页)
② 躩:双脚跳跃,快速行走的样子。此处《中国哲学家孔夫子》的翻译有误。

揖所与立，左右手。 衣前后，襜如也。

§. 4.　Quotiescumque dynasta quispiam hospes accedebat salutaturus Regem; *Confucius* si quidem pro officio tunc assisteret; ipse tunc si reverenter quidpiam significaret iis qui secum assistebant sive ad laevam sive ad dexteram. (*Reverenter, id est, eo ferè gestu, quo viri graves se mutuò consalutant; videlicet arcuatis utcunque brachiis, et manibus, que complicantur, ab ipso pectore paululum protensis.*) In illo, inquam, brachiorum motu, tamen ipsa vestis tam ante quàm retrò nunquam non concinne composita apparebat.

每当外国的宾客上前向君王致意时，孔夫子因为他的职责，总是非常留神。他会用作揖的方式指示站在他右边或左边的助手。(作揖，就是一种身体动作，对重要人物进行问候时做的。手臂弯曲成圆拱状，双手交叠置于离胸不远处。)在那时，随着手的动作，他的衣服从前到后，从不会显得不整齐。

趋进，翼如也。

p.2.§.1.　Itaque factâ iam potestate introducendi hospitis in conspectum Principis, *Confucius* accelerato gradu hospitem introducens sinuosae vestis laxas utrinque manicas velut alas quasdam aequabiliter expandebat.

带领宾客入见君王时，孔夫子快步急趋，并且均匀地展开褶皱众多的衣服的袖子，好像鸟儿舒展翅膀。

Gressûs acceleratio reverentia signum est, ne scilicet vel minimo temporis spatio Princeps expectet hospitem visentem.

快步急趋是表示尊敬，否则会耽误君主接见宾客，哪怕只是很短的时间。

宾退，必复命曰："宾不顾矣。"

§.2. Hospes ubi iam abscesserat extra conspectum Principis; tum *Confucius* nihil cunctatus renunciabat hoc Principi dicens: Hospes iam non respicit ampliùs, hoc est, abivit.

宾客离开，在出了君王的视线后，孔夫子就毫无延迟地向君王报告说："宾客已不再回顾了。"这就是说，客人离开了。

Moris namque est, ut abscedens hospes iterum ac saepius vel ad eum ipsum quem visit, siquidem ab hoc deducitur, vel certè ad aulam, ubi visitatio peracta est, conversus, postremo salutationis officio perfungatur.

按照礼制，宾客离开时会一次次地回顾他去拜见的那个人，或者回顾会见的朝堂，以完成会见的最后仪式。①

10.4 入公门，鞠躬如也，如不容。

§.3. Exponitur iam qua ratione se gereret *Confucius*, quotiescunque se sistebat Regi: Quando ingrediebatur aedium regiarum portam, demisso prae reverentia non tantùm animo, sed demisso etiam & prorsus inclinato corpore haud secùs ac si non ipsum caperet porta, ingrediebatur.

现在解释当孔夫子去见君王的时候，他用怎样的方式掌控自己：当他进入宫殿大门的时候，在这里，出于尊敬，他会弯曲着身子进门，几乎如同门不接纳他一样。

---

① 所有关于仪式和习俗的解释(斜体字部分的)都是耶稣会士加上去的，他们中有些人亲身经历过这些。

立不中门，行不履阈。

§.4. Sicubi consistendum illi esset, certè non consistebat unquam in media porta, per quam scilicet ipse Rex egredi et ingredi consueverat. Transiens per eandem non calcabat pede limen ipsum portae.

如果站着，他一定不会站在门正中，君王习惯于从这里进出。经过那扇门时，他不会让脚踩着门槛。

过位，色勃如也，足躩如也，其言似不足者。

§.5. Progressus iam in interiora Palatii, & fortè transiens ante thronum Regium, tametsi Rex nondum adesset; tamen etiam tunc oris ipsius color mutari videbatur. Item pedes transeuntis ac gressus impediti videbantur. Quin et ipsius sermo videbatur etiam esse impeditior.

进入朝堂之内，如果他经过君王的王位，即使君王不在场，他的脸色看起来也有所改变。此外，他行走的脚步似乎是受阻的。① 他说话时，似乎也中气不足。

摄齐升堂，鞠躬如也，屏气似不息者。

f.11.p.1.§.1. Si quando propius accedendum erat ad ipsum Regem considentem in solio, ambabus manibus attolens vestem per gradus conscendebat in aulam, demisso inclinatoque admodum corpore, non ausus vel oculos attollere：

---

① "躩"同前注，《中国哲学家孔夫子》的理解有误。

Tam studiosè interim represso anhelitu ut videretur quodammodo non respirare.

当接近坐在王位上的君王时,他用双手提起衣服走上台阶,登上大殿。与此同时,他弯下腰、低头,小心翼翼地收敛气息,好像没有鼻息一般。

出，降一等，逞颜色，怡怡如也。 没阶，趋进，翼如也。 复其位，踧踖如也。

§.2. Aconspectu Regis egrediens, cum iam descenderet uno alterove gradu; protinùs explicabat pristinum oris colorem ac speciem ipse exhilarati iam instar. Deindè ab ultimo gradu aliquantò properantiùs pergebat explicato iam non tantùm curis animo, sed etiam explicatioribus hinc inde vestis suae manicis eleganter incedens, & repetens proprium muneris sui locum cum cura & reverentia quadam inibi inter alios praefectorum consistebat.

离开君王的视线,走下一级一级的台阶时,面色便立刻放松到从前的状态,仿佛高兴起来的样子。快速地走完了最后一级台阶后,内心从惶惶中解脱,而且走路时衣袖展开,身姿优美。回到自己的位置,在士大夫之间坐下,他又面带谨慎和尊敬之态。

10.5 执圭，鞠躬如也，如不胜。 上如揖，下如授。 勃如战色，足蹜蹜如有循。

§.3. *Confucius* quotiescunque legabatur ab suo Principe, qui primi erat ordinis, jamque alteri sistebat sese, manu tenebat insignia sui Principis inclinato reverenter corpore haud secùs ac si non esset par sustinendo ponderi tantae dignitatis. Si quando attollebat ea, brachia sic conformabat at si reverenter alterum salutaret: Si demittebat paululùm, utebatur gestu quasi offerentis quidpiam alteri.

Inter haec autem prae curâ, quâ tenebatur, ac metu, mutabatur, sicut confligentium color, & os, oculique mutari solent sub initium certaminis. Gressus item accelerato quidem & simul irretito similis, prorsus ac si pondus quodpiam traheret pedibus affixum.

孔夫子被最高的君王派遣出使,他站在其他人之间,手上拿着君王的象征——圭,身体恭敬地弯曲着,好像承受不起这如此贵重之物。有时向上举起,双臂做出像是问候别人的作揖姿态;有时向下放,就像是交东西给别人。但在其他事情上,他会因谨慎和焦虑而改换面色,就像人们在交锋的前夕,言语和眼神会习惯性地有所改变。他踟蹰前行,双脚如同捆绑拖曳着重物。

享礼,有容色。

p.2.§.1.　Quotiescumque Regis sui nomine offerebat munera alteri vel Regulo vel dynastae; habebat affabilitate simul ac gravitate contemperatam oris speciem.

当他以本国君王的名义向他国君王或王室献礼时,他面色和蔼同时也保持庄重。

私觌,愉愉如也。

§.2.　Verum cum privata deinde offertet munera suo ipsius nomine; tum plusculum nescio quid hilaritatis ad illam ipsam affabilitatem accedebat.

但是随后以个人的名义献上礼物时,他和蔼的脸色已增加了许多愉悦之情。

10.6　君子不以绀緅饰。

§.3.　Hoc & sequentibus paragraphis exponitur cujusmodi ferè vestes *Confucius*, *quo modo*, & *quo tempore gestaret*. Philosophus noster ad usum habitumque vulgarem non adhibebat unquam coloris flammei et subobscuri, coloris item rubei seu purpurei ornamentum collaris instar ac fimbriae, supremae infimaeque orae vestium assutum: hoc enim colore duntaxat utebatur in funeribus; illo in sacrificiis.

这一段和下面的段落几乎解释了孔夫子所有衣服的种类，以及穿的方式和穿的场合。我们的哲学家从不用流行的或很明亮或很暗淡的颜色做日常的穿着。衣服的领子或边缘的装饰，都不用红色或紫色；因为红色是用在葬礼上的，紫色是用在祭祀仪式上的。

红紫不以为亵服。

§.4.　Item ex vulgari illo colore rubro, et violaceo vergente ad rubrum non conficiebat unquam vulgaris et domestici usûs vestes tam gaudebat Philosophus nativa rerum simplicitate; Tum quia colores iidem apud matronas ac virgines in pretio ac usu erant.

另外，哲学家从不用流行的红色或偏红的紫色作为平常居家的衣服，他喜欢事物原本的质朴。事实上，这些颜色深受妇女和少女的青睐并为她们所使用。

当暑袗绤绤，必表而出之。

§.5. Per menses aestivos vestem illam simplicem ac raram, quae tunc vulgò erat in usu, sive esset contexta subtiliùs, sive rudiùs (ex *Co pu* scilicet, quae species videtur quaedam esse cannabis) nunquam non interiori alteri vesti superinduebat, adeoque aestivam illam faciebat extimam; Studio nimirum modestiae, honestatis, ac verecundiae; ne quid alioqui de corporis nuditate transpareret.

在夏天,常穿着或粗织(粗织的衣服指一种由葛布制成,看起来是麻布的衣服)或细织的轻薄单衣。但夏衣里面,他总是另外穿件里衣,以不让身体裸露。这种谨慎的举动无疑是节制的、正直而令人尊敬的。

缁衣，羔裘；素衣，麑裘；黄衣，狐裘。

f.12.p.1.§.1. Erat illi hyberno tempore sub nigrâ togâ ex agninis pellibus toga item nigra; Sub alba veste ex cervinis hinnulorum pellibus toga item alba; Sub croceâ veste ex vulpinis pellibus toga item crocea.

在冬天的时候,在黑色的羊羔皮裘里面,穿黑色的衣服;在白色的鹿裘里面,穿白色衣服;在黄色的狐裘里面,穿黄色衣服。

亵裘长，短右袂。

§.2. Ea quâ vulgò domi suae utebatur toga pellicea, promissa quidem erat; At contractior tamen ejusdem dextra manica, quo esset ad res contrectandas expeditior.

他在家里常穿的皮裘较长;但是右边的袖子要略短,为的是拿东西的时候方便。

必有寝衣，长一身有半。

§.3. Omnino sua illi erat nocturna ad quietem vestis tam longa atque totum corpus, & insuper habebat alteram medietatem ejusdem corporis tegentem. Caeterùm vestis hujus potissimus erat illi usus jejunii tempore.

晚上睡觉时穿的衣服很长，是本人身高的一又二分之一。还有另一种衣服通常用于斋戒之时。

狐貉之厚以居。

§.4. Vulpinae, & animalculi *Ho* dicti pelles, utpore spissioribus instructae pilis erant illi ad domesticos usus ac vestes hyberno tempore.

狐狸和一种叫貉的动物的皮，覆盖着厚厚的毛，冬天时候用来做家里穿的衣服。

去丧，无所不佩。

§.5. Excepto luctûs tempore nulla res erat vel ad usum, vel ad ornatum, quam non & ipse more virorum gravium ex cingulo v.g. suspensam gestaret.

服丧期满后，像有地位的人那样，他会佩戴所有或使用或装饰的物品，这些物品是系在腰带上的。

非帷裳，必杀之。

§.6. Si non utebatur semicinctio(utebatur autem assiduè tum in aulâ, tum etiam cùm sacris operabatur)id certè quo domi suae passim utebatur, erat toga brevior lateraliter aperta, parsimoniae, modestiaeque, & commoditatis etiam gratiâ.

在家里他不穿裙(用于平时上朝或祭祀穿的)，他经常穿的是较窄的边上开缝的长袍,这样的穿着显出孔夫子的节俭、谦卑和合时宜。

羔裘玄冠不以吊。

p.2. §.1. Pellis agninae togâ & nigri coloris pileo(quod essent propria festivi faustique temporis)non obibat lugentium officia.

吊丧时不着黑色羊羔裘和黑色毡帽(这些是专门在节日和喜庆时候穿的)。

吉月，必朝服而朝。

§.2. Calendis cujusque mensis, etiam tunc cum non fungeretur publico munere, omnino tamen solemni cum habitu vestium caeteros inter Magistratus Regis salutandi gratiâ in aulâ comparebat.

每月初一,尽管不再履行公职,他仍然穿着朝服和其他官员一起在朝堂上向君王致敬。

乡党第十   249

10.7 斋，必有明衣，布。

§.3.   Quo tempore jejunabat sacris daturus operam, omnino erat ei nitidissima mundissimaque vestis, index illius, quam studio tam impenso procurabat, puritatis internae externaeque. Caeterum nonnisi ex telâ gossipinâ ipsa erat.

为了祭祀而要斋戒之时，衣服都是光鲜且干净的，这表明他以如此大的热忱关心此事，身心都是洁净的。那衣服只能用棉布做成，不能是其他的。

斋必变食，居必迁坐。

§.4.   Eodem jejunii tempore nunquam non mutabat rationem victûs, vino imprimis & carnibus abstinendo. Quin etiam quod ad ipsum commorandi locum attinet, omnino mutabat locum solitum.

同样在斋戒之时，要改变生活方式：首要的是禁止酒和肉；其次，还要搬离自己平日的住所。

Sancti nimirùm, ut Colaus concludit, sic venerantur spiritus, ac sibi ipsis praesentes assisterent: Idcircò abstinentiae, continentiaeque tam sedulo et tam sollicitè dant operam.

Hactenus de habitus cultuque corporis; nunc quibus maximè eduliis quo item modo, quo ritu, quâ temperantiâ vesceretur, exponunt discipuli.

毫无疑问，如阁老所总结的，圣人敬畏神灵，因此斋戒时，他们都很谨慎，注意禁欲和克制。① （如同）神灵会出现在自己面前。

至此，这些都是有关身上服饰的。现在，弟子们解释，他用何种方式，在

---

① 这是对张居正的注解"圣人祭神如在，故其谨于斋戒如此"（第152页）的直接翻译。

什么仪式中，以怎样的方式自制并享用食物。

10.8 食不厌精，脍不厌细。

§.5. Ad rationem victûs quod attinet, non respuebat ipse simplicem orizam aquâ decoctam. A minutalibus ex carne vel piscibus non abhorrebat, quamvis essent valdè minutim concisa.

关于饮食，他并不拒绝吃简单地用水煮熟的米饭。肉或鱼做的菜肴即便切得块很小，他也不会厌恶。

食馊而餲，鱼馁而肉败，不食。 色恶，不食。 臭恶，不食。 失饪，不食。 不时，不食。

§.6. Edulia propter tepentem humiditatem jam corrupta, exempli gratiâ, piscem jam coeptum resolvi ac putrescere, vel carnem jam corruptam non edebat. Quin etiam si color ipse eduliorum jam fortè vitiatus erat, non vescebatur. Si odor item vitiatus erat, non vescebatur. Carentia debito temperamento condimentove, non edebat. Immaturum quid, ut fruges, fructusve, non edebat.

食物因为湿热而变质，比如鱼失去弹性并腐烂、肉已经变质的，不吃。如果食物自身的颜色变了，不吃。如果气味难闻，不吃。缺少合适的调料，不吃。未成熟的蔬菜或水果，不吃。

割不正，不食。 不得其酱，不食。

f.13.p.1.§.1. Si quid sectum erat non aptè rectève, non edebat. (*Cum enim Sinae rusticitatis esse putent, cibos attrectare digitis; atque adeò quidquid est eduli-*

orum ; quin et orizam ipsam, geminis paxillis, eisque oblongis perquam scitè dextrèque in os inserant: *Idcircò nihil ferè carnis in mensam inferunt, quod non ante sit in frusta concisum.*) Si quod edulium non haberet suum embamma, seu intinctum, non edebat. *Nudum salem, uti nos, non exponunt Sinae in mensâ* : *Sed ejus loco varii generis intinctus, necnon olera, et legumina sale condîta, et orizae cupidius edendae perquam accommodata.*

如果切得不整齐、方正，不吃。（因为中国人认为这样是缺乏教养。他们不用手抓取食物，对于任何食物，甚至米饭，他们都能使用一双长方条的木棍筷子非常灵巧和熟练地夹起放到嘴里。因此他们几乎不放没有切成小块的肉在桌上。）如果食物没有合适的酱汁或汤，不吃。他们不像我们一样，把盐放在餐桌上，而是直接用于各种食物中。用盐调味的蔬菜和豆类，与应该快速吃完的米饭非常相配。

肉虽多，不使胜食气。 惟酒无量，不及乱。

§.2. Carnis etiamsi esset copia, non tamen faciebat, seu, non sic ea vescebatur, ut excederet quantitate sua panis vel orizae succum. Solummodò quod attinet ad vini usum, non habebat mensuram certam, quam sibi ipse praescripsisset: Nunquam tamen utebatur eo immoderatiùs ; adeoque non accedebat unquam ad perturbationem mentis.

即使肉有很多，吃得也不超过主食，饼或米饭的量。只有酒不限量，但也嘱咐自己：永远不要过度地享用它，以免扰乱神志。

沽酒市脯不食。

§.3. Coempto in triviis compitisque vino, coemptâ similiter carne siccatâ, veritus ut essent munda, non utebatur.

在市场或路口买的酒和肉干,担心它们不干净,不食。

不撤姜食,

p.2.§.1. Non abstinebat gingiberis esu, sed ad singula ferè adhibebat edulia, propterea quod excitet imprimis ipsos spiritus hominis, arceatque valetudini contraria.

不排斥吃生姜,但是只放几块到食物中,因为它能提神,还能抵御疾病。

不多食。

§.2. Universim denique non multi cibi erat ipse.

总的说来,他不吃太多食物。

10.9 祭于公,不宿肉。 祭肉不出三日。 出三日,不食之矣。

§.3. Quo tempore parentales oblationes & epulae exercebantur in Palatio Regio, non detinebat *Confucius* ne per unam quidem noctem carnes illas, quas peracto Ritu Rex ipse ad Magistratus & clientes suos de more dono miserat: Ritu autem privato domûs suae, & in memoriam majorum domesticorum oblatas à se similiter epulas, & carnes non servabat ultra triduum. Quae jam excessissent triduum, non edebantur à quoquam, quippe jam vitiari coeptae.

献祭祖先的肉食,不留到第二天。这些肉是祭祀仪式完成后,君王按照礼制赏赐给官员和他们的随从的。在家里,孔夫子祭祀祖先的肉食也一样,存放不超过三天。若是过了三天就不吃,因为已经变坏了。

10.10 食不语，寝不言。

§.4. Inter edendum non sermocinabatur, inter cubandum non loquebatur, nisi fortè interrogatus.

吃饭的时候不交谈，睡觉的时候不说话，除了偶尔被询问。

10.11 虽疏食菜羹，瓜祭，必斋如也。

§.5. Quamvis uteretur cibo admodum vulgari parabilique, ex. gr. ex oleribus parato jusculo, omnino tamen libabat ex illo ipso tum suis majoribus, tum iis quorum opera industriaque haec obvenerant humano generi; & sic planè perpetua quaedam jejunandi ratio illa erat, geniique fraudandi.

尽管吃的食物非常普通和易得，比如蔬菜做的汤，他也总是先从中取少许献祭给祖先们，以及那些因他们的努力和勤劳而使人类受益于饮食的人。[1] 这显然是斋戒和克制欲望的一个常见理由。[2]

10.12 席不正，不坐。

f.14.p.1.§.1. Humus ipsa storeis instrata Priscis erat pro sedili. Storeae itaque non rectè collocatae non insidebat, tanta illi vel minimis infimisque in rebus, recti erat cura.

---

[1] 朱熹(第120页)和张居正(第154页)仅仅提到"以祭先代"。根据《中国哲学家孔夫子》，祭酒也提供给食物的生产者。这里可能存在基督教的影响，与感恩祭相关。

[2] 张居正(第154页)认为献祭是带着一种像是在斋戒时的严肃样子："斋如，是严敬的模样。"然而拉丁文翻译采纳了字面意思，可能是因为与基督教的斋戒，尤其是圣餐之前的斋戒相联系。

古人在地上铺席子来坐。孔夫子不坐放得不是位置的席子。他非常在乎正确性，尤其在很微小的事情上。

10.13　乡人饮酒，杖者出，斯出矣。

§.2. Consanguinei ejus & affines & populares cùm epulabantur; utentibus jam scipione, id est, sexagenariis primum egressis, absoluto jam convivio, ipse mox deinde egrediebatur; nunquam non venerari solitus canos.

孔夫子与亲戚或乡人一起参加宴会，看到杖者，即六十岁[①]以上的老人离开时，才会感到自己从宴会中解放了，才会离开。他总是尊敬老人的。

10.14　乡人傩，朝服而立于阼阶。

§.3. Popularibus eisdem per menses hybernos supplicationem instituentibus ad arcendos spiritus morbiferos, ut aiebant, ipse vestitum solemniorem induebat & consistebat in aditu suae domûs & gradu orientali ubi visenti se hospiti consueverat occurrere.

在冬季之月，人们会举行祈求仪式来驱赶他们所称的疾病之鬼。这时，他会穿上礼服，站立在他家门口的东边的台阶上，他习惯于在那里会见客人。

Usum supplicationis hujus unâ ferè cum familiâ Cheu *ortum habuisse docent Interpretes, et* Chu cù *quidem festivo cuipiam ludo fuisse non absimilem. At* Cham tùm co *aliquid hîc à* Confucio *tributum fuisse observantiae suae adversùs Imperatorem, qui et ipse autumnali tempore patiebatur ritum hunc ludumve in aulâ suâ exerceri.*

---

① 年龄参见张居正的注释(第 155 页)。

包括朱子在内的解释者称,这种祈祷习惯从周朝开始,它类似一种节日赛会。① 但张侗初认为,这表现了孔夫子对君王的顺从,因为他(君王)允许秋季时这种仪式在宫廷里举行。②

10.15 问人于他邦,再拜而送之。

§.4. Mittens quempiam suorum qui officiosè percunctaretur de valetudine amici degentis in diversa regione, demisso reverenter corpore iterum iterumque salutabat absentem amicum, haud secùs ac si praesentem cerneret, & eum qui ab se mittebatur, etiamsi famulus esset, tamen honorificè deducebat, in nuntio illum, ad quem nuntius destinabatur, honorans.

托下属向与他分隔两地的朋友问候安康时,他会恭敬地弯着身子一拜再拜地祝福不在场的朋友,就像看见他在场一样。还有被派去送信的那位,哪怕他是仆人,也会恭敬地送别。通过尊敬信使来尊敬托信使去问候的那个人。

10.16 康子馈药,拜而受之。 曰:"丘未达,不敢尝。"

§.5. *Ki cam çu* Praefectus Regni *Lù Confucio* dono miserat pharmacum. *Confucius* cum gratiis & cum honoris significatione admittens illud, candidè dixit: Ego non satis habeo perspectum, quid illi virtutis & efficacitatis insit: Atque adeo necdum ausim degustare.

季康子是鲁国的高级长官。他曾经派人送药给孔夫子。孔夫子表示感

---

① 见朱熹(第131页)、张居正(第155页)。
② 这是一种比较少见的参阅张侗初的解释。

激且恭敬地接收了。他坦诚地说："这个药有什么作用和效果,我不很了解,因此我不敢尝试吃。"

10.17 厩焚。子退朝,曰:"伤人乎?"不问马。

p.2.§.1. Equile *Confucii*, cum is Praefectum ageret, fortè conflagraverat: Is ergò redux ab aulâ obvio sibi nuntio domesticae calamitatis, heus, inquit: An laesit ignis hominem quempiam, nihil interim sciscitatus de equis.

孔夫子担任长官时,他的马厩着火了。从朝堂回来的路上,他被告知马厩焚毁的消息,听到后,问:"大火伤到人了吗?"并不问任何关于马的事情。

10.18 君赐食,必正席先尝之。君赐腥,必熟而荐之。君赐生,必畜之。

§.2. Regni *Lù* Princeps cum honorabat eum cibario munere; certo certiùs componebat stoream, seu sedile, non secùs at si Princeps ipse adesset: Ac primùm quidem delibabat ipse munus tum deinde caeteris impertiebatur. Idem Princeps quando mittebat ipsi munus honorarium carnis crudae; *Confucius* indubitanter eam coquebat primùm; deinde verò offerebat majoribus vitâ functis. Denique idem suus Princeps si dono miserat ei vivum aliquod animal, haud dubiè alebat illud ac sustentabat sollicitè, neutiquam, ausus absumere Regiae beneficentiae vivum argumentum.

鲁国君主赐给孔夫子食物,他一定把席子或座位摆正,好像君主就在自己面前。他会先尝一点赐予的食物,再把剩下的与其他人分享。如果君主赐给的是生肉,一定会先煮熟,然后进献给祖先。如果君主赐给的是活的动物,毫无疑问会把它精心饲养,不敢轻易吃掉因君主的仁慈得来的活物。

侍食于君，君祭，先饭。

§.3. Si quando assidens ad latus, epularetur unà cum suo Principe; ipso Principe majoribus suis de more jam libaturo singula eduliorum; *Confucius* prae modestiâ nolens uti jure suo hospitis, quo licebat ipsi quoque libare similiter, hoc unum faciebat: Admodum dexterè Principem antevertens edulia singula praelibabat. Dixisses non tam convivam esse Principis, quàm praegustatorem.

孔夫子坐在君主旁边，和君主一道宴饮时，君主按照礼制用每一样食物祭祀他的祖先。出于谦逊，孔夫子不愿意行使这样的权利，尽管他同样进行祭祀也是允许的。他只做一件事，即十分熟练地在君主吃之前试吃每一样食物。在这方面可以说他不是君主的客人，而是一个先品尝味道的膳夫。①

10.19 **疾，君视之，东首，加朝服，拖绅。**

§.4. Si aegrotaret *Confucius*, & Rex viseret aegrotantem; tum ipse ad ortum obvertebat caput: Item superimponebat sibi in lectulo decumbenti solemniores vestes (quibus uti consueverat, quotiescumque Regem adibat salutandi gratiâ) Ipsis autem vestibus superinducebat majus honoratiusque cingulum.

孔夫子病了，君主来看望他，他抬起头朝向君主来的方向，在床上披上上朝的服装（通常用来觐见君主，向君主问候致敬的），把长长的表示敬意的袍子挂在衣服上面。

---

① 朱熹和张居正都给出了这样的解释,孔夫子为君尝食。(朱熹:第121页;张居正:第156页)

10.20　君命召，不俟驾行矣。

f.15.p.1.§.1.　A rege jussus accersi *Confucius*, non expectato curru suo domestico, confestim in viam se dabat pedes.

孔夫子被君主召见时，等不到马车来到家门，立刻就徒步上路了。

10.21　入太庙，每事问。

§.2.　Quando ingrediebatur in majorem aulam gentilitiam memoriae Principis *Cheu cum* dedicatam; inibi de singulis propè rebus percunctabatur.

走进专门纪念周公的祠堂里，他几乎会问遍每一个细节。①

10.22　朋友死，无所归，曰："于我殡。"

§.3.　Amicorum aliquo fortè mortuo, si quidem is non habuisset ad quem funeris procurandi gratiâ prefugeret; *Confucius* tum dicebat: in me sit ista cura procurandi funeris.

如果一位朋友不幸死了，没有人操办葬礼，孔夫子会说："让我来办理丧事吧。"

---

① 这里是对 3.15 的重复，不见于张居正的版本，然而这里耶稣会士参照朱熹的《论语》版本，依然保留了这一段。

10.23 **朋友之馈，虽车马，非祭肉，不拜。**

§.4. Missis ad se amicorum muneribus ac donis, etiamsi essent currus & equi, aliave majoris pretii; tamen exceptis duntaxat iis quae prisco ritu oblatae majoribus fuerant, carnibus, haud ulli reliquorum munerum exhibebat honorem.

朋友送来的礼物，即使是车马等贵重的物品，除了用来祭祀祖先的肉，他都不表示敬谢。

10.24 **寝不尸，居不容。**

§.5. Quando cubabat dormiendi causa; tum quoque modestiae decentiaeque memor, non jacebat instar cadaveris, resupinus scilicet, ac foedè distentus. Cum suis domi degens, & intra privatos parietes, deponebat ipse quodammodo solitam gravitatem.

躺下睡觉时，他注意节制和端庄，不像尸体那样背朝下躺着，或者让人反感地伸展着。待在私人空间的家里，也不抛弃他惯常的庄重。

10.25 **见齐衰者，虽狎，必变。见冕者与瞽者，虽亵，必以貌。**

p.2.§.1. Conspicatus quempiam indutum veste lugubri, quamvis alioquin summè familiarem sibi, certissimò tamen mutabat oris speciem, ex intimo quodam sensu commiserantis animi. Conspicatus item quempiam coopertum solemni pileo, & qui proprius esset Magistratuum, vel quempiam orbatum luminibus, etiamsi privatim cum eis ageret, haud dubiè tamen cum reverentiâ & honore tractabat illos.

看见穿着丧服的人，即使是平时与他十分亲近的，也会改变固有的脸色，因为其内心深处流露着同情。看见戴着礼帽的地方官员，或者丧失光明的人，即使私下与他们经常见面，也仍然对他们表示尊敬。

凶服者式之。 式负版者。

§.2. Cuicunque lugubrem induto vestem, etiam tunc quando vehebatur curru, assurgebat ipse honoris gratia, in anteriorem partem sui currûs incumbens. Similiter assurgebat ei qui deferebat Codicem publicum, quo populi totius nomina continebantur; in eo populum veneratus universum.

对于穿着丧服的人，即使他正在马车上，也会手按着马车前面的部分欠身致意。同样地，对背负着国家的版籍——它记载了所有人的名字——的人，他也这样欠身致意。他在整个国家都受尊敬。①

有盛馔，必变色而作。

§.3. Si quando celebraretur opiparum splendidumque convivium in gratiam *Confucii*; ipse videns mensam tot epulis instructam, reliquumque apparatum; haud dubiè mutabat oris speciem, & protinùs assurgebat, gratias acturus hospiti pro delato sibi honore.

被人设以丰盛美好的宴席欢迎时，一看见桌子上的菜肴和其他准备得非常丰盛的东西，孔夫子一定会改变面色，立刻站起来，感谢主人给予他的敬意。

---

① 对于朱熹来说，背负着的文件是整个国家的地图和统计的人口（"邦国图籍"，第122页）；对张居正来说，它是居住人口的档案（"户口人民"，第158页）。

迅雷风烈，必变。

§.4. Ad repentina tonitrua, nec non ad ventos saevos atque terribiles, nunquam non mutabat oris speciem, sacro quodam perculsus horrore, reverentiamque suam erga supremam caeli majestatem haud obscurè declarans.

遇到突然的雷声，或猛烈且可怕的大风，会被一种神圣的惊恐所击倒，脸也会跟着变色，毫无疑问，他敬畏至高无上的天。

Sed hoc minime novum in Philosopho, quando et ipse et Prisci Sinarum Reges per nocturnas quoque horas è strato se proripere solebant, caelo fulminante, vel tonante; et solemniori operti pileo ac veste, placandae irae caelesti ritè operam dare; uti ex libris eorumdem constat.

这出现在一个哲学家身上几乎不是什么新鲜事，他和中国古代的君主一样，常常在电闪雷鸣的夜晚从床上爬起来，数小时或整个夜晚都戴上礼帽，穿上礼服，努力以此来平息上天的愤怒，就像他们书上记载的那样。①

10.26 升车，必正立，执绥。

§.5. Quando conscendebat *Confucius* currum; nunquam non erectus stans arripiebat habenas.

当孔夫子要上马车时，他总是先站直了，然后才拉着绳子上去。

---

① 此处朱熹提到"敬天之怒"（第122页），张居正提到"畏天之威"（第159页）。

车中，不内顾，不疾言，不亲指。

§.6. In ipso curru existens non retrò convertebat oculos: nihil etiam praeproperè seu praecipitanter dicebat: Rem nullam suo monstrabat digito.

在马车里时，不回头往后看，不急促或高声地说话，不用手指指任何东西。

10.27 色斯举矣，翔而后集。曰："山梁雌雄，时哉！时哉！"子路共之，三嗅而作。

f.16.p.1.§.1. Avis ad primam speciem & aspectum aucupis, à quo sibi strui videt insidias, hoc ipso protinùs evolat in altum, longeque volans aufert sese, ac deinde circumspiciens accommodatum sibi tutumque locum, sistit inibi secura & conquiescit. *Confucius*, uti memorant discipuli, ruri conspicatus aliquando gallinam sylvestrem, suspirans, aiebat: Quam ego nunc conspicor, in montis vertice gallina sylvestris, ut novit ipsa suum tempus ut novit ipsa suum tempus volandi scilicet, quiescendi, &c. unam in his omnibus magistram sequens naturam. Haec dicenti Philosopho assistens discipulus *çu lu* eminus & ipse contemplabatur avem, non sine desiderio ejusdem capiendae. Verùm ter gracillans ipsa properè sustulit sese & avolavit; re ipsâ, fugâque illâ confirmans id quodammodo, quod supra dictum fuerat.

看到捕鸟者的第一眼，鸟便看出了阴谋，它便立刻飞走，飞得又高又远，在空中盘旋一阵后，选择舒适且安全的地方停下了。据弟子们回忆，某次孔夫子在乡村看到了野鸡，便叹息说道："看呀，这时代是山顶上野鸡的时代啊，是它们飞翔的时代，也是它们栖息的时代，它们做所有事都顺应自然天性的指导。"哲学家说着这些,弟子子路在一旁,远远地盯着这鸟,有想抓它的念头。它叫了三声然后又迅速飞走了。它的停留和离开都印证了前面孔夫子所说的。

Salubrem ex his doctrinam Colaus noster eruit, dum ab ipsis quoque brutis animantibus discere nos voluit, rerum recte agendarum tempus et occasionem negligi haud oportere ab homine, cui non natura tantum, sed ipsa quoque ratio Dux et Magistra est.

我们的阁老从其中得出有益的教导,孔夫子希望我们人类不要忽略野生动物,而应该学习它们,在一定的时间把握机会正确地做事情,因为不仅自然天性,理性也是人类的向导和老师。①

---

① 张居正:"故人必见几而作,如鸟之见人而举;审择所处,如鸟之翔而后集,则去就不失其正,而有合于时中之道矣。不然,可以人而不如鸟乎?此记者之深意也。"(第160页)

先进第十一

11.1 子曰："先进于礼乐，野人也；后进于礼乐，君子也。

f.1.p.1.§.1.　*Confucius* ait: Priores, sive Majores nostri in observantia concordiaque mutua, id est, in obeundis officiis subrustici homines erant, si quidem audiamus fastidiosae aetatis nostrae sententiam. Posteriores vero, nos inquam, ipsi, qui imperante familia *Cheu* luxurie copiaque tanta rituum & cerimoniarum efflorescimus, in observantia concordiaque mutua eximii clarissimique viri sumus scilicet.

孔夫子说："依照我们时代可鄙的观点，①前辈们，或者说我们的祖先②在让人相互尊敬与和谐上，即应尽的礼节上面是粗野之人。而后来者，我说的是我们自己，在周朝过于奢华铺张的祭典与仪式的影响下，在相互尊敬与和谐方面应该更加卓越出众了。③

如用之，则吾从先进。"

§.2.　Nihilominus quantum spectat ad usum exercitiumque tam observantiae

---

① 朱子曰："盖周末文胜，故时人之言如此，不自知其过于文也。"（朱熹，第 123 页）。张居正："由今日观之……"（第 161 页）

② 朱熹："先进、后进，犹言前辈、后辈。"（第 123 页）

③ 张居正："礼乐不专是仪节声容，凡人之言、动、交际，与施之政治者，但敬处都是礼，和处都是乐。"（第 161 页）这里以"敬"（observantia）译"礼"，以"和"（concordia）译"乐"。

illius quam concordiae, tum ego certe sequar priores meos.

但是如果考虑如何让人尊敬与和谐,我愿意依从我的前辈。"

11.2 子曰:"从我于陈、蔡者,皆不及门也。"

§.3. *Confucius* reminiscens discipulorum, quorum alii diem obierant; alii Magistratum alibi gerebant, non sine gemitu aiebat: olim qui sequebantur me in Regnis *Chin & cai*, omnes jam non amplius accedunt ad hoc gymnasium meum.

孔夫子想起门人弟子,有的已然过世,有的在他国做官,①便不无哀叹地说:"以前那些在陈国和蔡国跟随我的人,如今全都不来我的这个学校②了。"

11.3 德行:颜渊,闵子骞,冉伯牛,仲弓。 言语:宰我,子贡。 政事:冉有,季路。 文学:子游,子夏。

p.2.§.1. Hac occasione commemorantur discipuli omnino decem, laborum socii, & qua quisque laude maxime praestiterit, exponitur, & virtutum quidem exercitatione celebres erant imprimis quatuor: *Yen yuen*, *Mim cu kien*, *Gen pe nieu*, *Chum cum*. Dicendi arte & facundia *cai ngo*, & *cu cum*. Arte industriaque administrandi Rempublicam *Gen yeu*, & *Ki lu*. Litterarum peritia elegantiaque *cu yeu*, & *cu hia*.

---

① 张居正:"孔子……因发叹说:'我当初厄于陈、蔡之间,弟子多从我者。至于今日,或散之四方,或出仕他国,不但有隐显之异,亦且有存殁之殊,皆不在吾门矣。'"(第162页)

② 朱子与张居正没有特别解释"门"字,而是默认为孔夫子门下。拉丁文本以古罗马之"中学"(gymnasium)来翻译这句中的"门"。

那时，一共记载了十位与孔夫子一起奔波的弟子。他们各有所长，①表现杰出，也获得了最高的赞誉。列举如下：首先的四位因践行美德而②知名，他们是颜渊、闵子骞、冉伯牛、仲弓；雄辩口才的有宰我和子贡；勤奋管理国家政事的有冉有和季路；擅长文章的有子游和子夏。

11.4 子曰："回也非助我者也，于吾言无所不说。"

§.2. *Confucius* ait：Unus ex omnibus *Hoei* non adjutabat me dubia scilicet proponendo. Ex meis etenim sermonibus sententiisque non erat vel una, qua non vehementer laetaretur；Supervacaneum ducebat scilicet quidquam interrogare.

孔夫子说："所有人当中，只有回一个人在提出疑问上面没有帮助我。③因为他对于我的说法或观点没有不喜欢的。④ 他认为并不需要问什么。"⑤

11.5 子曰："孝哉闵子骞！ 人不间于其父母昆弟之言。"

§.3. *Confucius* exclamans in laudem discipuli sui ait：O virum rarae pietatis obedientiaeque *Mim çu kien*！ Alieni quippe non diserepant ab eius patris ma-

---

① 张居正："当时从夫子于陈蔡者，都是师门高弟，各有所长。"（第 162 页）朱子注："弟子因孔子之言，记十人，而并目其所长，分为四科。"（第 123 页）

② virtutum exercitatione（美德的实践）译德行。《周官·师氏》注："德行，内外之称。在心为德，施之为行。颜子好学，于圣道未达一间。闵子骞孝格其亲，不仕大夫，不食污君之禄。仲弓可使南面，荀子以与孔子并称。冉伯牛事无考，观其有疾，夫子深欷惜之。程树德：《论语集释》，中华书局，1990 年，第 743 页。张居正：有践履笃实，长于德行的。"（第 162 页）

③ 张居正："孔子说：'门弟子于问辩之际，常有发吾之所未发者，是有助于我矣。'"（第 162 页）

④ 张居正："欣然领受而无疑。"（第 162 页）

⑤ 《四书说约》："言下求解，即聪明者亦有时不说。无所不说，盖有得于言之外者矣。便从其说，权且这么翻译。"程树德：《论语集释》，中华书局，1990 年，第 746 页。

trisque, necnon fratrum natu majorum minorumque sermonibus, quibus eiusdem pietas & obedientia celebratur: Una est vox scilicet omnium, & admirabilis consensus.

孔夫子高声赞扬①他的弟子,说道:"噢,闵子骞真是少有②的虔敬孝顺之人! 外人无论如何不会不认同他父母兄弟赞美闵子骞虔敬与孝顺的话;所有人说的都是一样的,令人惊异地一致。"

Discipulus iste suave dedit specimen et charitatis et prudentiae etiamnum puer. Matrem prope infans amiserat, duxeratque pater uxorem alteram. Ex hac nati sunt ei duo filii, quos illa quidem fovet ut mater, et adversus brumae asperitatem suffultis gossypio vestibus munit imprimis, privignum interim, ut noverca negligens. Eum forte pater brumali die currum jusserat agere: Quando male amictus puer tantum non obriguit frigore. Pater cognita rei causa indignabundus statuit uxorem domo eiicere: Quid animadvertens pius filius, supplex et cum lachrymis; parce inquit, o genitor! Parce matri, ut parcas filiis: haec enim si maneat; ego duntaxat unus patiar incommodi quidptam: At si dimittitur, jam tres omnino filii plurimum patiemar. Fregit amoris illa vox iram patris, et ex noverca matrem fecit.

这位弟子尚在孩童时就已然是宽容忍让得讨人喜欢的楷模了。闵子骞几乎还是个婴儿的时候就失去了母亲,父亲续娶了第二任妻子。继母为父亲生了两个儿子。作为母亲,她溺爱她生的儿子,特别预备毛衣来应对冬天的严寒。而作为继母,却忽视她的继子。有一个冬天父亲让闵子骞驾车,因为天气寒冷,衣着单薄的闵子骞差点被冻僵。知道事情的原因后,父亲很生气,准备把妻子赶出家门。孝顺的儿子改变了父亲的心意,他克制住自己的感情,带着眼泪恳求父亲说:"哦,父亲! 容忍母亲吧! 就如你容忍儿子一

---

① 朱熹:"夫子叹而美之。"(第124页)
② 张居正:"孔子说:'百行莫大于孝。然而能尽孝道者鲜矣。'"(第163页)

般。这位母亲留下来,顶多是我一个人遭遇一些不幸;但若是她被赶走了,三个儿子全都会遭遇不幸。"这番充满爱意的话熄灭了父亲的怒火,也把继母变成了母亲。①

11.6　南容三复白圭,孔子以其兄之子妻之。

f.2.p.1.§.1.　Discipulus *Nân yum* quotidie iterum ac tertio repetebat odam *Pe quei* dictam, qua tum alia documenta, tum ea potissimum continentur, quae prudenter & considerate loqui nos docent: *Confucius* ob eam rem sui fratris natu majoris filiam in uxorem ei tradidit.

弟子南容每天反复背诵"白圭"之诗,诗中包含着那么多的教诲,教导我们以智慧和谨慎。② 因为这件事情,孔夫子把自己兄长的女儿嫁给了南容。

11.7　季康子问:"弟子孰为好学?"孔子对曰:"有颜回者好学,不幸短命死矣,今也则亡。"

§.2.　Regni *Lu* Praefectus *Ki cam cu* quaesivit a *Confucio*, discipulorum eius ecquis esset studiosior? *Confucius* respindit: Unus fuit *Yen hoei* omnium studiosissimus. At infelix post perbrevem usuram huius vitae immaturus obiit: Nunc autem proh dolor! actum est; neque spem video similem discipulum nanciscendi.

鲁国大臣季康子问孔夫子:"你的弟子里面,哪一个是最好学的呢?"孔夫子回答说:"颜回是所有人中最用功的。但是他英年早逝。唉,现在都完

---

① 这个故事在《韩诗外传》(西汉)有记载,所述略同。闵子骞所说的那句话为:"母有一子寒,母去三子单"。程树德:《论语集释》,中华书局,1990年,第747页。

② 《诗·大雅·抑》:"白圭之玷,尚可磨也。斯言之玷,不可为也。"屈万里:《诗经诠释》,上海辞书出版社,2016年,第375页。

了,我没有再得到这样弟子的希望了。"

11.8 颜渊死,颜路请子之车以为之椁。

p.2.§.1. *Yen yuen* defuncto, *Yen-lu* eiusdem pater satis importuna cum simplicitate flagitavit sibi confucii currum, ut ex eo, seu, eius pretio *Conficeret* extimum loculum.

颜渊死了,他的父亲颜路因为极其贫穷,向孔夫子要求用其车驾①来做椁,或卖掉这个车以置办椁。

子曰:"才不才,亦各言其子也。鲤也死,有棺而无椁。吾不徒行以为之椁,以吾从大夫之后,不可徒行也。"

§.2. *Confucius*, qui tunc Praefectus erat Regni *Lu*, parentum affectum plerumque caecum erga prolem suam hic notans, revera, inquit, sic est: Qualiscunque tandem sit soboles, sive valeat ingenio, sive non valeat; tamen unusquisque pater patrocinatur suo filio. *Li pe yu* filius meus, & quidem unicus, ubi mortuus est, habuit sarcophagum suum, sed vulgarem, & sine extimo illo loculo; apparatu scilicet ad meam tunc temporis conditionem accommodato. Ego certe non pedes incedam: ut conficiatur extimus loculus ex curru meo. Quandoquidem enim ego nunc inter Praefectos sum novissimus (modestiae gratia sic loquitur) nequaquam me convenit peditem incedere.

孔夫子当时已经是鲁国的大臣,他的确注意到颜路对于自己后代的舐

---

① 张居正:"昔颜渊死,其父颜路以贫不能具葬,乃请孔子所乘之车,欲卖之以买椁。"(第164页)椁,外棺。古人的棺木分为两重,里面的一重称棺,外面的一重称椁。

犊之情有很大的盲目性,于是用这样的一种方式说道:"才智上无论是突出还是不突出,最终都是子女。做父亲的也都会为自己的儿子说话。我的独生子鲤(伯鱼)死的时候,他的棺木却是普通寻常的,没有那个外层的椁。这与我当时的条件相适应。既然如此,我当然不能卖掉车子步行来为他换取椁。如今在士大夫中间,我虽然排在最后面(喜欢谦虚才这么说),也决不适合徒步行走。"①

11.9 颜渊死,子曰:"噫！ 天丧予！ 天丧予！"

f.3. p.1. §.1.　　Yen-yuen defuncto suspirans *Confucius* aiebat: Proh dolor! Caelum tumulavit me! Caelum tumulavit me!

因为颜渊的死,孔夫子叹着气说:"唉！天埋葬了我！天埋葬了我！"

11.10 颜渊死,子哭之恸。 从者曰:"子恸矣！"

§.2.　　Yen-yuen defuncto *Confucius* plorabat & supra modum lugebar. Quo animadverso discipuli dixerunt: Tu, o Magister, nimium indulges luctui & lachrymis.

因为颜渊的死,孔夫子痛哭流涕,悲伤到了极致。弟子们注意到孔夫子的悲伤,说道:"哦,老师你过于沉溺于悲伤与泪水中了。"②

---

① 张居正:"岂吾爱子之情,独异于汝乎？盖以吾尝受命鲁君,从大夫之后,体统有在,不当舍车而徒行故也。"(第164页)

② 张居正:"昔颜渊死,夫子哭之而过于哀,门人之从夫子者说:'夫子之哭恸矣。'欲其节哀也。"(第164页)

曰:"有恸乎?"

§.3. *Confucius* haud aliter ac si evigilasset ex sopore, quid egi? Inquit, num ploravi & luxi immoderatius? Plane sic res habet: modum nescit vehemens dolor.

孔夫子几乎不会这样,除了这次,仿佛刚刚从睡梦中清醒。"我做了什么?"他说,"难道我悲伤哀悼得不够节制?"事情显然是这样的:孔夫子因巨大的悲伤而不知道这种情况。①

"非夫人之为恸而谁为?"

§.4. Peccatum est a me: Quamquam si non talis ac tanti viri causa lugeam acerbius; cujus tandem causa lugebo?

"这是我的过错:我如果不为这样优秀伟大的人而高声哀悼,还为谁哀悼呢?"

11.11　颜渊死,门人欲厚葬之。　子曰:"不可。"

§.5. *Yen-yuen* defuncto discipuli desiderabant sumptuosius sepelire ipsum. Confucius ait: Non convenit. Ratio namque funeris accommodanda est ad conditionem illius, quam vivens obtinebat is, cujus funus ducitur.

颜渊死了,弟子们想要花费较多的钱埋葬他。孔夫子说:"这不合适。因为葬礼的标准应该与他生前所得到的地位和经济条件相一致,应依照这

---

① 张居正:"是时夫子哀伤之至,殊不自知。"(第165页)

样的条件来举办葬礼。"

门人厚葬之。

§.6. Discipuli nihilominus sumptuose eum sepeliverunt.
弟子们还是厚葬了他。

子曰:"回也视予犹父也,予不得视犹子也。 非我也,夫二三子也。"

§.7. Non probavit rem *Confucius*, qui suspirans, inquit, discipulus meus *Yen hoei*, in vivis considerabat me prorsus uti patrem. At ego nunc, quamvis maxime velim, non possum considerare illum uti filium, quippe qui sepultus praeter ordinem moremque discessit ab institutis majorum: At certe, non ego sum in culpa; sed vos quotquot estis discipuli mei.

孔夫子不赞成这样做,他叹息着说:"我的弟子颜回活着的时候把我当成父亲看待。然而如今我却没能将他当成儿子看待,虽然我非常想要这么做。当然,他的葬礼与祖先之道相分离,与其等级和礼制相违。但是这肯定不是我的过错,而是你们,我的一些弟子的过错。"

11.12 季路问事鬼神。 子曰:"未能事人,焉能事鬼?"曰:"敢问死。"曰:"未知生,焉知死?"

p.2.§.1. *Ki lu* quaesivit a Magistro suo, qui serviendum sit spiritibus? *Confucius*, tu, inquit, necdem probe nosti servire hominibus, qui ante oculos tuos versantur quotidie; quomodo poteris servire spiritibus a nostro mortalium sensu tam remotis? Ergo liceat mihi saltem (inquit idem discipulus) Exquirere abs te de morte. Respondet: Necdum probe nosti vivere, quomodo nosces mori?

季路问他的老师,应该怎样侍奉鬼神? 孔夫子说:"你还不知道怎样正确地侍奉每天生活在你眼前的人,怎么能够侍奉与我们人的感官如此疏远①的鬼神呢?""那么,请至少允许我(这个弟子说道)问你关于死的事情。"孔夫子回答:"你还不知道怎么正确地活,怎么能够知道死呢?"

11.13 闵子侍侧,訚訚如也;子路,行行如也;冉有、子贡,侃侃如也。 子乐。

§.2. *Mim-cu* discipulus una cum aliis adstabat lateri *Confucii* eacum serenitate habituque corporis, ut non obscure proderet interiorem recti animi statum. *cu lu* vero animosa intrepidaque specie. *Gen yeu* & *cu-cum* constantiam nescio quam & integritatem prodente ipso habitu specieque oris & corporis. Quae omnia observans Confucius gaudebat, quod speraret in adita sapientiae aliquando ingressuros.

弟子闵子与其他人一起站在孔夫子旁边,舒展的身体就清楚地表达出其正直心灵的内在状态。② 子路则是带着勇敢无畏的样子。冉有、子贡则在言辞和行为上表现出某种坚毅与正直。③ 看到所有这些,孔夫子很高兴,因为他希望他们最终都能进入智慧之门。

---

① 张居正:"明则为人,幽则为鬼。"(第 165 页)
② 张居正:"訚訚,是和悦而又正直的模样。"(第 166 页)
③ 张居正:"侃侃,是刚直的模样。"(第 166 页)

"若由也，不得其死然。"

§.3. Quamquam quod attinet ad discipulum *Yeu* (seu *cu lu*) quam vereor, inquiebat, ne illi praefervida sua indoles sit fraudii! non obtinebit suam mortem placidam & connaturalem. Praesagos Magistri metus probavit eventus: miserabili enim in bello morte occubuit adhuc vivente *Confucio*.

但是涉及弟子由(子路)，孔夫子说："他的个性真的是太强烈了！我恐怕他不能得到平安，不能自然地死亡。"后来的事情证明了老师的担忧：孔夫子还活着的时候，子路在战争中倒下，悲惨地死去。①

11.14 鲁人为长府。

f.4.p.1.§.1. Regni *Lu* homines, id est, tres familiae praepotentes, quae oppressa fere authoritate Principis potiebantur rerum, moliebantur novum Regni sui aerarium, propterea quod vetus minaretur ruinam.

鲁国的人，即差点被国君推翻的最有权势的三家，控制了局面：他们要建造新的鲁国金库，②因为旧的就快要损毁了。③

---

① 《史记·仲尼弟子列传》：子路为卫大夫孔悝之邑宰。蒉聩乃与孔悝作乱，谋入孔悝家，遂与其徒袭攻出公。出公奔鲁，而蒉聩入立，是为庄公。方孔悝作乱，子路在外，闻之而驰往。遇子羔出卫城门，谓子路曰："出公去矣，而门已闭，子可还矣，毋空受其祸。"子路曰："食其食者不避其难。"子羔卒去。有使者入城，城门开，子路随而入。造蒉聩，蒉聩与孔悝登台。子路曰："君焉用孔悝？请得而杀之。"蒉聩弗听。于是子路欲燔台，蒉聩惧，乃下石乞、壶黡攻子路，击断子路之缨。子路曰："君子死而冠不免。"遂结缨而死。孔子闻卫乱，曰："嗟乎，由死矣！"已而果死。中华书局，2014年，第2666~2667页。

② 拉丁译文用 aerarium 译长府，aerarium 为古罗马 Saturnus 神殿的一部分，用以保存公共财物。

③ 张居正："鲁人要将旧制拆毁，从新改造一番。"(第166页)

闵子骞曰:"仍旧贯,如之何? 何必改作?"

§.2. Consultus hac in re *Mim-cu-kien* sic ait: Secundum veterem suam formam si restauretur, ecquid vobis videtur? Quid obsecro, necesse est denuo extruere a fundamentis novum aerarium, & in labores sumptusque tam immodicos populum conjicere.

人们就这件事情请教闵子骞,他这样说:"如果要修整金库的话,就依照它以前的样式来修整,你们怎么看? 我请问,是否一定要从打地基开始建造一个新的金库,以致劳民伤财呢?"①

子曰:"夫人不言,言必有中。"

§.3. *Confucius* hoc audito gavisus, revera, inquit, iste vir non loquitur, nisi perparce. At cum loquitur, omnino scopum attingit, & quae dicit, consentanea sunt rationi.

孔夫子听说之后很高兴,他说:"除了非常重要的事,这个人是不说话的。但是他一旦说话,就完全命中目标,并且他所说的话都富有理性。"②

11.15 子曰:"由之瑟奚为于丘之门?"

§.4. *cu lu* musica delectabatur quidem, sed ea, quae Martrem & arma resonaret; longe secus ac suus Magister. *Confucius* itaque cum forte audiret disci-

---

① 张居正:"何必创新改造,而为此劳费之事乎?"(第166页)
② 张居正:"孔子闻而喜之,乃称美道:'此人不言则已,言则必当于理。'"(第166页)

pulum hunc domi suae canentem sidibus, quid audio; inquit, discipuli mei *Yeu* instrumentum quid facit in mea domo?

子路用音乐来助兴，然而奏出的是有关战争与军队的音乐；而且音乐风格与他老师的相距很远。因而，当孔夫子偶尔听到这个弟子在他家里弹瑟时，就说："我听到了什么？我的弟子由为什么在我家弹奏乐器？"

门人不敬子路。 子曰："由也升堂矣，未入于室也。"

§.5. Condiscipuli propter hoc Magistri dictum minus jam honorabant, & tantum non aspernabantur ipsum *cu lu*. Quod animadvertens *Confucius*, absit, inquit, ut hunc virum aspernemini. Discipulus *Yeu* jam certe subiit in aulam Philosophiae nostrae; quamvis necdum introivit in interiores eiusdem aedes ac penetralia.

因为老师的这番话，同学们不但不尊敬子路，还轻视他。注意到这一点的孔夫子说："你们千万不要轻视这个人。由已经进入了我们哲学的殿堂；只是还没有进入这个殿堂的最深处的内室房间。"

Condiscipulus Gen yeu *forte significaverat ipsi* cu-lu, *quam non probaretur Magistro eius musica; ea res sic afflixit hominem, ut diem totum nihil admitteret edulii. Usque adeo dolebat aliquid sui non probari Magistro. Quod hic audiens, qui peccavit, inquit, sed quod peccatum est, vult protinus emendare, is progressum fecit haud paenitendum, quo* lh nem çai, ki cin y hu.

同学冉有碰巧向子路指出，老师是如何地不认可他的音乐。这件事如此地折磨子路，以致他整天不想吃饭，他总是如此为老师的不认可而受苦。老师听说了这件事，说道："犯了过错的人，但是愿意立马改正的人是毫不惭

愧的,因为他已经取得了进步。"(过而能改,其进矣乎)①

11.16 子贡问:"师与商也孰贤?"子曰:"师也过,商也不及。"

p.2.§.1. *cu-cum* percontatur de duobus condiscipulis *su* & *Xam*, uter esset sapientior? *Confucius* respondit:*su* excedit, *Xam* vero non pertingit. Ambo deerrant a medio.

子贡问关于他的两个同学的问题:"师和商,哪一个更加明智?"孔夫子回答说:"师,过了,商,真的没有达到。两者都错失了中道。"

曰:"然则师愈与?"

§.2. Ait iterum *cu cum*:si ita est, ergo *su* antecellit sapientia alterum.

子贡又说:"如果是这样的话,那么师是较明智的了。"

子曰:"过犹不及。"

§.3. *Confucius* ait:Proprius sapientiae locus est medium, quod qui transilit, similis est non attingenti.

孔夫子说:"明智的位置恰恰是中间,越过了中道的人,和没有达到的一样。"

---

① 事见《孔子家语·辩乐解》:"冉有以告子路,子路惧而自悔,静思不食,以至骨立。夫子曰:'过而能改,其进矣乎。'"(北京爱如生数字化技术研究中心:中国基本古籍库 http://dh.ersjk.com/,检索时间:2020 年 3 月 2 日)

11.17 ***季氏富于周公，而求也为之聚敛而附益之。***

§.4. *Ki xi* dynasta praepotens & Praefectus Regni *Lu* (inquiebant discipuli ad *Confucium*) nunc opulentior est quam ipse fuerit *Cheu-cum* frater *Vu-vam* Imperatoris. Interim vero *Gen-kieu* domesticus administer ipsius, pro ipso congerit immodica tributa, & operam confert ei locupletando.

很有权力的僭主，鲁国的大臣季氏（一些弟子对孔夫子说）可能比那个天子武王的兄弟周公还要富裕。而同时，作为季氏家臣的冉求，却不节制地为他增加税收，聚敛财富。

子曰："非吾徒也。 小子鸣鼓而攻之可也。"

f.5.p1.§.1. *Confucius* haec audiens, qui res, inquit, tam alienas gerit a doctrina mea & ratione, non est meus dicipulus. Vos o discipuli mei, pulsare nunc oportet tympana; voces, inquam, animosque & studia juugere, & oppugnare illius improbitatem stulitiamque.

孔夫子听说了这些事，说道："这个行事与我的教导和做事原则如此背离的人不是我的弟子①。我跟你们说，你们，我的弟子们，现在要大张旗鼓地聚集起来，去攻击令人耻辱的、愚蠢的他。"

11.18 ***柴也愚。***

§.2. Exponit hic *Confucius*, quid etiamnum desideret in quatuor discipulis

---

① 张居正："盖我以仁义道德为教，则凡为吾徒者，皆当以直道事人。"（第168页）

sibi charis imprimis; *Chai*, inquit, syncetus est ille quidem ac sedulus, at rudis est etiamnum multarum rerum.

孔夫子在这里解释,他特别喜欢的四个弟子还分别有哪些不足。他说:"柴这个人的确是正直而勤勉的,但是在许多事情上依然显得粗笨。"

参也鲁。

§.3. *çem-can* (is ipse qui librum *Ta hio* in lucem edidit) tardior est & parum acutus ac perspicax.

曾参(即编撰《大学》)是比较迟钝的,缺乏机智和敏锐。

师也辟。

§.4. *Su* justo plus tribuens exteriori cultui & compositioni.

师在正义之事上过于注重修饰其外在的举止。

由也喭。

p.2.§.1. *Yeu* (seu *cu-lu*) asperis adhuc & inconditis subrusticisque moribus est.

由(子路)的性格不仅鲁莽,而且野蛮粗俗。

11.19　子曰:"回也其庶乎,屡空。

§.2. *Confucius* aiebat: Meus *Hoei* o quam is prope aberat a vera virtute! Saepe ad extremam rerum penuriam redactus fuit, & ne tum quidem a suscepto virtutis proposito recedebat.

孔夫子说:"噢,我的回啊,他差一点就成就真正的美德了! 在生活上面他常常是极端贫困的,但这并不会让他在通往美德的路途中退缩。①

赐不受命,而货殖焉,亿则屡中。"

§.3. Secus vero discipulus meus *su* suo se regebat arbitrio consilioque, & non acquiescebat caeli dispensantis opes arbitrio; sed opes imprimis studiose cumulabat; cumque valeret ingenio industriaque, idcirco ubi quid moliebatur, tum plerumque fere optatum res habebat successum.

很不同的是,我的弟子赐②按自己的意志和计划掌控自己,他不接受天命所安排的财富,而是特别努力地增益自己的财富;因为天赋和勤奋,在多数情况下,他无论想要什么东西,都会取得他所愿望的结果。"

11.20 子张问善人之道。 子曰:"不践迹,亦不入于室。"

f.6.p.1.§.1. *cu-cham* percontatur de bonorum hominum ratione & vita, eorum scilicet qui citra studum, nativa quadam facilitate indolis ac bonitate sunt praediti. Confucius respondet:Tales ut censeantur & sint, non illi quidem necessario insistent vestigiis sanctorum ac sapientium; Contenti sane sint nativis illis, ut sic loquar, opibus suis; sed etiam revera sic non ingredientur unquam in adyta penetraliaque sapientiae, ad quae sola nativa bonitas non pertingit.

---

① 张居正:"其家数至匮乏,一无所有,初不改其所性之乐焉。"(第169页)

② 此处拉丁文将"赐"写作Su,读者或误以为是"师"(子张),上文也作Su(11.18)。然此处的Su实指子贡。

子张询问善人的标准和生活方式:这些人并不学习,他们是凭借天赋的自然本能和善良才成为善人的。孔夫子回答说:"这种被认为是善人的人,也许满足于自己天生的'财富',不一定会站在圣人和智者的足迹上;①然而事实上他们却从来不会进入智慧的门和内室,那是仅靠天性慈善是不能达到的。"

11.21 子曰:"论笃是与,君子者乎? 色庄者乎?"

§.2. *Confucius* ait: Discurrat quispiam ac disputet de rebus optimis, nec copiose modo, sed etiam solidis firmissimisque rationibus, sic ut talis habeatur ab audientibus, qualem sonat ipsa oratio; an hic illico censendus erit vir virtutis solidae, an fucatus & fictus?

孔夫子说:"当某人讨论最好的事情的时候,不以雄辩的方式,而以可靠坚实的理性言论,由他的话音,听众应该判断出,他是一个具有可靠美德的人,或是一个善于伪饰和编造的人?"

11.22 子路问:"闻斯行诸?"子曰:"有父兄在,如之何其闻斯行之?"冉有问:"闻斯行诸?"子曰:"闻斯行之。"公西华曰:"由也问闻斯行诸,子曰,'有父兄在';求也问闻斯行诸,子曰,'闻斯行之'。 赤也惑,敢问。"子曰:"求也退,故进之;由也兼人,故退之。"

§.3. Discipulus *cu-lu*, Magistrum interrogat: An posthac ubi quid audivero abs te, hoc ipso mox exequar ac perficiam? *Confucius* respondet: Sunt tibi pater &

---

① 张居正:"不践迹而亦不能入室,此善人之所以止于善人也。"(第170页)

frater natu major etiamnum superstites, illos tu audias licet. Quo pacto igitur ubi quid audiveris abs me, hoc ipso mox perficias? Alter discipulus *Gen yeu* dictus similiter Magistrum interrogat: Num ego posthac ubi quid audivero abs te, mox perficiam? *Confucius* ait: Omnino sic age: Audi me, & quidquid audieris protinus & animose fac perficias. Tertius *Cum si hoa* dictus, admiratus magistri responsum tam dissimile in re tamen simillima, quid hic, obiecro, mysterii latet, inquit: *yeu* disicipulus tuus interrogavit, ubi quid audivero abs te, moxne perficiam? Et tu respondisti, sunt tibi pater & frater natu major superstites, illos audi: Alter discipulus *kieu* seu *Gen yeu*, item interrogavit, ubi quid audivero ab te, moxne perficiam: & tu respondisti: quidquid audieris, protinus fac perficias. Ego *che* (parvum nomen est *Cum si hoa*) haereo incertus & perplexus responso tam dispari. Ausim itaque sciscitari abs te, quid sibi hoc velit: *Confucius* respondit: Discipulus *kieu*, uti nosti, timidi & imbecillioris animi est: Facile cedit ac retrocedit; idcirco incitandus & propellendus fuit ut a me audita mox perficeret. Alter vero *yeu*, animosior est justo, & cum arrogantia quadam ardet antecellere caeteros; & idcirco reprimendus fuit & rejiciendus ad parentes & fratres, ut iis morem gerens, modestior evadat.

　　弟子子路问老师："我一听到你所说的什么之后，就要立马跟随并且做到吗？"孔夫子回答说："你还有活着的父亲和兄长，你要听从他们。因而哪里可以一旦听到我说什么，就去做呢？"另外一个称为求或冉有的弟子也以类似的问题问老师："我一听到你说了什么之后，就要立马去做到吗？"孔夫子说："你要完全这样做：听从我，无论你听到什么，迅速而果敢地行动，并做到。"第三个称为公西华的弟子，惊异于老师在相似的事情上的回答如此不同，他说："我恳求知道其中隐藏的玄机：你的弟子由问：'一旦我听你说了什么，要立马做到吗？'你回答道：'你有活着的父亲和兄长，听他们的。'另一个弟子求即冉有，也问道：'一旦我听到你说什么，就要立马做到吗？'然而你回答:'无论你听到什么,迅速行动并做到。'回答如此不同,使我赤(公西华的小名)困惑且犹豫不决。因而我想问你,对他们而言,到底应该怎样选择?"孔夫子回答说:"正如你知道的,求(即冉有)有着羞怯软弱的心灵:容易让步和后退;因此他应该被鼓舞前进,以至于一听到我说什么,立马就做到。另一个弟子由,的确更勇敢,总是好胜,急切地想要超越别人;①因而他应该被约束,使之回到他的父兄那里,以便听从他们,更为谦虚地退避。"

11.23 子畏于匡,颜渊后。子曰:"吾以女为死矣。"曰:"子在,回何敢死?"

p.2. *Confucius* erat cum cura & metu non mediocri in ditione *quam*, idque propter periculum sane praesens, in quod ipsum conjecerat sua species & forma corporis admodum similis alterius cujusdam Praefecti quem quidem sic oderant indigenae, ut ad necem quaererent; jamque adeo armis obsidebant diversorium Philosophi; Cujus interim fidus Achates *yen yuen* tunc forte retro moratus aberat. Verum non multo post adventu eiusdem aspectuque exhilaratus *Confucius*, revera, inquit, jam ego te censebam esse mortuum. At ille absit hoc, inquit, optime Magister; te namque superstite, discipulus tuus *Hoei* qui ausim, vel qui sustineam injussus mori?

孔夫子在匡的领地内不是一般地忧虑和畏惧,因为危险就在眼前,孔夫子的身体外貌使他处于危险之中,这外貌与另外一个官员的外貌非常相似,而当地人如此憎恶那个人,以至于要他去死;因此他们出动军队包围了哲学

---

① 朱熹和张居正都将"兼"解释为好胜、逞强之意,耶稣会士据此而译。而当代的解释者则以该字的基本含义"两个"或"双"来解释,意为一个人的欲望跟两个人的一样大。

家所在的地方。① 与此同时,忠诚的朋友②颜渊刚好落在后面,但没过多久就赶了上来,孔夫子看见了他,很高兴,就说:"我以为你死了。"颜渊说:"千万不要这样说,我的好老师!你还活着,弟子回我怎么愿意或者说能够擅自去死呢?"

11.24 季子然问:"仲由、冉求,可谓大臣与?"

f.7.p.1.§.1. *Ki cu gen* vir potens ac nobilis in Regno *Lu*, *Confucium* percontatur de duobus eiusdem discipulis, necnon Ministris suis & Consiliariis *Chum yeu & Gen kieu*, an scilicet possint vocari praestantes & magni administri.

鲁国人权臣季子然问孔夫子,他的两个弟子,也即季氏的家臣仲由与冉求,是否可以被任命为大臣。

子曰:"吾以子为异之问,曾由与求之问。

§.2. *Confucius* respondet in hunc modum: Ego illam tuam existimabam fore de re prorsus eximia & de viris admodum illustribus percontationem. Verum nunc, uti video, de duobus istis hominibus, de *yeu*, inquam, & *kieu* est quaestio tua: Quae satis declarat, ignorari abs te, in quo posita sit laus & ratio magni administri.

孔夫子这样回答道:"我以为你的问题是有关大事与聪明人的。原来是

---

① 《史记·孔子世家》:将适陈,过匡,颜刻为仆,以其策指之曰:"昔吾入此,由彼缺也。"匡人闻之,以为鲁之阳虎。阳虎尝暴匡人,匡人于是遂止孔子。孔子状类阳虎,拘焉五日。北京:中华书局,2014 年,第 2325 页。

② Fidus Achates,维吉尔的史诗《埃涅阿斯记》中埃涅阿斯的忠诚伴侣。

关于由与求这两个人：这足以说明，你不知道大臣的荣誉和原则在哪里。①

所谓大臣者，以道事君，不可则止。

§.3. Etenim quisquis dicitur magnus administer & Consiliarius Principis, is omnino secundum id quod jus & ratio poscit, servit Principi. Quod si nequeat servire hoc pacto; tum desistit ac renuntiat suo muneri.

因为，无论谁做君主的大臣，他都要完全依据正义和理性的要求来服侍君主。如果他不能以这样的方式来服侍君主，那就停止并放弃他服侍君主的责任。"

今由与求也，可谓具臣矣。"

§.4. Nunc ergo duo isti *yeu* & *kieu* discipuli quondam mei poterunt fortasse dici vulgares ac de trivio ministelli.

然而，如今我的这两个弟子由和求可以说是一般的、合格的小臣②。"

曰："然则从之者与？"

§.5. Ad haec rursus *Ki cu gen* ait: sit ita, non sint, inquam, primi ordinis ministri; at certe familiae nostrae *Ki* nonne obsequentes erunt & obtemperabunt mandatis nostris.

季子然又这样说："这样一来，可以说，他们不是第一等的臣子，但是他

---

① 张居正："且汝以由、求为大臣，是岂知大臣之道乎？"（第172页）
② 张居正："备数为臣。"（第172页）Trivium，三岔路口，是一种公共求助之所。

们对于我们季家肯定是顺从的,服从我们的命令的。"

子曰:"弑父与君,亦不从也。"

p.2.§.1. *Confucius* respondet: Sic ut naturae jura sanctissima violent, ut interficiant, inquam, patrem suum, vel Principem; eatenus, etiam ipsi, quamvis alioqui parum fortes ac probi, haudquaquam tamen obtemperabunt. Tacite significat suspicionem suam de ipso percontatoris animo, quod contra Principem suum aliquid machinetur.

孔夫子回答说:"但是施暴于自然的神圣礼法的事情,比如说杀死自己的父亲或是君主,即使这样能够获得相当的权力和好处,他们也无论如何不会服从的。"孔夫子隐微地指出了他对这个问题的怀疑:某人想要密谋反对国君。①

11.25 子路使子羔为费宰。

§.2. *cu-lu* praecipuus administer praepotentis familiae *Ki*, authoritate gratiaque sua perfecerat ut condiscipulus *cu cao* ageret exiguae cujusdam ditiunculae *Pi* dictae Praefectum.

季氏家族的权臣子路用他的权力和威望,让同学子羔出任一个叫费的小地方的长官。

---

① 张居正:"盖季氏素有不臣之心,欲借二子以为羽翼,故孔子阴折其心如此。"(第173页)

子曰:"贼夫人之子。"

§.3. *Confucius* factum damnans, mihi crede, inquit, damno tu es huic homini *cu-cao* optimae alioquin indolis ac spei dum immaturum, ad munus publicum inconsulte promoves.

孔夫子认为此事不妥,他说:"请相信我,我认为,轻率地让这个资质优异且具有大好前途的子羔,在学问还不成熟的时候就担任公职,这其实是害了他。"

子路曰:"有民人焉,有社稷焉,何必读书然后为学?"

§.4. *cu-lu* etsi satis jam intelligeret, se ista in re fuisse praecipitem, cum tueri tamen mallet errorem suum, quam ingenue fateri; At enim, inquit, est ipsi populus, quem regat; sunt spiritus ditionis & agrorum praesides, quibus debita exhibeantur pietatis officia. Quid, obsecro, necesse est vacare prius litterarum monimentis, ac tum domum censeri studuisse? immo vero regere populum, & obsequi spiritibus, hoc ipsum studere est.

虽然子路明白在这件事情上,他操之过急了,但是他依然袒护自己,而不愿意坦承错误。他说:"但是他有人民可以管理,有应该以虔诚的礼节去侍奉的土地的保护神。我想知道,是否献身于文献的学习了,就能被认为是有学问的人?不,统治人民,侍奉神灵,这本身也是学习。"

子曰:"是故恶夫佞者。"

§.5. *Confucius* immodesta responsione suboffensus; enimvero, inquit, haec est ratio cur oderim & execrer huiuscemodi garrulos, & errore novo tuentes errorem suum.

孔夫子厌恶这种过分的回答,他说:"用新的错误去掩盖过去的错误,这就是我之所以厌恶并孜孜不倦地诅咒这种做法的原因。"

11.26 子路、曾皙、冉有、公西华侍坐。

f.8.p.1.§.1.　Forte quatuor discipuli nimirum *cu-lu*, *cem sie*, *gen yeu*, & *cum si hoa* ad latus Magistri considebant.

有一次,四个弟子子路、曾皙、冉有和公西华陪坐在老师的旁边。

子曰:"以吾一日长乎尔,毋吾以也。"

§.2.　Avebat autem scire Confucius, quid singuli haberent in votis. Quod ut familiarius, fidentiusque exponerent; aequales sumus, inquit, quotquot hic sumus; quod ego namque uno alterove die grandior sim quam vos sitis; non mei, seu, aetatis huius meae, rationem habeatis, quin loquamini fidenter.

孔夫子想知道他们各自都有什么样的志愿。为了让他们诚实而坦率地说出,他说:"在这里,无论老少我们都是平等的。① 然而不要因为我的年龄比你们大了一两天,你们就不敢说了。你们要诚恳地说。"

居则曰:'不吾知也!'如或知尔,则何以哉?"

§.3.　Quando vos degitis, privati, tum dicitis (opinor) haud raro: non ego

---

① 中文注疏中没有关于孔夫子和弟子之间平等的说法,这里的翻译或受基督教文化影响。

cognoscor, adeoque non est qui utatur mea opera; quod si ergo quispiam novisset vos, si perspectas haberet egregias dotes, ac facultates verstras; jamque adeo uteretur vestra opera; tum quo maxime modo vos haberetis; quid, inquam, ageretis.

平时你们私下里会说,你们没有少说这个话(我想):'没有人了解我,因此我无用武之地。'如果有人了解你们,看重你们独特出众的才干和能力,并且给你们用武之地;那么你们会怎么样,我是说,你们会怎么做?"

子路率尔而对曰:"千乘之国,摄乎大国之间,加之以师旅,因之以饥馑;由也为之,比及三年,可使有勇,且知方也。"夫子哂之。

p.2.§.1. *cu-lu* nihil cunctatus, repente, nec sine quadam jactantia respondet: Mille quadrigarum dynastia (*continebatur, haec ambitu centum stadiorum Sinensium, id est, oco fere leucarum nostratium; eratque propria Regulorum.*) Medio sita loco & conclusa sit quodam, modo inter majora duo regna. Augeatur eadem & firmetur cum praesidiis bellicis, atque imprimis majoribus minoribusque militum legionibus. Inter haec autem frequens adsit segetum frugumque fertilitas; Ego vero in tali re ac tempore gubernator sim istius dynastiae; spondere profecto ausim, quod vixdum exacto triennii spatio potero efficere ut vel sic habeant subditi mei multum roboris & fidei, constantiaeque, simulque sciant prae oculis habere aequitatem suae causae, patriaeque libertatem; & me duce socioque fortiter ubi fuerit opus, pro eadem occumbere. *Confucius* haec audiens subrisit.

子路不假思索地炫耀道:"一千架马车的地区(这个范围涵盖方圆一百个中国里的地区,几乎相当于八个古欧洲里,大约为一个诸侯的领地),刚好位于两个大国之间。需要增强国防力量,尤其是大大小小的军团需要扩充;

另外,农业收成也要更好。① 如果我成为这个地区的管理者,我敢肯定地许诺:用不了三年,我就能取得成效,我的臣民会很健壮,也很坚强和自信。同时,他们的眼里会有正义的事业和自由的祖国。在我的领导和团结之下,如果有需要的话,他们会为之而献身。"孔夫子听了这些话,微微一笑。

"求,尔何如?"对曰:"方六七十,如五六十,求也为之,比及三年,可使民足。如其礼乐,以俟君子。"

§.2. Tu vero discipule mi *Kieu*, sive *Gen yeu*, tu quid agitas animo. Respondet ille: Ditionem quampiam sexginta, vel septuaginta stadiorum, vel hac ipsa minorem, exempli gratia, quinquaginta vel sexaginta stadiorum (Haec quatuor aut quinque leucarum ambitu continebatur, eratque propria dynastarum inferioris ordinis) Ego si administrarem, vixdum exacto triennii spatio possem fortasse cura mea industriaque efficere ut affatim esset populo earum rerum, quae sunt ad vitam sustentandam necessariae. Caeterum quod spectat ad ipsos ritus officiaque civilia, necnon mutuam omnium inter se suoque cum principe concordiam, moresque & disciplinam Reipublicae bene constitutae; ad hoc perficiendum, sicut ipse sum impar, ita praestolor eximiae virtutis sapientiaeque virum, qui perficiat.

"我的弟子求,或冉有,你是怎么想的呢?"这个人答道:"某个方圆六十或七十里的地区,或者比这再小一点,比如说,五十或六十里(这个范围有四或五个古欧洲里,属于等级较低的地区),如果要我来管理的话,仅仅需要三年,在我的努力和照料之下,或许就可以取得以下成果:人民可以维持必要

---

① 朱熹或者张居正把"加之以师旅,因之以饥馑"理解为这个地区的情况。而耶稣会士在这里把这句话理解为某种方案或纲领。

的生活。其他的事情，如祭祀和礼仪，人与人、人与君的和谐相处，一个国家建立起来的完善的礼制和教化，这些是应该做到的，但我就不是合适的人选了，我期待着一个有出众美德和智慧的人来完成。"

"赤，尔何如？"对曰："非曰能之，愿学焉。 宗庙之事，如会同，端章甫，愿为小相焉。"

f.9.p.1.§.1. Et tu, mi discipule *Che*, sive *cum si hoa*, tu quid moliris animo. Respondet: Ego similiter non facile dixero id posse me, quod *Gen yeu* pro modestia sua prudentiaque negat se posse. Desidero interim (quod unum quoque possum) assidue discere. In parentalium vero aularum rebus propriis, apparatuque funebri, uti etiam cum celebrantur comitia extraordinaria Regulorum tantum, & alia maxime generalia omnium; tunc ego caerulea indutus veste, & cum proprio loci illius temporisque pileo, optarem & mirifice gauderem assistere spectator, quin & agere inferioris ordinis administrum.

"那么你，我的弟子赤，或公西华，你有志于干什么呢？"他回答说："像冉有出于节制和审慎而否定自己能做到一样，我不会轻易地说我能做到。因而我愿意（也是我能做的一件事）不断地学习。尤其在祖先庙堂祭祀及丧礼的准备上，在诸侯会盟时，以及在所有人都会参加的盛大典礼上，我会穿着蓝色的衣服，带着和那个场合相适宜的礼帽，我愿意并且非常乐意做一个旁观者，或者是从事一些较为低级的工作。"

"点，尔何如？"鼓瑟希，铿尔，舍瑟而作，对曰："异乎三子者之撰。"子曰："何伤乎，亦各言其志也。"曰："莫春者，春服既成，冠者五六人，童子六七人，浴乎沂，风乎舞雩，咏而归。"夫子喟然叹曰："吾与点也！"

§.2. Tu denique, mi bone senex *Tien*, sive *cem sie*, tu quid habes in votis. Ad hanc magistri vocem pulsare instrumentum desit, sonoque fidium paulatim remittente, ac remoto tandem ab se instrumento, & consurgens respondit: Ego quidem plane dissentio ab istis trium condiscipulorum propositionibus ac votis. *Confucius* ait: Quid officit? non ideo tu nos cela, quid sentias & optes. Et vero sicut sua cuique studia sunt ac vota, sic quisque profatur & explicat sui animi sententiam & vota. Paret senex, & ait: Quod ego hîc & nunc expeto imprimis, tam est aetati meae naturaeque consentaneum, quam alienum ab omni specie cupiditatis & ambitionis. Porrò nihil est aliud quàm exeunte vere, verno habitu vestitum, id est, simplici, levique, & ad senile corpus jam accommodato: Unà cum pileatis, id est, qui adolescentia jam excesserunt, quinque vel sex sodalibus eorumdem mecum studiorum: Item cum adolescentulis sex septemve deambulare in pomaeriis australibus; ibique corpus abluere in fonte fluminis *y*. Deinde verò captare ventum in umbroso nemore *Vu yu* (locus erat ubi coelo sacrificare consueverant, quotiescunque deprecabantur imminentem ex pluviae defectu steleritatem) Ac tandem alternis modulari suaviter, & sic laetos alacresque demum repetere. *Confucius* ista senis ingenui simplicitate delectatus, eique applaudentis instar & simul tamen suspirans, belle tu, inquit, approbo quae dixisti, *Mi tien*.

"最后，年龄最大的点，或曾皙，你有什么志愿呢？"听到老师的话，曾点停止了弹奏乐器。当琴弦的声音渐渐消散后，他放下乐器，站起身来，回答道："我的志愿与主张和这三位同学实在是完全不同。"孔夫子说："这有什么妨碍？请不要对我们隐瞒你的感受和所选择的东西。并且每个人都有自己的兴趣和愿望，这正是要各人说出各自的志向呀！"曾点听从了老师的话，他回答说："此时此地我最希望自己能够保持身心一致，使我的人生远离一切的欲望和野心。我的志愿无他，暮春时分，穿上简单、轻薄的春天衣服，与如今年老的身体相适应，和五六个戴着帽子的与我志趣相投的同伴（就是那些已经度过青春时期的人）一起，或者跟六七个少年人一起，在城南的郊区①散步，在那里的沂水泉流中洗澡；然后，在舞雩树荫下吹风（舞雩是用于祭天的地方，当雨水不至，农业歉收之时，人们就会在那里求雨），快乐地轮流唱歌，最后快乐和舒适地走回来。"孔夫子欣喜于曾点这个天真、纯朴的想法，感叹道："很好，我赞成你所说的，我的点。"

Varias approbationis huius causas afferunt Colaus, aliique Interpretes; 1. Ut sic ostenderet Philosophus, haudquaquam probari ab se cupidinem dominandi. 2. Ut doceret alienam esse a sapiente jactantiam omnem et vanitatem. 3. Multo minus viro sapienti appetendum esse quidpiam, quod extra ipsum sit; et ab alieno pendeat arbitrio, seu caeli seu hominum. Ad extremum, approbare hic visus est sententiam çem sie, quamvis alioqui jocosae similem, quia nimirum tendebat ad scopum longè praecipuum Philosophiae suae, qui quidem scopus erat charitas seu amor quidam communis erga omnes omnis aetatis homines; quo optabat grandaevis pacem et tranquillitatem; inter aequales et amicos fidem atque concordiam; erga imbecillioris aetatis adolescentes curam et commiserationem. Haec Interpretes.

  阁老和其他的解释者提供了赞同这个的各种理由：1.这表明哲学家根本就不喜欢权力；2.他要说明智慧的人与任何口才和虚荣无关；②3.智慧的人，

---

① 张居正："鲁城南之胜处。"（第176页）
② 朱熹："隐然自见于言外。"（第130页）

应该少追求那些超出自身,且取决于天或他人的东西。① 看起来虽然很像一个玩笑,但最后孔夫子似乎接受了曾皙的观念。曾子的选择契合了他的哲学的特殊目的,这个目的是对所有人即各个年龄段的人都要慈祥和仁爱。因为这种慈祥和仁爱,他祝贺老人平安和安宁,主张同辈和朋友应该相互信任与和谐,对于年幼的人则表示关心和同情。② 这些都是解释者的话。

三子者出,曾皙后。 曾皙曰:"夫三子者之言何如?"子曰:"亦各言其志也已矣!"

p.2.§.1. Primis itaque tribus discipulis egressis, quartus *cem-sie* remanserat: hic *cem-sie* igitur sciscitatus ait: De horum trium discipulorum sententia & discursu, ecquid tibi videtur, o Magister! *Confucius* respondit: Equidem quisque profatus est animi sui sensum ac votum, & nihil praeterea.

另外三个弟子先出去了,曾皙留了下来。这个曾皙有疑问,他说:"哦,老师,那三个同学的观点和说法你如何看?"孔夫子回答说:"每个人都说出了自己的志愿和心里的感想,没有别的了。"

曰:"夫子何哂由也?"

§.2. At inquit *cem sie*, tu o Magister cur ridebas discipulum tuum *yeu*, quando is primo loco vota sua exposuit?

曾皙接着说:"哦,老师,当你的弟子由第一个阐述自己的志愿时,你为

---

① 张居正:"人惟见道不明,未免有慕于外。"(第176页)
② 张居正:"用于国而安富尊荣,达之天下而老安少怀,施诸后世而亲贤乐利,亦此乐也。"(第176页)

什么笑呢?"

曰:"为国以礼。 其言不让,是故哂之。"

f.10.p.1.§.1. *Confucius* respondet：Administrandum est Regnum ex praescripto & norma officiorum ac legum：In his vero primum obtinet locum modestia, submissioque animi. Huius autem discipuli sermones & verba non significabant ullam modestiam；Atque haec fuit causa cur subriserim.

孔夫子回答道:"治理国家应该讲求礼仪和法律,其首要的就是内心的节制和谦逊。然而他讲话一点都不谦虚,这就是我为什么要笑他。"

"唯求则非邦也与?""安见方六七十,如五六十,而非邦也者?"

§.2. At(*inquit senior*)num solus iste desiderio tenebatur imperitandi? *Kieu* certe discipulo alteri nonne erat suum quoque in votis Regnum? At risum tenui, inquit, *Confucius* quia eius oratio erat modestior；quod alioquin & ipse meditaretur regnum, cui dubium possit esse? Ecquando namque vidit quis in hoc imperio ditionem sexaginta vel septuaginta stadiorum, uti etiam quae minos sit quinquaginta scilicet vel septuaginta stadiorum, quae tamen non sitregnum?

"但是(老人①说)难道只有他一个人表达了治国的愿望吗？另一个同学求的志愿不也是治理国家吗?"孔夫子说:"我忍住了笑,是因为求的讲话是比较节制的;另外,这个人思考的也是治理一个国家,这有什么可疑的吗？虽然他的国只是一个方圆六七十里的地方,或者说是更小的方圆五六十里的地方,但这难道不是国吗?"

---

① 老人指曾皙,下同。

"唯赤则非邦也与？""宗庙会同，非诸侯而何？ 赤也为之小，孰能为之大？"

§.3. Sed enim (inquit hic rursus senior) tertio discipulo *che* huic certe, nullumne fuerit in votis Regnum? Respondet *Confucius*: Nec ipse vacat dominandi cupiditate: Nam parentales principum majorum aulae, ritusque funebres; item comitia illa extraordinaria, vel generalia, si non sint res propriae Regulorum, ad quos tandem spectant res illae? Quod autem optare se diceret agere tali loco & tempore inferioris ordinis administrum, suspecta mihi oratio est; Etenim *che* vir talis ac tantus, & ad maxima quaeque natus, uti probe nosti, si fuerit parvus, si aliquando fungatur munere ministri tam vulgaris, uti visus fuit expetere, ecquis audebit, aut valebit esse magnus aut Princeps aut Regulus in adeo augustis seu ritibus, seu comitiis: quis sustineat illi se praeponere, aut etiam assistere ad ipsius latus?

"然而(老人在这里回应道)对于第三个同学赤来说,他的志愿难道就不是有关国家的了吗？"孔夫子回答："这个人并非对权力没有欲望,因为宗庙祭祀、丧葬仪式和诸侯会盟,如果不是小诸侯特有的事情,那又是什么呢？赤说他愿意在那些个场合、时间里做一些低级的管理工作,这番话对我而言是可疑的。因为赤这样一个为了伟大事物而生的优秀伟大之人,如果他的志愿是小的,从事一般的管理工作,那么,谁敢,或者说谁可以强大到,在无论大王或小侯都会出现的庄严的仪式或集会上,超越他,或是与他并驾齐驱呢？"

颜渊第十二

12.1 颜渊问仁。子曰:"克己复礼为仁。一日克己复礼,天下归仁焉。为仁由己,而由人乎哉?"

p.2. *Yen yuen* consulit Magistrum de cordis innocentia & perfectione nulli non mortalium indita caelitus; modumque exquirit illius recuperandae. *Confucius* respondit: Vincere seipsum, atque ita redire ad primaevum illud temperamentum naturae rationalis, hoc est obtinuisse cordis innocentiam & perfectionem. Mortales universi vel unico die si vincerent seipsos & redirent ad temperamentum illud; tunc orbis universus rediret ad innocentiam nativam & perfectionem. Verumtamen ut quis operam det recuperandae isti perfectioni; hoc & oritur & dependet ab ipsomet homine. Quomodo autem dependeat vel oriatur ab aliis hominibus?

颜渊问老师上天赋予所有人的内心的纯洁、完善,以及回归到这种纯洁、完善心灵状态中的方法。孔夫子回答说:"战胜①自我,节制自己,回归于理性本性原初的节制,②这就能获得内心的纯洁与完善。如果有一天,所有人都能够战胜自我,归于节制,那么全世界就会回归到原本的纯洁、完善中了。不过,回归纯洁、完善要始于自己,依靠自己。怎么能依靠或始于他人呢?"③

---

① 朱熹或张居正理解"克己"为"克人心之私欲"。这里,耶稣会士跟着汉代的理解,或者,他们受到了西方传统的"克己"(vincere seiipsum)的影响,即斯多亚学派和基督宗教的灵修的影响。

② 朱熹从"理"的概念理解"礼"。这里,传教士的翻译完全跟着宋明理学的理解。

③ 欧洲读者也许很容易把"回归"放在基督宗教的历史框架,即创造、堕落、拯救。

颜渊曰："请问其目。"子曰："非礼勿视，非礼勿听，非礼勿言，非礼勿动。"颜渊曰："回虽不敏，请事斯语矣。"

f.11.p.1. *Yen yuen* ait: Liceat mihi denuo sciscitari abs te Magister ipsum quasi elenchum, seu seriem victoriarum suiipsius. *Confucius* respondit: Contra rationem ne quid cernito, contra rationem ne quid audito, contra rationem ne quid effator, contra rationem ne quem animi corporisve motum suscipito. *Yen yuen* his auditis, alacriter respondet: Mihi quamvis haud perspicaci, liceat tamen pro viribus opere ipso explere haec tua documenta.

颜渊说："老师，请允许我再次问你战胜自我的次序。"孔夫子回答道："你不要看违背理性①的东西，不要听违背理性的事情，不要说违背理性的话，不要让你的身心违背理性。"颜渊听了这个话，急忙回答道："我虽然不够敏锐，但我会尽力遵循你的教诲。"

12.2 仲弓问仁。子曰："出门如见大宾，使民如承大祭。己所不欲，勿施于人。在邦无怨，在家无怨。"仲弓曰："雍虽不敏，请事斯语矣。"

f.12.p.1.§.1. Discipulus *chum-cum* similiter Magistrum consulit de cordis perfectione jam memorata. *Confucius* tria proponens media illius obtinendae sita in attentione sui, observantia aliorum, & charitate, sic respondet: Sic egredere tua domo, tam praesens tibi, tamque attentus ad omnia, atque si visum eas magnum quemdam honoratumque hospitem. Sic impera populo, sic ei indicito opera publi-

---

① 此处用 ratio 译"礼"。朱熹："颜渊闻夫子之言，则于天理人欲之际。"（第132页）

ca, ac si offerres magnum sacrificium rite peragendum; Reverenter, inquam, subditos tuos tracta, Denique tibi ipsi quod non vis fieri, vide ne conferas in alios: Hoc pacto sive verseris in regno publicus administer, non erit qui te oderit, aut de te conqueratur; sive verseris domi, e domesticis haud quisquam erit apud quem vel odio vel invidia labores. *Chum cum* his auditis respondet; mihi quamvis haud perspicaci fas sit tamen exequi haec tua documenta.

弟子仲弓同样也问孔夫子,前面已提到的内心的完善和纯洁。孔夫子阐述了得到它的三个办法,即对自己的关注、对他人的尊敬、对他人的慈爱。他这样说:"首先出门在外时,要关注自己的各个方面,就好像你要探望某个非常可敬的宾客一样慎重。第二,你要命令人民,安排公共职责,就像你要严肃认真地承办大型祭祀一样认真。你要敬重你的臣民。第三,自己不喜欢的事,就不要强加于别人。通过这样的方法,如果你成为国家官吏,就不会有人憎恨你,或者抱怨你;如果你回到家中,你也不会令任何人憎恨或者讨厌。"仲弓听到这个话,回答道:"虽然我天生不够敏锐,但我要遵从你的教诲。"[1]

12.3 司马牛问仁。

p.2.§.1. Alius e discipulis, cui *su ma nieu* nomen, eandem quam duo priores quaestionem instituit de cordis perfectione.

另一个弟子司马牛也问及与前两个问题相同的问题,即关于心灵的完善和纯洁。

---

[1] 在朱熹看来,这段文字表达出两个美德,即"敬"和"恕",而且在家里或外面要实现(第133页)。同样,张居正把出门和承大祭与"敬"相联系,"勿施于人"与"恕"相联系(第179~180页)。《中国哲学家孔夫子》认为三个行为涉及三个不同的美德。

子曰："仁者其言也讱。"

§.2. *Confucius*, ut hic medeatur aegritudini hominis, nimium loquacis, sic respondet: qui innocens ac perfectus corde est, seu nativam cordis habet rectitudinem, hujus verba cum tardiloqua moderatione linguae proferuntur.

孔夫子为了治疗这个人多话的毛病，这样回答道："那些内心灵善而纯洁的人，或天生正直的人，他的话语谨慎而有节制。"

曰："其言也讱，斯谓之仁矣乎？"子曰："为之难，言之得无讱乎？"

§.3. Num igitur (inquit) is cujus verba cum difficili illa moderatione ac tarditate proferuntur, hoc ipso mox dicetur corde perfectus? *Confucius* respondet: Recte agere arduum est ac difficile; loqui ergo recte quis poterit sine tardiloqua illa linguae moderatione? Quasi diceret: Ut recte loquaris, recte prius agas necesse est; ad hoc autem necessaria est cordis custodia; Sed haec rursus est difficultatis plenissima; Loqui ergo recte, non est tam facile, quam tu videris existimare.

司马牛说："如果一个人说话非常谨慎和节制，就可以说是内心纯洁、完善吗？"孔夫子回答道："正确地做是辛苦、困难的。那些言语不够谨慎和节制的人能够正确地说吗？为了正确地说，必须先正确地做。据此，主宰内心是必须的，但这又是最困难的。因此，正确地说并非像你预想的那么容易。"

12.4 司马牛问君子。子曰:"君子不忧不惧。"

f.13.p.1.§.1. Idem *Su ma nieu* percontatus est de viro probo. *Confucius* respondet: Vir probus nec tristatur, nec timet, quemadmodum tu facis, qui propter fratres rebelles ac transfugas, te conficis immodico metu ac moerore.

司马牛问关于正直的人的问题。孔夫子回答道:"正直的人无论做什么,都是既不忧伤,也不害怕的。不像你,因为作乱和逃亡的兄长而过分地害怕和悲伤。"①

曰:"不忧不惧,斯谓之君子矣乎?"子曰:"内省不疚,夫何忧何惧?"

§.2. Nunc igitur, inquit, qui nec tristetur nec timeat, hoc ipso dicetur vir probus? *Confucius* respondet: Interiora animi discutiens severo examine, nec inveniens tamen quidpiam vel erroris vel culpae cujus cum poeniteat pudeatve, sic prorsus, ut nihil egerit rerum quod non vulgari possit inter homines, nullam volverit animo cogitationem, cujus nolit conscium esse coelum(*Vu yo nien pu co yu tien chi*)ejusmodi vir, inquam, quorsum obsecro tristetur? Quorsum timeat?

司马牛又说:"那么,既不忧伤也不害怕的人,就可以说是正直的人吗?"孔夫子回答道:"当他严格且深入考察自己内心的时候,找不到让他懊悔或羞耻的失误和过错,因此,他做过的事情没有一件是不能告诉大家的,他在

---

① 张居正:"司马牛因其兄桓魋作乱常怀忧惧,故孔子开慰之如此。"(第181页)

心中不会思考他不想让天知道的念头。(无一念不可与天知①)我问,这样的人哪里会忧愁呢? 哪里会害怕呢?"

12.5 司马牛忧曰:"人皆有兄弟,我独亡。"

p.2.§.1. Idem *Su ma nieu* cum moereret nihilominus, & angeretur fratrum causa, quos proxime jam perituros esse praesagiebat, miserum me! Inquit, hominum plerique habent fratres majores & minores natu, & ego unus(*uti male suspicor*) jam nunc illos non habeo.

司马牛依然因为兄弟而感到忧伤和烦恼,预感到他们死期将近。他说:"我真不幸!大多数人都有兄弟,如今唯独我(正如我不幸的预感)没有。"

子夏曰:"商闻之矣:

§.2. *çu hia* condiscipulus moerentem solaturus ait: Ego audivi quandoque magistrum meum, cum diceret,

同学子夏为了安慰悲伤的他,说道:"我曾经听到我们的老师说:

'死生有命,富贵在天。'

§.3. Mors & vita habent inviolabilem quandam a coelo legem. Opes item & honores in arbitrio sunt & potestate coeli, atque adeo neque haec neque illa ar-

---

① 张居正:"惟君子平日为人,光明正大,无一事不可对人言,无一念不可与天知,内而省察于心,无有一毫疚病。"(第181页)朱熹认为,伦理生活要符合一些客观标准,不过,人们完全凭自己来认识到这些客观标准。张居正也强调,君子愿意面对"天"。与儒家不同,基督宗教强调,只有在天主面前,人们才能认识到自己的罪过。

bitrii sunt nostri.

人的死和生都受制于上天的某种不可侵犯的原则,财富和荣耀取决于天的意志和权力:无论是死生还是富贵都非我们所能决定的。

君子敬而无失，与人恭而有礼。四海之内，皆兄弟也。君子何患乎无兄弟也？"

§.4. Quocirca verus Philosophus unius coeli arbitrio acquescens unam rem agit, nimirum attendit sibi persiciendo, & nihil amittit negligitve quod in hunc finem usui esse possit. Cum aliis vero cujuscumque sint aetatis & ordinis, himinibus, observantiam benevolentiamque exercet. Verumtamen sic ut suis temperata sint ritibus officiisque omnia. Porro qui de se deque aliis sic mereatur; ei quotquot existunt homines quatuor maria intra, id est, in orbe universo, omnes sunt majores natu fratres vel minores ex uno quasi sinu ejusdem matris effusi. Philosophus ergo quorsum angatur animo propterea quod nullos habeat fratres?

因此,接受上天意志的真正的哲学家只做一件事情:注重自我的完善,不丢失或忽视任何可以在这个限度内运用的东西。对无论什么样年纪和等级的人都恭敬和慈爱,以自己的礼仪调和一切。那个这样对待自己和他人的人,对他而言,四海之内,即全世界的人都是自己的兄弟,就好像一母所生的同胞。因此,哲学家哪里会因为没有兄弟而心中烦忧呢?"[1]

---

[1] 张居正说明,人们都是同胞(第182页)。也许,对耶稣会士来说,这句话的意思更加贴近字面含义,因为按照《创世纪》,人类来源于夏娃。另外,这里我们版本把"君子"翻译成哲学家并不奇怪,因为西方古代把哲学当作对死亡的深思和准备。

12.6 子张问明。 子曰:"浸润之谮,肤受之诉,不行焉,可谓明也已矣。 浸润之谮,肤受之诉,不行焉,可谓远也已矣。"

f.14.p1.§.1.　çu cham Magister consulit de perspicacitate, quisnam illa praeditus esse censendus sit. *Confucius* respondet: Instar aquae tacite leniterque fluentis instillatas, seu quasi per cuniculos suos insidiose subrepentes obtrectationes de corporaliter susceptis injuriis, accusationes, non audire, nec illico credere. Haec censeri potest & vocari perspicacitas, nec amplius requiritur. Iterum dico: Subdolis illis ac virus suum blande instillantibus obtrectationibus, ad commiserationem item denique movendam artificiose compositis de manifeste accepto quodam damno accusationibus, nonnisi ad modum lente, considerateque aures ac fidem praebens, vere potest dici res quamvis abditas ac remotas habere tamen perspectas inusitata vixque scrutabili quadam perspicacia. Nec aliud hic opus est.

子张问老师关于明察的问题,并问谁在这方面是有天分的。孔夫子回答道:"对于像无声的细流、暗地里悄悄来临的有预谋的造谣中伤,既不听,也不会立刻相信。这就可以认为是明察的,而不需要更多的条件。我再说一遍,当这种狡诈的谣言散播它们的毒素的时候,当损害人的中伤被巧妙地安排的时候,你应该谨慎小心地听,用一种难以理解的敏锐去注意那些隐晦的事情和偏远的事情,而不要急着相信。仅此而已,并不需要额外的工作。"

Colaus ubi locum hunc copiosa paraphrasi declaravit, concludit denique documentum istud viro Principi vel maxime debere esse cordi. Cum is enim suis unius oculis auribusque attingere debeat ditionis suae quamvis amplissimae res omnes, si forte vel aures habeat nimis faciles patulasque vel oculos parum perspicaces; periculum fore, ne malevolorum et invicem invidentium mendaciis calumniisque, velut aquis occultis, et insidiatricibus oppleantur et habescant sensus supremi capitis, brevique torrens ac illuvies insperata calamitatum totius Regni corpus obruat ac pessumdet.

阁老在这里给出了详尽的解释，结论是：这个教诲是针对君主的，尤其针对君主的内心。如果他只用自己的眼睛和耳朵去接触如此巨大领地内的一切事情，一旦他的耳朵太过简单和开放，或者眼睛不够尖锐，就会有危险，奸佞和相互嫉妒者的谎言和伪证可能像暗流与陷阱一样充满君主的内心，使君王的知觉变得迟钝，突然的激流和意料之外的灾难污秽会淹没并损毁整个王国的身躯。

12.7 子贡问政。子曰："足食，足兵，民信之矣。"

§.2.　*çu-cum* Magistrum consulit de recta ratione gubernandi. *Confucius* respondet: Sit affatim annonae tuis subditis. Sit affatim militum, rerumque necessariarum ad usus bellicos, in populo denique vigeat fides quae respondeat fidei beneficentiaeque ipsiusmet Principis.

子贡问老师治理国家的正确原则。孔夫子回答道："那就是臣民有充足的食物；有充足的士兵和军备物资；最后，人民普遍诚信，作为对君主本人的诚信和仁慈的回应。"

子貢曰："必不得已而去，于斯三者何先？"曰："去兵。"

p.2.§.1.　Ad haec *çu cum* probe quidem rem intellexi, inquit; sed nova mihi dubitatio suboritur. Quid si omnino non possit aliter fieri quin dimitteretur hic unum ex hisce tribus ecquod primo loco dimitteres? *Confucius* respondit: Dimitterem milites. Armabit scilicet inermem turbam, sua cujusque fides erga Principem, mutuusque amor & concordia praestabit invictos.

子贡说:"我也认识到了这些,但是又产生了新的疑问。如果不能全部做到而要从中去掉一条的话,这三者中你会首先去掉哪一条?"孔夫子回答道:"我会去掉军队。因为食物充足,再加上臣民对于君主的诚信将会使无武器的群众也得到武装,君臣相互间的爱与和谐让他们无法被打败。"

子贡曰:"必不得已而去,于斯二者何先?"曰:"去食。 自古皆有死,民无信不立。"

§.2. *çu-cum* denuo quaerit: Quid si omnino non posset aliter fieri quin hic quoque demeretur aliquid; ex his duobus, victu scilecet ac fide, utrum prius patereris tolli? *Confucius* respondet: Tolli paterer seu dimitterem victum. Quippe ab omni aevo omnes omnino sumus mortales. Malebat igitur *Confucius* subditos cum fide mori quam hujus expertes, a sua hominum conditione discedere. Certe ubi populus expers est mutuae fidei, adeo non erigitur, aut coalescit in Rempublicam, ut contra eum interire necesse sit.

子贡又问:"如果必不得已还要去掉一条的话,从这两者,饮食和诚信中,你首先允许哪一个被去掉?"孔夫子回答道:"我会去掉饮食,因为显然我们世世代代都是难免有死的。"因而孔夫子更愿意臣民有诚信而死,而不愿意他们缺乏诚信,远离人性。"如果人民相互间缺乏诚信,就不能凝聚成一个共同体,这样必然会灭亡。"

12.8 棘子成曰:"君子质而已矣,何以文为?"

f.15.p.1.§.1. Regni *Guei* Praefectus *kie çu chim*, Confucii discipulum *çu-cum* alloquens; cerimoniarum, inquit, nullus est finis. At certe sapiens nativam

& ingenuam simplicitatem & sinceritatem habeat, & haec sufficiat. Quid illa tam operosa, rituum morumque elegantia ad rem facit?

卫国大臣棘子成向孔夫子的弟子子贡说:"礼仪没有任何意义,作为智者,具有与生俱来的质朴与诚实,这就足够了。为什么要费力地讲求文雅的礼仪和礼法呢?"

子贡曰:"惜乎,夫子之说君子也! 驷不及舌。

§.2. Ad haec çu-cum, o quam, inquit, deplorandus est tuus ille sermo judiciumque de viro sapiente! Sermo quidem talis, ubi semel temere prolapsus est ab ore, etiam trahentibus quatuor equis, non tamen redibit ad linguam, seu jam est irrevocabilis.

子贡对此发言说:"哦,你的这番关于智者的观点该受怎样的谴责啊!这样的话一旦轻率地脱口而出,即使是驱赶着四匹马,也追不回来!或者说,不可更改。

文犹质也,质犹文也,虎豹之鞟犹犬羊之鞟。"

§.3. Certe exterior illa gravitas & compositio necessario comitatur nativae simplicitatis synceritatem, & haec vicissim comitatur illam: Alioquin quod erit discrimen Principis a sul dito, sapientis a stulto; uti tigridis & pantherae pellis suis pilis nudata prorsus est sicut canina aut ovina pellis item nudata suis pilis. Pili enim quamvis videantur esse superfluum quid & contemptibile; revera tamen pellium discrimen hic faciunt.

外在的稳重和修饰的确必然伴随天生质朴的诚实,并且天生的质朴的诚实也伴随外在的稳重和修饰。要不然,君与臣、智与愚会有什么差别? 如果去掉了毛,虎豹之皮就无异于犬羊之皮了。无论毛发看上去多么的多余和无意义,实际上毛发还是造成了皮的差异。"

12.9 哀公问于有若曰:"年饥,用不足,如之何?"

§.4. *Ngai-cum* duodecimus Regni *Lu* Regulus quaesivit a *Confucii* discipulo *Yeu-jo* dicens: Anni steriles sunt & quibus fame laboratur, ad usus autem meos, non suppetunt sumptus necessarii: quid remedii?

鲁国的第十二任国君哀公问孔夫子的弟子有若说:"有些年是歉收的,我们苦于饥饿,必要的税收不能满足我们的需要:怎么办?"

有若对曰:"盍彻乎?"

§.5. *Yeu jo* tacite arguens Principis exactiones respondit: Cur non exigis decimas, seu unum de decem a tuis subditis? Nam haec familiae quidem nunc imperantis est regula.

有若暗中批评国君的暴敛,他回答道:"你为什么不抽取什一的税,即从你的臣民的收入之中抽取十分之一?既然如今这是这个王朝统治的规则。"

曰:"二,吾犹不足,如之何其彻也?"

p.2.§.1. Respondet Princeps: Duo de decem mihi adhuc non sufficiunt; quorsum igitur istae, quas inculcas, decimae?

国君回答道:"十分之二如今都不够,更何况你所说的十分之一呢?"

对曰:"百姓足,君孰与不足? 百姓不足,君孰与足?"

§.2. Respondit iterum *Yeu jo*: quando subditis res abundat; Principi cuinam pariter non abundet? Quando vero subditis non abundat; Principi cuinam tunc abundet?

有若再次回答道:"百姓财物充足的时候,难道君主的财物会不充足?百姓财物不足的时候,难道君主的财物还会充足吗?"

12.10 子张问崇德、辨惑。 子曰:"主忠信,徙义,崇德也。"

§.3. *çu-cham* consulit Magistrum quomodo quis in dies accumulet virtutem virtute, & discernat perturbationes animi? *Confucius* respondet: Statuere fundamentum in synceritate ac fidelitate ipsiusmet animi, & in verbis actionibusque omnibus veracem esse, sine, fuco & simulatione; in rebus omnibus semper convertere se ad id quod tationi maxime est consentaneum, hoc est accumulare virtutes.

子张问老师如何才能每日增进美德,辨别心灵上的迷惑。孔夫子回答道:"扎根于内心的诚实与忠诚;让言语和行为都是真实的,没有矫饰和欺诈。以理性做所有的事①,这就是增进美德。"

爱之欲其生,恶之欲其死。 既欲其生,又欲其死,是惑也。"

f.16.p.1.§.1. Jam vero ut ostendat animi perturbationem, nihil fere esse

---

① 张居正:义,是"理之所当为者"(第186页)。

aliud, quam, velle aliis ea, quae non sunt arbitrii sui vel potestatis, vel quae sunt inter se pugnantia sic ait: Amando quempiam, optare eum vivere; odio habendo quempiam, optare eum mori: Imo etiam optata modo ipsius vita, mox rursus optare eundem mori, cum jus vitae necisque sit penes coelum (idemque est de motibus aliis varii & inconstantis animi) hoc ipsum est obnubilato perturbatoque esse animo.

孔夫子指出心灵的混乱表现在：希望对他人能做一些超出自己意志和能力的事情，或者说这种愿望是自相矛盾的。他说："爱某个人，就希望他活着；仇恨某人，就希望他去死。既希望他活，又希望他死，然而生和死的法则是由上天掌控的。① 这样（即心灵的动机多样易变）的人是心灵迷惑混乱的。"②

12.11 齐景公问政于孔子。

§.2. Regni *çi* Regulus *Kim cum* percontatus est modum feliciter gubernandi a *Confucio*.

齐国国君景公问孔夫子顺利治理国家的方法。

孔子对曰："君君，臣臣，父父，子子。"

§.3. *Confucius* perbrevi sed perapposito responso multa complectens, sic respondit: Rex sit Rex; subditus sit subditus, pater sit pater, filius sit filius.

---

① 用"生和死的法则"（jus vitae necisque）翻译朱熹所讲的"命"（第136页）或者张居正所讲的"定分"（第186页）。

② "诚不以富，亦只以异"，是《诗经》里的诗句。在注释里，朱熹提出程子的观点，认为这句子是错简。我们的版本和张居正的版本一致，把这个句子删掉了。

孔夫子非常简短与适当的回答囊括了很多东西,他这样回答道:"国君应该是国君,臣子应该是臣子,父亲应该是父亲,儿子应该是儿子。"

公曰:"善哉! 信如君不君,臣不臣,父不父,子不子,虽有粟,吾得而食诸?"

p.2.§.1. Applaudens Regulus, o, inquit, quam laudo & approbo! Vere sic res habet:Etenim si Rex non sit Rex nisi solo nomine;Subditus similiter si non sit subditus; pater non sit pater; filius non sit filius; quia nimirum non agant quae sint sui muneris & conditionis; jam lex omnis & ordo rerum; quin & usus ipse rerum pereat necesse est. Quamvis itaque sit mihi ex. gr. census amplissimus & annonae vis maxima, ego num potero tunc illa frui? Quasi dicat:Improborum licentia, summaque perturbatio rerum omnium ne me quidem, qui tamen sum Dominus frui sinet. Praesaga vox fuit;nam non diu post proditorum insidiis miserabiliter Regulus occidit.

国君称赞道:"噢,多么值得称赞和让人喜爱的话啊!确实就是这样:如果国君真的不是国君,而仅仅是一个国君的名号;同样臣子也不是臣子;父亲不是父亲;儿子不是儿子;因为明显地他们没有履行那些本应属于他们自己的职责,未做与他们的社会地位相符合的事情,这样,应用于所有事情的法则与秩序,必得消亡。这样一来,无论我有多少丰裕的税金、充足的田赋,我都不能够享用吗?"就好像是说:不诚实人的放纵和所有事情的失序导致我不能享用赋税,即便我是主人。这番话是一个预兆,因为不久之后,国君不幸死于敌人的阴谋。

12.12 子曰："片言可以折狱者，其由也与？"

§.2. *Confucius* discipulum *çu lu* collaudans apud suos, ait: qui dimidio, ut sic loquar, verbo possit decidere lites, is nonne est discipulus meus *Yeu*?

孔夫子在弟子们面前盛赞子路，说道："那个可以用半句话了结官司的人，难道不是我的弟子由吗？"

子路无宿诺。

§.3. Ad laudem hanc addentes aliam condiscipuli, narrabant, quod idem *çu-lu* ne per spatium quidem noctis unius relinquebat promissa & datam fidem, quin accurate praestaret.

同学们在这个赞扬上面补充了其他的，他们说，这个子路总是如期遵守诺言，当晚许下的诺言，不会拖到第二天才去履行。

12.13 子曰："听讼，吾犹人也。 必也使无讼乎！"

f.17.p.1.§.1. Hac etiam occasione commemorant discipuli id quod saepenumero *Confucius* dicebat: in audiendis litigantibus ego sum sicut alii passim homines; sed oporteret imprimis hoc efficere ut non essent litigantes, aut lites.

在这里，弟子们恰好提及孔夫子再三说过的话："在审理诉讼的时候，我跟其他人一样；但是应该一开始就不让他们成为诉讼双方。"

12.14　子张问政。 子曰："居之无倦，行之以忠。"

§.2.　çu cham consulit Magistrum de modo gubernandi. *Confucius* respondet: Ante omnia meditare quae tui sunt officii, idque, meditare constanter & sine inertia. Deinde tracta negotia publica & aliis consule eadem cum veritate & fide, qua tibi ipsi, profectuique tuo consuluisti.

子张问老师治理国家的方法。孔夫子回答道："在做所有事情之前，你先要思考自己的职责是什么，坚持思考这一点，不要懈怠。然后，如同你以真诚之心反省自己的成就那样，治理国家时，你也要以同样的真诚和信任之心向别人请教。"

12.15　子曰："君子成人之美，不成人之恶。 小人反是。"[①]

p.2.§.1.　*Confucius* ait: Vir probus ac sapiens perficit verbo & opere aliorum hominum virtutes ac laudes, juvando scilicet imbecilles, timidos ac jacentes erigendo, subdendo calcaria currentibus; nequaquam vero tuetur aut confirmat perditorum hominum licentiam & improbitatem; stulti vero improbique viam tenent plane contrariam huic viae. Videat ergo vir Princeps (inquit Colaus) sibi ministros adsciscat: Talesne, quos veluti patronos ac duces ultro sectetur omnis colluvies sceleratorum; an tales, quibuscum virtus omnis & innocentia conjungi gaudeat.

孔夫子说："正直和智慧之人以言辞和行动去成就他人的美德和声誉，还帮助力所不及的人；扶起胆小而跌倒的人，并激励他们快跑。此外，他们也决不助长恶风恶俗。愚蠢和不正直的人则坚持一条与此相反的道路。"因

[①] 12.15 被张居正删掉，因为跟 6.27 是重复。

此,阁老说,看起来,君王为自己起用臣子:他不乐于用那些像追随保护人和领袖一般追随一切罪行的泥潭的人,而乐于用那些与所有纯真和美德为伴的人。①

12.16 季康子问政于孔子。 孔子对曰:"政者,正也。 子帅以正,孰敢不正?"

§.2. Regni *Lu* Praefectus *ki cam çu* percontatus est modum recte gubernandi a *Confucio. Confucius* ut ad officium frugemque revocet, respondet:Regere, dirigere est, seu, rectificare:Tu ergo si praeeas exemplo ad id omne quod rectum est ac honestum:ecquis tuorum audebit non esse rectus?

鲁国大臣季康子问孔夫子正确治理国家的方法。孔夫子为了恢复礼制和正直之风而回答道:"治理,就是使正直,即纠正。如果你做出诚实、正确的表率,你的臣民还有谁敢不正直呢?"

12.17 季康子患盗,问于孔子。 孔子对曰:"苟子之不欲,虽赏之不窃。"

§.3. Idem *Ki cam çu* cum angeretur animo propter latrones, consulebat Confucium. *Confucius* respondit:Si quidem tu ipse non sis cupidus, quamvis ultro provoces, & praemiis allectes subditos tuos ad latrocinandum, non tamen latrocinabuntur. Latrocinii quippe magistra, cupiditas est:Hujus autem cupiditatis incentrix & magistra altera, cupiditas avaritiaque magistratuum:quos si incorruptos viderint subditi; vel solo pudore prohibiti a furtis abstinebunt.

---

① 参见张居正的评论(第188页)。

这个季康子因为盗贼而心下烦恼,他向孔夫子请教,孔夫子回答道:"假如你自己没有贪欲的话,无论你怎样以奖赏来引诱你的臣民为盗贼,他们也不会行盗。的确,欲望是盗窃的老师。然而这欲望还有另外的导师,就是官员的欲望和贪婪。如果臣民看见清廉的官员,羞耻之心会阻挡他们,不让他们去盗窃。"

12.18 季康子问政于孔子曰:"如杀无道,以就有道。何如?"孔子对曰:"子为政,焉用杀?子欲善,而民善矣。君子之德风,小人之德草。草上之风,必偃。"

f.18.p1.§.1. Idem rursus *ki cam çu* exquirens modum recte gubernandi a Confucio, sic ait:Ego si interficiam passim improbos & exleges, ut ita commodius accersam promoveamque probos & observatiores legum; quid videtur? *Confucius* respondit:Tu si quidem gubernas, ut par est; quorsum utare suppliciis tam crebro:Tu expete tantummodo quae recta sunt & honesta, constetque hoc omnibus; & statim populus exemplo tuo probus evadet. Gubernatoris virtus quotiescumque rebus factisque palam se facit, ventus est, seu venti instar:Subditorum vero, infimaeque plebis virtus, herba est:Herbis si superveniat ventus; proculdubio hae sese submittent, & obsecundabunt vento quocunque faciles impelli.

这个季康子又一次向孔夫子请教正确治理国家的方法,他这样说:"如果我杀掉所有坏人和违背法律的人,适时地支持和鼓励遵守法律的正直之人,你看怎样?"孔夫子回答道:"你治理国家,哪里用得着严刑峻法?只要你正直、诚实,并且被人认可,人民也会依照你的榜样趋于善。统治者的美德无论何时都是以事实和自己的行动造就的,他们的美德就好比风。臣民及低贱者的美德其实就是草。如果风拂过草,那么毫无疑问,草无论何时都会接受并顺从风。"

12.19 子张问："士何如，斯可谓之达矣？"

§.2. Discipulus *çu cham*, qui magis laborabat, ut audiret, quam ut esset bonus ac sapiens, instituit quaestionem hujusmodi. Literatus quispiam gubernator quomodo hic poterit dici vir clarus & illustris.

弟子子张想要学习成为善人和智者的方法，问出了这样的问题："一个有文化的统治者怎么做，才能被认为是聪明智慧之人？"

子曰："何哉，尔所谓达者？"

§.3. *Confucius*, ut ulcus detegat, quaerit ipse vicissim: Quidnam, id est, quod tu vocas clarum & illustrem esse?

孔夫子为了揭开疮疤，反问道："那是什么？你所说的聪明和智慧是什么？"

子张对曰："在邦必闻，在家必闻。"

§.4. *çu cham* respondet: Aliud nihil est, quam si quis versetur in regno quopiam administrator omnino audire bene & sermonibus omnium celebrari. Eundem, si versetur domi suae, procul dubio audire bene & celebrari.

子张回答道："这并非别的什么，而是当他在某国为官时，有很好的名声，并且所有的人都颂扬他。若他在自己家里时，无疑也会有很好的名声，并且受到大家的颂扬。"

子曰："是闻也，非达也。

§.5. *Confucius* ad haec ait: Quod ipse dicis hoc quidem est audire bene & illustrem dici, at non est, clarum esse & illustrem. Diversa namque sunt dici & esse.

孔夫子对此说道："你所说的这个是有好名声,有智慧。而不是聪明智慧本身,因为所说和所做是截然不同的。

夫达也者，质直而好义，察言而观色，虑以下人。在邦必达，在家必达。

p.2.§.1. Ego itaque sic sentio, quod is qui clarus & illustris est, de re nulla minus laborat, quam ut vulgo talis habeatur. Solidus, syncerus & rectus est: Et gaudet officio & aequitate; prudenter expendit sermones tum suos tum alienos; quin etiam diligenter observat os ipsum oculosque, priusquam certi quid de quoquam statuat. Post haec autem assidue meditatur, quo maxime modo cedat ac submittat sese aliis. Hujusmodi sane vir sive versetur in Regno Principis administer, procul dubio perillustris erit: sive versetur domi suae pater familias, procul dubio perillustris erit.

因而,我这样认为,聪明智慧的人根本就不在意他的名声。他坚定、真诚和正直,处事公正且讲究礼仪。他审慎地判断自己和他人的言论,并在仔细地观察其表情和眼睛后,去判定什么才是正确。然后,他还不断地思考以什么样的方式尽量使自己让步和听从他人。这样的人在国家为君主之臣无疑会是非常明智的,而作为一家之长,无疑也是非常明智的。

夫闻也者，色取仁而行违，居之不疑。在邦必闻，在家必闻。"

§.2. Jam vero qui bene audiunt, & populari tantum fama, clari sunt; hi modestia quadam & gravitate exteriori; studiose captant virtutem, virtutis inquam nomen ac famam; cum interini rebus ipsis factisque virtuti adversentur. Iidem rursus, tam placide tamque fidenter persistunt in virtute, umbra inquam illa simulatae virtutis, ut jam non sit ulla dubitatio, quin talis revera sit, qualem se mentitur esse. Adeoque sive is versetur in Regno, haud dubie celebratur a Principe, sive verstur domi, haud dubie quoque celebratur ab suis. At profecto celebritatem hujusmodi execratur quisquis est probus ac sapiens.

那些有好名声及传言聪明的人，他们带着某种外在的节制和稳重，表面热切地渴望美德，或者说是美德的名称和赞誉，其行径却和美德本身相违背。他们也自信、平静地说自己拥有美德，或者说类似于美德的影子，以至于人们没有丝毫怀疑；即使事实上不是这样的，也谎称自己如此。这样的人若在国家中，无疑会受君主称赞；若是在家里，无疑也会受到家人的称赞。但是任何善良和智慧的人都会憎恶这种虚伪的赞誉。"

12.20 樊迟从游于舞雩之下，曰："敢问崇德，修慝，辨惑。"

f.19.p1.§.1. *Fan chi* discipulus dum sequitur *Confucium* deambulantem in luci *vu yu* dicti inferiori parte, sic ait: ausim ego exquirere abs te, Magister, ac discere tria imprimis necessaria cuivis homini, qui velit bene beateque vivere. Primum est, accessionibus quotidianis accumulare virtutes. Alterum est emendare vitia & errores. Tertium denique, solerter dicernere & penitus habere perspectas animorum nebulas ac perturbationes, ut eas in ipso statim ortu dispellam.

弟子樊迟跟随孔夫子在舞雩的树林里散步时,这样说道:"老师,请允许我冒昧地向你请教,任何想要生活得好甚至是幸福的人的三种必需品:首先是如何每日增进美德;其次是如何纠正错误;最后是如何辨别并深刻洞察到心灵的迷惑与烦扰,在其刚刚出现时,就将其赶走。"

子曰:"善哉问!

§.2. *Confucius* exclamans ait: O laude dignam quaestionem!
孔夫子赞叹着说道:"噢,多么值得赞颂的问题啊!"

先事后得,非崇德与? 攻其恶,无攻人之恶,非修慝与? 一朝之忿,忘其身,以及其亲,非惑与?"

§.3. Et illico respondens; Satagere potissimun, inquit, circa studium ipsum virtutum accumulandarum & non magni facere seu in aliquo habere numero id quod jam nunc est accumulatum virtutis ac meriti, quodque olim speratur praemii & utilitatis: Hoc nonne est accumulare virtutes? Quasi dicat, inquit Interpres, quisquis in studio stadioque virtutis hoc assidue reputat apud animum suum, longam esse arduamque virtutis viam; eaque impulsus cogitatione tam strenue progreditur, ac si nihil dum viae confecisset: quin & reipsa de partis jam opibus & viae spatio, quod a tergo relictum est, nunquam cogitat prudens; sed illa quasi negligit, ac postremo habet loco, ne scilicet hujusmodi cogitatio suffuretur ipsi quodammodo partas opes, dum currentem ad otium & quietem pellicit: quisquis inquam, ejusmodi prudentia solertiaque, fuerit; fierine potest, ut non proficiat in dies, & per incrementa ipsummet fallentia, ingentes coacervet virtutis ac sapientiae thesauros? Rursus, ait *Confucius*, indicere bellum sibi, oppugnare diu noctuque, sua ipsius vitia & errata; nequaquam vero temere & otiose in mores inquirere aliorum, nec reprehendere & oppugnare aliorum vitia & errata, suorumipsius immemorem : Hoc nonne est revera secum habitantem mederi sibi, & emendare vitia & errores? Ad extremum, perbrevis vel unius matutini temporis iracundia non mox coercita, sae-pe pessumdat suam ipsius personam, sic ut pertingat ad ipsius parentes quoque & consanguineos, totamque familiam. Atqui haec nonne est coeci perturbatique animi affectio?

并且立即回答道:"首先致力于增进自身的美德,不要太重视现在已拥有的美德,以及所希望的回报和好处,这难道不就是增进美德吗?"解释者说:"这就像某人常常思量在美德上下功夫,且说美德之路漫长且艰辛。在这种思想的激励下,他在增进美德的路上积极前进着,如同没有走过似的;他很小心,从来不去想走过多远,已经获得了多少。他无意于得失,但终有所得。这样的观念不会使已经获得的财富被人偷走;在旅途中,也不会被诱惑着去休息或休闲玩乐。任何这样明智之人都是如此。难道说每天没有进步和收获,还能积累大量的美德和智慧带来的财富吗?孔夫子还说:"其次,你要向自己宣战,日夜不停地攻击自己的罪恶和错误;①但是你决不要鲁莽且随意地考察他人的美德,也不要去指责和攻击其他人的罪恶与错误,而忘记了自己的罪恶与错误,这难道不就是改进自己的习惯,纠正罪恶和错误?最后,因为仅仅一次不可遏止的愤怒而伤害自己,并且殃及自己的父母及亲属,甚至于整个家族。这难道不是某种心灵上的迷惑与烦恼?"

---

① 《论语》还有朱熹和张居正都说明"攻其恶"。不过,受到基督宗教和斯多亚学派的影响的耶稣会士理解为"向自己宣战"。

12.21 樊迟问仁。子曰:"爱人。"问知。子曰:"知人。"

p.2. §.1. Idem *Fan-chi* percontatus est de *Gin* virtute, seu verius de pietate. *Confucius respondit*:Diligere homines sic ut amplo quodam charitatis sinu omnes complectaris & foveas. Similiter percontatus est de prudentia. Confucius respondet:Nosse homines.

樊迟问关于"仁"的这种美德,或者实际上是关于虔敬的美德。孔夫子回答道:"要爱人,要拥有仁爱的广阔胸怀,要接纳和爱护所有人。"樊迟同样又问明智。孔夫子回答道:"认识人。"

樊迟未达。

§.2. Bonus *Fan chi* nondum percipit Magistri responsum. Etenim si amandi sunt omnes, cur opus est eos nosse, ut probi ab improbis, amore digni ab indignis discernantur.

优秀的樊迟尚不理解老师的回答。因为若是爱所有人,为什么要认识他们,区别正直与不正直的,值得爱的与不值得爱的?

子曰:"举直错诸枉,能使枉者直。"

§.3. Dubitanti discipulo *Confucius* sic ait:Quisquis evehit admovetque gerendae Reipublicae rectos ac probos, negligit autem omnes perversos & improbos, is poterit efficere ut improbi quoque evadant recti ac probi.

由于弟子的疑惑,孔夫子这样说道:"提拔任用正直和良善的人来管理国家,同时放弃所有邪恶的人。如此就能够使邪恶之人转变为正直和良善之人。"

樊迟退，见子夏曰："乡也吾见于夫子而问知，子曰，'举直错诸枉，能使枉者直'。何谓也？"

§.4. *Fan chi* necdum probe percepta Magistri sui ratiocinatione tam laconica, recessit: Nec multo post visens condiscipulum suum *çu hia*; scire te volo, inquit, quod nuper ego adfui coram Magistro nostro & consului ipsum de prudentia. Magister autem respondit: Evehe probos, neglige omnes improbos, sic poteris efficere ut improbi evadant probi: Quid hoc, obsecro significat?

樊迟还是不能正确地理解自己老师这种跳跃式的思维，然后就退下了。不久之后，见到同学子夏，他就说："我想要向你请教，因为我最近拜访了我们的老师，并且问他什么是明智。老师回答道：'提拔任用正直和良善的人，放弃所有邪恶的人，如此就可以使邪恶之人变得正直、良善起来。'这是什么意思？"

子夏曰："富哉言乎！

f.20 p.1.§.1. *çu hia*, re protinus intellecta, exclamans ait: O uberem & locupletem sententiam Magistri nostri! Hoc tibi ego duorum Imperatiorum exemplo declarabo.

子夏立刻就懂得了，他赞叹道："我们老师的话，意义是多么丰富啊！我将用两位帝王的例子向你展示。

舜有天下，选于众，举皋陶，不仁者远矣。汤有天下，选于众，举伊尹，不仁者远矣。"

§.2. *Xun olim cum obtineret Imperium, matura usus deliberatione tandem selegit sibi unum ex omnibus & evexit ad munus supremi adjutoris sui, sapientem scilicet* cao yao: *qua re vulgata per Imperium, improbus quisque seu expers virtutis tam procul fuit semotus, ut evanuisse crederes improbitatem. Similiter Tam Imperator, postquam obtinuit Imperium, selegit ex omnibus & promovit ad supremam dignitatem, sapientem* y yn, *& ecce improbus quisque vel ad frugem rediit, vel tam procul abscessit, ac si vivere desiisset.*

舜掌有王权的时候，曾经成熟地思考，最终从众人当中他为自己选出了智慧的皋陶，将其擢升为自己的首相：这件事在整个国家传播开来，那些邪恶的或者缺少美德的人就被隔离到遥远的地方了，这或许可以让你认为邪恶本身消失了。类似的还有汤王，他得到王位后，从众人中擢升了智慧的伊尹为最高的官，之后那些邪恶的人或是变得正直起来，或是被驱逐至远方，如同他们不存在一般。"

Cao Yao *oriundus fuisse creditur ex stirpe* Chuen hio *tertii Imperatoris Monarchiae Sinicae. Hujus deinde posteri donati dynastiâ* Leâo *eandem per decem ferè saecula administrarunt donec à Regulo* çu *fuit extincta. Extant illustria tanti viri documenta de modo rectè gubernandi, in libro 2.* Xu kim *qui inscribitur* Cao yao meu, *id est,* Cao yao consultationes. *Scriptae sunt per modum dialogi ipsum inter et Imperatorem, opus vel propter unam antiquitatem (quippe bis mille et amplius annorum ante Christum) praelis dignum Europaeis. Inter caetera quod attinet ad rectam populi administrationem docet quo pacto is, qui in terris imperat, fingere et accommodare se debeat ad subditorum suorum desideria et vota, et talis esse,* qualem subditorum merita vel demerita esse postulant, proposito sibi supremi Caeli exemplo et normâ; tametsi hoc enim, seu potiùs hujus Imperator nihil non audiat atque intelligat(uti litteraliter explicat Cham Colaus) utpote à quo omnis mens, et ratio, et consilium nobis indita sunt; singulis item; quod aequum est, pro suis cujusque meritis rependat; hos ipsos tamen Providentiae suae effectus sic exerit, ut à communibus mortalium votis atque promeritis regimen suum ordiatur quodammodo, seseque ita attemperet ut vox et mens populi sit vox et mens ipsius caeli seu caeli Domini. Quo fit, ut quod communi naturae ad bonum instinctu universus populus audit, videt, ac percipit; quod item amat et odit; caelum itidem hoc ipsum audiat, videat, percipiat, amet, et oderit: sive ut(alio loco dicitur) caelum videat ex populi oculis, audiat ex populi auribus, adeoque à populo ipso praeviè moveatur, et quodammodò determinetur, ut debita cujusque meritis praemia, vel supplicia decernat. Et hinc etiam non semel hoc libro Xu kim dicitur Xam ti pu cham hoc est caeli supremus Imperator non determinat, sed si improbos viderit castigat, si probos beat, unde, uti alibi, quod caelum immittat calamitates aut felicitates, pendet à virtute. Et quidem quas coelum infert calamitates potest quis adhuc effugere, at quas per sua scelera sibi quis fabricat non potest aequè facilè evadere, nisi videlicet sese emendet. Quod si populus non obsequatur virtuti nec subjiciat se scelerum correctioni, caelum utique per sinistra portenta eum reverà monet movetque ut ad rectitudinem suam virtutemque revocetur.

皋陶被认为是中华君主国第三帝颛顼的后裔,[1]其子孙受封于蓼,历经十个世纪,直至为楚所灭。[2] 记载他正确治理国家之方法的著名训导见于

---

[1] 参见《史记·秦本纪》:"秦之先,帝颛顼之苗裔,孙曰女脩。女脩织,玄鸟陨卵,女脩吞之,生子大业。"

[2] 皋陶的后裔夏时受封于蓼而得姓。楚穆王四年灭六、蓼二国,其后子孙有以国为氏;或以姓为氏,即蓼氏。

《书经》卷二,题为《皋陶谟》,意思是"皋陶的教导"。该篇是以皋陶自己与天子对话的方式写成的。单就这部作品的古老特性而言(基督前两千多年),就有必要也值得为欧洲人印刷出来。在有关正确治理人民的篇章中,《皋陶谟》教导那位在地上的统治者,一旦受命,就应该调整自己以符合臣民的意志和愿望,成为人民所要求的那样,以上天为榜样和主宰。天,更确切地说是天上的帝王,能听到并且了然所有的事情(这里张阁老做了字面上的阐释①)。正如天赋予我们思想、理性、计谋,以及根据每一个人的功过给以公正的分配,然而天命运行,产生思想、理性和计谋,都始于平常将死之人的愿望和报偿。天会自我调整,从而使得人民的心声成为自己的心声。人民以本能普遍听到、看到、感受到的善、爱和恨,天也能以同样的方式听、看和感受到。正如在其他地方说过的,天通过人民的眼睛去看,通过人民的耳朵去听。天的确是在很久以前就运行着,并且以某种方式由人民决定着对每个人的赏罚。《书经》数次提到"上帝不常"②,意思是,至上的天帝并非确定不变的,他见到邪恶的人,就惩罚;见到正直的人,就祝福。正如其他方面提到过的一样,上天所降的是灾难还是幸福,取决于德性。这样,任何人都可以逃避从天而降的灾祸,但是如果他自己因为犯罪而造成的灾祸却不是那么好逃避的,除非他改正自己。如果人们不遵从美德的指示改正错误,上天就会通过不祥的预兆来警示他们,促使他们回归到正直和美德上。

Alter sapientum Y yn *genus ducebat ab illustri Colao* Kie mo, *qui octingentis circiter ante hunc nepotem suum annis à consiliis fuerat primo Monarchiae Imperatori* Hoam ti *nuncupato*: Y yn *ergò cùm turbatissima nactus esset tempora, latitabat prudens, et Agriculturae operam dabat*; *quando eum Regulus* Tam *quinies invitatum frustra, tandem non sine amicâ vi assistere sibi coegit et esse à consiliis.*

---

① 指张居正为《书经》所作的注疏。
② 实际上只有一处提到,即《伊训》当中。

Nec multo post misit ad impium Kie *primae familia Imperatorem ultimum, non sine spe hominis ad sanam mentem revocandi: apud quem tamen cùm nihil is profecisset; re desperatâ, ad* Tam *Regulum est reversus, qui deinde evectus ad Imperium, primam à suâ dignitatem contulit sapienti, plurimùm usus ejusdem opera et consilio ad familiae suae* Xam *dictae fundationem. Author idem fuit aurifodinas aperiendi, sublevando scilicet populo, quem sterilitas et fames per annos omnino septem quibus ipsis fortè et in Aegypto et(uti sacrae testantur paginae)orbe universo tunc laboratum est, vehementer afflixerat. Imperatore* Tam *mortuo, cùm fortè* Tai kia *adolescens, qui avo suo nepos successerat, à curis negotiisque publicis abhorrens, desidiae sese et oblectamentis juvenilibus caepisset dedere;* Colaus Y yn *tantum mali oppressurus in semine, adolescentem in horto sepulchri patrii, ceu custodiâ domesticâ detentam, triennio toto,(quod erat tempus paterno luctui destinatum)severâ ad modum disciplina sic instituit, excoluitque pro eâ, quâ valebat, vicariâ potestate, ut inde prodiens, jam alius esset ab se, vinceretque aetatem suam prudentia et maturitate; et avitae laudis aemulus imperium deinde per annos triginta sapienter admodum gubernârit.*

另外一个智慧之人伊尹,是著名的阁老力牧的后代。力牧在伊尹所处时代的八百年前,是帝国第一帝黄帝的辅臣。[①] 伊尹知道他处于一个动乱的时代,因而就隐居起来,致力于耕种。[②] 年轻的君主汤在邀请伊尹辅佐而不得之后,便对伊尹施以友善的强迫,好使他能够帮助和指导自己。不久之后,伊尹去到第一朝的最后一个天子,残暴的桀那里,他希望那人恢复健康的头脑。但是伊尹拿桀一点办法都没有,事情毫无希望。于是伊尹回到当时已崛起,掌握至高权力的年轻君主汤那里。汤给予这个智慧之人以最高

---

① 皇甫谧:《帝王世纪》:"伊尹,力牧之后。""阁老"这一头衔系年代错误。

② 孟子:"伊尹耕于有莘。"

的位置,并且在他的教导和帮助之下,建立了商朝。① 为了缓解包括当时埃及在内的世界范围内,长达七年的颗粒无收造成的饥荒之苦(正如《圣经》所证实的),伊尹决定开采金矿。天子成汤过世后,年轻的太甲继承了祖父的皇位;但是太甲憎恶操劳公共事务,他开始无所事事,放纵自己,沉湎于享乐。为了从根源上去除其罪恶,阁老伊尹命令将这个年轻人监禁在其父亲的墓旁整整三年(刚好是哀悼父亲的合适年限)。通过这样严格的管教,在摄政期间,太甲改过自新了,成了另外一个人,用成熟和智慧征服了他生命中的这一阶段。② 最终,太甲效祖父,凭借自己的智慧统治了这个帝国三十年。

Obiit Colaus Y yn *centenario major, anno 8. Vo tim Imperatoris, qui tertius fuit istius familiae. Parentavit hic ei ritu Regio; et merito sanè, ut qui per annos tres administrarat olim Imperium tanto majori cum fide, quod vicaria cum potestate. Sepultus est media ferè leuca à sepulchro conditoris in Provinciâ* Ho nan. *Successit ei filius* Y pu, *qui et hutim, et quatuor succedentium deinceps Principum Colaus fuit.*

阁老伊尹在一百岁时过世了,当时是这个朝代的第三帝沃丁的第八年。沃丁以天子礼葬他,这是合适的,因为伊尹曾经以摄政的身份治理天下三年。伊尹葬于河南省,距王朝创建者的墓半里开外。他的儿子伊陟承继父业,成为接下来的四个君主的阁老。③

Extant cedro digna viri praecepta ac monita in eodem libro Xu kim *et primum*

---

① 《史记·殷本纪》:"桀败于有娀之虚,桀奔于鸣条,夏师败绩。汤遂伐三㚇,俘厥宝玉,义伯、仲伯作《典宝》。汤既胜夏,欲迁其社,不可,作《夏社》。伊尹报。于是诸侯毕服,汤乃践天子位,平定海内。"

② 《史记·殷本纪》:"帝太甲既立三年,不明,暴虐,不遵汤法,乱德,于是伊尹放之于桐宫。三年,伊尹摄行政当国,以朝诸侯。帝太甲居桐宫三年,悔过自责,反善,于是伊尹乃迎帝太甲而授之政。帝太甲修德,诸侯咸归殷,百姓以宁。"

③ 孔安国:"伊陟,伊尹之子。"

quidem inscribitur Y hiun, *id est, documenta ipsius* Y yn *quibus scilicet adolescentem necdum depravatum, ceu antidotis quibusdam vel armis praemunit. Secundum constat severiori quâdam oratione, quâ eundem, cum mutari jam caepisset, paterna cum authoritate castigat. Tertium scribitur jam resipiscenti; quo etiam tempore, finito jam luctu triennali, mensis duodecimi die primo idem Colaus ei purpuram detulit ac diadema; laetumque è custodiâ sepulchrali ad aulam et avitum solium reduxit. Quarto denique capite hortatur ad tuendum parta, et caeptum virtutis iter animosè prosequendum. Denique est et alterum caput, quod* Ye te *inscribitur, acris ad unam potissimum virtutem, velut unicum regiminis fundamentum cohortatio. Fit interim crebra mentio in his omnibus providentiae caelestis, cui par sit morem gerere; et supremi caelorum Imperatoris qui etiam nomine ipsius caeli frequenter venit, more Sinis usitatissimo. Quoniam vero haec adeo antiqua sunt monumenta; gauderent, opinor, Europaei videre illa praelis suis excusa; atque hoc imprimis inde discere, naturae legem ne extremis quidem terrarum finibus, cum veri Numinis notitia, defuisse. Viderent etiam non sine admiratione, quae artes, et quae praecepta regendi Imperii in una religione et virtute fundata, jam tum, annis, inquam, ante Christum 1750. in Sinâ viguerint.*

伊尹的教导和警示是不朽的,至今还记载在《书经》当中,有一章题为《伊训》,意思是伊尹的教导。文章首先记载了伊尹怎样用一些祖训作为武器,以挽救堕落的年轻人的。[1] 接着记载了伊尹凭借父辈的权威,用严厉的话语教训已开始改变的年轻人。[2] 接着又记载了当三年丧期过后,太甲恢复理智,在第十二月的第一天,阁老给他紫袍和王冠,从墓地——监狱重归庙

---

[1] 《书经·伊训》:"伊尹乃明言烈祖之成德,以训于王。"
[2] 《书经·伊训》:"敢有恒舞于宫,酣歌于室,时谓巫风;敢有殉于货色,恒于游畋,时谓淫风;敢有侮圣言,逆忠直,远耆德,比顽童,时谓乱风。惟兹三风十愆,卿士有一于身,家必丧;邦君有一于身,国必亡。"

堂时,他是多么高兴。① 第四段鼓励人们保有成果,并热忱地追寻那已然踏上的美德之路。最后,另外一段,称为《以德》的,则是对美德本身的极力赞扬,认为美德是治理王国的独一无二的根基。② 在这些之中还需提到人所应该服从的天命,以及天的至上帝王,③后者常常以"天"这一名字出现。因为这些的确是非常古老的教导,我认为欧洲人会非常乐于见到它们的出版,绝大多数欧洲人也乐于从中了解到:自然法学在大地的极端处并没有被忽略,人们知道真实的神性。欧洲人看到这儿,甚至于会非常惊喜地赞叹,那个基于独一宗教和美德来治理国家的谋略和训诫,在基督之前约1750年就已然盛行了。

Juvat hic ex multis delibare unum alterumve monitum ad frugem redeunti jam Principi à fideli suo Y yn administro datum, prout Interpres noster ethnicus cum aliis illud exponit.

在很多其他文献当中,或许像我们的注疏者用其他的东西所解释的那样,挑选一两段训导记载在这里或许会有所帮助。这些警示是王子太甲重新做人之际,伊尹给予他的。

Regia persona, inquit, supra quidem habet augustum caelum à quo respicitur, infra habet populum à quo item respicitur, ante et retro, à dextris et sinistris assistunt spiritus. Res sanè maximè pertimescenda Caelum tametsi Regem uti filium habeat tamen an semper favebit, an aliquando adversabitur adimetque Imperium, nondum quidem determinavit, adeoque hîc non ducitur affectu aut propensione determinata. At vero si quidem Princeps noverit reverenter se gerere et obsequi caelo, si sibi attendere, si in omni motu, actione, sermone, cogitatione ita semper

---

① 《书经·伊训》:"呜呼! 嗣王祇厥身,念哉!"
② 《书经·伊训》:"尔惟德罔小,万邦惟庆;尔惟不德罔大,坠厥宗。"
③ 《书经·伊训》:"惟上帝不常,作善降之百祥,作不善降之百殃。"

se gerat, ac si caelum Regem intueatur ipsique praesens assistat, adeoque ne unicam quidem cogitationem pravam admittere audeat, tum certè hujusmodi mens reverens et cogitatio penetrat ipsum caelum, moxque caelum amanter juvat, protegit, dilatatque à se delegatum Imperium. Populus item tametsi mentem et oculos in Regem suum semper habeat intentos, spesque omnes suas in eo collocatas, non tamen populi indoli usquequaque fidendum cum modo in bonam modo in sinistram partem flecti queat, adeoque ejusdem subjectio debita, non sit quid stabile et immutabile: Verum si Princeps pietate foveat et protegat populum, si filiorum instar amet nec patiatur vel unum vilem homuncionem et mulierculam qui non gaudeat regiâ beneficentiâ; tum sanè tam amplae pietatis cor diffundetur in populum qui adeo venerabitur, redamabit, seseque ultro submittere gaudebit tam pio et benigno Principi. Quae cum ita sint, si quidem Rex in dignitate à caelo datâ constitutus vel unam cogitationem non rectam admittat, jam caelum Regem fastidiet et aversabitur; si vel unica res amiserit debitum ordinem, jam populus hoc ipso alienabitur: à caelo igitur collata dignitas quam periculosa est ac formidabilis! quamvis cum timore et tremore et cura assidua indies virtutem accumules, non est tamen quod tibi promittas felicis exitûs securitatem.

王族宗室，上有威严之天俯察，下有黎民百姓监视，前后左右都有神灵相助。在所有的这些里面，最应该惧怕的是一件事，那就是：即使天以君主为其子，但却不必然永远宠爱他，说不定哪天就会反对他，从他那里收回权柄。然而即使上天也不会被已然决定了的意向和喜好所左右，如果君王明白如何尊敬地行动和跟随天，如何照料自身，如何使自身的动作行为和言语思想符合自身。如果上天确实在观察君王，并亲自帮助他，使得君王并不畏惧承认一点罪恶的思想，那么他敬畏的灵魂和思想必达上天，并且很快，上天就会以爱来保护君王，协助他长久地拥有赋予君王的权柄。同样，如果人民在君王身上寄托了他们所有的希望，他们会一直全神贯注地盯着君王。

在任何情况下都要相信，不仅人性是可以转变为善或恶的，而且人民对君王的臣服也可能不是稳固和永恒的。如果君王确实爱民如子，以仁慈之心保护人民，甚至容忍并不赞赏王室善行的贫贱男女，那么他这样一颗宽广仁慈之心就会在人民当中散播开来。对这样一个虔诚和善的君主，人民就会回报以尊敬、爱戴和完全乐于服从。即使所有事情都像这样，君王已被天在这样的尊严中树立，然而他若接受了一点不正确的思想，上天都会蔑视并拒绝他。即使有一件事情做得偏离正轨，人民都会疏远他。因此，从上天得来的尊严是多么危险和可怕啊！即使你一天又一天地，带着焦虑、畏惧和战栗积累美德，你也不能保证自己可以安全地有一个幸福的结局。

Sola itaque virtus sita in veneratione, pietate, veracitate et fide firmat regna et regimen: hanc si negligas, jam caeli iudignationem, populi dissensionem, spirituum aversionem hoc ipso provocaveris.

那么，只有一种建立在崇拜、虔诚、真理和诚信基础上的美德才能使王国稳固。如果你忽视这一美德，就会触动上天的愤怒、人民的抗争和神灵的厌弃。

Denique alio capite praemuniens Principem contra praesumptionem suspirans ait: *Quod 9. Imperii Provinciis domineris, reverà non est nisi à supremi caeli mandato. Sed augusto caelo, quod affectu non ducatur, difficulter credi potest aut confidi. Hujus ordinatio an stabilis an diuturna, an varianda, an brevior sit futura, omnino incertum. Potest totius Imperii revolutio contingere, possunt initia esse florentissima, at deinde exitus miserandi: duntaxat igitur caelum attendit ad Principis virtutem cujusmodi sit. Revera si domitis pravis affectibus constanter uni insistat virtuti sic ut nullo motu pravo ab ea ne ad momentum deflectat, hoc ipso stabilis et favens constabit caeli erga se favor et voluntas: si virtus deficiat privatis affectibus et illicitis desideriis animum ab ea distrahentibus, aut si sibi vim quidem inferat sed ad breve tempus vix perseverans, tum caeli voluntas consequenter eum à se repellet.*

Et quamvis caeli decretum seu voluntas incerta sit et nobis cognita, tamen haec caeli cum homine reciproca relatio omnino non errat aut fallitur: quare si vis, ô Princeps, conservatum diu Imperium, uni constanter vaca virtuti et sufficit. Confirmat haec deinde exemplis postremi Imperatoris *Kie* quem ob impietatem caelum à se repudiaverat, & assumpti in Imperium avi *Chim tam*: de quo sic ait: *Ne existimes, ô Princeps! ex privato quodam affectu à caelo delatum Imperium, aut populi opem aut patrocinium ad eam rem Rege postulatum una: scilicet avi tui virtus fuit et pietas quae commovit supremi(caeli) Imperatoris cor et voluntatem, totiusque populi sola ejus virtute attracti propensissima studia.*

最后，在另外一个段落里，为保护王子，让他免于骄傲，伊尹发出一声叹息："当你依照上天的指令统治天下的九州时，很难相信和依赖一个威严的上天。如果天不受人的意图左右的话，无论天的谋划是长久的、变化的还是短暂的，都是完全不确定的。整个帝国的变革可能始于兴盛，却终于不幸。对于当下的国家来说，上天关注君主的美德，以及这美德是如何践行的。如果君主在掌控了自己恶的激情之后，时常立于美德之上，不在任何一个瞬间因任何行动而有所偏离，那么上天对君主的宠爱，支持君主的意志便会一直稳定。但是如果心灵受个人的激情和不正当的欲望所诱使而偏离了美德，变得软弱；或者君主在美德上只是短暂地努力了一下，却难以长久保有，那么上天的意志就会远离他。即使上天的命令和意志是不确定的和难以为我们所知的，但天与人的相互关系不可游离和动摇。如果君主希望长久地保有权柄，就应该常常将自己献于这独一无二的美德，这就够了。"①这一点为末代帝王桀的事例所证实：上天因他的亵渎而摒弃了他。同样，也为获得权

---

① 《书经·太甲下》："伊尹申诰于王曰：'呜呼！惟天无亲，克敬惟亲。民罔常怀，怀于有仁。鬼神无常享，享于克诚。天位艰哉！德惟治，否德乱；与治同道，罔不兴；与乱同事，罔不亡！终始慎厥与，惟明明后；先王惟时懋敬厥德，克配上帝。今王嗣有令绪，尚监兹哉！'"

柄的成汤所证实:关于成汤,《书经》记载说:"大王啊,不要认为从天而来的权柄是因为某种个人的感情,或是君王为此要求的人民劳动和保卫得来的。事实上,你有你祖父的美德和虔诚,这美德打动了上(天)帝的心和意志,以及被他的美德所吸引的人民的最为值得称赞的努力。"①

12.22 子贡问友。子曰:"忠告而善道之,不可则止,毋自辱焉。"

p.2. §.1. çu cum Magistrum consulit de amicitia, *Confucius* respondit: Magna cum fide & benevolentia commoneto peccantem & comiter affabiliterque dirigito in viam, a qua is aberravit: Quod si nihil efficere hic potes; tum quidem tu desiste prudens ne alioquin importunitate tua ipse tibi sis dedecori.

子贡就友谊向老师求教,孔夫子回答他道:"你应该以诚信和极大的仁慈之心去警示错误,并且友善委婉地指导他回到他所偏离的道路。如果你不能对他产生任何影响,就要明智地停止;否则的话,你就会让自己陷入耻辱的境地。"

12.23 曾子曰:"君子以文会友,以友辅仁。"

§.2. *çem çu Confucii* discipulus, aiebat: Sapientes per litterarum artiumque liberalium studia & exercitationes, sitas potissimum in exemplis ac institutis, monimentisque Priscorum sapientum, sibi conciliant & associant amicos; per ipsos vero amicos mutuo sese adjuvant ad omnem virtutem & perfectionem *animi*. Idcirco scilicet sapiens sic his & illis dat operam, ut non tam sectetur illas, quam

---

① 《书经·太甲中》:"皇天眷佑有商,俾嗣王克终厥德,实万世无疆之休……王懋乃德,视乃烈祖,无时豫怠。"

per illas sectetur virtutem.

孔夫子的弟子曾子说:"智者研习和操练文学和自由技艺①,主要关注先哲的事例、法则以及遗迹,以此来结交朋友;和这些朋友相互帮助以完善心灵美德。这样一来,智慧的人如此关注这两类事情②,使得他不仅仅追求文学,而且通过文学来追求美德。"

---

① 参见第 215 页注释①。

② 即美德和文学。

子路第十三

13.1 子路问政。子曰:"先之劳之。"

f.1.p.1.§.1.　Çu Lu discipulus exquirit a Magistro suo modum gubernandi. *Confucius* respondit: Exemplis optimis virtutum fac praeeas & praeluceas subditis suis; deinde per te ipse fac cures rem populi, ultroque venias in partem laboris publici.

弟子子路向老师询问治理的方法。孔夫子回答:"第一,你要身先士卒,做你的属民的道德楷模;第二,你要亲自处理民众的事情,此外还要参与公共劳动。"

请益。曰:"无倦。"

§.2.　Discipulus Magistrum rogavit ut plura suggereret. *Confucius* mederi volens morbo discipuli, sic respondit: Non habeo quod addam; serverentur ista duo, sed constanter, absit pigritia, taedium, lassitudo.

弟子请求老师多讲一点。孔夫子想要医治弟子的病,[①]回答说:"我没有要多说的,铭记这两点。不过,要坚定地远离懒惰、后退和倦怠。"

[①] 朱熹:"吴氏曰:'勇者喜于有为而不能持久。'"(第141页)张居正(第196页)。

13.2 仲弓为季氏宰，问政。 子曰："先有司，赦小过，举贤才。"

§.3. Alius e discipulis *Chum cum* nomine, cum esset sub *Ki xi* majori praefecto, minoris & ipse ditionis Praefectus; exquisivit item modum gubernandi. *Confucius* respondit: Primum fac habeas minores praefectos, quorum opera ministerioque res perficias. Dissimula prudens & condona minora peccata. Evehe ad honores publicos, & admove gerendae Republicae viros spectatae virtutis ac sapientiae: Sic enim tibi tuisque praeclarè consules.

另一个叫仲弓的弟子，当时在大臣季氏手下担任小封邑的长官，也询问治理的方法。孔夫子回答说："首先任命下级官吏，让他们做行政工作；赦免并宽恕他们较小的罪过。褒奖并擢升那些以美德和智慧闻名的人。"

曰："焉知贤才而举之？"曰："举尔所知。 尔所不知，人其舍诸？"

p.2.§.1. At enim, inquit, idem *Chum cum*, quomodo perspectas habebo sapientum huiuscemodi dotes, ut eos deinde eveham. Respondit *Confucius*: primum fac evehas ipse quos perspectos habueris, & unicum duntaxat, si tantum unicum noveris. Ipse verò, quos non habueris perspectos, num alii quoque ignorabunt illos, adeoque praeteribunt ac negligent?

仲弓接着问道："怎么可以知道谁有美德和智慧，从而提拔他呢？"孔夫子回答说："首先提拔你所知道的，甚至于如果你只知道一个，就提拔一个。那些你不知道的，别人难道会不知道，会错过和忽视吗？"

13.3　子路曰："卫君待子而为政，子将奚先？"

§.2. *Lim cum* Regulo Regni *Lu* mortuo suffectus erat *Che* Princeps, avo nepos; patre interim profugo contra fas & aequum neglecto: Quin & armis deinde, cum reditum pararet, prohibito. Inter haec *Confucius* e Regno *Çu* forte rediit ad Regnum *Guei*, ubi per id tempus Magistratum gerebat discipulus *Çu lu*; qui Magistrum alloquens sic ait: Regni *Guei* Princeps jamdudum tenetur desiderio tui, & cupidè expectat excepturus Magistrum ut fungâre Magistratu. Hoc ergo si contigerit, aveo scire, ecquidnam tu Magister facturus sis primo loco?

当鲁国诸侯灵公死去时，①辙被任命为国君，辙是灵公的孙子。那时，辙的父亲被不公正地驱逐出卫国。辙甚至派遣军队阻拦父亲归国。那时孔夫子从楚国返回卫国，弟子子路当时在那里做官，他这样问老师："卫国国君很早以前就希望看到你，期待要接待你，任用你。我想知道，如果发生这样的事情，老师你将会先做什么呢？"

子曰："必也正名乎！"

§.3. *Confucius* respondit: Neutiquam violari debet lex & ordo, quo natura filium patri subjecit & adstrinxit. Iam Princeps tuus *Che*, quandoquidem neglectio patre patrioque jure, eum qui suus avus est, patrem vocet, scilicet speciosiori nomine possideat necdum sibi debitam ditionem: Ergo ante omnia tam foedae perturbationi recti ordinis, laesaeque pietati medere conarer; adeoque omnino reformarem nomen ipsius.

---

① 应该是卫国，如同前面所写(6.26、7.14)。

孔夫子回答说:"法律和秩序从来不能被违反,儿子应该臣属于父亲。现在你的国君辙,不认他的父亲,还把他的祖父称为父亲,他通过虚假的名分攫取并不属于他的权力。因此,我首先要整理被严重扰乱的秩序,恢复败坏的忠诚与孝敬之风,从而完全更正他的名分。"

子路曰:"有是哉,子之迂也! 奚其正?"

f.2.p.1.§.1. *Çu lu* verba Magistri non satis maturè expendens, quasi illa hîc & nunc minùs ad rem facerent, parùm consideratè, estne, inquit, hoc ita, ut ais? Tu Magister, ut mihi quidem videris, abes hic longè àvero. Quorsum ista, quaeso, tam supervacanea nominis reformatio, quando sunt alia longe majoris momenti quae hoc statu rerum ac temporum potius videntur tractanda?

子路对于老师的话不耐烦,好像这些话不合时宜,缺乏考量,他说:"在我看来,老师你太过了。我问你,为什么不必要的有关名分的改革,反倒比此时此地看起来更需要去处理的事情更为重要呢?"

子曰:"野哉,由也! 君子于其所不知,盖阙如也。

§.2. *Confucius* tam praecipiti responso suboffendus, vah! inquit, quam rudis & agrestis es, mi *yeu*! vir sapiens in iis quae necdum probè percepit; certè haesitantis instar est ac subdubitantis; nec temerè quod in mentem venit, effutit illicò.

孔夫子被鲁莽的回答所冒犯,他说:"啊,我的由,你是多么的粗鲁和无礼啊! 智者对那些他不能够正确理解的地方,当然是犹豫和怀疑的,不会鲁莽地将心中所想说出来。

名不正，则言不顺；言不顺，则事不成；

§.3. Audi nunc igitur quid paucis verbis significare voluerim: Si nomen ipsum Principis non sit rectum, nec eiusmodi, quod ei jure competat; adeoque si in ipsa quasi fronte hominis resplendeat mendacium; tum profectò sermones ac mandata haudquaquam secundis auribus animisque excipientur. Quod si sermo Principis non excipiatur secundis auribus & animis; tum procul dubio publicae res & negotia nequaquam perficientur.

现在请让我用短短几句话来说明。如果君主的名分不是正确的,那么他的君位有合法性吗？如果一个人的表情表露出他说的话是谎言,那么他的话语从属者就不会接受。如果君主的话不被从属者接受,毫无疑问,国家的事业将无法去完成。

事不成，则礼乐不兴；礼乐不兴，则刑罚不中；刑罚不中，则民无所措手足。

§.4. Quando autem res haerent & non perficiuntur; tum vinculum illud societatis humanae, officiorum scilicet ordo, mutuaque omnium concordia, haud vigebunt. Ordine illo & concordia non vigentibus; tum poenae ac supplicia non attingent scopum a legibus constitutum; Suppliciis hoc modo a legum scopo aberrantibus; tum populus infelix, incertus quid prosequatur aut fugiat, planè non habet, ubi tuto collocet pedes manusque. Porrò tot ac tantorum malorum caput & radix est neglecta filii pietas, falso illo & jure & nomine personata.

当国家的事务停滞不前时,团体之间的联结、礼制的秩序维护,以及人们相互之间的协同性,都不够强。如果这些不够强,刑罚就不会达到法律施治的目的。如果刑罚偏离了法律的目的,那么这么多罪恶的根源就在于错误的法律和名分掩饰的不孝。

故君子名之必可言也,言之必可行也。君子于其言,无所苟而已矣。"

§.4. Idcirco vir Princeps quod attinet ad nomen ipsius & compellationem procul dubio debet esse ejusmodi quod possit sine rubore ejusdem vel offendiculo subditorum proferri, sic ut vocetur filius, si filius est; nepos si nepos. Iam ubi sic proferretur nomen, feliciter procul dubio & sine repugnantia subditorum poterunt res & negotia totius Regni procedere. Quocirca vir princeps in suis verbis nihil habeat vel admitat, quod inane sit vel temerarium; & hoc quidem sufficiat, ut intelligas ipse quanti momenti sit ea, quam initio exigebam, nominis commutatio.

所以,关于自己的名分和头衔,毫无疑问君主应该毫不羞愧,也无须对臣属遮掩。儿子就是儿子,孙子就是孙子。如果名分清楚,就不会得到大臣们的抵抗,整个王国的事情都将会被推进。所以君主的言语不应该有任何轻率的东西。这足够让你知道名分的正确是多么的重要,正如我一开始提到的那样。"

13.4 樊迟请学稼。子曰:"吾不如老农。"请学为圃。曰:"吾不如老圃。"

p.2.§.1. Discipulus *Fan chi*, pertaesus, opinor, corruptos mores aetatis suae, rogavit doceri Agriculturam. *Confucius* respondit: Ego non sum instar veterani agricolae peritus artis rusticae; peritos consulito. Rursus itaque rogavit doceri rem hortensem. *Confucius* respondit: Ego no sum instar senioris hortulani;

tu adi, & consule quorum id munus est.

弟子樊迟对腐败的时代风气感到厌倦,他请求老师教导他如何从事农业。① 孔夫子回答说:"我对农业的通晓比不上老农民,去问精通的人。"樊迟又请教园圃方面的事情。孔夫子回答说:"我比不上老园丁,你去询问管这的人。"

樊迟出。 子曰:"小人哉,樊须也!

§.2. *Fan chi* spe sua frustratus egredibatur; egredientem *Confucius* sic arguens, ut simul tamen hortaretur ad susceptum virtutis sapientiaeque studium strenuè prosequendum; o te, inquit, Plebeium & humilis animi virum! Mi *Fan siu*!

樊迟失望地转身离开时,孔夫子责备他说:"我的樊须,你这个低下的人啊。"同时为了鼓励他积极地追求美德和智慧,他又说,

上好礼,则民莫敢不敬;上好义,则民莫敢不服;上好信,则民莫敢不用情。 夫如是,则四方之民襁负其子而至矣,焉用稼?"

§.3. Qui superiorem in Republica locum obtinent, si quidem gaudeant exteriori simul & interiori compositione; tum quidem subditorum nullus erit, qui audeant non eos colere ac vereri. Rursus iidem superiores si gaudeant aequitate & iustitia; tum subditorum nullus erit, qui audeat eisdem non omnibus in rebus morem gerere. Denique superiores si gaudeant fide, verbis factisque praestita, num subditorum nullus erit, qui audeat non exerere vicissim synceram

---

① 对于张居正而言,樊迟"以务本力农,乃治生之常道"(第199页)。

promptamque voluntatem. Haec autem si ita se habuerint; tum quatuor regionum, id est, orbis universi, populi, fasciis involutos gestabunt humeris infantulos suos, & ultro properantes turmatim adventabunt; adeoque nec agri cultores deerunt, nec cultoribus alimenta. Quorsum igitur applices animum agriculturae, qui tuum, aliorumque animum potes excolere; & sic vel maxime consulere ipsi etiam agriculturae?

"如果身在高位的人乐于内外和谐，那么臣属中就没有人敢不尊敬他。另外，如果在高位的人乐于公平正义，那么臣属中就没有人敢不在所有事情上贯彻他的法律。最后，如果在高位的人乐于言行的诚信，那么臣属中就没有人敢不展现坦诚的意志。如果在上位的人具有这些品性，那么四方的人，即全天下的人都会背着他们的婴儿，自愿地成群结队地前来。他们将不会缺乏田地上的农夫和食物。你能够培育自己和他人的心灵，为什么要操心农事，还特意亲自求教农事？"①

Ne quis fortè existimaret à Philosopho Sinico contemni agriculturam, quam nemo Philosophorum etiam Sinensium non magni fecit; conatur hic Colaus Interpres noster Confucii *responsum sic exponere, ut etiam conciliare non dubitet cum exhortatione illa, qua olim* Cheu cum *Princeps agriculturam Imperatori* Chim vam, *cuius erat patruus ac tutor, studiose commendaret, uti refertur in* Xu kim *libro 8 sub titulo* Vu ye, *hoc est*, non vacandum otio: *imprimis autem docet, quanti Reges facere debeant, et quam sollicite tueri ac fovere agriculturam tanquam basim Imperii, et tanquam elementum quoddam populi, quo is haud secus ac piscis aqua sua conservetur. Affert in hunc finem exempla priscorum Regum* Xun, yu, ven et Vu vam, *patris, fratrisque sui; qui cum Philosophiae studio, studium agriculturae quondam conjunxerant.*

---

① 张居正通过传统上对于体力劳动和智力劳动的划分来解释这一回答（第200页）。

不要以为这位中国哲学家轻视农业,中国哲学家中没有人不将农业视为大事。我们的注释者阁老试图通过结合周公的劝言来解释孔夫子的回答,周公即天子成王的叔父和老师,他通过这个劝言对农业提出建议,这记录在《书经》第八卷的"无逸"中,即"不要放逸"。他教导说君王们该尽可能做到保护和支持农业,将其作为帝国的基础和人民的根本,人民由它得到保护,就像鱼受到水的保护一样。最后,他还援引了以前的国王舜、禹,以及他的父亲和兄弟,即文王与武王的例子,指出他们都把对农业的学习与哲学的学习结合在一起。①

Quid? Quod etiam ab imperiali dignitate non alienum id esse Reges censuerunt, qui manus Regias stivae admoventes partem agri quotannis per se ipsi arabant, ex quo deinde liba et vinum in sacrificia, caelorum Imperatori offerenda petebantur, uti Memcius testatur citans libros officiorum. Quamquam alia quoque tam rari exempli fuit causa, ut scilicet usu ipso discerent Principes duros colonorum suorum miserari labores: Quorum memoriam ut identidem refricaret Imperatorum unus; aratrum quoque iusserat in Palatio suspendi. Illam quoque praeter has affert causam exercitandae ab Regibus agriculturae memoratus Cheu cum, ut modestiae imprimis ac submissionis nobilissimum fructum ex illa peterent: nec deliciis sese otiove dederent, ac luxui, quae Reipublicae solent esse perniciosa.

为什么?因为君王们认为这件事不悖于王家的尊严,并且每年都以其尊贵的手在田地上推犁呢,献祭用的饼和酒都来自这里,正如孟子对《礼记》的引证一样。② 然而还有另外一个特别的理由,君主们要在这样的实践中体

---

① 张居正的注释中没有这些君王的事例,或许是耶稣会士从其他注释中发现的。这里把心灵的培养称为哲学。

② 《孟子·腾文公》:"士之失位也,犹诸侯之失国家也。《礼》曰:'诸侯耕助,以供粢盛;夫人蚕缫,以为衣服。牺牲不成,粢盛不洁,衣服不备,不敢以祭。惟士无田,则亦不祭。'"《孟子译注》,北京:中华书局,2010年,第130页。

会他的臣民的艰辛的劳作。一个皇帝为了不忘这些事情，还命令在皇宫中挂上一个犁。此外，周公还提到了一个君王应该践行农业的理由，即他们可以从这样的劳作中收获谦逊这种高贵的果实，避免沉溺于悠闲与奢靡这些常常给国家带来灾难的东西。

13.5 子曰："诵《诗》三百，授之以政，不达；使于四方，不能专对；虽多，亦奚以为？"

f.3.p.1. *Confucius* ait: Operoso labore ac studio perdidicerit quispiam Odarum ter centum capita; Collatum fuerit eidem Reipublicae gubernandae munus, nec is tamen res muneris sui perspectas habeat, sic ut si legatus eat ad quatuor partes Imperii, non possit marte suo et ex tempore apta dare responsa ad quaesita Regulorum, ad quos mittitur; huic homini quamvis multa multo studio comparata, eccui tandem usui erunt? Inutilis lucubratio est, quam rebus nequeas factisque proferre.

孔夫子说："如果有人勤奋地学完了三百首诗，然后被授予治理国家的工作，但他不能履行自己的职责。当他作为使者去帝国的四方，不能针对各地王的问题，迅速地给出合适的回答。即使这个人的学识渊博，但有什么用处呢？如果不能使之应用于事务之中，即使艰苦的学习也是没有用的。"

13.6 子曰："其身正，不令而行；其身不正，虽令不从。"

p.2.§.1. *Confucius* ait: Ipsa persona gubernantis alios si recta sit, et ad omnem virtutem composita, etiamsi nullis utatur monitis vel abhortationibus, ultrò tamen ad omnem virtutem ac laudem convertent se subditi, exemplo scilicet gubernatoris pertracti: è contrario, ipsa persona si non sit recta, licet assiduis stimulis et adhortationibus utatur; tamen non sequentur subditi. Allicient enim verba; sed potentius avertent facta.

孔夫子说:"如果一个统治者是正直的,且具备了所有的美德,即使他不做任何劝诫和训示,他的臣民也会被统治者的榜样所驱使,行进在可以获得赞誉的美德之路上。如果相反,自己不正直,即使他用尽了鼓舞和训示的方法,他的臣民仍然不会跟随他。他的话语虽然可以鼓舞人们,但他的行为却让人们背道而驰。"

13.7 子曰:"鲁卫之政,兄弟也。"

§.2. *Cheu cum* & *Cam xo* filiis *Ven vam* Regis, suae singulis obtigerant dynastiae; Huic Regni *Guei*, illi *Lu*: quas cum praeclaribus legibus et exemplis stabilivissent; successorum deinde, temporumque vitio plurimùm sanè desciverant à primis illis institutis. Quod deplorans *Confucius*, duorum, inquit Regnorum *Lu* & *Guei* administratio *Germana* est, sibique invicem perquàm similis, olim scilicet & institutis optimis et altâ pace: At nunc vitiis ac perturbationibus *Germana* item est."

文王的儿子,周公和康叔建立了他们各自的政权,前者建立鲁国,后者建立卫国,他们以自己的榜样和清晰的法令制度来巩固自己的政权。由于后继者和时代的问题,政权偏离了原先的安排。孔夫子叹息着说道:"鲁国和卫国在治国上是双胞胎,它们十分相似,曾有着最好的组织和最稳定的和平。但是它们现在是混乱和罪恶的双胞胎。"①

---

① 《论语》原文仅仅提及卫鲁两国政令制度的相似之处。从朱熹(第143页)和张居正(第201页)的注释中可以发现这两个国家最初的君主是兄弟。

13.8 子谓卫公子荆："善居室。 始有，曰：'苟合矣。'少有，曰：'苟完矣。'富有，曰：'苟美矣。'"

§.3. *Confucius* dicebat de Regni *Guei* Praefecto *Cum çu Kin* dicto, qui fortè suâ, vivebat consentus: benè placidèque privatus degebat domi. Ubi primùm quid habebat, protinùs secum ipse tacitus aiebat: Sat rei cumulatum est. Deinde verò cùm perparum illi esset, nihilominùs dicebat: Satis rerum mihi praesto est. At ubi copia rerum denuo illi adfuit; protinus dicebat: Sat rerum est mihi etiam ad splendorem.

卫国的大夫公子荆对自己的生活十分满足，为此孔夫子评论他说："他在家里很好地过着平静的私人生活。当他开始拥有一点财富的时候，会私下里对自己说：'积累的东西已经足够了。'后来贫困的时候，他同样也会说：'我拥有的东西已经足够了。'但是当财富再次降临于他的时候，他仍然说：'我的生活已经足够美好了。'"①

13.9 子适卫，冉有仆。

f.4.p.1.§.1. *Confucius* curru petebat Regnum *Guei*: *Gen yeu* eiusdem discipulus agebat aurigam.

孔夫子去卫国，他的弟子冉有做他的车夫。

---

① 朱熹和张居正都认为，尽管公子荆持续地积累财富（脱离贫穷，收入增加，最终富裕），他并不贪婪并且总是对自己的物质条件感到满足。拉丁文本误将"少有"（增加了一些）理解为"更少地拥有"。这种读法颇有些像斯多亚学派式或基督教式的：无论世间如何不幸，心灵岿然不动。

子曰："庶矣哉！"

§.2.　Loci incolae cùm fortè confluerent turmatim *Confucii* spectandi gratiâ, exclamans *Confucius*, proh! inquit, quanta hic populi frequentia est!

当那里的居民成群结队地赶来见孔夫子的时候,孔夫子呼道："人好多啊！"

冉有曰："既庶矣。 又何加焉？"曰："富之。"

§.3.　Ad eam vocem *Gen yeu*, Magister, inquit quandoquidem tanta sit frequentia hominum, ecquid praeterea ei adderes? Respondit: Adderem copiam rerum seu opulentiam moderatam.

听到这话,冉有说："老师,人数已经这么多了,你会给他们什么呢？"孔夫子回答说："我会让他们富裕起来,拥有适量的财富。"

曰："既富矣,又何加焉？"曰："教之。"

§.4.　Ait rursum discipulus: Ubi iam rerum copia adesset, quid adderes praeterea? Respondit: Rectam institutionem.

弟子又说："富裕起来以后,你又能给他们些什么呢？"孔夫子回答说："正确地教化。"

13.10　子曰："苟有用我者。 期月而已可也,三年有成。"

§.5.　*Confucius* aiebat: Si quis esset à dynastis ac Regulis, qui uteretur me, operâ meâ, et consilio, annua periodo mensium nec amplius iam perfecissem aliquid, iamque pretium aliquod appareret operae meae, gravioribus saltem vitiis sublatis. Tribus verò post annis, uti sperare ausim, iam foret res perfecta.

孔夫子说:"如果有君主任用我,通过我的工作和谋划,在不超过一年的数月时间里,我就可以有所成就。至少,我的工作可以弥补严重的缺陷。如能如我所愿,三年之后,就会卓有成效。"

13.11 子曰:"'善人为邦百年,亦可以胜残去杀矣。'诚哉是言也!"

p. 2. §. 1. *Confucius* aetatis priscae citans proverbium ait: Instructus probitate Princeps et administrans Regnum per se suique similes filios ac nepotes spatio centum annorum equidem poterit convertere & ad frugem reducere quamvis improbos & immanes; quin & abolere poenas ipsas mortisque supplicia; amore scilicet, & non terrore, continente in officio subditos. O quam vera sunt haec majorum nostrorum verba!

孔夫子引用古时候的名言,说:"富有正直品格的君主,通过他和与他品格相似的子孙后代的努力,百年之后,可以改野蛮残暴之人为正直诚实之人。那时也不必用刑罚和死刑了。他不是用恐吓,而是用爱,使他的臣属忠于礼法。哦,我们祖先的这句话说得多么的正确!"①

13.12 子曰:"如有王者,必世而后仁。"

§.2. *Confucius* ait: Quod si vero detur qui regat instructus rarâ virtute

---

① 朱熹认为这句话出自古语(第144页),张居正也同样这样认为(第203页)。这里用"爱"(amor)的概念来翻译张居正注解中的"仁"。

sapientiâque Princeps; tum planè fiet ut, ubi effluxerit triginta annorum spatium, iam deinde nativa virtus nulli non indita feliciter efflorescat.

孔夫子说:"如果让一个具有美德和智慧的统治者统治国家,那么,三十年之后,人们身上与生俱来的美德将会得以发扬光大。"①

13.13 子曰:"苟正其身矣,于从政乎何有? 不能正其身,如正人何?"

f.5.p.1.§.1. *Confucius* ait: Si quis rectè instituat suam ipsius personam, in suscipiendo Magistratu ecquid habebit negotii vel difficultatis? Contrà, si non possit rectè instituere suam ipsius personam; quo pacto tandem reget instituetque alios?

孔夫子说:"一个人如果能够端正自己,担任官职难道会有什么困难吗? 相反,如果他不能够端正自己,又怎么能端正别人呢?"

13.14 冉子退朝。 子曰:"何晏也?"对曰:"有政。"子曰:"其事也。 如有政,虽不吾以,吾其与闻之。"

§.2. *Gen çu* consiliarius Praefecti *Ki xi* hominis turbulenti, fortè veniebat ab aula eiusdem Praefecti. *Confucius* ait: Qui tam serò? Respondet: Fuerunt negotia Regni publica. Confucius, veriùs inquit, opinor, privata ipsius Praefecti negotia te tam diu detinuerunt. Si quidem enim tractata fuisset publica res, licet hoc loco & tempore non ego adhibear ad gerendam Rempublicam; pro recepto

---

① 这里将"仁"翻译为"每个人的与生俱来的美德"。张居正(第204页)和朱熹(第144页)都认为一世是三十年。

tamen more, quo Magistratu iam defuncti identidem consuluntur, ego procul dubio ea de re pariter consultus aliquid inaudivissem. Tacitè suggillatur Praefectus, & qui huic à consiliis erat, discipulus, quod aliquid clam contra Regem molirentur.

冉子是残暴的大夫季氏的幕僚,他碰巧从这个大夫的朝堂回来。孔夫子说:"为什么回得这么晚?"冉子回答说:"有公事要处理。"孔夫子说:"实际上是大夫的私事吧? 如果真的有公事处理,虽然我此时没有任职,但是依据既有惯例,卸任的朝臣一样会被咨询,我一定会因此或多或少地听到一些东西。"孔夫子委婉地批评大夫季氏和作为他的幕僚的弟子,因为他们的确正在密谋一些犯上的事情。①

13.15 定公问:"一言而可以兴邦,有诸?"孔子对曰:"言不可以若是其几也。

§.3. Regni *Lu* Regulus undecimus *Tim cum* dictus percontatur unicum verbum, seu axioma brevissimum, quo possit erigi, seu efflorescere Regnum aliquod. Daturne hoc? inquit. *Confucius* respondit: Verbo nequit hujusmodi res sanè magna & operosa ita facilè determinari; conabor tamen brevibus complecti multa.

鲁国的第十一个君主定公询问:"有没有一句话,或者说是一句简短的格言,可以让鲁国振兴并且繁荣起来的?"孔夫子回答说:"这样重大和困难的事情,当然不能期望如此简单的一句话会有这样的效果,不过我将会尝试用尽量简短的话来说明。

---

① 在朱熹(第145页)和张居正(第204页)的注释中都可以发现关于密谋的说法。

人之言曰:'为君难,为臣不易。'

p. 2. §. 1.　Vulgi proverbio dicitur: Agere Regem difficile est, agere Ministrum Regis non est facile.

人们常说:'做君王是困难的,做君王的大臣是不容易的。'

如知为君之难也,不几乎一言而兴邦乎?"

§.2.　Atqui si Rex probè intelligat quod agere Regem reverà difficile sit; eam procul dubio afferet curam & vigilantiam, quâ & coeli & suorum gratiam & amorem mereatur & conservet. Nonne hic igitur utcumque determinatur in unico veluti verbo, id quo erigatur & efflorescat Regnum?

如果一个国君认识到做国君是很难的,那么毫无疑问他会带着顾虑和警觉去治理国家,由此他会得到并保有上天和他的臣民的感谢和厚爱。① 这难道不就是一句话可以使国家振兴并且繁荣起来吗?"

曰:"一言而丧邦,有诸?"孔子对曰:"言不可以若是其几也。人之言曰:'予无乐乎为君,唯其言而莫予违也。'

§.3.　Idem Regulus rursum ait: Unicum verbum quo pessumdetur Regnum, seu, quo explicetur id quod Regnis solet esse exitio, daturne etiam illud? *Confucius* respondet: Verbo item, nequit, ejusmodi res, quae summa malorum est, ita facile determinari. Vulgi proverbio dicitur: Ego non gaudeo, nec opto

---

① 张居正在这里的注释认为:君主的行为,"上焉天命去留所系,下焉人心向背所关"(第205页)。

agere Regem: quod si agam, tum certè vehementer opto obtemperari meis illis verbis edictisque Regiis, atque neminem omnium mihi adversari.

鲁定公再一次问:"那么有没有因一句话而国家灭亡的?"孔夫子回答说:"同样地,这样邪恶的事情,不可能期望如此简单的一句话会有这样的效果。有这样的话说:'我不乐意,也不希望去做王;如果我做了王,就一定希望我的话没有任何人反对。'①

如其善而莫之违也,不亦善乎? 如不善而莫之违也,不几乎一言而丧邦乎?"

§.4. Subsumit *Confucius*: Si ergo haec imperantis verba bona sint? & ad aequitatem, publicamque utilitatem accommodata, & quibus adeò nemo sit omnium qui adversetur: nonne reverà praeclarum hoc erit, raraeque felicitatis? Contrà verò, si verba imperantis non bona sint, nec cum aequitate & utilitate subditorum conjuncta, & tamen rursus nemo sit omnium qui adversetur, qui arguat malè imperantem Principem; nonne iam determinatum habebis unico prope verbo id quod evertat Regnum; seu, quo contineatur exitium regni. Etenim sicut malis non adversari, pernicies Regnorum est; sic non adversari bonis, eorumdem est quies & firmamentum.

假如统治者的法令公平且合乎公共的利益,又没有任何人反对,这难道不是少有的幸运吗? 相反,如果法令不公平且与公共的利益无关,即使没有任何人反对,也没有任何人抱怨,这难道不是已经接近于因一句话而让国家

---

① 原文被朱熹正确地解释为:"言他无所乐,惟乐此耳。"(第145页)张居正的解释与此大致相同(第206页)。拉丁文翻译则明显改变了原文的含义,使之更具有道德意义;为人君主根本就没有快乐,只有道德败坏的危险。

灭亡吗？如此，人们不反对罪恶带来的王国的毁灭，也不反对善良带来的王国的和平与稳固。"①

13.16 叶公问政。

f.6.p.1.§.1. In Regno cu oppidi Xe Praefectus exquisivit modum rectè gubernandi.

楚国叶城的长官询问孔夫子正确的统治方式。

子曰："近者说，远者来。"

§.2. Confucius respondit: Sic rege ut qui propè sunt, gaudeant; qui longiùs absunt, ultrò adveniant.

孔夫子回答说："你要这样统治，使近处的人快乐，使更远地方的人自愿地来你这里生活。"

13.17 子夏为莒父宰，问政。子曰："无欲速，无见小利。欲速，则不达；见小利，则大事不成。"

§.3. cu hia discipulus, cum esset ditioni Kiu fu in Regno Lu sitae Praefectus; consuluit Magistrum de modo rectè gubernandi. Confucius ait: duae cautiones tibi necessariae sunt: prima, ne velis esse praeproperus ac praeceps, acriter & importunè urgendo, ut, quod mandatum est, illico perficiatur. Altera, ut nolis attendere ad exigua parvique momenti lucra, seu emolumenta. Volens

---

① 最后一句来自张居正的注释（第206页）。

enim accelerare omnia, & semper, & ubique properare; tum certè non habebis perspectas res, ad quarum notitiam nonnisi lentè perveniri solet. Iam si attenderis ad exilia quaedam lucra & commoda; tunc fiet ut maximae quaeque res & negotia, haud perficiantur.

子夏在鲁国的莒父这个领地做长官，他请教老师正确统治的方法。孔夫子说："对你有两个提醒，实施政令时不要急躁，不要贪图任何小便宜。如果总是希望所有事情都加速实现，那么，你将看不到那些只有长期经历才能注意到的事情；如果你贪图小便宜，就做不了大事。"

13.18 叶公语孔子曰："吾党有直躬者，其父攘羊，而子证之。"

p.2.§.1. Modò memoratus oppidi *Xe* Praefectus alloquens *Confucium* aiebat: Inter meos populares inveniuntur homines, qui admodùm simpliciter & rectè procedunt. Ex gr. cujuspiam pater alteri forte suffuratus fuerit suam ovem, & ecce filius sine ulla cunctatione & sine ullis ambagibus coram judice profert testimonium contra patrem.

刚才提到的叶城的长官对孔夫子说："在我的人民中，有人行事尤其单纯正直。例如，一个父亲偷走了别人的羊，儿子便毫不迟疑地在法官面前指证。"

孔子曰："吾党之直者异于是。父为子隐，子为父隐。直在其中矣。"

§.2. *Confucius* ait: Meorum quidem popularium simplices ac recti, haud paulò diverti sunt ab istis. Pater enim, si quid fortè graviùs peccatum est à filio, vel ideo quia filius est, rem occulit: Filius item, si quid fortè peccatum est à Patre ; multo etiam magis, quia Pater est, rem occulit, celatque alios, judicem imprimis, & ut mihi quidem videtur, simplicitas quaedam & rectitudo existit etiam in hoc ipso patris filiique occultandi studio.

孔夫子说:"在我的人民中单纯和正直的人,和这个人大不相同。如果碰巧儿子犯了重罪,父亲会为儿子隐瞒。同样地,如果碰巧父亲犯了重罪,儿子也会为父亲隐瞒。如我所见,单纯和正直在于父亲和儿子的相互隐瞒。"

Hanc Philosophi sententiam confirmat Sie *Interpres exemplo sapientis* Xun, *qui deinde fuit quintus Imperator Sinarum* : cum enim pater suus cu seu *fortè comisisset homicidium* ; *pius filius clam sublatum in humeros, et ad maris usque littus deportatum, severi iudicii, capitisque periculo eripuit.*

注释家谢氏通过贤明的舜的例子确证了这个哲学家的观点,舜是中国的第五帝,他的父亲瞽瞍犯了谋杀罪,正直的儿子把父亲背在肩上秘密地送达海岸,从而把父亲从严厉的审判和死刑的危险中拯救出来。①

13.19 樊迟问仁。子曰:"居处恭,执事敬,与人忠。虽之夷狄,不可弃也。"

§.3. *Fan chi* quaesivit ex Magistro modum acquirendae verae virtutis. *Confucius* respondit : Studium illius nullo non loco & tempore est necessarium : Si degis privatus, decorum & gravitatem constanter fac serves. Si admovenda manus est cuipiam operi negotiove publico ; sedulò, maturè, sedate te geras. Agenti cum

---

① 这条注释可以在朱熹援引谢氏的话里找到(第146页)。孟子也视舜为孝的楷模:"舜尽事亲之道而瞽瞍厎豫,瞽瞍厎豫而天下化,瞽瞍厎豫而天下之为父子者定,此之谓大孝。"(《孟子·离娄》)张居正没有提及舜及他的父亲瞽瞍。

hominibus fides & veritas cordi sit. Quamvis autem perrexeris ad gentes barbaras, & incultas; non licet tamen vel unico temporis momento haec abjicere, quae dixi, studia virtutis.

樊迟询问孔夫子获得美德的方式。孔夫子回答说:"对美德的追求体现在任何地方、任何时间。居家生活时,你应该态度端庄;处理公务时,你要勤勉并且要成熟、冷静;待人要真心实意。即使到了落后的未开化的民族居住地,也不可以放弃我提到过的这些。"

13.20　子贡问曰:"何如斯可谓之士矣?"子曰:"行己有耻,使于四方,不辱君命,可谓士矣。"

f.7.p.1.§.1.　*Çu cum* quaesivit dicens: Quo pacto quispiam poterit eva-dere, meritoque dici vir eximius ac primarius? *Confucius* respondit: qui in rebus action-ibusque personae suae propriis verecundus est, sic ut primam quoque speciem turpitudinis & iniquitatis vereatur ac horreat. Item qui à Principe suo legatus ad quatuor Imperii partes negligentiâ vel imprudentiâ sua non dedecorat Principis sui legationem, seu negotia cum Regulis pertractanda; poterit is dici vir eximius et primarius.

子贡问道:"一个人怎么样才能算是一等的卓越之人?"孔夫子回答说:"在日常行为中保持谦逊,并保持羞耻之心。此外,作为到帝国四方出使的使者,不因为疏忽与无知而有辱自己的使命。这样的人可以说是一等的卓越之人。"

曰:"敢问其次。"曰:"宗族称孝焉,乡党称弟焉。"

§.2.　Discipulus ait: Liceat mihi denuò precontari, ab hujusmodi homi-num supra vulgus eminentium ordine, quinam secundi sint? *Confucius* respondet: Secundi sunt ii, qui à propinquis & consanguineis suis jure & merito censentur & praedicantur obedientes. Item, qui à suis popularibus censentur & praedicantur observantes natu majorum.

弟子说:"我想再问一下,哪些人是次一等的?"孔夫子回答说:"这些人是第二等的,家族和亲戚称赞他孝顺父母,人民称赞他是敬重兄长的。"

曰:"敢问其次。"曰:"言必信,行必果,硁硁然,小人哉！抑亦可以为次矣。"

§.3. Ait discipulus: Liceat mihi denuò precontari. Ab his ipsius ecqui rursùs secundi sunt? Respondet *Confucius*: qui in sermonibus suis obfirmatum adferunt animum ad veritatem; tametsi parùm acutè discernant inter verum & falsum. Item, qui in rebus suis & actionibus omnibus obfirmatum adferunt animum ad perficiendum opus susceptum. Huiuscemodi duriusculi & pervicacis nescio cuius constantiae homines, quàm modicae facultatis & ingenii sunt! Attamen nonne etiam possunt censeri secundi ab istis: maximè cum nemini plerumque sint damno; & dum sibi unis vacant, aliquid etiam quod suam laudem mereatur, habeant.

弟子问:"再次一等的是哪些人呢?"孔夫子回答说:"那些不能分辨真理和谬误,①说了就一定守信用,做了就一定要坚定不移完成的人。这类固执的人执着于自己的坚持,他们缺少能力和天赋！不过他们可以说是次于第二等人的。一般来说,他们是不会伤害别人的。独处时,他们甚至有某些值得赞扬的品质。"

---

① 张居正:"所言者,不择理之是非而必期于信。"(第209页)

曰:"今之从政者何如?"子曰:"噫! 斗筲之人,何足算也。"

§.4. *Çu cum* rursus interrogat: Qui hoc tempore admoti sunt gerendae Reipublicae, cujusmodi sunt plerique judicio tuo Magister? *Confucius* respondet: Eheu! Exiguae facultatis & capacitatis, & planè ad instar vasculorum *Teu & Siao* homines sunt: quomodo mereantur esse in aliquo numero vel pretio?

子贡又一次问:"老师,现在治理国家的那些人,在你看来是属于哪一等的人呢?"孔夫子回答说:"他们技艺不行,能力弱小,就像小容器斗和筲一样,度量和见识都非常狭小。他们又如何能够被人尊重呢?"

13.21 子曰:"不得中行而与之,必也狂狷乎! 狂者进取,狷者有所不为也。"

p.2.§.1. *Confucius* ait: Ego si non inveniam, qui mediam virtutis viam teneant, ut propagem illam, communicemque cum plurimis operâ ipsorum: tum quidem necesse erit cum duplici hominum genere communicare, feliciter cum iis qui celsas quidem cogitationes habent, sed nihil perficiunt. Item, cum iis, quibus celsae cogitationes desunt quidem, adest tamen robur & constantia in eo quod semel susceperunt. Illi namque nativâ suâ animositate illâ impulsi feliciter poterunt progredi, & sumere exempla ac normam ab altiùs provectis; hi vero saltem habent à quibus sibi sedulo cavent, & quae non facilè ac temerè dimittunt, & sic tam hi quàm illi facilè poterunt ad medium reduci.

孔夫子说:"如果我找不到持守美德之中道的人来增进美德,并从他们的成就中尽可能多地受益,就会和这两种人打交道:第一种人有高远的志向,但是从来都不能够付诸实践;第二种人没有高远的志向,但是在办事时能够做到坚定不移。前者由内在的勇气驱动,能够依照较高者的榜样和法律进取;后者不会忽略外在的物,做事谨慎,至少能够保护自己。两者都可以容易地被带回到中道。"

13.22 子曰:"南人有言曰:'人而无恒,不可以作巫医。'善夫!"

f. 8. p. 1. §. 1. *Confucius* ait: Apud meridionales homines datur tritum sermone proverbium quo dicitur: Homo qui non habet constantiam, non potest exercitare artem vel divinatoriam vel medicam. Laudo proboque.

孔夫子说:"南方人有句话:'没有恒心的人,卜筮的事做不好,医治的事也做不好。'我赞同这句话。"

"不恒其德,或承之羞。"子曰:"不占而已矣。"

§.2. Confirmat autem hoc proverbium authoritate Principis *Cheu* cum in commentariis suis in librum mutationum, ad figuram 32 cui titulus *Hem*, id est, constantia, ubi sic ait: Quisquis non perpetuat & constanter excolit suam virtutem; aliquando sibi accenset probrum & dedecus." In quem rursus locum scribens *Confucius* sic ait: Quisquis non constanter exercet suam virtutem, non habet quidquam ad quod vel utilis vel idoneus sit.

这句话为权威的周公所证实,他在对《易经》的诠释中,提及了第三十二个以"恒"命名的符号,并说:"若有谁不持之以恒地提高自己的美德,将会使自己受到羞辱。"①孔夫子在这段话后写道："谁不坚定地提高自己的美德，谁就不会得到任何有用的东西。"②

§.3. Ingemiscens hîc *Confucius*: Proh dolor! inquit, non exquirunt neque expendunt caeci mortales hanc veritatem. Actum est!

孔夫子哀叹着说："唉，太伤心了。盲目的凡人从来不寻找也不渴望这一真理。完了！"③

13.23 子曰："君子和而不同，小人同而不和。"

§.4. *Confucius* ait: Vir probus ac sapiens, quantum fas & ratio sinit, concordat cum omnibus, sic tamen ut non sit unum quid & idem cum promiscuâ hominum turbâ: contra improbus & insipiens delectu nullo unum quid idemque se facit cum omnibus; & tamen cum nemine concordat, quatenus fas & ratio praescribit.

孔夫子说："正直和智慧之人，尽可能地按照正当的、理性的原则去认同每个人，但这并不意味着他会成为一个从众的庸人。相反，无耻之徒和愚蠢之人不加选择地附和别人，但事实上他和所有人都不和谐，更不用说和正当与理性的原则了。"

---

① 朱熹和张居正都提到原文所引用的《恒卦》九三爻辞。耶稣会士遵从中国传统，将《恒卦》卦辞归于文王，而将爻辞归于周公。

② 拉丁文译本没有翻译"不占而已矣"。因为耶稣会士认为迷信是随着佛教而传入中国的，他们大概倾向于删掉提及孔夫子时代占卜的句子。另：前后两句引语，意思一致，用词略有出入。

③ 此句没有对应的《论语》原文，或许是在最后排版的时候插在此处的。

13.24 子贡问曰："乡人皆好之，何如？"子曰："未可也。""乡人皆恶之，何如？"子曰："未可也。 不如乡人之善者好之，其不善者恶之。"

§.5. *Cu cum* quaerit dicens：Si populares omnes gaudeant quopiam, quid tibi videbitur? *Confucius* respondet：Necdum id sufficit, ut certi quid de virtute ipsius sapientiâque statuatur. Ad si populares omnes oderunt quempiam, quid de illo tibi videbitur? *Confucius* ait：Hoc quoque necdum sufficit. Longè melius est tutiusque si popularium probissimi quique gaudeant illo, & si eorumdem improbissimi quique oderint illum. De hoc ausim ego tutò affirmare virum esse probum & sapientem.

子贡问孔夫子："如果周围的人都喜爱某一个人，你觉得这个人怎样呢？"孔夫子说："还不足以判断，因为他的美德和智慧方面的情况到底如何还不知道。""如果周围的人都讨厌某一个人，你觉得这个人怎样呢？"孔夫子说："这样也不足以判断。如果受欢迎的最有品质的人称赞他，同时最无耻的人讨厌他，那样就更加好并且更加可靠了。如此我也可以很确定地说这个人是正直且智慧的。"

13.25 子曰："君子易事而难说也。 说之不以道，不说也；及其使人也，器之。 小人难事而易说也。 说之虽不以道，说也；及其使人也，求备焉。"

p.2.§.1. *Confucius* ait：Viro sapienti facile est quidem servire, & jussa quaelibet imperantis exequi：At dificile est sanè eidem praebere oblectamentum. Etenim si offeras oblectamentum ipsi non consentaneum honestati & rationi, non admittit oblectamentum. Agendo vero de ipso ut est imperans aliis, semper utique metitur vires & facultates eorum, quibus quid imperat. Stulto contrà difficile est servire; at perquam facile praebere oblectamenta: quippe si demulces illum & oblectas; quamvis id turpiter & illicitè; delectatur tamen. Agendo verò de ipso ut herus est, seu, Praefectus populi, importunè et inclementer exigit ab suis res omnibus numeris absolutas.

孔夫子说："服侍一个智慧的人，并且执行他的所有命令是非常容易的。但是事实上，赞美并取悦他是很难的。因为如果你不诚实地、理性地为他献上赞美之辞，他就不会接受。当他用人的时候，会量才使用。相反，虽然服侍一个愚蠢的人是很难的，但是你去赞美并取悦他却是极其容易的，你可以露骨地恭维和赞美他，即使是无耻地、非法地。并且因为他是主人，亦即是众人的长官，他会不适当地、简单粗暴地命令他的下人们把每件事情都做到最好。"

13.26 子曰："君子泰而不骄，小人骄而不泰。"

§.2. *Confucius* ait: Sapiens altâ pace fruitur; & tamen non effertur ullo fastu vel superbia. Stultus autem sibi ipse placet ac plaudit; & tamen expers est idem verae pacis, quia expers veri boni, veraeque virtutis.

孔夫子说："智者享有巨大的平和，并且不会被自大和傲慢所吞没；而愚人奉承并赞美自己，却没有真正的平和，因为他缺乏真正的善和真正的美德。"

13.27 子曰："刚、毅、木、讷，近仁。"

f.9. p.1. §.1. *Confucius* ait: Robore constantis animi, forti patientiâ, candidâ simplicitate; denique tarditate quâdam ad loquendum, his quatuor ceu gradibus propè acceditur ad integritatem innocentiamque animi coelitùs inditam naturae nostrae.

孔夫子说:"坚定的信念、坚强的耐心、质朴的单纯,最后还有言语的谨慎,这四种品质仿佛台阶,凭此就能接近我们本性中天赋的正直和纯洁了。"

13.28 子路问曰:"何如斯可谓之士矣?"子曰:"切切偲偲,怡怡如也,可谓士矣。朋友切切偲偲,兄弟怡怡。"

§.2. *Çu lu* sciscitatur dicens: Quo pacto quispiam poterit dici inter suos Magister? *Confucius* respondit: Sit ardor quidam amoris ac studii in consectanda virtute. Adhibeatur exactitudo quaedam & efficacitas in commonendis aliis offici sui. Ad haec oris serenitas, affabilitasque sermonis accedat, hic poterit dici Magister. Porrò adversùs amicos & familiares adhibeatur ardens studium mutuae virtutis, necnon acris & accurata mutui officii exactio. Verùm adversus fratres natu majores & minores, blandior quaedam suaviorque adhibeatur ratio.

子路这样问:"一个人如何才能被人民称作教师呢?"孔夫子回答说:"他应该喜爱并热衷于追求美德,履行自己的职责,劝勉他人时,富有成效。此外,要言辞友善,待人和蔼可亲,这样的人就可以被称作老师。更进一步,对朋友和亲近之人要用追求美德的热忱,并相互勉励支持,而对待兄弟要用更为温暖、合意的方式。"

13.29 子曰:"善人教民七年,亦可以即戎矣。"

§.3. *Confucius* ait: Vir probus & integer si doceat populum, quae officii sui sunt, sive erga parentes, sive erga Principem, idque si doceat per septem annos; hinc etiam poterunt cives ac subditi rei militari periti evadere.

孔夫子说:"如果一个正直、性格完善的人用对待父母和君王的礼仪教导人民,那么七年后,就可以教这些人民打仗的军事技能了。"①

13.30 子曰:"以不教民战,是谓弃之。"

p.2.§.1.　*Confucius* ait: Adhibere autem necdum probè instructum virtutibus populum ad rem militarem, id profecto jure dicitur adjicere suos, & gravi periculo patriam exponere.

孔夫子说:"然而如果不通过美德正确地指导人民参与军事,这可以说是抛弃人民,并把国家暴露于巨大的危险之中。"

---

① 原文没有说明教育人民的具体内容。朱熹认为这包括道德训诫、农耕及军事技能(第148页)。张居正也有同样的说法(第213页)。拉丁文译本在此处则将这种教育简化为礼仪而不顾农耕和军事,使得这句话的含义颇不现实。

宪问第十四

14.1 宪问耻。 子曰:"邦有道,谷;邦无道,谷,耻也。

§.2. Discipulus *Yven hien* quaesivit ecquid erubescendum sit. *Confucius* respondit: In Regno dum vigent leges gerere munus publicum, nec operâ vel consilio conferre quidquam ad utilitatem publicam, & interim frui censu regio, res est pudore digna. Rursus in Regno dum jacent leges pari otio socordiâque diffluere, dum maximè tamen consulendum esset periclitanti patriae, & nihilominus frui censu regio; vehementer erubescendum est.

弟子原宪询问什么是可耻的。孔夫子说:"当国家中法律足以发挥公共职能,不需要额外的工作与谋划便能为公共带来利益;这时享受国家俸禄是应该羞愧的。然而,当国家法律荒废,危急中的国家急需治理,同样地还享受国家俸禄,这就是极其可耻的。①

克、伐、怨、欲不行焉,可以为仁矣?"

§.3. Instituit idem discipulus quaestionem hujusmodi: "Si quis, inquit, immunis esset a vitiis quatuor maxime vulgaribus, atque adeo si quis per nimium

---

① 原文中,在"邦有道"和"邦无道"这两种情况下,接受俸禄而不做任何事情,都同样被看作是可耻的。朱熹指出原宪对后者是明白的,而不懂前者,即"邦有道谷之可耻",因而朱熹表明这两种情况放在一起是"因其问而并言之,以广其志"(第149页)。而拉丁文翻译并没有将这两种情况放在同一层次上,而是建立了一种渐进等级:"邦有道"时"羞愧";"邦无道"时是"极其可耻"。

appetitum gloriae; praecellentiaeque; item per sui complacentiam jactantiamque; per iracundiam denique, & cupiditatem habendi, nihil omnino faceret; posset is, opinor, censeri praeditus prima illa quae homini indita fuit virtute & innocentia.

原宪又提出这样的问题:"如果有人没有这四种常见的毛病,不贪求名声,不自鸣得意,没有怨恨与贪欲。那么这人能够称得上是具有与生俱来的美德和纯洁吗?"

子曰:"可以为难矣,仁则吾不知也。"

§.4. *Confucius* respondit: Non agere quidpiam cum iis, quas enumerasti, perturbationibus animi, potest id quidem censeri perquam rarum ac difficile: Verumtamen de primaevo illo rationis imperio innocentiave an praeditus sit nec ne, equidem ego non scio.

孔夫子回答说:"确实,你刚列举的心灵没有混乱的这类人可以说是极其罕有难得的。不过,我也不知道这种人是否具有与生俱来的美德和纯洁。"①

14.2 子曰:"士而怀居,不足以为士矣。"

f.10.p.1.§.1. *Confucius* ait: Vir gravis ac sapiens qui de hoc potissimum laborat, hoc assiduè meditatur ut commodè suaviterque domi suae degat, indignus est qui censeatur vir sapiens.

孔夫子说:"如果智慧且稳重的人,总为在家中生活得舒畅和快乐而操劳和思考,他就不应该被认为是智慧之人。"

---

① 此处对"仁"的翻译让人想到基督教的观念。

14.3　子曰："邦有道，危言危行；邦无道，危行言孙。"

§.2. *Confucius* ait: Si in regno quopiam viget lex authoritasque boni Principis; fidenter fortiterque loquere; fidenter fortiterque age. In regno si jacent leges authoritasque Principis; tunc nihilominus fidenter quidem fortiterque agendum est; attamen sermones solito plus facilitatis ac sumissionis habeant; ne alioquin aegri jam corporis morbum exasperes veriùs, quam ei medearis.

孔夫子说："如果国家法律普及且贤明君主的权威得到推崇，就要自信勇敢地说话、做事。如果国家法律废弛且君主权威倾颓，那时同样要自信勇敢地做事，然而言语要灵活、谦恭。否则的话，与其说你是疗病，倒不如说你引发了更多的疾病。"①

14.4　子曰："有德者必有言，有言者不必有德；仁者必有勇，勇者不必有仁。"

p.2.§.1. *Confucius* ait: Qui habet virtutem, procul dubio habet etiam in promptu sermones ac documenta, quibus eam aliis commendet. Caeterum qui habent sermones in promptu, non tamen certâ necessariâque consequentiâ habent virtutem. Rursum quisquis excellit integritate innocentiaque vitae, procul dubio robore quodam animi & fortitudine est praeditus. Fortis tamen haud necessario certove praeditus est eâ, quam dixi, integritate.

孔夫子说："有美德的人，毫无疑问地拥有使人安心的言辞和文字，借此使其他人信服美德。相反，言辞敏锐的人并不一定就具有美德。另外，生活

---

① 参见张居正"保身之智"（第216页）。

中正直和纯洁的人，一定是勇敢和强健的，不过勇敢强健的人并不一定具有我所说的正直和纯洁。"

14.5 南宫适问于孔子曰："羿善射，奡荡舟，俱不得其死。 然禹、稷躬稼而有天下。"夫子不答。 南宫适出，子曰："君子哉若人！ 尚德哉若人！"

§.2. Discipulus *Nan cum quo* (alias *Nan yum*) quaesivit ex *Confucio* dicens: Olim Regni *Yeu kium* dynasta *Heu y* dictus, idemque Colaus sub *Chum cum* quatro Imperatore familiae *Hia* (annis circiter 1700 ante Confucium) robustissimus erat, simulque peritissimus jaculandi. Alter idem eiusdem coaetaneus *Ngao* dictus, filius *Han cho* nullo negotio circumducebat huc atque illuc naviga in arenti solo, tam portentosis erat viribus corporis. Caeterum & hic & ille non adepti sunt suam mortem, ambo scilicet interfecti. Verùm duo alii *Yu* scilicet, & *cie* nullo corporis robore vel opulentiâ conspicui, cum suis ipsis manibus agris colerent, & vitam humilem, pauperemque viverent; tamen obtinuerunt Sinarum Imperium, *Yu* quidem Imperatori *Xun* succedens, adeoque familiae *Hia* primae ipse conditor: *cie* vero, quatenùs ex stirpe hujus (licet mille ac trecentis circiter pòst annis) prognatus fuit magnus ille *Vu vam*, tertiae familiae *Cheu* fundator. Sed unde hoc tandem? *Confucius* tunc quidem non respondit. Discipulo verò *Nan cum quo* mox egresso, exclamans *Confucius* dixit: O quàm praestans hic vir est！ O quanti facit, & suo verè aestimat pretio virtutem hic vir *Nan cum quo*！

弟子南宫适(亦即南容)问孔夫子说："古时有穷国部落首领后羿是夏朝

(约在孔夫子之前 1700 年)①第四位君主仲康的阁老,他的力气非常大,并且擅长射箭;而另一个和他同时代的奡,即寒浞之子,据说曾毫不费力地独自拖着船在旱地上四处行进,相较于人类的体力来说,这是奇异的。但这两位都被杀害而死于非命。另外两个人禹和稷的出名不是由于身体的强健和财富,而是亲自从事农耕,并过着简朴的生活,然而最终获得了中国的统治权。禹继承了舜的王位,并缔造了夏朝。稷是第三个王朝周朝的创建者,②从他延续到了伟大的周武王(稷后约 1300 年)。由此可以得出什么结论呢?"孔夫子并没有回答,之后南宫适离开了。孔夫子大赞说:"多么优秀啊!南宫适这个人的成就多么伟大啊!他真崇尚美德呀!"

14.6 子曰:"君子而不仁者有矣夫,未有小人而仁者也。"

f.11.p.1.§.1. *Gin* nativa cordis virtus est, nec aliud ferè, quàm perpetua quaedam animi conformatio cum lege caelesti. Quoniam vero cor ipsum valdè inconstans est ac mobile; hinc fit, ut nobis etiam non advertentibus virtus illa, si non penitùs amittatur, certè quidem ceu nebulis quibusdam identidem intercipiatur. Quocirca rectè *Confucius* ait: Vir & probus & sapiens, & tamen quandoque expers purissimae illius tenerrimaeque virtutis planè datur. Verbo: levis error, peccatum leve, cadit in sapientem. Caeterum necdum extitit, nec verò potest existere simul improbus & simul virtute illâ *Gin* instructus: esset enim conformis cum caelo, & non esset.

仁是心灵本有的美德,就如同是心灵和天理有某种永恒的结合。心灵

---

① 张居正仅给出了后羿的部落名为有穷(第 216 页)。耶稣会士则从其他资料中了解到了后羿与夏朝的联系。

② 因为《论语》并没有清楚说明后稷怎么有了天下,朱熹注释说后稷因其后裔武王而有天下(第 150 页)。张居正也持同样的观点(第 217 页)。耶稣会士为欧洲读者加上了年代。

本身是极不稳定且易变的,所以即使仁没有完全消失,在不知不觉中它也会一次次地被迷雾遮蔽①。因此,孔夫子直接说:"就像人们所说的小的错误、过失也能在智者身上发生那样,正直且智慧的人偶尔也许会丧失那极为纯洁的美德。不过恶人被赋予仁是从来没有发生过,也不可能会发生的,否则就是既与天相类又与天相悖了。"

14.7 子曰:"爱之,能勿劳乎? 忠焉,能勿诲乎?"

§.2. *Confucius* ait : Quisquis amat, potestne non exercere duris eum quem amat? Rursus, quisquis fidelis est, verusque Minister sui Principis postne non monere eum officii sui?

孔夫子说:"有谁爱一个人,而不让他接受艰苦的锻炼呢? 另外,有哪个真正忠诚的臣子,会不尽职劝谏他的君主呢?"

14.8 子曰:"为命,裨谌草创之,世叔讨论之,行人子羽修饰之,东里子产润色之。"

§.3. Regnum *Chim* sanè modicum, & inter praepotentia duo Regna *çin* & *çu* medio situm loco, virtus ac prudentia Principis sui *Hien cum* dicti, cum fide, concordiâ, solertiâque Ministrorum feliciter conjuncta, non invictum modò praestabat adversùs ambitionem, potentiamque vicinorum; sed etiam pace opulentiâque florens ac beatum. Concordis ergo solertiae, fideique servientis Principi

---

① 参见张居正"君子之心纯乎天理"(第217页)。这里耶稣会士毫无保留地使用宋明理学的"天理"概念,翻译为 lex caelestis。同样,朱熹和张居正谈到的"毫忽之间心不在焉",耶稣会士认为是自然的心神不定的普遍规律。

specimen aliquid hîc daturus *Confucius*, & ex digito robur & elegantiam totius corporis aestimaturus, sic ait: quotiescumque Principis nomine nuntiandum quid erat finitimis Regulis; primum quidem *Pi xin* Praefectus probè cognitam Principis mentem prima manu styloque rudiori exponere ordiebatur; mox deinde *xi xo* scriptionem examinabat, & appositis rationibus & exemplis Priscorum confirmabat. Tertius *Hin gin* (officii nomen est) *cu yu* dictus praecisis iis, quae superflua videbantur & additis quae desiderari iudicabat cultiori stylo & ordine disponebat omnia & exornabat. Quartus denique è territorio *Tum li* oriundus, cui nomen *cu chan* propriam quoque gratiam & venustatem addebat operi, tollens si quid irrepserat iam antiquati. Porrò quod à quatuor viris illustribus, & tam concordi opere perficiebatur, an exitum sortiri poterat non optatum?"

弱小的郑国,夹在晋国和楚国这两个强国之间。郑国的君主襄公的美德和智慧跟臣子们的睿智、和谐、忠诚成功地结合在一起,面对邻国的野心和强权的郑国保持着独立,而且伴随着和平和富庶及国家的繁荣昌盛。孔夫子以此为睿智、和谐、忠诚地服务于君主的典范,他以小见大地说:"每逢君主要昭告全国时,首先由大夫裨谌按君主的想法起草创制;然后世叔检查文稿,并增强文章的逻辑性,增添古代的典范以加强论证;再由行人(一种官名)子羽加以润色修改,削减文辞,完善格式,排列全文;最后,来自东里的子产会将自己的魅力和优雅适当地增添到这文稿中,并删去那些无意中加入的过时之语。经过这四个人的修改,这篇文稿最终变得和谐一致。它发布出来能不被公众接受,或者说能不受欢迎吗?"

14.9 或问子产。子曰:"惠人也。"

p.2.§.1. Exponit *Confucius* hoc paragrapho & duobus sequentibus, quid censeat de quibusdam viris & Ministris variorum principum. Quodam igitur sciscitante de *çu chan* quid sentiret. *Confucius* respondet: Beneficus est, & talis habetur ab omnibus, quamvis idem severus sit & censor & iudex.

在这一段和下面的两段中,孔夫子说出了他对不同臣子和君主的看法。有人问孔夫子子产是个什么样的人。孔夫子回答说:"虽然子产是个严厉的检察官和审判官,但子产为人慷慨,这是所有人都知道的。"

问子西。曰:"彼哉！彼哉！"

§.2. Interrogatus de *çu si* quid sentiret, aspernantis in morem sic respondet: Vir iste, iste? Favebat scilicet dynastae Regni *çu* legitimo illi quidem, sed qui contra jus Regis titulum sibi vendicaret.

当被问及如何评价子西时,孔夫子鄙弃地说:"这个人？他呀！或许他合法地支持那位楚国的统治者,但是这个统治者违背法律,僭称王号。"

问管仲。曰:"人也。夺伯氏骈邑三百,饭疏食,没齿无怨言。"

§.3. Interrogatus de *quon Chum* Praefecto Regni *çi*, qui *Huon cum* Regulorum tunc facile Principi, à consiliis olim fuerat; respondit: Hic vir hic erat *Huon cum*. Certè cum privasset unum praefectorum (cui nomen *Pe xi*) reum certi criminis, eâ quâ ipsum quondam donaverat *Pien* ditione trecentarum familiarum; cumque hanc ad *quon chum* transtulisset, *pe xi* deinde redactus ad egestatem, adeoque vescens oriza viliori, tamen ad extremum usque aetatis suae non protulit unquam iniquioris vel indignantis animi verbum. Reputabat enim assiduè, & quid ab se peccatum fuisset; & quae quantaque essent alterius qui sibi in eâ ditione successerat, merita.

管仲是齐国的丞相,曾经辅佐桓公称霸诸侯,孔夫子被问及管仲时回答说:"这是桓公的人,桓公夺取了一位犯有某种罪行的丞相(名为伯氏)的三百邑,在此之前,这些地区是他交给伯氏掌控的,他把这些地区移交给了管仲。伯氏最终陷入贫困,甚至吃着廉价粗糙的大米,然而面对终生的粗陋生活,他从来没有一句话说桓公不公正或者表达心中的愤愤不平。他一直在思考他自己所犯的错误,以及接替他采邑的这个人的功绩。"[1]

14.10 子曰:"贫而无怨难,富而无骄易。"

f.12.p.1.§.1. *Confucius* ait: Versari in paupertate, & tamen non odisse illam, perquam difficile est. Esse divitem & tamen esse sine fastu vel superbiâ, facile est.

孔夫子说:"贫穷却没有怨恨,这是极其困难的;富裕却不骄傲自大,这是很容易做到的。"

14.11 子曰:"孟公绰为赵、魏老则优,不可以为滕、薛大夫。"

§.2. *Confucius* ait: Regni *Lu* quondam Praefectus *Mem cum cho*, is ut agat quidem, *Chao* & *Guei* duarum familiarum in Regno *çin*, quamvis admodùm illustres & copiosae sint, supremum oeconomum; utique habet affatim facultatis & industriae: At non potest agere ne minimae quidem dynastiae *Tem* vel *Sie* Praefectum.

孔夫子说:"鲁国的大夫孟公绰有能力为晋国的赵氏和魏氏两家效力,无论这些家族是多么地有名望和富裕,因为他勤勉且有足够的能力。但是

---

[1] 参见张居正评注(第219页)。

他却不能做那些极微小的滕、薛之类的国家的大夫。"

14.12 子路问成人。子曰："若臧武仲之知，公绰之不欲，卞庄子之勇，冉求之艺，文之以礼乐，亦可以为成人矣。"

p.2.§.1. *Çu lu* percontatur quaenam maximè res numeris omnibus absolutum reddat hominem? *Confucius* respondet: Si quidem Praefecti Regni *Lu*, *Cam vu chum* dicti scientiam & prudentiam; Item modo memorati *Mem cum cho* moderationem animi cupiditatis & avaritiae expertem: Insuper Praefecti ditionis *Pien*, *çhuam çu* dicti robur tam animi quàm corporis: Denique condiscipuli tui *Gen kieu* industriam peritiamque artium liberalium, has, inquam, dotes ac laudes si exornaverit quis, & temperaverit quodammodo officiis ritibusque civilibus, & musicâ mutuae concordiae morumque optimorum blanda magistrâ, equidem poterit hujusmodi censeri vir numeris omnibus absolutus.

子路问："什么能让人们变得完美？"孔夫子回答说："如果一个人拥有鲁国大夫臧武仲的学识和聪慧，孟公绰那样的内心节制，很少欲望和贪婪之心，再加上卞邑的大夫庄子与身体一样强健的心灵，还有你同学冉求在自由技艺上的努力和取得的经验；在拥有这些赞誉和品质之后，再用礼仪和音乐加以调和，音乐是温和的老师，是教导人们相互和谐与善良的法律，那么这个人就确确实实实变得完美了。"

曰："今之成人者何必然？见利思义，见危授命，久要不忘平生之言，亦可以为成人矣。"

§.2. At haec omnia unus quî complectatur? Concipere animo perfectionem tantam possumus; invenire qui illâ praeditus sit, aegrè possumus, attamen, aetatis huius nostrae perfectos viros quid magnopere necesse est esse tales? Certè si quis videns lucrum, protinùs meditetur justitiam, item videns discrimen Reipublicae vel Principis, alacriter exponat offeratque vitam; In veteribus autem pactis & promissis non obliviscatur, nec inficietur suos universae vitae sermones & fidem semel datam nunquam fallat. Hujusmodi qui sit, etiam poterit suo modo censeri vir perfectus.

"但是有哪一个人能拥有这一切呢？我们能想象这样的完美,不过我们几乎见不到一个有这些品性的人。那么,在我们的时代为何还要求有这样完美的人呢？确实,如果一个人见到财富,而马上就想到正义;同样如果看到国家或者君主的危机,就急切地要献出生命;即便时间长久也不忘记约定和承诺,一生从不食言,一次也不辜负他人给予的信任。这样的人也可以被认为是完满的人。"

14.13 子问公叔文子于公明贾曰："信乎，夫子不言，不笑，不取乎？"

f.13.p.1.§.1. *Confucius* percontans de Regni *Guei* Praefecto *cum xo ven çu* ab indigenâ quopiam, cui nomen *cum mim kia* sic ait: an est credibile, quod vulgo dicitur, dominum tuum non loqui, non ridere, non admittere quidpiam?

孔夫子向公明贾询问卫国大夫公叔文子的事："据说你们的主人通常不说话,不笑,也不接受礼物,这话可信吗?"

公明贾对曰："以告者过也。 夫子时然后言，人不厌其言；乐然后笑，人不厌其笑；义然后取，人不厌其取。"子曰："其然？ 岂其然乎？"

p.2.§.1. *Cum min Kia* respondit: qui haec narrant, excedunt limites veritatis. Dominus meus, si adest tempus loquendi, si locus & ratio id postulat; tum deinde loquitur: atque ita homines non fastidiunt eius sermones. Si laetandum est, ubi justa datur risus & hilaritatis causa; tum deinde ridet; homines itaque non fastidiunt ipsius risum. Denique si jus & equum patitur; tum deinde, quae offeruntur admittit: hoc pacto homines nec fastidiunt in ipso acceptationem munerum. Moderatio autem ejusmodi, quia non vulgaris est aetate nostrâ; idcirco Dominus meus vulgo nec loqui dicitur, nec ridere, nec quidquam admittere. Audiens haec *Confucius*, admirabundus, ac subdubitantis instar, ait: "Erit ita ut narras. Miranda res quidem & rarae laudis: sed quomodo, tamen ita prorsus est?"

公明贾回答说："说这些话的人们夸大了事实。在合适的时间、地方和情况下，我的主人才会说话，因而人们不会责怪他的话语。如果有快乐的事，合适笑，他就会因高兴而笑，因而人们不会责怪他的笑。最后，如果正义而且公平，那么他就会接受送来的东西，因而人们不会责怪他收受财物。他的这种自制在我们的时代不常见。因此，我的主人才会被说成是不说话、不笑，也不接受财物。"孔夫子听到这些话后，非常惊讶，也有些怀疑，他说："正如你所说的，这些罕有的值得称道的事确实令人惊叹，但是这是真的吗？"

14.14 子曰:"臧武仲以防求为后于鲁,虽曰不要君,吾不信也。"

§.2. *Çam vu chum* Regni *Lu* praefectus, graviter deliquerat in Principem, à quo poenam metuens, profugerat in finitimam dynastiam *Chu* dictam; sed hinc non multò pòst reversus in Patriam, & sitam in eâ ditionem juris quondam sui, incolas rogitat ut pristinam eius possessionem uni saltem posterorum suorum à Principe exorarent. Sed *Confucius* ambages istas haudquaquam probans, sic ait: *çam vu chum* super pristinâ ditione suâ *Fan* procurat ac petit pro posteris suis apud Regni *Lu* Principem. Sed ego timeo, ne sint armatae preces istae, & quamvis ipse dicat, nihil ego per dolum aut vim volo à Rege; ego tamen non credo. Crederem verò si rectà ad Principem & non ad suos quondam subditos se contulisset.

鲁国大夫臧武仲严重地触犯了君主,他惧怕君主的惩罚,而出逃到邻近的邾国。但是不久之后又返回自己的老家,也就是他以前的封地。然后他要求封地的居民请求君主把他原有的封地传袭给他的后人。但是孔夫子识破了这诡计,他说:"臧武仲管辖着他先前的领地,并企图让鲁国君主将之传袭给自己的后人。但我恐怕这是武力要挟,即使他说'我没有要挟君主',我也不相信。除非他直接向君主请求,而不是向先前的臣民请求。"

14.15 子曰:"晋文公谲而不正,齐桓公正而不谲。"

f.14.p.1.§.1. *Confucius* ait: Regni *çin* Regulus *Ven cum* in iis quas suscipiebat, expeditionibus fictus erat subdoleque industrius, & non rectus & syncerus. E contrario Regni *ci* Regulus *Huon cum* syncerus, & qui pracstabat cum fide quidquid promiserat, & minime fictus erat; ex hoc scilicet capite longe illi anteponendus.

孔夫子说:"晋国的君主文公用狡猾奸诈施政,而非正义诚信。相反地,齐国的君主桓公一点也不奸诈,他用正义诚信来统治国家。因此齐桓公应在晋文公之上。"

14.16 子路曰:"桓公杀公子纠，召忽死之，管仲不死。"曰:"未仁乎。"

§.2. Mortuo *Siam cum* Regni *çî* Regulo gravis inter indigenas exorta seditio est, aliis majorem natu deposcentibus ad Regnum, minorem aliis, idque non sine vi & armis. Fugit interim major natu *Huon cum* una cum *Pao xo ya* cliente suo & consiliario in Regnum *Kiu*, ibidem milites comparaturus. Minor verò, (cui nomen *cum çu kieu*) in Regnum *Lu* sese contulit cum duobus item clientibus *Chao ho* & *Quon chum*. Victo tandem minore natu, major ingressus Regnum *Lu*, terrefactos indigenas ad caedem compulit profugi Principis; ambos autem fugae socios detrudi jussit in carcerem. Non sustinuit horum alter *chao ho* superstes esse Domino; sed morte spontaneâ vinculorum opprobrium antevertit. *Quon chum* fortunae cedens admisit vincula; sed his deinde solutus jussu victoris, etiam supremus ejusdem Consiliarius & administer, adnitente *Pao xo ya* creatus est. Vicit rei successus omnium spes ac vota; cum enim finitimi Barbarorum invasissent Regnum *ci*, brevi novus administer consilio, prudentiâque suâ perfecit non modò ut Regnum *ci* victis ac fugatis Barbaris pristinam quietem ac libertatem recuperaret; sed Imperatoriae quoque domui *cheu*, quae tunc temporis iacebat ingloria; multi Regulorum denuò parerent, & clientelare obsequium persolverent. Discipuli itaque *cu lu*, ac *cu cum*, magistri sui exquirentes sententiam, *çu lu* quidem sic ait: *Huon cum* Regulus occîdit *cum çu kieu* fratrem suum. *Chao ho* pariter occubuit cum

Domino fugae necisque fidus comes. *Quon chum* sanè diversus ab hoc non occubuit, sed rebellis instar ac transfugae secutus est victorem. Itaque diceturne hic non fuisse pius?

齐国君主襄公死后，本国臣民中发生了巨大的动乱，一些人拥立兄长继位，另一些人拥立弟弟①，动乱中不乏武力。兄长桓公和他的客卿及幕僚鲍叔牙逃到莒国，在那里组建军队。弟弟（名叫公子纠）带领两个客卿召忽和管仲到了鲁国。最终，弟弟被击败，兄长进入鲁国，强迫被吓坏的当地人杀掉逃亡的王子，并且命令关押两位逃亡中的近臣。他们其中之一的召忽不能接受主人身死而自己苟活，用自杀躲避牢狱之辱。管仲服从命运，接受枷锁；但他最终被胜者命令释放，并且在鲍叔牙的支持下，成为丞相。他满足了所有的希望和期待。当时邻近的蛮族侵犯齐国，新丞相凭借自己的计谋和智慧在短时间内不仅做到了让齐国战胜并驱逐蛮族，重新恢复了齐国从前的和平与自由；而且还让多数诸侯重新接受并臣服当时已经式微的周王朝。弟子子路和子贡询问老师对此的看法，子路问道："国君桓公杀死自己的弟弟公子纠。召忽追随主公出逃并出于忠信而自杀。可是，管仲却归降而并没有死，就像是叛乱者和背信者那样追随胜利者。请告诉我们，他们中谁是不忠诚的？"

子曰："桓公九合诸侯，不以兵车，管仲之力也，如其仁，如其仁。"

p.2.§.1. *Confucius*, inquit, *Huon cum*, uti scitis, congregavit, studiisque & armis sociavit varios dynastas ac Regulos, quorum scilicet operâ Barbaros sic expulit, ut Imperatioriae quoque domûs honori pariter & incolumitati consuluerit. Nec

---

① 拉丁文译本弄反了公子纠和桓公的长幼顺序。

adhibuit tamen suae ditionis arma vel currus bellicos ad tantam rem perficiendam; unius potissimùm *Quon chum* vis ista fuit ac virtus prudentiâ suâ industriâque perficientis omnia. Quod si ita est, eccujus pietas conferri poterit cum hujus pietate? Ecquis aequè ut iste *Quon chum* rectus ac pius esse censebitur?

孔夫子说："桓公以计谋和勤勉会合诸侯，并以武力驱逐了蛮夷，从而保障了帝国王朝的安全与荣耀。然而他并没有利用军事力量去成就自己的功业。管仲仅仅依靠自己的力量、智慧和美德，就高效地完成了所有事情。什么样的虔敬能比得管仲的虔敬呢？还有谁被认为跟他一样正直和忠诚呢？"

14.17　子贡曰："管仲非仁者与？　桓公杀公子纠，不能死，又相之。"

§.2. Instat *çu cum* alter discipulorum, & ait: Nonne tamen iste *Quon chum* reverà fuit non pius? Regulo namque *Huon cum* interficiente Dominum ipsius *cum cu kieu* non sustinuit ipse pariter mori, uti decebat tamen facere fidum clientem. Quin etiam ad partes fratricidae transiit, ipsumque adiuvit.

另一个弟子子贡继续问："恐怕管仲这个人是不忠诚的吧？因为国君桓公杀死他的主人公子纠后，作为衷心的辅臣，他并没有选择殉主自杀，而是转而辅佐弑弟者。"

子曰："管仲相桓公，霸诸侯，一匡天下，民到于今受其赐。微管仲，吾其被发左衽矣。"

§.3. *Confucius* respondit: *Quon chum* Consilio & operâ juvit Regem *Huon cum*, (per annos 40) sic ut is dominaretur ipsismet Regulis non ut Imperator, sed velut primus ac praeses reliquorum. Qui adeò ex quo tempore renovavit ac erexit quod jacebat Imperium; populus usque ad hunc diem suscipit ac conservat ipsius tam praeclaram navantis operam beneficium. Si non extitisset *Quon chum*, ego vobiscum jam servirem barbaris, Rituque barbarorum hanc solutam haberem Caesariem, & non more nostro collectam, ritu etiam barbarico ad laevum latus, & non ad dextrum, vestem fibula adstringerem.

孔夫子回答说:"管仲辅助君王桓公成就霸业(历时四十年),他辅佐君主成为霸主,其他诸侯国的首领和盟主,而非取代周王室。确实,在那时他振兴了衰微的周王室。人民一直生活在这样的日子里,享受着他尽己之力创造的光辉般恩惠。如果没有管仲,我和你们现在正受着蛮夷的奴役,我们的传统将不再存留,会像蛮夷似的披散着头发,把衣襟向左边系扎起来,而非向右。"

岂若匹夫匹妇之为谅也,自经于沟渎而莫之知也。"

f.15.p.1.　Quorsum igitur instar abjecti cujusdam hominis, vilisve mulierculae praestiturus nescio quam fidelitatem sanè perexiguam, semetipse laqueo peremisset in fossâ quâpiam seu flumine, sic ut à nemine fuisset deinde cognitus?

因此,从这点上看,相较于卑微的男人或者愚蠢的妇人那般狭隘的忠诚,他的忠诚是卓越的。他如果自缢于某处沟渠或者河畔,最终还会有谁认识他?"

14.18　**公叔文子之臣大夫僎与文子同升诸公。**

p.2.§.1.　Celebris cujusdam praefecti in Regno *Guei*, cui nomen erat *cumxo ven çu* subditus ac Minister domesticus, *Siven* dictus, & ob egregias dotes ad eandem, quâ Dominus suus potiebatur, dignitatem, adnitente ipso Domino, evectus, iam una cum ipso *ven çu* Domino suo pariter ascendebat in aulam Regiam negotia tractaturus.

卫国著名大臣公叔文子的属臣与家宰僎，因具有卓越的天资，是主君公叔文子忠诚的支持者，且帮助主君获得地位，被提升到和他的主君公叔文子同样的地位，在朝堂上商议国事。

子闻之，曰："可以为'文'矣。"

§.2. *Confucius* id audiens, ac meritam viri laudem ex nomine ejusdem petens; reverà, inquit, vel ex hoc uno capite dignus est illustri nomine, quod ei Rex quondam honoris gratiâ tribuit, dignus est, inquam, qui censeatur ac praedicetur vir prorsus obsecundans recte rationi, & ornatissimus virtutum laude. Suspicit enim Philosophus raram viri virtutem, apud quem tantum valuerit utilitas publica, ut sui quodammodo oblitus, non dubitârit hominem usque adeo humilem ad eundem cum suo gradum promovere.

孔夫子听到了这件事，就以他的名字来赞美他，说："确实，从这个例子就看出他称得上名副其实，君主用这个字来授予他荣耀。我认为给予这样一位正确遵循理性且充满美德的人以赞誉是合适的。"哲学家敬重这人的罕见美德，重视他为国家做出的无私贡献，毫不怀疑这人应该被从低贱的地位拔擢至高处 。

14.19 子言卫灵公之无道也。 康子曰："夫如是，奚而不丧。"

§.3. *Confucius* degens in *Lu* Regno patrio, cum diceret Regni *Guei* Principem *Lim cum* sine more modoque boni Principis vivere: *Cam cu* Regni *Lù* Praefectus ait: Hoc si ita est, quomodo non perit Regnum *Guei*?

宪问第十四 383

孔夫子在祖国鲁国时,说卫国君主灵公缺乏好君主具备的礼法和生活仪式,鲁国大夫康子便问:"既然这样,怎么卫国还没有灭亡呢?"

孔子曰:"仲叔圉治宾客,祝鲍治宗庙,王孙贾治军旅,夫如是,奚其丧!"

§.4. *Confucius* respondit: *Chum xo yu* munus gerit excipiendorum legatorum & hospitum. *Cho to* praepositus est gentilitiis majorum aulis. *Van sun kia* Praefectus est castrorum, & hi tres scilicet magnâ cum prudentiâ solertiaque res sibi commissas feliciter administrant. Haec si ita sint, si nitatur Regnum viris talibus tantisque, quomodo illud pereat, quantumvis ipse Princeps officii vivat immemor?

孔夫子回答说:"仲叔圉接待使者与宾客,祝鲍掌控国家的宗庙祭祀。王孙贾指挥军队,这三个人用智慧和谋略成功地管理着整个国家。因此,即便君主忘记自己的职责,如果国家依靠这些人,又怎么会灭亡?"

14.20 子曰:"其言之不怍,则为之也难。"

f.16.p.1.§.1. *Confucius* ait: Quotiescumque hominis cujuspiam sermones imbuuntur verecundiâ quâdam seu modestiâ, & moderatione; sed cum temeritate jactantiâque proferuntur; tunc certè rebus factisque explere illos perquam difficile est. Nactus ergo loquentem grandia, quid is agat, observa; memor, inopiam factorum cum verborum copiâ non raro conjungi.

孔夫子说:"一个人任何时候都要谦逊、节制和自律。但是如果他大言不惭,那实践起来就一定很困难。因此,你不要听一个人说了什么,你要看他做了什么。记住,行动不足常与言辞过度相关联。"

14.21 陈成子弑简公。

§.2. Moliebatur clandestinam rebellionem *chin chim çu* Praefectus Regni *çi*; de quâ jam suspectum oderat Regulus suus, & ab homine fido, cui *Han chi* nomen, diligenter observari jusserat: Verùm perduellis rem subodoratus occidit primùm quidem exploratorem suum; deinde etiam Regulum ipsum *Kie cum*.

齐国大夫陈成子密谋反叛，君主厌恶他，怀疑他有反叛之心，便命令忠诚的臣子名叫阚止的来密切监视他。然而这个国贼陈成子就首先杀死了他的监视者阚止，最后又杀死了自己的君主简公。

孔子沐浴而朝，告于哀公曰："陈恒弑其君，请讨之。"

§.3. *Confucius*, qui paulò antè gravum Magistratum gesserat, tam nefariae caedis atrocitate commotus, priùs de more lavit corpus, & ita mox ad aulam perrexit certiorem facturus *Ngai cum* Regulum; in cujus ubi conspectum pervenit, Praefectus inquit *Chin hem* (*alterum parricide nomen est*) interfecit suum Regem: Rogo te ut misso milite perduellem comprehensum punias; & quando finitimum est tuo Regnum, primus sis, qui de facinore, quod coelum ipsum haudquaquam tolerat, expetas ultionem.

不久之前曾经担任重要职务的孔夫子，被这种穷凶极恶的弑君恶行所震惊。他首先按礼法沐浴身体，然后立刻赶到朝堂上请求觐见君主哀公。孔夫子来到大殿报告君主说："陈恒（弑君者的另一个名字）杀了他的君主。我请求你派遣军队讨伐，因为在相邻国家中，你是最近的，苍天对于这种恶行也绝不会容忍，请你为简公复仇。"

宪问第十四 385

公曰："告夫三子！"

§.4. Regulus ut erat jam senex, ac propè inutilis ad res gerendas, ad haec modicae authoritatis, tribus scilicet familiis authoritate tantùm non regiâ dominantibus, *Confucio* respondit: Vade, & nuncia rem istam meis tribus clientibus *Mem Sun*, *Xo Sun*, & *Ki Sun*.

鲁国君主年迈而且在治理国事上几乎无能，因为被三大家族掌控了权力。君主回答孔夫子说："你把这事告知我的三个辅臣孟孙、叔孙和季孙吧。"

孔子曰："以吾从大夫之后，不敢不告也。君曰'告夫三子'者！"

§.5. *Confucius* priusquam discederet, ô Rex, inquit, ego tamensi nunc Magistratum non geram; quoniam tamen gessi aliquando, & nunc ego à praefectis tuis sum proximus; equidem non ausus fui non certiorem te facere de re tanti momenti. Rex iterùm vade, inquit, & nuntia rem tribus meis clientibus.

孔夫子在离开前说道："君主啊，我现今虽然不担当要职，然而因为曾经被委任职务，现在我的地位次于诸位大夫，我不敢不向你报告我认为重大的事。"君主又说："你去把这事告诉我的三个辅臣！"

之三子告，不可。孔子曰："以吾从大夫之后，不敢不告也。"

p.2.§.1. *Confucius* Regulo morem gerens, pergit ad tres illos clientes, rem exponit; at illi "haud convenit nec possumus, inquiunt, iniuriam istam persequi.

Quo audito *Confucius*, quasi officio suo sat superque jam perfunctus iisdem, quibus supra, verbis: Proceres, inquit, quoniam ego à praefectis proximus sum dignitate; non ausus fui non certiores vos facere de re tanti momenti. Referuntur haec à discipulis, ut constaret posteris de calamitoso statu regnorum istorum; finitimi quidem, in quo tam dira caedes patrata, patrii verò quod ultionem patricidii non suscipiebat.

孔夫子遵照君主的命令,到三个辅臣那里汇报这事。但是他们说:"我们不能同意此事,不能讨伐那个不义之人。"孔夫子听到后,就像他还担任着从前的职务一样,如他前面所说。他说:"大人们啊,因为我的地位最接近大夫,我不敢不告知你们我认为重大的事。"弟子们记录下这些,是为了告诉后人这些诸侯国的崩溃处境,在这样严重的谋杀案件中,没有邻国寻求复仇。①

14.22　子路问事君。　子曰:"勿欺也,而犯之。"

§ 2. *Çu lu* quaerit à Magistro, quâ ratione serviendum sit Principi. *Confucius* respondet: "Ne fallas; ac tum fidenter adversare vel erranti vel peccanti Principi.

子路问老师孔夫子应该用怎样的方法侍奉君主。孔夫子回答说:"不要欺骗他,但同时要忠诚地反对犯错或犯罪的君主。"

14.23　子曰:"君子上达,小人下达。"

f. 17. p. 1. §. 1.　*Confucius* ait: Vir probus ac sapiens assiduè sursum provehitur ac penetrat; stultus ac improbus assiduè deorsum labitur ac penetrat: Et

---

① 参见张居正(第 227 页)。

hic quidem (ait Interpres) prorsus ad instar fodientis & aperientis sibi puteum; quò tandem in profundo cupiditatum suarum coeno, pecudi similior quàm homini, demergatur.

孔夫子说:"正直且智慧的人一直向上进取。愚笨且无义的人一直向下堕落。"(解释者说)"这小人直接说来就如同自掘坟墓一样,深陷自己欲望的泥潭,与其说他们像人,不如说像动物。"

14.24 子曰:"古之学者为己,今之学者为人。"

§.2. *Confucius* ait: Prisci studebant literis optimisque disciplinis primùm ac potissimum propter se, fructum virtutis ac sapientiae inde petentes. Homines verò aetatis nostrae student literis propter alios, à quibus scilicet vel inanem plausum expectant, vel honoris ac rei familiaris amplificationem.

孔夫子说:"古人学习文学与上等的学问,首先也是最重要的是让自己从中获得美德与智慧的果实。我们时代的人学习文学则是为了别人,希望从别人那里获得虚妄的赞誉或是增加自己的荣誉与财富。"

14.25 蘧伯玉使人于孔子。

§.3. *Kiu Pe yo* Praefectus Regni *Guei* misit salutandi gratiâ hominem ad *Confucium* hospitem quondam suum.

卫国大夫蘧伯玉派遣使者去问候孔夫子。

孔子与之坐而问焉，曰："夫子何为？"对曰："夫子欲寡其过而未能也。"使者出。 子曰："使乎！ 使乎！"

§.4. *Confucius* honoraturus Dominum in ipso famulo admisit ipsum ad consessum, ac deinde sciscitabundus ait: Dominus tuus ecquid potissimum agit? Respondit: Dominus meus desiderat imprimis emendare et imminuere sua peccata, sed necdum potest compos votorum fieri. Eo qui missus fuerat paulò pòst egresso, *Confucius* exclamans ait: Ô egregium Ministrum! Ô egregium Ministrum! qui videlicet tam paucis verbis tam uberes amplasque laudes heri sui complexus est!

孔夫子敬重使者的主人而亲自接待了使者，并问道："你的主人在做什么重要的事？"使者回答说："我的主人希望首先改正并减少他的错误，但是他还未能实现这个愿望。"在使者出去之后，孔夫子赞叹说："优秀的使者啊！优秀的使者啊！他用寥寥数语就把极大的赞美给予了他的主人。"

14.26 子曰："不在其位，不谋其政。"

p.2.§.1. *Confucius* ait: Quando non versaris in hoc vel illo munere; ne tractandam suscipias illius administrationem.

孔夫子说："如果你不在此事或彼事上承担职责，就不要干涉对这些事情的管理。"①

---

① 张居正的版本删掉了这一段，因为这段与 8.14 的重复，而朱熹的版本保留了这一段，加注为"重出"(第 156 页)。从这里我们可以清楚地看到，虽说耶稣会士的翻译主要依照张居正的评注，但他们依然忠于朱熹的版本。

曾子曰："君子思不出其位。"

§.2.　Çem çu utens assiduè sententia, quam deprompserat ex *Ye Kim* dicebat: Vir sapiens dum publico munere perfungitur, etiam in iis quae cogitat, non evagatur extra suum illus munus.

曾子用出自《易经》的话说："智慧的人执行公务时，只考虑自己职责范围内的事情，不越出自己的职责范围。"

14.27　子曰："君子耻其言而过其行。"

§.3.　*Confucius* ait: Sapiens erubescit sua ipsius verba, si quando vincant seu excedant sua ipsius facta.

孔夫子说："智者以说得多、做得少为耻。"

14.28　子曰："君子道者三，我无能焉：仁者不忧，知者不惑，勇者不惧。"

f.18.p.1.§.1.　*Confucius* ait: Laus veri sapientis & via seu norma triplex est. At ego proh dolor! Nullam adhuc teneo. Innocentiâ vitae praeditus rationi ac coelo constanter obtemperat; adeoque non turbatur, quamcumque tandem subeat fortunae vicissitudinem. Prudentiâ instructus syncerum à pravo, falsum à vero solerter discernit; adeoque non haesitat, nec anceps distrahitur. Denique fortis ac sine metu, & singulari quodam praeditus sobore excelsi invictique animi, non pertimescit aut pavet.

孔夫子说："真正智者的优势和道路有三个，然而很可悲！我恐怕都没有做到：生活正直的人遵循理性和上天，如此就不会被扰乱，最终超越命运的变化无常；被教以智慧的人能清楚地分别善恶和对错，没有任何犹豫与困惑；最后，英勇无畏及具有卓越和不可战胜的心灵的人，不会恐惧。"

子贡曰："夫子自道也。"

§.2. *Çu cum* discipulus haec audiens: sic quidem, inquid, tu, ô Magister, pro singulari tuâ modestiâ de te ipso & sentis & loqueris.

弟子子贡听到这些话，就说："老师啊，你是以你独有的节制在认识和谈论自己啊！"

14.29 子贡方人。子曰："赐也贤乎哉？夫我则不暇。"

§.3. *Çu cum* totus erat in comparandis inter se hominum moribus. Confucius eum redarguens: tune, inquid, ô mi discipule *Su*, an es vir sapiens? Mihi ecquidem non est sat otii ne ad res quidem curasque meas; quanto minus, ut inquiram curiosus in mores & vitam aliorum.

子贡总是比较品评其他人。孔夫子反对说："我的弟子赐呀！难道你是智慧贤明的人吗？我没有这样的闲暇，我自己的事都做不好，更不用说去品评他人了。"

14.30 子曰："不患人之不己知，患其不能也。"

§.4. *Confucius* ait: Ne angaris animo vel te discrucies quòd homines non te noverint: Angere potiùs ac discruciare de istâ impotentiâ & imbecillitate tuâ; qua fit scilicet ut necdum perspecta habere, & multo minus perficere valeas quae sunt officii tui.

孔夫子说："不要忧虑人们不了解你，而要忧虑自己的不足和缺点，尤其是你尚未发现的不足和缺点，它们会让你不能很好地完成分内之事。"

14.31 子曰："不逆诈，不亿不信，抑亦先觉者，是贤乎？"

p.2.§.1. *Confucius* ait: Si quis non antevertit sollicita suspicione & cura procul adhuc remotam deceptionem ac fraudem; nec sit ex eorum numero qui omnia, quamvis sint tutissima timent assiduè: Si quis item non diu ante statuit apud animum suum, non datum iri fidem sibi dicturo quidpiam vel facturo: Si quis, inquam, homo sit hujusmodi, ut nunquam curis istis ac suspicionibus, quae hominum societati, commerciisque mutuis tam inimicae sunt, implicetur; idem tamen si polleat eximia quadam solertia, perspicaciaque vel hominum vel rerum; atque adeò statim odoretur ac praesentiat quidquid fortè latet fraudis ac fallaciae; is sane vir est perspicax ac prudens.

孔夫子说："如果一个人并不为遥远的欺诈费心疑虑；如果他不属于那种哪怕是最安全的事情都要害怕的人；如果他在思想中不存任何偏见，对于要做和要说的事情也不过分自信；如果他对人际交往和相互关系没有那些如此有害的忧虑和猜疑；如果他有卓越的对人和事物的智慧及观察力，马上就能强烈地察觉隐秘的欺骗，那么他就是一个具有良好洞察力的明智的人。"

14.32 微生亩谓孔子曰："丘何为是栖栖者与？ 无乃为佞乎？"

§.2. Unus è numero sapientum, sed qui uni sibi vacabat, *Vi sem mu* nomine, alloquens *Confucium* sic ait: *Kieu* (lege *meu*) quid agis dum sic anxiè vagaris ac sine intermissione percurris, uti video, terras omnes Imperii: Modo versaris in Regno çi, modò in Regno Lu: Venditas ubique doctrinam tuam; sed nusquam invenis qui emant; nonne est hoc circumforanei prorsus instar esse loquacem & garrulum, & inanem captare plausum imperitae multitudinis; fortasse & dignitatem quampiam emendicare?

有个隐居的智者叫微生亩，他对孔夫子说："丘（读作"某"）[①]你这么急切地四处奔波，游历各国毫不停歇，几乎走遍了天下全部的土地。一会儿在齐国，一会儿在鲁国，到处售卖你的学识，但是没有人买你的账。这种巡游难道不是证明了你用空谈妄想得到无知大众的赞赏，或是谋求到某种地位？"

孔子曰："非敢为佞也，疾固也。"

§.3. *Confucius* ut fastum hominis aliquantum retundat, in hunc modum respondet: Non ausim ego nugas & verba vendere, & agere loquacem. Caeterum odi etiam ac damno pertinacem unique rei & sententiae affixum, & qui ad primos impetus aut minas publicae calamitatis illicò latibulum quaeritet, et ne cogitare quidem sustineat de restaurandis legibus, moribusque depravatis hominum corrigendis.

孔夫子为了回击那人的轻视，这样说："我并不敢卖弄自己的学识，也无意空谈，此外我痛恨并谴责那些顽固不化的人。世道污浊之时，他们受到打击或者面对压力就马上寻求隐退，而不考虑如何去革新法律，改变堕落的百姓的习俗。"

---

① 为了显示尊敬，并不直呼孔夫子为"丘"。

14.33 子曰:"骥不称其力,称其德也。"

§.4. *Confucius* aiebat: In raro & praestanti equo non tam laudatur ipsius robur, quàm laudatur ipsius virtus, id est, docilitas, mansuetudo, facilitas.

孔夫子说:"稀有且超群的马受称赞不是因为它自身的力量,而是因为它自身的美德,即驯良、温顺和才能。"

14.34 或曰:"以德报怨,何如?"

f.19.p.1.§.1. Fortè quispiam dixit: Beneficiis compensare odia & injurias, de hoc quid videtur tibi?

一次有人说:"用恩德来回报怨恨和不公,在你看来这种做法怎样?"

子曰:"何以报德?

§.2. *Confucius* respondit: Qui sic agat; ecquâ re tandem compensabit benefacta? Dispar enim debet esse merces ac ratio eius, qui bene meretur, et illius qui malè.

孔夫子回答说:"要这么做,用什么回报恩德呢?回报善与恶的理由应该是不同的。

以直报怨,以德报德。"

§.3. Mea igitur haec est sententia: eo, quod rectum justumque est, compensato injurias & odia; benefactis compensato benefacta. Quae verba sic exponit

Interpres. Injuriam quis intulisse mihi visus est; non illam ego recordabor, nec considerabo, ut mihi est illata; sed aequâ rationis trutinâ expendam singula ejusdem momenta, ut queam statuere; quid hîc odio, quid amore, quid fugâ, quid prosecutione dignum sit. Expensis omnibus si comperiam, eum qui me laesit, aliis tandem ex capitibus & simpliciter amore dignum esse; ego certè ob privatam offensionem nullas invidus offundam tenebras ipsius laudi ac virtuti: At si multa sint, quae odiosum reddant, ac meritò exterminandum; parebo tunc rationi, quae improbitatem aliaque vitia odio prosequi & exterminare nos docet. Atque hoc est eo, quod rectum justumque est, odia rependere.

因此这就是我的观点:用公平正直来回报怨恨和不公,用恩德来回报恩德。"解释者是如此解释这些话的:"即使有人对我不公正,我也不记恨,不思虑我遭受的伤害。依据理性权衡每一种特殊的情境后,我再判定什么是值得怨恨的,什么是值得爱的;什么是值得抛弃的,什么是值得追求的。从最高的原则出发,回报每种行为。查实损害我的人,如果他在某个方面有值得尊重的地方,即使对他不满,也不会因为私人的怨恨侮辱他的清誉和美德。但是如果他有许多可憎之处,我就不再这么做了。我就应该遵循原则,消灭不义的事。这就是公平正直地回报怨恨和不公。"

Habes hîc, Christiane Lector, Ethnici Philosophi de re tam arduâ sententiam: sed et Interpretis similiter ethnici dignam Philosopho exclamationem; quae ut non attingat Evangelicam sanctitatem; quanto tamen mitior hic sermo est, quanto humanior Pharisaico illo crudoque axiomate, odio habebis inimicum tuum: Quamquam nec ab Evangelicâ Luce, si fas est ita loqui, procul abfuisse videtur Confucius, *cum uti refertur in lib. Offic. 9. Fol. 38. Y te pao yven, çe quon xin chi gin ye, hoc est, Beneficiis compensare odia, hoc enimverò est perampli pectoris virtus ac pietas.*

基督徒读者,这里是这位异教哲学家对这一重大问题所持的观点。然而异教诠释者的观点也配得上哲学家之名,虽然并不如神圣的福音,但还是比法利赛人的冷酷原则要温和人性得多。法利赛人说:"你应恨你的仇人。"① 或许可以说,孔夫子看起来距离福音之光并不太远,尤其是参考《礼记》第九章第三十八页:"以德报怨,则宽身之仁也。"这是说,用恩德回报怨恨,这肯定是属于宽广心胸的美德和虔敬。

14.35 子曰:"莫我知也夫!"

§.4. *Confucius* ut provocet discipulum *Çucum* ad percontandum quidpiam, suspirans ait: "Nemo est omnium qui me nôrit."

孔夫子为了启发弟子子贡问问题,叹息说:"没有什么人是了解我的。"

子贡曰:"何为其莫知子也?"子曰:"不怨天,不尤人,下学而上达。知我者其天乎?"

§.5. Audens *çu cum*, Magister inquit, quomodo fit hoc ut nemo sit qui nôrit te? *Confucius* respondit: Primùm quidem non ego indignor coelo, non etiam culpo mortales: orsus ab inferioribus non sine labore & constantiâ res disco, & sic palatim gradum faciens ad sublimiora evado ac penetro. Interim quod perspectum habet me, ipsum est coelum.

子贡听到了,就说:"老师,为什么说没有人了解你呢?"孔夫子说:"我不抱怨上天,也不责怪人。我努力从最低端的开始学习,一点点进步到可以理解较为崇高的事物。同时上天注视着我。"

Ego (exponit Colaus) *quamvis humilis sim ac tenuis, nec coram illam Coeli*

---

① 《玛窦福音》第 5 章第 43 节。

munificentiam, quae vulgò tanti fit, expertus; haudquaquam tamen indignor coelo, vel obmurmuro: Sed nec homines in crimen voco, quod operâ meâ non utantur: Unum hoc ago, ut excolam me ipse, et orsus iter meum à radice montis, ad culmen ejusdem pedetentim contendo: Regiam tero viam; fugio nova et inusitata. Latere ergo me et ignorari, non est quod mireris. Non erubesco interim oculos attollere, et fidenter intueri coelum, quamdiu ab eo quod dixi studio conservandae mentis meae non absisto. Est enim credibile, quod supremum coelum in medio arcanae illius abditaeque caliginis me contempletur, et perspectum habeat. Quod si ita est; quid obsecro tum refert, videri me ab hominibus, cognosci, et celebrari?

阁老解释说:"在宏大的上天面前,我是卑微、弱小而无知的,无论如何都不可能责备或是反对上天。我也不称人为有罪,因为这于我的事情无益。我只做一件事,那便是自我提升。我从山脚开始努力向山顶攀爬。遵循荣耀之道,避开奇闻逸事。因此,你不要奇怪于我的隐藏和不为人所知。同时,只要我不放弃保持思想的努力,我并不耻于抬眼自信地凝视上天。我相信上天以一种隐秘的方式在关注我。如果是这样的话,我如何还在意我是否为人所知道和赞扬?"①

Hactenus paraphrasis Colai, qui proprio illam epiphonemate concludens; sic omnino res habet, inquit, Sancti postquam labore suo et constantia id assecuti sunt, ut supremam coeli de se dispositionem habeant perspectam; conjungunt tandem ac sociant ipso cum coelo, quem in se clam continent, virtutum splendorem. At res ista quàm est perspecta coelo, tam est obscura plerique mortalium.

阁老以自己的话来总结这段说:圣人们在努力坚持之后,确证上天在关注他们。他们最终使自己身上不为人知道的崇高美德与天相联。然而这种

---

① 参见张居正(第233页)。参见《孟子·尽心上》:"仰不愧于天,俯不怍于人。"

事情天能看见，多数凡人却不能看见。①

14.36 公伯寮愬子路于季孙。 子服景伯以告，曰："夫子固有惑志于公伯寮，吾力犹能肆诸市朝。"

  p.2. Vir Regni *Lu*, *cu mpe Leao* obtrectabat discipulo *çu lu* apud *Ki sun*, cujus tunc erat Mandarinus & assecla. *Çu fo Ki pe* ejusdem Regni Praefectus offensus illâ petulantiâ & temeritate obtrectatoris, rem significavit *Confucio* dicens: Dominus meus *Ki sun* planè sinistri quid suspicatur ac malè vult discipulo tuo propter *cum pe Leao*, à quo in suspicionem & crimen vocatus est. Si quidem per te licet, ego pro authoritate meâ & potestate etiam possum castigare & è medio tollere & abjicere in forum publicum tam improbum obtrectatorem.

  鲁国人公伯寮在季孙面前毁谤子路。子服景伯也是鲁国大夫，痛恨无耻冒失的毁谤者，并把这件事告诉孔夫子说："因为公伯寮，我的主君季孙完全误解甚至恶意地怀疑你的弟子，因为公伯寮说他是可疑的和有罪的。如果你允许，我能凭我的力量惩罚并摧毁他，把恶毒的毁谤者扔到市场街头。"

子曰："道之将行也与，命也；道之将废也与，命也。 公伯寮其如命何？"

  f.20.p.1.§.1. *Confucius*, ut Praefectum avertat à proposito necis inferendae, sic ait: Rectam administrationem Regni cujuspiam feliciter procedere, decreti coelestis est. Rectam administrationem Regni cujuspiam negligi ac perire, est item decreti coelestis. *Cum pe Leao* igitur ecquid ipsi tandem cum hoc coeli

---

① 张居正："夫圣人尽性至命，与天合一，其独得之妙，真有人不能知而天独知之者。"（第233页）

decreto? An valeat fortassis cum perdere quem coelum protegat? Aut tueri atque protegere cui infestum sit coelum?

孔夫子厌恶当权者使用杀戮的方法,说:"成功地治理国家是上天决定的,忽视和废弃国家的治理也是上天决定的。因此,对于上天决定的事,公伯寮能把命运怎么样呢？难道他能够摧毁上天所护佑的？或者他能够护佑上天所摧毁的？"

Interpres noster, postquam exposuit hoc responsum Philosophi, eo fere modo, quasi inevitabili fatorum lege tenerentur humana omnia: Tandem tamen declaraturus mentem Philosophi, suamque ipsius sententiam, planè negat esse sapientis, quando liber esse possit, ac sequi in omnibus rationem ac naturam ducem; ultrò se constringere vinculis fatalibus tam durae necessitatis. Confucium interim prudenter accommodantem sese tempori ingenioque hominum; sic locutum esse, tum ut solaretur ac placaret offensum discipulum; tum ut alteri cogitatam ultionem tamquam supervacaneam dissuaderet; tum denique ut castigaret hac ratione obtrectatorem ipsum.

之后,我们的解释者说明了为什么孔夫子以这样的方式来回答,就好像人间的一切事物都受制于不可避免的命运法则一样,他最终澄清了哲学家的思想和他自己的观点。当他本可以是自由的时候,却拒绝成为智者,而在所有事情上跟随理性和自然的引导,自愿用命运的枷锁将自己束缚于必然性的冷酷中。这样做的同时,孔夫子明智地将自己置于时代与人性之中。他这样说,既是要安慰并劝解被冒犯的弟子,也是要阻止其他人产生不必要的报复念头,最后是为了用这样的方式批评那个毁谤者。①

---

① 参见张居正:"圣人于得失利害之际,惟义是安,本不待决之于命而后泰然也。"(第234页)朱熹也有同样的看法(第158页)。

14.37 子曰:"贤者辟世。

§.2. *Confucius* ait: Sapientes quandoque fugiunt saeculum, sic ut penitus respuant honores omnes & curas publicas.

孔夫子说:"无论何时,智慧的人躲避世界,是因为发自内心地拒绝一切荣誉和公职。

其次辟地。"

§.3. Ab his proximi fugiunt quandoque regionem ubi degunt, quod perturbatam esse videant; et migrant in aliam, quae recte administratur.

仅次于智慧的人,他们躲避他们生活的国家,因为他们看到了困境,他们去往得到很好治理的国家。

其次辟色。"

§.4. Ab his rursum secundi fugiunt conspectum sui Principis, quando vident illum inconditis esse moribus.

其次的一些人在看到法律混乱时,会避免见君王。

其次辟言。"

§.5. Denique et ab his secundi fugiunt sermonem, seu colloquium hujusmodi Principis.

最后,再其次的一些人躲开话语,或是躲避与这样的君王谈话。"

子曰："作者七人矣。"

§.6. *Confucius* suspirans aiebat: "Qui sic profugerunt à curis publicis periculisve ad privatum otium et quietem, septem numero fuerunt homines." (*non extant eorum nomina*)

孔夫子叹息说："这些人逃避公职或危险去追求个人的闲暇和安宁，这样的人已经有七个了（并未给出他们的名字）。"

14.38 子路宿于石门。晨门曰："奚自？"子路曰："自孔氏。"曰："是知其不可而为之者与？"

§.7. Olim *çu lu*, dum Magistrum sequitur ex aliis in alia migrantem regna, fortè pernoctavit in loco quodam *Xe muen* dicto. Custos portae, qui & ipse erat ex occultis sapientibus unus, sciscitatur ab eo, quem tu sequeris? *çu lu* respondet: Sequor *Confucium*. Tum alter ait: An est vir ille, qui intelligens quidpiam non convenire, tamen agit idipsum quod non convenit; dum frustra scilicet opitulari vult laboranti Imperio?

子路曾经追随老师周游四方。一次他在石门那里过夜。守城门的人是隐居的智者之一，他问子路："你追随谁啊？"子路回答说："我追随孔夫子。"另一个守门人说："难道是那个人？他知道做不到，却仍要做那做不到的事，想要徒劳地帮助困顿的帝国？"

14.39　子击磬于卫，有荷蒉而过孔氏之门者，曰："有心哉，击磬乎！"

p.2.§.1.　*Confucius* quo moerorem animi calamitate publica tam afflicti leniret, fortè pulsabat instrumentum musicum lapideum, sed suis fidibus constans, quo tempore versabatur in Regno *Guei*. Fuit unus itaque ex illo latitantium sapientum numero, qui bajulans stramineos corbes transiret ante *Confucii* januam. Cumque ex ipso genere musices, quae tota lamentabilis erat, sensum Philosophi deplorantis calamitatem publicam solerter cognovisset; admirabundus, ac stomachanti similis; fierine hoc potest? inquit, reverà habet ille quidem, ut video, sensum calamitatis publicae, quem & nos habemus, quem etiam satis prodit pulsato hic instrumento.

孔夫子居于卫国时，为舒缓心中因国家动乱带来的忧愁，就击打一种石质配弦的乐器。有一个智慧的隐士，挑着装有野草的篮筐从孔夫子门前经过。他听到这充满哀愁的乐音，就知道哲学家忧虑的是国家的动乱。他十分惊异以至于有些生气。"怎么能这样?"他说，"事实上，同我们一样，这个人有忧世之心。但是仅凭击打乐器也就够了。"

既而曰："鄙哉，硜硜乎！莫己知也，斯己而已矣。深则厉，浅则揭。"

§.2.　Exinde, cùm aliquantisper substitisset, rursus audiens canentem, dixit: O vilem hominem & pertinacem! Nemo prorsus est qui ipsum nôrit, aut certe nosse velit, ejusque uti operâ. Desistat igitur à studio tam importuno! tamque inutili. Jam, plusquàm satis est, tentatum & concursatum. Meminisse te oportebat Proverbium Regni nostri: Si profundum est flumen; quod transire vis pedibus; tum nostro Priscorum more amictus transito: Si vadosum est, modicaeque profunditatis; tum vestes succingito. Quasi diceret: Cur explorato jam statu nostrorum temporum, *Confucius* eidem non accommodat sese, prudensque abstinet tam inutili cura & concursatione?

他站在那里听了一会儿说："啊！毫无价值的顽固的人！没有人完完全全地了解你,也没有人想要了解和任用你。因此,你应该停止不合时宜的追求！这是如此的无意义。你的努力已经够了。我们国家的古谚适合来提醒你:如果河水深,就按古人的习惯穿着衣服徒步过河;如果河水浅,就卷起衣服过河。"这就是说:既然已经知道了在这个时代的处境,孔夫子为何不顺应时代潮流,明智地避开无用的忧虑和动乱。"

子曰："果哉！ 末之难矣。"

f. 21. p. 1. §. 1. *Confucius* audito sermone tristis ac severi Philosophi suspirans ait: O virum nimis tenacem propositi: Nihil equidem difficultatis habet agere quod agit iste, & labori sese periculoque subducere: At meus certè non sustinet animus sic agere.

孔夫子听到了这位悲观而严肃的哲学家的话,叹息说:"啊,坚守这种生活方式的人啊,像你所说的,的确能毫无困难地避免劳作和危险,但是我的心灵不支持我这么做。"

Accinens huic dicto Philosophi propriâ quoque sententiâ Interpretes noster, Sanctorum, inquit, animus coelo terraeque similis est. Coelum et terra, quantumvis obsessa sint nebulis, sentiantque procellas ventorum ac tempestatum; nunquam tamen desistunt ab officio suo procreandarum et fovendarum rerum per influxus suos. Similiter et sapiens, quantumvis aspera sint, calamitosaque tempora, semper *tamen hoc agit, ut benè mereatur de humano genere; Infrà quidem semper misereretur consortes sibi mortales; suprà verò constanter veretur inviolabilem coeli nutum ac voluntatem.*

与哲学家的话相一致,我们的解释者用这样的话来表达自己的观点:"圣人之心同于天地。即便被乌云遮蔽,经历暴风骤雨,然而天地从未放弃创生及蓄养万物的职责。同样,无论所处的时代多么险恶和不幸,智慧的人都始终如一地关心人类,始终同情在他之下的生命,始终回应在他之上的天的旨意和意志。"①

14.40 子张曰:"《书》云:'高宗谅阴,三年不言。'何谓也?"

§.2. Discipulus *çu cham* percontans ait: In *Xu kim* annalibus Priscorum Regum narratur. Quod Imperator *Cao çum* (alias *Vu Tim*) delitescens in *Leam ngan* (nomen est sepulchralis horti lucive Regii, in quo pater ejus *Siao ye* tumulatus fuerat) per tres annos, pio luctui sic dederit sese, ut non sit locutus. Quid hoc significat? Nam id quidem intellectu difficile est.

弟子子张询问说:"《书经》(古代君主编年史)中说:'高宗(另称武丁)归隐在谅阴(此地是君主墓地的花园,他的父亲小乙埋葬在这里),哀恸至于三年不语。'这是要表明什么呢? 这很难理解。"

---

① 参见张居正:"诚上畏天命"。(第237页)

子曰:"何必高宗,古之人皆然。 君薨,百官总己以听于冢宰三年。"

§.3. *Confucius* ait: Quorum obsecro, vis fiat in uno *cao çum*? Prisci Reges ad unum ferè omnes erant hujuscemodi. Officiorum libros consule, ubi docetur quod Principe Regni vel Imperii demortuo, successor ejus idemque filius per annos omnino tres luctui se dabat: Universi interim Praefecti atque Magistratus fungebantur suo quisque officio; quia mandata excipiebant ab supremo administro, qui vices gerebat lugentis Principis; idque per triennium.

孔夫子说:"这种行为又何止高宗一人?古代的君王都是这样的。《礼记》教导说,国君或天子去世后,继位的人要为其守孝三年。同时百官承担自己的职责,听命于最高的宰相,宰相代替服丧的君王治国三年。"

Cao çum *seu* Vu tim *familiae Imperialis secundae* xam *dictae fuit Imperator vigensimus, qui Imperare coepit anno ante Christum 1324. de hoc Principe religiosissimo refertur in libro 5.* Xukim *fol. 28. quod, cum in horto sepulchrali* Siao ye *patris sui delitescens de renovando Imperio, secum ipse sollicitè meditaretur, oblata ei fuerit à* Xa mti *supremo coeli Imperatore (seu Deo) per somnium species ignoti viri, quem, prout ipse* Cao çum *coram Senatu suo depingebat verbis, coloribus expressum et undique conquisitum, ac demum inter coementarios inventum in loco* Fu yen *(nunc oppido* Pim lo *dicto in prov.* Xansi*) è luto suo ad supremam consiliarii dignitatem evexit.*

高宗,又称武丁,据说是第二个王朝商朝的第二十位①君主,他的统治从基督前1324年开始。《书经》第五章第28页提到了这位虔诚的君王。高宗

---

① 史书中为第二十三位。

在为父亲小乙守孝的同时，也思考着革新国家之事。上帝作为最高的上天的统治者(天主)用奇异的梦将一个人提供给他。高宗用丰富的言辞加以描述，并让百官画出梦中的形象在全国四处寻找，最终在傅岩(今山西省平陆县)的筑墙者中找到了，然后将他从黄土地拔擢至相位。①

Hic Fu yve *vulgo nominabatur; cujus extant in libro* Xu kim *tribus contenta capitibus praeclara monita, quibus Imperator* Vu tim(*alias* Cao çum)*adeo perfecit, ut per annos 59 pietate et religione feliciter ac pacificè administravit Imperium.*

这人名傅说。他的事迹记录在《书经》中。此书有三篇最重要的醒目的谏言。凭借这些建议和自己的虔敬及宗教，武丁(高宗)和平地统治帝国达59年之久。

Hic verò planè jucundum est videre, quomodo Interpres primi nominis Chu hi *dictus posteriorum temporum atheopoliticorum antesignanus secum ipse luctetur; nec tamen miser eluctari valeat：hinc enim Prisci textûs authoritate(quae apud Sinas sacra est)prohibetur negare rei gestae veritatem：inde verò quamcunque in partem se vertat à supremi cujusdam Numinis praesentiâ et majestate expedire se nequit. Sic igitur in majoribus suis commentariis ait：*

有趣的是，在这里我们可以清楚明白地看出，最著名的诠释者，其后被称为无神论政客先锋的朱熹，对这段话感到棘手。然而很不幸，他没能克服难题。由于古代权威性的经典(这在中国人中是神圣的)，禁止否认历史真相。因此，无论如何做，他都无法摆脱最高的神的存在和主宰。他在重要的

---

① 参见《书经·说命》："高宗梦得说，使百工营求诸野，得诸傅岩，作《说命》三篇。王宅忧，亮阴三祀。既免丧，其惟弗言，群臣咸谏于王曰：'呜呼！知之曰明哲，明哲实作则。天子惟君万邦，百官承式，王言惟作命，不言臣下罔攸禀令。'"《今古文尚书全译》，贵阳：贵州人民出版社，1990年，第175页。爱如生中国基本古籍库 http://dh.ersjk.com, Accessed 18 March 2019. 以下脚注中凡引用《书经》内容皆参考该电子数据库，不再另行注释。

注释中写道：①

Quando Imperator *Cao çum* somniavit de *Fu yve*, distinctè & manifestè fuit aliquis *Fu yve* qui existeret illic: *Cao çum* reverà non eum cognoscebat cujus species in somnis offerebatur: Neque enim hominem hujusmodi unquam ipse viderat. *Cao çum* somniavit de *Fu yve* quod existeret illic: Hoc igitur cùm ita sit, verè fuit aliquis Coeli Imperator, qui coram *Cao çum* diceret, ego assigno tibi fidelem adjutorem: Nunc autem homines per vocem Ti non aliud quam Dominum & gubernatorem intelligi dicunt; eumdemque dicunt expertem corporis & figurae: Sed puto quod ita res non habuerit." (nimirum non capiebat hic Scriptor quo pacto expers corporis, assumptâ tamen figurâ conspicuus homini redderetur) *quod attinet* (prosequitur Interpres) *ad eum, qui hac aetate nostra vocatur* Yo hoam-ta-ti, *id est* Yo hoam *magnus* (coeli) *Imperator, puto equidem nec de hoc id dici posse.*" (utique dici nequit: Quomodo enim homo ille *Yo hoam* apparuerit, quem aliquot post *Cao çum* saeculis natum & deinde nonnisi exactis aliis aliquot saeculis per insanam superstitionem Imperatoris, *Hoei çum* dicti, è *19* familiâ Sum numero, supremi numinis titulo donatum?) *Rursus* (prosequitur Interpres) *quam non inane & fortuitum fuerit illud somnium, successus ipse docuit: Rex enim* Cao çum *cum somniavit à caeli Imperatore assignari sibi fidelem adjutorem, ei procul dubio in somnis adfuit coeli Imperator qui illum indicaret; nec ullo modo dici potest rem ita non habuisse: nec item hic dici potest fuisse caelestem illam rationem, quam Li dicimus.* (*Et hactenus quidem Interpres* Chu hi *quo se vertat ignorans; caeterùm ignorantiâ illâ et perplexitate suâ Veritati Providentiaeque Numinis vel invitus favens. Li hoc atheopoliticorum figmentum quodpiam post 40 saecula inventum à novatoribus in-*

---

① 参见朱熹："道家之徒欲仿其所为,遂尊老子为三清:元始天尊,太上道君,太上老君。而昊天上帝反坐其下,悖戾僭逆,莫此为甚。"《朱子语类》第八册,北京:中华书局,1988年,第3005页。

terpretibus. Intelligunt autem per Li virtutem quamdam seu influxum naturalem mente et voluntate destitutum sed principium rerum omnium, ad quod omnia conantur referre, totius retro antiquitatis monumenta et sensum in suam detorquentes sententiam.)

"当高宗梦见傅说时,傅说的形象是真切而清晰的。事实上,高宗并不认识出现在他梦中的那个人,也从来没有见过他。但高宗梦见的傅说是真实存在的。实际上,这是天帝在高宗面前说:'我赏赐给你忠诚的辅佐者。'然而现在人民认为'帝'的意思是主或王,他们还认为天帝没有肉身。但是我认为没有这样的东西。"(毫无疑问诠释者不理解,若是上帝没有身形,他如何可能呈现一个可见的形体)①"在我们的时代,这一位(诠释者继续写道)一直被称为玉皇大帝。玉皇大帝是上天的统治者。对此我认为没有什么可说的。"(当然不能说这里的天帝就是玉皇大帝,玉皇大帝是在高宗之后很久才出现的,并且最终由疯狂的迷信者宋徽宗——第十九个朝代宋朝的皇帝——授予其最高的神圣头衔。)②另一方面,(解释者述说道)梦境并非虚幻的、偶然的,它指引了成功的方向。因为高宗梦见是天帝赐予他最忠诚的辅佐者,出现在高宗梦中并将傅说的形象显现给他的毫无疑问就是天帝。然而对此我们不可能有所言说,对那个天的理性(理)也不可能有所言说。(至此解释者朱熹表现出了他的无知。对很多事物的无知及他自己的困惑,使他不愿意接受真理和天命的观念。这个"理"是无神论政客的虚构,是四十个世代后的新的诠释者的发明。他们认为"理"是某种力量与自然的流溢,没有思想与意志,是万物的原则;万物都回归于理,这种理解扭曲了所有

---

① 见朱熹:"高宗梦傅说,据此,则是真有个天帝与高宗对答,曰:'吾赉汝以良弼。'今人但以主宰说帝,谓无形象,恐也不得。"《朱子语类》第5册,第2035页。耶稣会士自己相信非物质性的天主可以显现肉身。

② 朱熹:"若如世间所谓'玉皇大帝',恐亦不可。毕竟此理如何?学者皆莫能答。"《朱子语类》第5册,第2035页。耶稣会士和朱熹一样,都不考虑梦和玉皇大帝之间的联系,因为耶稣会士认为玉皇大帝是道教的偶像。

古代文献与文本自身的含义。)①

14.41 子曰："上好礼，则民易使也。"

§.4. *Confucius* ait：Qui praepositus est aliis, si quidem gaudet officiorum contemperatione debita, discrimen aequum semper faciens inter humiles, & honoratos inter summos & imos；tum populo facilè imperabit.

孔夫子说："领导别人的人如果喜好礼仪，把卑贱的人划分为不同的等级，并且尊重最高和最低等级的人，这样就能容易地统治人民。"

14.42 子路问君子。 子曰："修己以敬。"曰："如斯而已乎？" 曰："修己以安人。"曰："如斯而已乎？"曰："修己以安百姓。 修己以安百姓，尧舜其犹病诸。"

p.2.§.1. *Çu lu* sciscitatur de viro sapiente, & qui longè suprà vulgus emineat； *Confucius* respondit：Excolat sese, ut hoc pacto rectus evadat per assiduam suiipsius vigilantiam & attentionem. Quaerit *çu lu*：ubi sic egerit, num sufficiet？ Respondit：Excolat ergo sese, atque ita excolat, ut explear vota aliorum, sicut optat expleri sua ipsius. Instat discipulus：Ubi se res sic habuerit, nihilne requiretur praeterea？ Respondet：Excolat sese, & partas virtutis industriaeque opes tam largè diffundat, ut procur& pacem, expleatque vota universi populi. Sed enim ardua res haec est, & in hoc excolendi sui ipsius studio, sic ut explerent vota uni-

---

① 朱熹："梦之事，只说到感应处。高宗梦帝赉良弼之事，必是梦中有帝赉之说之类。只是梦中事，说是帝真赉，不得；说无此事，只是天理，亦不得。"《朱子语类》第 5 册，第 2035 页。这里简要表达了宋明理学中的"天理"和基督教的神的不同。

versi populi, *Yao & Xun* viri Principes tales ac tanti, tamen ipsi quoque vehementer laborabant & quasi perpetuâ quâdam tenebantur aegritudine animi & curâ, ne fortè vel unus esset ex omnibus, cujus amorem ac benevolentiam non obtinerent: Usque adeò suos haud secùs ac seipsos diligebant.

子路询问什么样的人是智慧之人，以及远超于常人的人，孔夫子回答说："他应该培养自己，以这种方式，通过坚持自我警醒而成为正直的人。"子路问："那么他做到这样，就可以了吗？"孔夫子回答说："他应该继续培养自己，以至于像满足自己的心愿那样去满足别人的心愿。"弟子追问道："如果他做到了这些，除此之外没有别的要求了吗？"孔夫子回答："他应该培养自己，并将美德和勤勉的成果广为扩展，以至于达到太平，满足天下人的心愿。这种在自我培养的努力中做到满足天下人的心愿，的确是艰难的事业，尧和舜那么伟大的君王，依然过度操劳，为了不让哪怕一个人缺乏关爱，他们像永远被心灵的疾病缠身，永远操心。他们爱自己的百姓到这种程度，与爱自己毫无区别。"

14.43 原壤夷俟。子曰："幼而不孙弟，长而无述焉，老而不死，是为贼！"以杖叩其胫。

f.22.p.1.§.1. *Yven jam* sector quidem Philosophi *Lao Kiun*; sed vir inconditis corruptisque moribus, quodam die decussatis cruribus sedens (*quem situm Sine indecorum esse censent*) expectabat *Confucium* jam olim sibi notum. Confucius tam agrestes hominis mores, aliaque totius vitae vitia animo damnans, sic ait: Olim quidem tu adolescens cùm esses, non fuisti submisso animo & observans natu majorum: Grandior factus nihil habuisti virtutis ac laudis, quod praedicaretur: Senior verò jam siquidem non moriaris ocyùs, hoc enim verò erit esse damno quamplurimis pravo exemplo & moribus. Hoc dicto, scipione leviter percussit ipsius crura, sic quoque debitae gravitatis ac decori moniturus agrestem hominem.

原壤奉行老君哲学，但是其生活习惯是粗俗不堪的。有一天他又开腿坐着(在中国文化中这种行为是丑陋可耻的)等孔夫子。孔夫子痛恨败坏礼俗的人们，以及他们生活中的其他错误，因此说:"你在年轻的时候就不谦卑，也不尊敬兄长。成年后也没有任何值得称道的美德。现在老了还没有死，对很多人来说，你不尊的榜样和习惯是可诅咒的。"说完这些话，孔夫子用拐杖敲打他的小腿，以此教导粗野的人们应该知耻，讲究尊严和仪态。

14.44 阙党童子将命。或问之曰："益者与。"

§.2. Ex ditione *Kive tam* dictâ pueri aliquot indigenae *Confucio* in disciplinam recens traditi deferebant Magistri mandata ad hospites, & horum vicissim responsa ad Magistrum. Aliquis fortè sciscitatus ait: Proficiuntne illi pueri?

一些来自阙党之地的男孩被托付给孔夫子教导，他们负责把老师的话传达给客人，再将客人的答复回禀老师。有人问:"这些孩子可有长进？"

子曰:"吾见其居于位也，见其与先生并行也。非求益者也，欲速成者也。"

§.3. *Confucius* respondit: Oporteret quidem illos non in medio sedere, sed à latere; et dum sequuntur majorem natu, pone sequi: nunc autem ego video ipsos temerè considere in loco honorato. Video illos cum Magistro suo sine ullo intervallo pariter incedere; adeoque non observare, quae sunt propria aetatis suae. Quocircà judico quod non sunt studiosi profectûs sui. Caeterùm ego sumam mihi hanc Provinciam: Desidero quamprimùm sublatâ ruditate illâ, bonis moribus ac disciplinis excolere illos ac perficere; Verumtamen sic, ut à facillimis infimisque ordiar; & eos ipsa cum aetate ad majora pedetentim manuducam.

孔夫子回答说:"和年长者在一起时,不应该坐在中间,而应该坐在一边;跟年长者同行时,应该跟在后面。然而现在我看见他们鲁莽地坐在尊贵的位置上,与老师同行时也不保持一定的距离。他们并不遵循那些与他们的年龄相一致的礼节。因此,我断定他们不想长进。我会负起责任,用优良的习俗教导他们,最大可能地清除他们身上的那种粗野。可是这需要从最简单、最基础的地方开始,手把手教他们。"

卫灵公第十五

15.1 卫灵公问陈于孔子。 孔子对曰:"俎豆之事,则尝闻之矣;军旅之事,未之学也。"明日遂行。

f.1.p.1.§.1. Regni *Guei* Princeps *Lim cum* dictus belli magis quam virtutis cupidus percontatus est de instruendâ acie ad praelium, à *Confucio*. *Confucius* respondit: *çu & teu* vasorum sacrorum res ego quidem assiduè audivi; Castrenses res necdum didici. Quare illuscescente die statim profectus est, quod videret operam perdi.

卫国的君主灵公对战事的兴趣高于美德。他问孔夫子关于排兵布阵的事。① 孔夫子说:"我知道俎豆这类祭祀的事,但是排兵布阵的事,我没有学习过。"因为知道自己在此地是浪费时间,第二日早晨孔夫子就离开了卫国。

15.2 在陈绝粮,从者病,莫能兴。

§.2. Existente *Confucio* in Regno *Chin* defecit victus; Sectatores ipsius languebant, nec poterant iter prosequi fame scilicet debilitati.

孔夫子在陈国的时候,粮食缺乏。他的随行者被疾病和饥饿所折磨,无法继续上路。

---

① 此描述性评论可以在朱熹的评论(第 161 页)和张居正的评论(第 240 页)中找到。

子路愠见曰："君子亦有穷乎？"子曰："君子固穷，小人穷斯滥矣。"

§.3. Discipulus *çu lu* molestiam animi prodens ait: Inter viros probos ac sapientes etiamne dantur egentissimi? *Confucius* ait: Vir probus ac sapiens durat in egestate gravi: Stultus & improbus in egestate gravi constitutus hoc ipso dissolvitur animo.

弟子子路表示出了他的不满之心，说道："正直且智慧的人也会陷入如此穷困潦倒之境？"孔夫子说："正直且智慧的人会在穷困中坚持，然而愚钝不忠的小人处于困苦之中时，将会被其吞没。"

15.3 子曰："赐也，女以予为多学而识之者与？"

p.2.§.1. *Confucius* ait: Discipule mi *Su*, (aliàs *çu cum*) tunc sic de me censes, operosè me multa didicisse ac mandasse memoriae, atque ideo tam promptè meminisse?

孔夫子说："我的弟子赐啊，你认为我勤学多记，就可以学会这些知识了吗？"①

对曰："然，非与？"

§.2. Respondet discipulus: Utique. Sic mihi persuasi semper. Num aliter fortè res habet?

---

① 朱熹认为是"知所本"（第161页）。

弟子说："当然,我一直是这样认为的。难道不是吗?"

曰："非也,予一以贯之。"

§.3. Erras, inquit *Confucius*: aliter se res habet. Ego dumtaxat per unum res penetro.

"你错了,"孔夫子说,"其实事情是另一回事。我用一来贯通所有的事情。"①

15.4　子曰："由！　知德者鲜矣。"

f.2.p.1.§.1. *Confucius* ait: Mi discipule *Yeu*, (aliàs *çu lu*) qui perspectam habeant virtutem, pauci sunt.

孔夫子说："我的弟子由(又称子路)啊,那些能领悟美德的人,太少了！"

15.5　子曰："无为而治者,其舜也与？　夫何为哉,恭己正南面而已矣。"

§.2. *Confucius* ait: Nihil agens & tamen imperans nonne is fuit *Xun*? Hic quid agebat? Totus spirans virtutem rectà austrum spectabat (*Quo situ Imperatores ac Magistratus hîc jus dicunt*) & aliud nil agebat: Omnia scilicet cursu suo, quem optimum tenebant, ire sinens.

孔夫子说："什么都不做就能使天下得到治理的人不是舜吗？ 为什么要

---

① 拉丁文的翻译接近最初的文本,但并没有对"一"做出准确的解释。对朱熹和张居正来说,"一"代表着天理。

去采取行动呢？他完全凭借自己的美德,端居南面(就是天子和诸侯颁布法律的方位),就使得所有的事情朝着正确的方向发展了。"

15.6 子张问行。

§.3.　Discipulus *çu cham* quaerit à Magistro suo modum gerendi res cum utilitate & profectu aliorum.

弟子子张向老师询问做事有利于人的方法。①

子曰:"言忠信,行笃敬,虽蛮貊之邦,行矣。 言不忠信,行不笃敬,虽州里,行乎哉?

§.4.　*Confucius* respondet: Loquere simpliciter, candidè, cum fide: Age constanter, graviter, maturè: etiam in Australium vel Borealium Barbarorum Regno constitutus proficies. Contrà verò si loquaris haud simpliciter, candidè, & cum fide: Si agas haud solide, graviter, ac maturè; quamvis in coetu familiarum 2500, vel in coetu familiarum 25. verseris ecquid tandem proficies?

孔夫子答道:"讲话简洁、直白、诚信,做事坚定、恭敬且及时,即便在南边或者北边的蛮夷之地,你也会取得成就的。但如果你讲话不简洁、不直白、缺乏诚信,做事不坚定、不恭敬、不及时,即便你居住在两千五百户的城镇里或有二十五户人家的村庄里,你能取得成就吗?②

---

① 这翻译了张居正关于"行"的解释(行,是所行通利,第242页)。
② 朱熹认为一州有两千五百户人家(第162页),张居正也是这样认为的,并进一步解释,里有二十五户人家。

立则见其参于前也，在舆则见其倚于衡也。 夫然后行。"

p.2.§.1. Si consistis rectus; protinus contemplare ista velut ordine posita coram te. Si existis in curru; protinus contemplare ista velut innixa jugo currûs: hoc modo demùm, ubicumque fueris, res geres.

如果直立，你就应该立即注意到这些，仿佛这些应该注意的事情就在你的前面；在乘车时，你也应该立即注意到这些事情，仿佛这些事情就在车前方的轭上。最终，用这个方法，不论身在何处，你都可以处理好事情。"

子张书诸绅。

§.2. Discipulus *çu cham* adnotavit haec praecepta in cingulo, id est, in anteriori sinu cinguli sui descripsit, ut ostenderet, quanti faceret Magistri sui documenta.

弟子子张把学到的记录在腰带上，即记录在最外层腰带上，以此表示他对老师教诲的尊重。

15.7　**子曰："直哉史鱼！ 邦有道，如矢；邦无道，如矢。**

§.3. *Confucius* ait; O quàm rectus est *Su yu* (*Praefectus is erat Regni* Guei) Regno pacato instar sagittae est. Regno turbato instar sagittae est. Verbis scilicet factisque constans, rectus, integer.

孔夫子说："史鱼（卫国的大夫）是多么的正直啊！国家和平安定时，他像一支箭；国家混乱黑暗时，他仍然像一支箭。他的言行都是坚定、正直的。

君子哉蘧伯玉！邦有道，则仕；邦无道，则可卷而怀之。"

f.3.p.1.§.1. O virum praestantem *Kiu pe yo* ejusdem Regni Praefectum: Regno pacato protinus administrat Rempublicam; Regno turbato, protinùs novit subducere sese & latitare.

这国的另一个大夫蘧伯玉同样也是多么的优秀卓越啊！在国家和平安定之时，他就治理国家；在国家混乱黑暗时，他就收起本领退隐。"

15.8 子曰："可与言而不与之言，失人；不可与言而与之言，失言。知者不失人，亦不失言。"

§.2. *Confucius* ait: Dignus est quispiam qui cum instituas sermonem, & tamen si cum eo non instituis sermonem; perdis hominem: indignus est quispiam qui cum instituas sermonem, & tamen si cum ipso instituis; perdis verba. Prudens nec perdit hominem, nec perdit verba.

孔夫子说："如果有人值得劝告而没有劝告，那就错过了人才；如果有人不值得劝告但你仍然劝告，那你就是冒失多嘴。智者不会失人也不会失言。"

15.9 子曰："志士仁人，无求生以害仁，有杀身以成仁。"

§.3. *Confucius* ait: Vir excelsi magnique animi, idemque vir virtutis solidae, non flagitat vivere sic ut damno sit virtuti suae: imò datur qui prodigat vitam ut consummet virtutem.

孔夫子说："具有伟大、卓越心灵的人，也同样具有始终如一的美德，他不会因为求生而牺牲自己的美德。相反，他会牺牲他的生命以成就自己的美德。"

15.10 子贡问为仁。 子曰："工欲善其事，必先利其器。 居是邦也，事其大夫之贤者，友其士之仁者。"

p.2.§.1. *çu cum* discipulus percontatur quâ arte quis evadat probus? *Confucius* respondit：Artifex volens perficere suum opus, haud dubiè priùs acuit sua instrumenta. Commorans in aliquo regno fac servias ejusdem praefectorum sapientioribus；amicitiam contrahe cum ejusdem Regni literatorum probioribus.

弟子子贡问：怎样才能正直。孔夫子答道："工匠要想做好他的工作，首先要磨砺他的工具。同样，当你居住在某个国家，就要敬奉那里最好的大夫，并与这个国家最正直的文人做朋友。"

15.11 颜渊问为邦。

§.2. Discipulus *Yen yven* consulit Magistrum de administrando bene Regno.

弟子颜渊问老师如何才能治理好一个国家。

子曰："行夏之时，

§.3. *Confucius* haud ignarus, quanta, quamque eximia discipuli facultas esset, sic ait：Age res & exige juxta familiae *Hia* temporum rationem.

孔夫子知道弟子有卓越的才能，便说道："你应该采用夏朝的历法。

Hac imperante familiâ novilunium illud, quod ab ingressu solis in gradum 15. Aquarii proximè aberat, anni cujusque constituebat exordium quae ratio temporis quoniam ad Agriculturam, aliosque usus vitae humanae hîc valde erat accommodata; Confucio magnoperè probabatur: et verò perseverat eadem hodieque tametsi sub familiis aliquot Imperatoriis subinde fuerit immutata.

在这个朝代统治之时,以太阳移至水瓶座15度①之后最近的新月,为一年的开始,这种历法能够很好地服务农业和人民的生活。孔夫子最为认同这个历法。即使朝代更替,这种历法也沿用至今,从未改变。

乘殷之辂,"

f.4. p.1. §.1.　*Conscende familiae Yn currum. Fac imiteris, inquam, secundae hujus familiae mores antiquos, id est, simplices, rectos, aequabiles, & constantes: quos adeò prodebat cultus ille vulgaris & simplex; & firmitas rhedarum & curruum, quibus Reges, absque pompae apparatu tunc utebantur.*

你应该乘殷朝的车,并效仿第二个朝代简单、正确、公正、恒常的古老礼法。这些普通、简单的风格实际上塑造了他们的这些礼法。那时,君王们使用这些车厢和马及无招摇的马饰,而且马匹都非常健壮。"②

服周之冕,"

§.2.　*Dum sacris das operam, induere familiae Cheu nunc imperantis tiarâ.*

---

①　这个来源于朱熹《四书章句》:"天开于子,地开于丑,人生于寅,故斗柄建此三辰之月,皆可以为岁首。"(第163页)太阳在黄道水瓶座15度位置时,大致为立春节气。

②　朱熹(第164页)和张居正(第246页)都对商朝乘车的简单朴素做出了评价。

当你献祭时，你应该戴正在统治的周朝的帽子。"

乐则《韶》舞。"

§.3. Musica verò sit ea quae *Xao* dicitur cum choris tripudiantium.
音乐应该是配有舞者的《韶》乐。"

放郑声，远佞人。 郑声淫，佞人殆。"

§.4. Missas facito Regni *Chim* cantiones. Procul amanda loquaces: Regni *Chim* cantiones, turpes, loquaces, periculosi.

你应该舍弃郑国的音乐，并且驱逐多嘴的人。郑国的乐曲是淫乱的，多嘴的人是危险的。"

15.12 子曰："人无远虑，必有近忧。"

p.2.§.1. *Confucius* ait: Non eminus ac longè res & negotia praemeditans, procul dubio habebit propinquum sibi moerorem.

孔夫子说："不能及早努力，也不能预见未来，做长远的打算，毫无疑问，一定会有近在眼前的忧患。"

Exponunt Sinae hanc Philosophi sententiam alio proverbio: Liu pu çai çien li chi vai, çe hoan çai ki sie chi hia *praemeditatio nisi sit ultra mille stadia, tum calamitas est sub ipsâ mensâ et strato.*

为了解释哲学家的说法，中国人采用了这句谚语："虑不在千里之外，则患在几席之下。"①

15.13 子曰："已矣乎！ 吾未见好德如好色者也。"

§.2. *Confucius* ait: Proh dolor! Actum est: ego nondum vidi qui gauderet virtute sicut quis gaudet eleganti formâ corporis.

孔夫子说："多可耻啊！就是这样了：我从来没见过有人像爱好肉体美色一样爱好美德。"

15.14 子曰："臧文仲其窃位者与？ 知柳下惠之贤而不与立也。"

§.3. *Confucius* ait: Regni *Lu* Praefectus *çam ven chum* nonne ipse furtim & fraudulenter Magistratum gerit; ac tuetur suam dignitatem. Hic enim cum perspectam habeat *Lieu hia huei* viri nobilissimi sapientiam & virtutem, & quanto is emolumento possit esse Reipublicae; Regi tamen eum non commendat aut proponit ut promoveatur.

孔夫子说："鲁国的一名大夫臧文仲，难道不是阴险而又虚伪地获取了权力，维持了地位？他注意到了柳下惠这个十分高贵的人的智慧和美德，重用这样一个人将有益于国家，但他并没有向君王举荐。"

15.15 子曰："躬自厚而薄责于人，则远怨矣。"

f.5 p.1.§.1. *Confucius* ait: In seipsum graviter, at leviter animum advertere

---

① 朱熹在他的评论中引用了苏氏的话（第146页）。张居正有一个类似的表达，但用的是不同的措辞（第246页）。这表明耶稣会士同时用了张居正和朱熹的评论。

in alios, utique procul amovet odia.

孔夫子说:"严格地要求自己,宽厚地对待他人。这样将会远离怨恨。"

15.16　子曰:"不曰'如之何,如之何'者,吾末如之何也已矣。"

§.2. *Confucius*: Qui non dicit; hoc quomodo? Illud quomodo? Ego nescio hujusmodi homine quid faciam. Actum est.

孔夫子说:"那些不说'如何这个,如何这个'的人,我不知道如何对待。只能这样了。"

15.17　子曰:"群居终日,言不及义,好行小慧,难矣哉!"

§.3. *Confucius* ait: Plures simul commorantes per totum diem, si in colloquiis inter se non attingant virtutem; sed gaudeant proferre in medium privatam prudentiam, ô quantum laborabunt!

孔夫子说:"整日和小人聚在一起,与他们的谈话涉及的不是美德,而是热衷于在中间谈论个人的明智。啊!他们将多么辛劳啊!"[1]

---

[1]　朱熹把"小慧"理解为"私智"。拉丁语将其翻译为"个人的明智"(private prudentia),它区别于"公共事务的明智",源于亚里士多德的《尼各马克伦理学》。同时,朱熹理解不从善的人民将会遭受祸患("难矣哉者,言其无以入德,而将有患害也",第165页)。拉丁文本是这句话的直译。张居正有不同的阐释:"欲以入德而免患,岂不难矣哉?"(第248页)

15.18 子曰:"君子义以为质,礼以行之,孙以出之,信以成之。君子哉!"

p.2.§.1. *Confucius* ait:Vir verè praestans ex convenientiâ cujusque rei statuit rei fundamentum:Debito cum ritu modoque exercet illam:cum animi modestia demissioneque palàm facit illam:cum fide perficit illam. O virum hujusmodi verè praestantem!

孔夫子说:"一个真正优秀卓越的人以和谐为事物的基础,他用必要的礼仪和方式实践这种和谐,用心灵的节制和谦卑传播这种和谐,用诚信完善这种和谐。啊,这样的人实在是优秀卓越!"

15.19 子曰:"君子病无能焉,不病人之不己知也。"

§.2. *Confucius* ait:Philosophum affligit impotentia sua, non affligit ab homnibus se nesciri.

孔夫子说:"哲学家只担心自己无能,不担心别人不了解自己。"

15.20 子曰:"君子疾没世而名不称焉。"

§.3. *Confucius* ait:Philosophum affligit occidere sibi vitam, & nomen suum nondum celebrari, aut nihil dignum famâ peregisse.

孔夫子说:"哲学家为他即将离世却没有得到尊敬,或没有得到人们赞誉的名声而烦扰。"①

15.21 子曰:"君子求诸己,小人求诸人。"

§.4. *Confucius* ait: Sapiens causam peccati dataeque offensionis, exquirit ab se: stultus exquirit ab aliis.

孔夫子说:"智者从他自身寻找错误和失败的根源,愚者却从他人身上寻找。"

15.22 子曰:"君子矜而不争,群而不党。"

f. 6. p. 1. §. 1. *Confucius* ait: Philosophus est quidem severè retinens gravitatis, at non asper & intractabilis: Socialis est, at non qui temerè abripiatur impetu multitudinis.

孔夫子说:"哲学家严格地维护他的自尊,但他不粗鲁也不争强好胜。他好与人交往,却不会被他人的感情所左右。"②

15.23 子曰:"君子不以言举人,不以人废言。"

§.2. *Confucius* ait: Sapiens nec ob sermonem evehit hominem; nec ob hominem (qualiscumque is sit) aspernatur ac negligit sermonem.

孔夫子说:"智者不因一个人会说好话而提拔他,也不因某个人(无论是

---

① 很明显,这句话与前一句相矛盾。而《中国哲学家孔夫子》并没有让它们一致起来。朱熹和张居正的解释是:尽管君子并没有刻意追寻荣誉,但是他内在的美德却是有必要让外界知晓的。

② 张居正提到君子与众人在一起,并不是基于感情,而是基于"道"(第250页)。

什么样的人）而拒绝他，轻视他的言论。"

15.24 子贡问曰："有一言而可以终身行之者乎？"子曰："其恕乎！己所不欲，勿施于人。"

§.3. *çu cum* sciscitando ait: Num fortè extat unum aliquod vocabulum, secundum quod velut normam quampiam possit quis per omnem vitam operari? *Confucius* respondit: Nonne istud vocabulum est, *Xu*? Scilicet, tibi quod non vis, ne facias erga alios?

子贡问道："有没有一句话可以作为终身奉行的准则呢？"孔夫子答道："不是'恕'吗？它的意思是：自己不想做的事情，也不要强加给他人。"

15.25 子曰："吾之于人也，谁毁谁誉？如有所誉者，其有所试矣。

p. 2. §.1. *Confucius* ait, Ego agens cum homnibus, cuinam obtrecto? Quemnam depraedico? Si datur quod depraedicandum sit; idipsum habet quod prius discutiatur.

孔夫子说："与人相处时，我贬低谁？赞扬谁？如果要赞扬某件事，就应该首先检验这件事。

斯民也，三代之所以直道而行也。"

§.2. Moderni, seu hujus aetatis homines, etiamnum gradiuntur rectâ, quâ tres familiae incedebant, viâ.

现代人，即这一代人，依旧走着三个朝代走的路。"

15.26　子曰："吾犹及史之阙文也。 有马者借人乘之。 今亡矣夫！"

§.3.　*Confucius* ait: Ego adhuc attigi Historiographorum succinctum stylum. Tunc habens equum, alteri dabat commodatò, ut conscenderet; at nunc ista obsoleverunt.

孔夫子说："我还能接触到史家记载中缺省的地方。有马的人还能借给其他的人乘坐。但现在，人们已经忘了这样的事情了。"

15.27　子曰："巧言乱德。 小不忍则乱大谋。"

f.7.p.1.§.1.　*Confucius* ait: Fucati sermones perturbant virtutem; modica impatientia utique perturbat maxima consilia.

孔夫子说："虚假的言谈会混淆美德。一点小小的不忍耐将会毁掉整个大的计划。"

15.28　子曰："众恶之，必察焉；众好之，必察焉。"

§.2.　*Confucius* ait: Multitudo odit quempiam? omnino examinetur. Multitudo gaudet quopiam? omnino examinetur.

孔夫子说："众人都讨厌某个人，一定要考察清楚为什么；众人都很喜欢一个人，也一定要考察清楚为什么。"

15.29　子曰:"人能弘道,非道弘人。"

§.3.　*Confucius* ait: Homo potest illustrem reddere & magnificare normam rationis; Non autem citrà conatum arbitriumque hominis norma rationis per se valet magnificare hominem.

孔夫子说:"人能够恢复并弘扬理性的法则,但是如果没有人的努力和抉择,理性的法则自身并不能使人变得伟大。"

15.30　子曰:"过而不改,是谓过矣。"

§.4.　*Confucius* ait: Peccare nec emendare, hoc ipsum dicitur peccare.

孔夫子说:"犯罪而不改正,这本身就是犯罪。"

15.31　子曰:"吾尝终日不食,终夜不寝,以思,无益,不如学也。"

p. 2. §.1.　*Confucius* ait: Ego plerumque totos dies non manducem; totas noctes non decumbam, ut vacem meditationi; & tamen nullum propè referam fructum; Non est quid melius quàm operam dare monumentis literarum, in usum scilicet exercitiumque, quae didiceris, traducere.

孔夫子说:"我曾经整天不进食,整夜不睡觉,都用来思考问题,但却没有任何收获。努力学习文献中的知识,并把自己学习到的东西付诸实践,没有比这能获得更多的收益了。"

15.32　子曰："君子谋道不谋食。 耕也，馁在其中矣；学也，禄在其中矣。 君子忧道不忧贫。"

§.2.　*Confucius* ait: Philosophus laborat de virtute; non laborat de cibo; & verò ipsam Agriculturam, fames subinde sequitur & insperata sterilitas: at in virtutis studio, census & fructus nunquam deficiunt. Quare Philosophus angitur de virtute; non angitur de paupertate.

孔夫子说："一个哲学家为美德而不是为食物而工作。耕田也难免饥饿和不可预见的灾荒；但是学习美德，却从未缺过财富和美德的果实。因此，哲学家痛苦于能否学到美德，而不担心自己贫困。"

15.33　子曰："知及之，仁不能守之；虽得之，必失之。

§.3.　*Confucius* ait: Prudentiâ assecutus quidpiam, nisi virtute interiori valeas idem conservare, licet fortè adeptus sis, procul dubio amittes.

孔夫子说："通过聪明才智得到的东西，不能用内在的美德守护它，并使它变得牢靠，即使得到了，也一定会失去。

知及之，仁能守之。 不庄以莅之，则民不敬。"

§.4.　Prudentiâ quidpiam assecutus, & virtute interiori valens conservare; nisi quoque adhibeas morum gravitatem & authoritatem ad rectè gubernandum; tum subditi non te verebuntur.

你在明智上有所得，并且可以用内在的美德守护它，但是你却不能使用庄严的法律实施好的管理，那么你的臣民将不会尊敬你。"

知及之，仁能守之，庄以莅之。 动之不以礼，未善也。"

f.8.p.1.§.1.　Prudentiâ quidpiam assecutus, & virtute interiore valens conservare, exteriorem item morum gravitatem & authoritatem adhibens ad rectè gubernandum; nisi moveris subditos convenienti ac debito modo; nondum perfecta res est.

如果你在明智上有所得,也可以用内在的美德守护它,并且使用庄严的法律好好地管理,但是你不能让你的臣民遵守正当公平的礼仪规范,那么这事情就不够完善。"

15.34　子曰："君子不可小知而可大受也，小人不可大受而可小知也。"

§.2.　*Confucius* ait: Vir eximius non potest parvis ex rebus, quamvis eas praeclarè gesserit, illicò sciri seu statui etiam potens esse seu idoneus ad res magnas suscipiendas & tractandas. Contrà verò à vulgari homine & modicis naturae dotibus instructo, non debent exigi res magnae, nedum suscipi; & quid possit ipse in modicis vulgaribusque rebus, cognosci debet, alioqui.

孔夫子说:"卓越的人不能用小事去考察他,哪怕他做得很成功,但他可以被委以重任。相反,一个有小才能的普通人,却不能委以重任,更不用说去承担了;但是我们应该知道他有处理简单、微小事务的能力。"

15.35 子曰："民之于仁也，甚于水火。 水火，吾见蹈而死者矣，未见蹈仁而死者也。"

p.2. §.1. *Confucius* ait: Populo in virtute plus est quàm in aquâ & igne. Aquam & ignem ego vidi qui calcaret & periret: nondum vidi qui insisteret virtuti & peritet.

孔夫子说："人民对美德的需要多于对水火的需要。我见过有人蹈水火而死，但是从没有见过有人坚守美德而死。"

15.36 子曰："当仁，不让于师。"

§.2. *Confucius* ait: Suscipiens excolendum virtutibus animum, non cedat Magistro, primasve in virtutis studio deferri patiatur.

孔夫子说："在用美德培育心灵方面，即使是老师也不应该谦让；也就是说，在这方面的努力不能落后于老师。"

15.37 子曰："君子贞而不谅。"

§.3. *Confucius* ait: Vir perfectus rectus & constans est, at non pervicax.

孔夫子说："完美的人应该诚实并有恒心，但并不顽固。"

15.38 子曰："事君，敬其事而后其食。"

§.4. *Confucius* ait: Serviens uti servire par est, Regi, ante omnia & prae omnibus cordi habet quae sui muneris officiique sunt; ac postponit his censum suum, suaque stipendia.

孔夫子说:"在为国君做事之时,应该把自己的任务和责任记在心里,放在一切事情的前面,而把报酬和奖励放在后面。"

15.39　子曰:"有教无类。"

f.9.p.1.§.1.　*Confucius* ait: Sit institutio sine discrimine.
孔夫子说:"教育人不应该有等级区分。"

15.40　子曰:"道不同,不相为谋。"

§.2.　*Confucius* ait: Viâ discrepantes, haudquaquam inter se convenient ad consultandum quidpiam.
孔夫子说:"那些追求不同道路的人,永远不会共商计谋。"

15.41　子曰:"辞达而已矣。"

§.3.　*Confucius* ait: Verba percipiantur (*seu verborum nuda veritas absque fuco et aetatis nostrae luxuriosa elegantiâ*) & hoc sufficiat.
孔夫子说:"言辞通达(即言辞有直白的真理,而无我们这个时代的矫饰文雅),这就足够了。"

15.42　师冕见,及阶,子曰:"阶也。"及席,子曰:"席也。"皆坐,子告之曰:"某在斯,某在斯。"

§.4.　Magister musices, *Mien* nomine, *Confucii* visendi gratiâ venerat. Accedenti itaque ad gradum quempiam, hospiti (quippe qui caecus erat) *Confucius* admonens illicò dicebat; hîc gradus est: Eidem verò jam progresso in aulam excipiendis hospitibus destinatam, & accedenti ad stoream. *Confucius* iterum dicebat: Hîc storea est. Mox inde Magistro illo musices, caeterisque hospitibus pariter considentibus, *Confucius* eundem commonefaciebat dicens: Titus existit sive considet ab hac parte; Sempronius existit ab illa parte; ut aptius scilicet fungeretur debito cuique salutationis & honoris officio.

乐师冕(他是一位盲人)友好地来拜访孔夫子,当他接近台阶的时候,孔夫子立即警示他说:"这里有台阶。"当他进入待客的大厅,走到座榻旁,孔夫子又说:"这里有个座榻。"其后,当乐师与其他宾客坐在一起的时候,孔夫子跟他说:"某某人来了或是谁入座了。某某人坐在哪边。"乐师因此可以适当地向其他客人致意。

师冕出。子张问曰:"与师言之道与?"

§.5. Magistro *Mien* jam egresso, discipulorum unus cui *çu cham* nomen erat, quaesivit ex *Confucio* dicens: Cum Magistro musices sic loquendi & agendi an etiam datur regula ex principiis nimirum Philosophiae suae?

当乐师冕离开后,弟子子张问孔夫子:"在你的处世哲学之中有与盲人乐师接触交谈的方法吗?"

子曰:"然。固相师之道也。"

§.6. *Confucius* respondit: Est haec sanè juvandi caecos Magistros regula, olim scilicet instituta.

孔夫子答:"当然!帮助盲师之方法,我已经教过了。"

季氏第十六

16.1 季氏将伐颛臾。

p.2.§.1　In Regno *Lu* tres erant praepotentes ac nobiles familiae, quae tantum non rebellantes contra suum Regem, quatuor Regni ditiones inter se partitae fuerant. Earum unam *Mem sun* invaserat, alteram *Xo sun*; tertiam verò quartamvè Regni Praefectus *Ki* potentior utrisque sibi vindicarat. Quibus haud contentus, (ut est insatiabilis dominandi libido) aliam quoque dynastiam in eiusdem Regni meditullio sitam, & clientelari jure eidem obnoxiam meditabatur invadere. Hic itaque *Ki xi* seu *Ki sun* erat in procinctu ut bello peteret dynastiam *chuen yu*.

在鲁国有三个十分强大的贵族家庭，这三大家族只是没有叛变自己的君王，但是却四分国家。孟孙占据其一，叔孙占据其一，而比这两者都强大的鲁国的大夫季氏独得其二。但季氏对此并不满足（正如权力的欲望是无限的），他还打算入侵位于鲁国境内的一个附属国，这个附属国臣属于鲁国。① 于是，这个季氏即季孙正在备战，准备通过战争来夺取颛臾。

冉有、季路见于孔子曰："季氏将有事于颛臾。"

§.2.　*Gen yeu* & *Ki lu* adstantes coram *Confucio* dicunt: *Ki xi* Domino nostro proximè futura est res cum *chuen yu* Dynastâ: Ambo erant discipuli *Confucii*, &

---

①　除提及的无限权力欲望的内容，这段翻译也来自张居正的评论（第259页）。

tunc fortè Magistratum gerebant; nec probabant hujusmodi invasionem.

冉有和季路来到孔夫子面前,说:"最近,我们的主君季氏将会出兵对付颛臾。"他们两个是孔夫子的弟子,而当时碰巧都在季氏担任官职,他们也不赞成这样的入侵行动。

孔子曰:"求！ 无乃尔是过与？"

§.3. *Confucius* ait:*Kieu*, nonne est tuum quoque hoc crimen？
孔夫子说:"求！这难道不是你的过错吗？"

"夫颛臾，昔者先王以为东蒙主，且在邦域之中矣，是社稷之臣也。 何以伐为？"

f.10.p.1.§.1. Belli porrò arguens injustitiam, ex tribus maximè capitibus eam probat. Hanc (inquit) dynastiam *chuen yu*, olim prisci Imperatores familiae *Cheu* fecerunt montis *mum cum* in eadem siti ditione dominam, ubi dynastae curam habent sacrificiorum, quae spiritui montis praesidi rite fiunt. Deinde sita est in medio terminorum Regni. Est denique regiae domui familiaeque subjecta & clientelaris, quo pacto igitur, & quo jure illam sibi vindicet improbus, & invadat？

孔夫子继而指出此战之不义,并从三方面来说明:"首先,以前周天子任命颛臾为蒙山辖区的君主,负责王朝在那里的祭祀,按照仪式祭祀保护蒙山的山神；[①]其次,颛臾位于鲁国国境之中；最后,它是服从和附属于鲁国的。

---

① 朱熹评论道,蒙山是用来举行祭祀的地方(第169页),张居正也持同样观点。耶稣会士没有忌讳地使用宗教崇拜的提法,虽然这种意思在《论语》里并不明确。

这样,贪婪的季氏是根据何种约定,要侵略并占有颛臾呢?"

冉有曰:"夫子欲之,吾二臣皆不欲也。"

§.2. Discipulus *Gen yeu* hâc oratione Magistri sui jam doctior, sic ait: *Ki xi* Dominus noster vehementer expetit illam ditionem: Nos quidem ambo ejusdem Ministri ac subditi pariter haud desideramus aut approbamus.

听了老师的这番话,弟子冉有更加明白了。他说:"我们的主君季氏非常想得到那块领地,实际上,作为他的臣仆,我们两个都不同意侵略它。"

孔子曰:"求! 周任有言曰:'陈力就列,不能者止。'危而不持,颠而不扶,则将焉用彼相矣?

§.2. *Confucius* ut doceat oportere eos, quod animo damnent, verbis quoque factisque arguere & damnare, & si quidem monendo arguendoque non proficiant, muneri suo renunciare, sic ait: mi discipule *Kieu*, antiqui illius & celebris Historiographi *Cheu gin* extat sententia per quam apposita ad rem nostram: Si cuipiam, inquit, suppetunt vires ac facultates ad gerendam Rempublicam, adeat sanè munus publicum: non autem valens praestare quae sunt officii sui, sistat, & gradu, si quem fortè obtinet, sese abdicet: Is etenim praecipitio proximus periclitatur, & tamen non manu tenetur, seu non monetur, quia moneri scilicet impatiens est: Prolabitur, & tamen jam labens non manu fulcitur: quia nimirum non est qui audeat manum admovere, constatque praecipitem abire velle. Hujusmodi ergo caeco vel amenti veriùs, cui tandem sit usui iste adjutor vel ductor?

孔夫子想教导他们,要他们勇敢地向季氏指出这个错误。如果不能用说理的方法成功地警告季氏,他们就应该放弃自己的职务。孔夫子这样说:

"我的弟子求,古时候著名的史家周任说过和我们的事情有密切关系的话。他说:'如果有人具有治国的能力,他就应该去担任公共的职务;倘若不能胜任其职责,就应该离开。'盲人即将处于跌落的危险中,然而没有人阻止他,没有人警告他,因为他不耐烦;他正在跌落,也没有人搀扶。因为显然没有人敢伸手,而是放任他跌落。那么,对这类盲人,或更正确地说,对这类糊涂的人,你们这样的助手有什么用处呢?

且尔言过矣,虎兕出于柙,龟玉毁于椟中,是谁之过与?"

p.2.§.1. Atque adeo tu quod dicebas modo, invitis vobis & improbantibus parari bellum, sic ut crimen omne in praefectum derivaretur; hoc ipsum alterum est crimen tuum; & eo quidem turpius, quò turpiori cum errore conjunctum. Quaero enim abs te, tigris quaepiam, aut bubalus sylvestris evasit extra septa, repagulaque sua; testudo item rarae artis, aliave pretioso è lapide supellex si damnum passa periit, quamvis in arcae medio reposita: Fuga haec, & damnum hoc cujus tandem erit crimen? Numquid ejus cujus fidei & curae commissa tam septa, quàm supellex fuerat?

即使你们不赞同即将开始的战争,把所有罪过都推到长官身上;但是你刚说的话就是另一种罪过,而且这罪过是更加可耻的,因为它与更可耻的错误联系在了一起。① 我问你,如果老虎或者野牛逃出了笼子,保存在盒子中的龟甲和珍稀玉器损坏了,这是谁的过错?看管笼子和龟、玉的人难道没有责任吗?"

---

① 孔夫子只谈到一个弟子的过失,朱熹认为孔夫子的两个弟子对季氏的罪恶和过失负有责任(第170页),张居正也是这样认为的。然而耶稣会士似乎添加了对孔夫子弟子可耻行为的评论,耶稣会士认为,即使孔夫子的两个弟子(对侵略行动)的责任轻于季氏,但是他们尝试在孔夫子面前推诿所有错误的企图本身就比季氏的非正义战争更为可耻。

冉有曰："今夫颛臾，固而近于费。今不取，后世必为子孙忧。"

§.2. Discipulus *Gen yeu* intelligens hoc argumento agi se reum, suam pariter ac Domini sui causam specioso necessitatis ac justitiae nomine tuendam suscipiens, sic ait：Nunc ditio haec *chuen yu* fortis ac munita est, & fieri potest ut munitior evadat in dies：Nunc illa vicinis suis non est infesta, sed ecquis spondeat nullo unquam tempore futuram? Porrò eadem vicina est finitimaque *Pi* avitae ditioni & patrimonio *Ki xi* Domini mei. Quocirca si nunc eam, quando potest, tempusque & fortuna favet, non occupat ac facit juris sui; olim procul dubio erit illa filiorum eius ac nepotum acerbus dolor ac sera poenitendi materia.

孔夫子这样论证一番后，弟子冉有认识到了自己的错误，但他仍想通过似是而非的理由，即似乎必要和正义的美名为他和主君辩护①，他说："现在这个颛臾的领土具有强大的设防，以后它可能变得更加强大。现在对它的邻居没有敌对的态度，但是谁能保证将来没有呢?② 况且颛臾靠近我主君季氏从其祖先那里继承来的领土费地。因此，如果现在有能力，而时间和运气都支持的话，为什么不去占领颛臾施行他的法律呢！否则，日后恐怕会成为季氏子孙们的忧患，到那时后悔就太晚了。"

孔子曰："求！君子疾夫舍曰欲之而必为之辞。

§.3. *Confucius* patefacto hunc in modum ulcere tam discipuli quàm prae-

---

① 这翻译来自张居正的评论(第261页)。

② 朱熹和张居正都没有提到颛臾对费的敌对态度。

fecti; verus, inquit, ô *Kieu*, Philosophus odit & execratur ejusmodi hominem tergiversantem ac nolentem candidè profiteri cupiditatem suam, aliosque morbos animi occultantem sollicitè, & interim violenter praetexentem verba, seu verborum ambages, quibus veritatem eludit.

孔夫子以这样的方式指出了弟子和他长官身上的溃疡。他说:"求,真正的哲学家讨厌和憎恨这样的人,不愿意公开说明自己的贪得无厌,还强词夺理寻找借口,以此回避真相。①

丘也闻有国有家者,不患寡而患不均,不患贫而患不安。 盖均无贫,和无寡,安无倾。"

§.4. Audi nunc igitur, quid ego sentiam. Ego sic audivi semper eos qui habent Regnum vel dynastiam; vel, qui habent amplam splendidamque familiam, si quidem probi sint ac sapientes, non solere angi animo & discruciari paucitate subditorum, quibus imperitant; sed discuciari & angi quod non obtingat suum cuique prout jus & ratio postulat; audivi item non angi illos, quod, penuriâ rerum laboret sua ditio sed angi & affligi quòd non fruatur optatâ pace & concordiâ. Et meritò sanè, quippe si tollantur expensae inutiles, si luxus immodici prohibeantur, &cuique tribuatur quod aequitas postulat; quamvis alii aliis opulentiores futuri sint, non erunt tamen inopiâ vel mendicitate laborantes; Ubi item viget concordia, ibi nulla est paucitas, ibi vastitas nulla; Quamdiu verò fruentur concordiâ, fruentur & pace, quae ex illa nascitur; At vigente pace & tranquilli-

---

① 朱熹认为,冉有和季路对季氏的侵略计划都有责任,因为贪婪是他们的共同点。因此,"欲"的性质被朱熹解释为"贪婪"("欲之,谓贪其利",第170页)。张居正也做了同样的解读(第261页)。"溃疡"的类比似乎是耶稣会士引进的,也许是受到"疾"字的"疾病"和"憎恨"这两个意义的影响。

tate, nullus erit ruinae locus, vel gravioris cujusque calamitatis periculum.

现在请听听我所知道的。我一直都听说有国家和王朝的人，或是有繁盛家族的人，倘若他们贤良且智慧，通常不会苦恼于统治的臣民少；而是苦恼于臣民没有按照正义和理性的要求得到他们的东西。我还听说，他们不会因为自己的领地缺乏物资而苦恼，却因为渴望和平与和谐不得而苦恼。的确，如果减轻无用的开支，禁止过度奢侈，按照平等的要求进行分配，即便有些人会比另一些人更富有，却不会有贫穷和行乞。和谐兴盛的地方没有贫穷和荒芜。享有多久的和谐，就享有多久的和平，后者出自前者。和平安定兴盛，则不会倾颓，不会发生重大灾难。"

夫如是，故远人不服，则修文德以来之。 既来之，则安之。"

f.11.p.1.§.1. Tria haec, justitia, concordia, tranquillitas, si eo modo, quo dixi, se habeant, ac vigeant; Tametsi fortè remotiores populi jugo tam suavi non se subjiciant; tum quidem hoc erit agendum, ut perficiantur magis ac magis, & perpoliantur quodammodo virtutes Regiae, ut sic adveniant tandem exteri non dolo victi, non armis, sed famâ virtutum. Ubi verò sic advenerint, & in jus ditionemque tuam transierint; tum commodis eorum quietique amanter consulas.

故正义、和睦、安定这三点应该是我们永远要有的。如我之前说的一样。即使有更远方的民族也许仍不臣服于这么温柔的约束，那么就应该行动起来，进一步完善国家的美德，使外国人来，不是被欺骗和武器所征服，而是被美德的名声所征服。当他们来时，就将他们纳入你的法律和领地，亲切地关心他们的利益与安宁。"

今由与求也，相夫子，远人不服，而不能来也；邦分崩离析，而不能守也。"

§.2. Nunc autem, ô discipuli mei *Yeu*, & *Kieu*, adjutores estis vos quidem, & consiliarii *Ki xi* Domini vestri. Sed quo tandem operae pretio, quo fructu? Alienigenae non modò non parent vobis: sed quoniam apud vos desideratur vera virtus, neque possunt imperare sibi ut ad vos migrent. Regnum *Lu* miserabiliter divisum concidit, distractumque in partes, & factiones, tantum non periit funditùs, atque adeo non potest ipsum iam diutiùs conservari.

现在，我的弟子由和求，你们辅佐着季氏，取得了什么样的成就呢？远方民族不仅不臣服，反而因为你们缺少美德不会迁居到你们那里。鲁国只是没有完全毁灭，但已四分五裂，安定不再。"

而谋动干戈于邦内。 吾恐季孙之忧，不在颛臾，而在萧墙之内也。"

p.2.§.1. Et quasi haec non sufficiant ad calamitatem, interitumque publicum; nunc etiam molitur Praefectus ille nova movere arma; & quidem sic, ut in ipsis Regni visceribus atrox bellum exardescat. Sed ego sanè vereor ne familiae *Ki* nepotum dolor, seu ruina, non existat seu inferatur à finitimâ ditione *Chuen yu*; Sed existat ex ipsorummet domesticorum parietum visceribus, suoque ipsa tandem consumatur incendio.

这些还不足以导致国家毁灭，现在这个大夫策划发动新的战争，这样，残酷的战争将要在国家内部爆发。我有理由担心，季氏子孙的烦恼或毁灭不是来自邻近的领地颛臾，而是来自自己国家的城墙内。季氏最终将被自己所放之火烧死。"

16.2 孔子曰："天下有道，则礼乐征伐自天子出；天下无道，则礼乐征伐自诸侯出。自诸侯出，盖十世希有不失矣；自大夫出，五世希有不失矣；陪臣执国命，三世希不失矣。

§.2. *Confucius* ait : Imperio pacatò & cum authoritate administrato protinus oratio officiorum musicae & bellicae expeditionis ab Imperatore procedunt : Imperio perturbato, jam ratio officiorum musicaeque & bellicae expeditionis à Regulis procedunt, à Regulis si procedunt, tum quidem decem aetatum spatio, paucissimi ex his erunt qui non amittent Regnum suum. A Praefectis si procedunt, quinque aetatum spatio paucissimi erunt qui non amittent. Domestici clientes si usurpârint regni dominatum, trium aetatum spatio paucissimi erunt qui non amittent malè parta.

孔夫子说："天下安定和政令通达时，制作礼乐和征伐之事由天子决定；天下不安定和政令不通达时，制作礼乐和征伐之事由诸侯决定。如果制作礼乐和征伐之事由诸侯决定，那么事实上，诸侯很少有在十代之内不失去自己的国家的；如果由大夫决定，这些大夫很少有在五代之内不失去自己的国家的；如果由大夫的家臣掌握国家的权柄，很少有在三代之内不失去他们非正义获得的东西的。

天下有道，则政不在大夫。"

f.12.p.1.§.1. In Imperio si vigeat lex, tum absoluta administratio non erit penès Praefectos : quippe quae nec penès ipsos Regulos sit futura.

如果帝国法治昌明，绝对的统治权就不会在大夫手上。当然，它也不会在诸侯手上。"

天下有道,则庶人不议。"

§.2. In Imperio si vigeat lex, tum populus non immittet se in consilia publica: Quippe subditi omnes lubenter ac certatim cum eâ conformabunt sese administrandi normâ, quam intelligent ad normam caeli, rectaeque rationis esse exactam.

帝国法治昌明,人民就不会反对公共政策。所有臣民自然将乐于认可自己被这样的法律管理,认识到这是上天的法律,是正确理性的实践。"

16.3 孔子曰:"禄之去公室五世矣,政逮于大夫四世矣,故夫三桓之子孙微矣。"

§.3. *Confucius* ait: Vectigalia abscesserunt à Regiâ domo per quinque generationes: Administratio pervenit ad praefectos per quatuor generationes: Ideò isti tres Regis *Von cum* posteri attenuati sunt. Confirmare videtur hic *Confucius* ea quae dixerat, exemplo domestico *Lu* Regni patrii, in quo Reges ordine duodecim imperitârunt. Etenim post obitum sexti Regis *Ven cum* occiso ejusdem filiolo & haerede legitimo, evectus est ad Regnum frater occisi *Siven* dictus. Ex illo tempore Regni istius administratio coepit concidere, & vectigalia transierunt à domo Regiâ ad privatas Praefectorum familias; qui freti nobilitate suâ, quod ex stirpe *Von cum* secundi Regis oriundi essent; Regium jus paulatim sibi vindicârunt.

孔夫子说:"税收大权离开王家已经有五代了,政权落入大夫手里已经四代了,所以君王鲁桓公的三房子孙也要衰微了。"孔夫子似乎通过他的祖国鲁国的例子来确证他所说的,①在那里,先后已经有 12 代国君统治了,而到第六个国君文公死后,他的储君和幼子都被杀,储君的兄弟宣公即位。从这时候起,国家政权开始衰落,税收也从王室转移到大夫的私家之手。这些大夫都是鲁国第二任君主桓公的后裔,凭借尊贵的出身,逐渐把王权据为己有了。②

16.4 孔子说:"益者三友,损者三友。 友直,友谅,友多闻,益矣。 友便辟,友柔善,友便佞,损矣。"

p.2.§.1. *Confucius* ait: Utiles sunt tres amici: Perniciosi tres item amici. Amicus rectus; amicus fidelis; amicus multa audiens, utiles sunt. Amicus exterius solùm compositus & gravis: Amicus blandus ac mollis; amicus loquax & garrulus, perniciosi sunt.

孔夫子说:"有益的朋友有三种,有害的朋友有三种。正直的朋友、忠诚的朋友、见多识广的朋友,是有益的。只注重外表的朋友、谄媚善变的朋友、能说会道的朋友,是有害的。"

16.5 孔子曰:"益者三乐,损者三乐。 乐节礼乐,乐道人之善,乐多贤友,益矣。 乐骄乐,乐佚游,乐宴乐,损矣。"

§. 2. *Conficius* ait: Utilia sunt tria gaudia: Perniciosa, tria gaudia. Gaudere debito usu officiorum musicaeque: gaudere proloqui aliorum rectè dicta & facta: gaudere multorum sapientum amicitiâ, utilia sunt. Gaudere superbiae vanitate:

---

① 这个评论来自朱熹(第 171 页),而不是张居正。
② 这些评论来自张居正(第 263~264 页)。

gaudere otio vitaeque licentiâ: Gaudere epularibus jocis ac voluptatibus, perniciosa sunt gaudia.

孔夫子说:"有益的快乐有三种,有害的快乐有三种。为礼仪和音乐的适当运用而快乐,为正确地谈论他人的言行而快乐,为广交有智慧的朋友而快乐,这是有益的。以骄傲而快乐,以放纵的生活而快乐,以饮宴享受而快乐,这是有害的。"

16.6 孔子曰:"侍于君子有三愆:言未及之而言谓之躁,言及之而不言谓之隐,未见颜色而言谓之瞽。"

f. 13. p. 1. §. 1. *Confucius* ait: Assistentium Principi dantur tria peccata. Verba sciscitantis principis si nondum pertigerint, seu referantur ad te solum, & tamen loqueris, dicitur praecipitantia: si verba pertigerint, & tamen non loqueris dicitur morosa & inutilis taciturnitas, si praeviè nondum observaveris faciem, & tamen loqueris, dicitur caecitas.

孔夫子说:"服侍君主的人可能犯三种罪:如果君主没有问你话,而你却说了,这叫急躁;如果君主问你话了,而你却不说,这叫隐瞒;如果你没有看君主的脸色就首先说话,这叫盲目。"

16.7 孔子曰:"君子有三戒:少之时,血气未定,戒之在色;及其壮也,血气方刚,戒之在斗;及其老也,血气既衰,戒之在得。"

§. 2. *Confucius* ait: Sectator virtutis habet tria sibi cavenda. Adolescentiae tempore, sanguine & spiritibus necdum consistentibus, quod cavendum, est res venerea. Provectus ad suam maturam aetatem, sanguine spiritibusque jam corroboratis, quod caveat, sunt rixae. Provectus ad suam senectutem, sanguine spiritibusque jam languentibus, quod caveat, est cupiditas habendi.

孔夫子说:"美德和智慧的追求者应该警惕三件事情:年轻时候,血气还没有稳定,应该警惕情爱;壮年时候,血气正当旺盛,应该警惕争斗;老年时候,血气已经衰落,应该警惕贪欲。"

16.8 孔子曰:"君子有三畏:畏天命,畏大人,畏圣人之言。

p.2.§.1. *Confucius* ait: Sapiens ac probus habet tres timores: Timet Caeli mandatum, timet magnos viros: Timet Sanctorum verba.

孔夫子说:"智慧和正直的人有三种恐惧:害怕天命,害怕地位高的人,害怕圣人的话。

小人不知天命而不畏也,狎大人,侮圣人之言。"

§.2. Improbus ac stultus non agnoscit Caeli mandatum, adeoque nec veretur. Aspernatur magnos viros: Explodit Sanctorum verba.

愚蠢、不正直的人既不承认也不敬畏天命,还轻视地位高的人,拒斥圣人的话。"[①]

Colaus sententiâ vere Christianâ longam explanationem concludens docet, timores modò memoratos ad unum maximè timorem reduci omnes; eum scilicet, quo revereamur caelum, & non amplius: Kim tien lh y *Confirmat hoc autem exemplis*

[①] 把"天命"翻译成 Caeli mandatum 是不成问题的。我们可以发现,这里"圣人"被翻译成 Sancti。在欧洲基督教的背景中,这是向读者暗示这些人是上帝选择的,因此,这意味着圣人可能存在于教会之外。这种观念在当时的欧洲是十分有争议的。

Priscorum, qui omni cum reverentiâ & tremore, curâ item vigilantiâque prorsus singulari gerebant sese adversùs caelum, & quidquid eis à caelo conferebatur.

阁老用基督教的话对他长篇的注释做了总结。他指出，刚被提到的所有恐惧被归结为一：我们应该敬畏天，即"敬天而已"①，此外没有别的了。前人在面对天的时候都怀有尊敬、畏惧、担心和特别的警觉，这点证明，任何东西都被他们归结为来自上天。

16.9　孔子曰："生而知之者上也，学而知之者次也；困而学之，又其次也；困而不学，民斯为下矣。"

§.3. *Confucius ait*: Qui nascuntur & hoc ipso scientes sunt, haud secus ac si cum ipsâ vitali aurâ & spiritu scientias rerum hausissent, supremi ordinis sunt censendi sapientes. Qui discunt autem, & operam dant Magistro, & hoc pacto evadunt scientes, à primis illis secundi sunt. At qui hebetiores sunt, & tamen discunt improbo labore & constanti, hi rursus ab eis, quos proximè memoravi, secundi sunt. Iam verò qui hebetes sunt, & tamen non discunt, in vulgo hi censentur infimi & inutiles; quamvis alioqui sint homines integri & innocentes.

孔夫子说："生下来不待学习就懂得知识的人，能如呼吸般轻松地吸收外界事物的知识，他们应该被认为是最高等级的智者。②另外，那些通过跟随老师学习而获得知识的人，是次等的人。而那些虽然愚钝，却靠着辛苦和毅力学习的人，是又次一等的人。那些迟钝却不学习的人，不管他们怎样诚实和纯洁，都被认为是庸人中最低级和最没用的。"③

---

① 这是张居正的话（第267页）。耶稣会士不失时机地提到张居正的评注有"敬天"的表述。或许是受康熙帝1675年为天主教北京南堂所题"敬天"匾额的影响。

② 张居正对这段话有字面上的理解："有生来天性聪明，不待学习，自然知此道理。"（第267页）

③ 这最后一句话见于张居正（第267页），它强调诚实和美德不是唯一的标准，而智力也是很重要的。

16.10 孔子曰："君子有九思：视思明，听思聪，色思温，貌思恭，言思忠，事思敬，疑思问，忿思难，见得思义。"

f.14.p.1.§.1. *Confucius* ait: Virtutis ac sapientiae studiosus adhibet novem considerationes. Dum conspicatur quidpiam, seu lustrat oculis; meditatur perspicaciam, id est clarè, probèque percipiendum sibi esse, quod oculis objicitur. Audiens quidpiam, meditatur acutam vim audiendi; probeque percipiendi voces, & vocum significationes. Ad speciem habitumque oris quod attinet, meditatur serenam quandam placiditatem; quâ non alius color est, qui animos sibi potentius suaviusque conciliet. Quod attinet ad statum & conformationem totius corporis, meditatur gravitatem cum reverentia conjunctam. Ubi loquendum est, meditatur fidem ac veracitatem; quâ lingua scilicet cordi respondeat. Dum agit quidpiam ac molitur, meditatur sedulitatem. In rebus dubiis ac perplexis, secum meditatur ipse, quem consulat potissimùm, & quâ ratione sibi lumen petat in illa caligine. Concitari sentiens animum iracundiâ, & studio contentionis ac vindictae, maturè secum ipse reputat incommoda, damnaque nasci solita. Videns offerri copiam rei familiaris augendae, protinùs ob oculos sibi ponit jus & aequum.

孔夫子说："钻研美德和智慧的人有九种事情需要考虑。当他以目视物时，思考视觉，换言之，他思考眼前的东西是否被清楚和恰当地感知；当他听的时候，他思考听力的准确，声音是否准确及声音的含义；在面容表情方面，他思考什么样的温和所产生的颜色才能更有力，更顺利地吸引心灵；在全身的姿态方面，他思考有尊严的严肃；在说话时，他思考诚信和真实，从而使语言能反映内心；在谋划事情时，他思考勤勉；在可疑和困惑的事情中，他思考自己应该首先向谁请教，通过怎样的方式才能在黑暗中找到光明；当他感到心灵被激怒，想要争吵和报复时，他立即想到不和常常为他自己带来损害；

当他看到私产增加的机会时,立即将正义和公平放在自己眼前。"

16.11　孔子曰:"见善如不及,见不善如探汤。 吾见其人矣,吾闻其语矣。

§.2. *Confucius* ait: Contemplare alterius quod bonum est, tanquam eò nondum perveneris: Contemplare alterius, quod malum est, tanquam si contingeres bullientem aquam. Ego vidi ejusmodi hominem: Ego audivi ejusmodi proverbium.

孔夫子说:"要像你做不到一样去观察别人的善,要像碰触沸水那样观察别人的恶。我看见过这样的人,听到过这样的话。

隐居以求其志,行义以达其道。 吾闻其语矣,未见其人也。"

p.2.§.1. Privatus adhuc degens, tum praeparat suas rectè gubernandi rationes & industrias: Post verò publico fungens officio fidelis administri, tum scilicet exercitat suas, quas praemeditatus fuerat, rationes & industrias. Ego audivi hoc proverbium: at necdum vidi ejusmodi hominem.

在没有从政的时候,就规划自己将来的政治事业。在忠诚地从事公职的时候,能够实现自己的计划。我听说过这样的话,但是还没有见过这样的人。"

16.12　齐景公有马千驷,死之日,民无德而称焉。 伯夷、叔齐饿于首阳之下,民到于今称之。

§.2. Regni *çi* Regulus *Kim* cum habuit equorum mille quadrigas, & tamen à mortis, quâ violenter sublatus est, die, populus non invenit in eo virtutem, quam in eo celebraret. *Pe y* & *Xo ci* inediâ consumpti fuerunt ad montis *Xeu yam* radicem; populus usque modò illos celebrat.

齐景公虽然拥有一千辆四马战车，但是在他死之后，人们找不到他身上有可称颂的美德。在首阳山的山脚下，伯夷和叔齐因饥饿而死，但直到现在人们还在称颂他们。

其斯之谓与？

§. 3. Quod igitur alii sint in oblivione, uti Regulus *Kim cum*; aliorum verò memoriam, uti duorum, quos dixi, fratrum, posteritas omnis conservet, nonne hoc ipsum est quod dicebam?

所以一些人会像齐景公一样被后世子孙遗忘，而一些人，如我刚才提到的两兄弟则会永远留在人们的记忆中。这难道不就是我说过的吗？

16.13 陈亢问于伯鱼曰："子亦有异闻乎？"

§. 4. *Chin cam* discipulus *Confucii* quod putaret plura & secretiora cum filio communicaret pater, quàm cum reliquis discipulorum; adit explorandae rei gratiâ filium eiusdem unicum, idque sciscitaturus ab ipso *Pe yu* (nomen est filii) sic ait: Condiscipule etiamne fortassis habes arcanum quodpiam & extraordinarium documentum, clam nobis scilicet, uni tibi suggestum à patre?

孔夫子的弟子陈亢猜想，相较于其他弟子，孔夫子会向自己的儿子传授更多、更机密的东西。为了印证这件事情，他走到孔夫子的独生子伯鱼（孔夫子儿子的名字）那里询问："同学，你从你父亲那里受过特别的、对我们来说是秘密的教导了吗？"

对曰："未也。尝独立，鲤趋而过庭。曰：'学《诗》乎？'对曰：'未也。''不学《诗》，无以言。'鲤退而学《诗》。

f. 15. p. 1. §. 1. *Pe yu* respondit: Adhuc quidem non audivi ex patre meo arcani quidpiam: nec enim mihi propriam impertit vel operam vel doctrinam. Semel dumtaxat, cum domi solus consisteret, me nescio quò pergente properantius ac fortè transeunte per aulam, ubi pater consistebat, percontatus est ipse, studesne, fili, libris Odarum. Respondi ego candidè; necdum me studere. Tum pater, si nunc, ô fili, non das operam libris Odarum pervolvendis; non habebis quidpiam facultatis aut copiae quo instituas sermonem viro gravi & Philosopho dignum. Quod audiens ego protinus abii, & operam dedi libris Odarum ediscendis.

伯鱼回答说："我至今没有从我父亲那里得到过任何秘密的、特别的教导。只有一次，不知道为什么，当时他一个人站在庭院里，我恰好快步走过庭院时。他问：'儿子，你学习过《诗经》吗？'我明确回答说没有。然后父亲说：'儿子，如果你现在不认真翻阅《诗经》，就找不到任何像严肃的哲学家那样说话的技巧或方法。'①听到这些话，我就开始认真学习《诗经》。

他日，又独立，鲤趋而过庭。曰：'学《礼》乎？'对曰：'未也。''不学《礼》，无以立。'鲤退而学《礼》。

§. 2. Alio die pater meus rursum solus cùm consisteret, & ego fortè properarem ac transirem per aulam, percontatus est; fili studesne libris officiorum,

---

① 这个关于哲学家的说法翻译自张居正讲评中的"事理通达"或"达于事理"（第270页）。

rituumque civilium? Respondi: Necdum me studere. Hic itaque rursus pater: Nisi des operam libris istis; non habebis quo vir evadas, & inter cives tuos emineas. Quod ego audiens, nihil cunctatus, abii, & operam dedi libris Officiorum.

又有一天,我的父亲又一个人站在庭院里,而我恰好匆忙经过。他问道:'儿子,你学习过《礼记》吗?'①我仍回答说没有学习过。父亲再次这么说:'如果你不学习这本书,你将不能立身处世。'听到这些话,我毫不犹豫地开始学习《礼记》。

闻斯二者。"

§.3. Audivi haec duo à patre; nec quidquam praeterea diversi ab iis, quae palàm vos docet.

我从父亲那里就得到了这两次教导,此外,他没有教过我任何不同于公开传授给你们的东西。"

陈亢退而喜曰:"问一得三,闻《诗》,闻《礼》,又闻君子之远其子也。"

§.4. Discipulus *Chin cam* his auditis abiit, ac laetus, sibique ipse gratulatus ait: Quaesivi de re una, & assecutus sum tres. Audivi quippe de libris Odarum; audivi de libris Officiorum & rituum, praeterea didici exemplo *Confucii* nostri, viros verè praestantes removere ab se, seu ab sensu, fructuque privatae dilectionis ipsum quoque filium: non ei plus impertiendo vel operae, vel

---

① 《礼记》的书名被翻译成"政治的职责和仪式的书"(*libris officiorum, rituumque civilium*),区别于例如基督教的宗教仪式。柏应理鲜明地强调了中国礼仪的政治性。

doctrinae, quam caeteris discipulorum.

听了这些话后,陈亢离开了。他很高兴地说:"我问了一件事情,得到了三点收获。学习《诗经》的道理,我听说了。学习《礼记》的道理,我也听说了。此外,孔夫子还让我认识到,真正优秀卓越的人甚至让儿子远离自己,远离享受父亲私爱的感觉,他并不给儿子更多的关注和教导。"

16.14 邦君之妻,君称之曰夫人,夫人自称曰小童;邦人称之曰君夫人,称诸异邦曰寡小君;异邦人称之曰君夫人。

Miratur Interpres V, & secum ipse disquirit causas, cur hic paragraphus, aliqué non absimiles parvi sanè momenti proferantur in medium: ideone fortassis, quod extent in codicibus authenticis, maximeque vetustis? An quod revera Confucius, *dum Priscorum ritus & officia suis exponebat, minutissima quaeque soleret persequi; sicut in hoc quidem paragrapho dici potest persecutus esse, ubi sic ait:* Ejus qui amplioris cujusdam ditionis est Princeps, ex. gr. Reguli, Satrapae, dynastae uxorem, Princeps maritus suus compellans vocat consortem, conjugem, seu adjutorium. Haec autem Principis conjux seipsam coram marito suo nominans, debitae submissionis, modestiaeque memor dicit: Ego rudis puella. Jam verò ditionis hujus homines ac subditi compellantes eam, vocant Reginam conjugem, sive Principis adjutorium; quia nimirum Palatii domestici, familiaeque regiae gubernatrix est. Sicut ipse princeps, totius gubernator est ditionis. Rursus haec ipsa Princeps foemina sese nominans coram exteris ditionibus, id est, legatis earum, vel etiam Principibus, dicit: Ego modicae virtutis parvula Princeps. Exterarum verò ditionum homines ac legati nominantes eam sic etiam, ut ipsimet subiditi, vocant Reginam conjugem, sive, Principis adjutorium.

注释家吴氏感到奇怪:他自己追究原因,为什么这段和其他类似的明显不太重要的段落在中间被提及呢？是不是因为它们被记录在特别古老、权威的文本中呢？还是孔夫子给弟子解释古人的礼仪时，习惯于讲解琐碎的知识？① 这一段就可以说是在讲解琐碎的知识。孔夫子这样说："较大领土的君主，例如诸侯、王朝的统治者，称呼他的妻子为'夫人'或"贤内助"。然而为了表示对丈夫的服从和自己的谦卑，君主的夫人在丈夫面前称呼自己为'低贱的女人'。而其领土内的臣民称她为'君夫人'或'君主的贤内助'，毫无疑问，她是宫廷内王室家事的管理者，正如这个君主是整个领土的管理者一样。另外，这个君主夫人在外国使者和外国国君面前自称'少有美德的小君主'。而外国人和她自己的臣属者一样，称她为'君夫人'或者'君主的贤内助'。"

Fuit ab omni retro memoriâ, estque hâc etiam aetate propè incredibilis apud Sinas & varietas, & copia nominum, quae pro ipsâ varietate vel loci, vel temporis, vel conditionis; item pro arbitrio Principis tunc imperantis, alia tribuuntur atque alia, unis & eisdem non hominibus modò, sed etiam familiis, ditionibus, urbibus, muneribus publicis, dictisque ipsis hominum & factis. Nec minor etiam modestia est, gravitas, & reverentia, quae copiâ illa & varietate continetur: quodque magis est mirandum, nullus ordo vel sexus est hominum, aetas propè nulla, nec inter sylvas ac montes tam rudis & agrestis quidpiam, qui non ipso propè cum lacte nutricis, usum aliquem varietatis hujus copiaeque perceperit.

无论是文献记载，还是现在的中国，都有着数量惊人的称谓。根据地点、时间、社会地位的不同，也根据君主的意愿，同一个人就有很多不同的称谓。现实中，丰富多样的称谓能表现出谦逊、严肃和尊重等的感情色彩。它不是人们生活中的一件小事情，而是特别让人惊异的事情。无论什么样的

---

① 这个评论来自注释家吴氏。耶稣会士不大可能查阅过这个注释，他们的翻译很可能源自朱熹，因为这个评论出现在朱熹的书里（吴氏曰："凡语中所载如此类者，不知何谓。或古有之，或夫子尝言之，不可考也。"第174页）。这说明耶稣会士在广州同时使用张居正和朱熹的注释作为他们译本的两个主要的参考。

等级,什么样的性别,什么样的年龄,即使是山林中的最为落后、最为粗野的人,也能像获得母乳一样,获得很多不同的称谓。

Quod etsi videri possit haud necessarium pluribus exemplis declarari, quando nobis hi libri, quos habemus in manibus, non pauca suppeditant: juverit tamen vel oblectandi Lectoris gratiâ brevibus exponere, quid nos ipsos, qui ex Europâ in Chinam venimus, discere coëgerit, & exercitare cogat usu propè quotidiano Sinensis illa comitas, elegantiaque civilis.

我们手上的书为我们提供了不少这方面的内容,看似这些知识不必用很多例子来说明。但是简单地解释下中国的礼法,这些从欧洲来到中国的人学习过并几乎在每天的生活习俗中都实践着的内容,是有助于取悦读者的。

Quotiescumque ergo contingit sociorum aliquem cum ipso gentis Imperatore loqui, non aliter ferè quam Yven chin *vel simpliciter* Chin, *id est, advenam è remotis terris subditum sese nominat. Ipse verò Princeps nos alloquens vel pronomine* tu; *vel nomine vulgari nostro. Imperatorem nos, uti Sinae omnes,* Van sui *compellamus, quibus vocibus acceptissimum, longè aetatis votum, annorum scilicet myrias continetur. Jam si cum Regulis, aut Colais Imperii, qui summus est Magistratus, sermonem habemus, pari ferè modestiâ, nobis quidem* Liu gin, *peregrinorum nomen tribuimus; Regulis verò titulum* Vam ye, *Principis ac Domini; necnon* çien sui, *quo ipsis mille annos vitae precamur: Colais autem* Lao ye, *Dominorum honorificum damus nomen; & vicissim ab his quidem* Sien Sem, *id est, seniorum; sive Magistrorum nomine plerumque honoramur: Regulis interim eâdem, quâ ipsemet Imperator ratione nos compellantitibus.*

因此,每当我们的某个同伴和皇帝说话时,他一般不外乎是称呼自己为"远臣",即来自遥远土地的臣属的外国人,或者简称"臣"。而皇帝称呼我们的时候,或者用代词"你",或者用我们普通的名字。我们像所有中国人一样,称皇帝为"万岁":一个祝愿最长寿的吉祥称呼。如果我们和王或者帝国的阁老(这是最高的职位)说话,一般会表示出与自身地位相应的谦虚。我们自称为"流人"(外地人)。对王,我们尊称其为"王爷",即统治者或主人的意思;或者称"千岁",祝愿他有一千年的寿命的意思。而对阁老,我们尊称其为"老爷",这是对主人的尊称。反过来,一般地我们被他们尊称为"先生",即年长者或者是老师的意思。王则用皇帝称呼我们的相同方式来称呼我们。

Quoniam verò caeteri Magistratuum, à quibus administrantur Imperii partes omnes, alii censentur literarii, militares alii; hos quidem non alio ferè nomine quàm Lao ye, *Dominorum nuncupamus: Illis autem vel hoc ipsum, vel certè* Lao sien sem, *id est, Seniorum Magistrorum grave imprimis & honorificum tribuimus. De nobis verò ipsis loquentes, non alio ferè quàm* Hio sem, *id est, Discipulorum, & si quando major usus & familiaritas intercesserit*; Siao ti, *fratrum natu minorum nomine utimur: Ipsis vicissim pari cum significatione & modestiae & honoris Magistrorum nobis, discipulorum sibi, fratrumve nomen dantibus. Nec absimilis comitatis ratio observatur cum quovis homine, qui vulgo sit honoratus; tametsi publico munere non fungatur. Quamquam non desunt etiam, qui nos aliquanto familiarius nomine* Siam cum, *quod Baccalaureorum est proprium, & hodie quidem perquam vulgare. Neophyti denique, si quidem literati sunt,* Lao su, *seniores Magistros nos vocant: si de vulgo Dominos.*

其他的官员,有些掌管帝国的文职,有些掌管帝国的军事,我们称呼他们不外乎是"老爷",主人的意思。而事实上,我们或者称他们为"老爷",或者用十分隆重和尊敬的称谓"老先生",这是年长的老师的意思。对于他们,我们的自称不外乎是"后生",即弟子的意思,或者是更常用、更亲密的用法——"小弟",即小兄弟的意思。反过来,这些人也以相应的谦虚和尊敬,称呼我们为"老师",称呼他们自己为"弟子"或者"小兄弟"。同样的礼仪规则适用于任何受人尊重的人，即使他不从事公共职务。此外，也有很多人很亲密地使用适合于学士的"相公"来称呼我们，这在今天十分普遍。刚刚皈依基督的文士称呼我们"老师"，即年长的老师；如果他们是普通人，则称我们为"主人"。

Ubi verò ad poenitentiae tribunal acceditur, Xin fu, *spirituales Patres & hoc quidem loco omnes omnino*, (*multi etiam quovis loco & tempore*) çui gin, *id est*, *peccatores se nominant: Plerumque tamen Neophyti literati* Muen sem, *discipulorum; famuli vero, aliique infimae plebis, humillimo* Siao tie, *homuncionum vocabulo coram nobis utuntur; sic ut praeter Imperatorem ac Regulos nemo ferè sit omnium, qui pro nominibus* Ngo, ni, *id est, ego, tu, uti sustineat. Porrò eadem est ipsorum inter se, quae nobiscum comitatis, officiorumque ratio: Nisi quod hominibus exteris plus honoris & primum locum largiri soleant.*

当进入悔罪的法庭，即刑府的时候，神父们和所有在那里的人（即使很多普通人那时候也在那里），都称自己为"罪人"，即犯罪的人。一般地，刚皈依基督的文士们，在我们面前自称"门生"，即弟子的意思；奴仆和其他地位较低等的人，在我们面前则用"小者"，即小人的意思。在皇帝和王面前，没有人可以继续使用代词"我""你"。此外，除他们惯常地给予外国人更多尊敬和更高地位的礼节外，我们和他们使用的礼节方式是一样的。

Universim autem, quotiescumque de rebus ad se pertinentibus sermonem faciunt, non modo perquam modestè loquuntur; sed vocabulum ferè adnectunt humulitatis ac modestiae significatissimum, sic Pi que, *humile Regnum suum patrium:* çien çu *vile nomen:* Siao lh, *parvum filium; ipsum quoque morbum, si de valetudine quaesitum fuerit* çien yam, *vilem abjectumque nuncupant. Hospitis vero patriam honorificam,* çun que *vel* quie que: *nomen sublime,* cao sim: *sobolem ingeniosam,* Lim lam: *morbum denique ipsum, quantumvis teter foetidusque fuerit, modo* quei yam *pretiosum, modo* çun yam, *honorandum vocant. Quoties patrem suum aut ma-*

trem quis coram aliis nominat Kia fu, Kia mu, *id est*, *familiae patrem*, & *matrem nominat. Hospitis vero pater* Lim çun *vester honor*, *mater vero* Lim tam *vestra aula* (*domestica scilicet*)*; propria verò domus aut familia* Han kia *frigida seu pauper domus alterius* quei kia *honorata nuncupatur*, & *sic de caeteris*, *quae tam in familiari sermone*, *quam in epistolari stylo*, *qui à quovis alio multum differt*, *ubique passim observantur*.

一般地，每当他们谈论和自己有关的事情时，他们不只是谦虚，而且往往特别恭敬。如他们说"敝国"，即自己的低下的祖国。他们说"贱字"，即卑贱的名字。他们说"小儿"，即矮小的儿子。如果被询问疾病，他们说"贱恙"，即卑微和低下的疾病。他们称客人的祖国为"尊国"或"贵国"，尊贵的国家。称客人的姓为"贵姓"，高贵的姓。称客人的儿子为"令郎"，聪明的儿子。客人的疾病，不管它是多么的丑恶和令人恶心，他们都称"贵恙"，即尊贵的疾病；或"尊恙"，即应该被尊敬的疾病。他们在别人面前称自己的父母为"家父"和"家母"，即家里的父亲和家里的母亲。称客人的父亲为"令尊"，即你尊贵的父亲。称客人的母亲为"令堂"，即你的(家里的)大厅。自己的屋子或家庭被称为"寒家"，即寒酸和贫穷的屋子。别人的家被称为"贵家"，即尊贵的屋子。如此等等。这些礼节适用于一切地方，既在普通的表述中，又在书信的书写中，即使这二者之间有很多差异。

阳货第十七

17.1 阳货欲见孔子，孔子不见，归孔子豚。 孔子时其亡也，而往拜之。 遇诸途。

f.1.p.1.§.1. *Yam ho* (Praefecti *Ki*, subditus ac minister) desiderabat prior visitari à *Confucio*: Sed *Confucius*, quod intelligeret hominem esse turbulentum, & è familia illius, qui jus & authoritatem Principis legitimi per vim sibi vindicabat, eum non visit. Interim *Yam ho* munus epulare misit ad *Confucium*, porcellum scilicet, more gentis tunc usitato. Obstrictus hoc munusculo *Confucius*, cum non posset salva lege humanitatis non adire hominem, gratias acturus; de industria captavit tempus quo ipse non esset domi, eoque tunc perrexit salutaturus: Quando ecce occurrunt sibi mutuò in ipsa via.

阳货(季氏家臣)想让孔夫子来见他。但是因为知道这人蛮横，又是以暴力僭夺合法君王权力的季氏家臣，孔夫子就不想见他。按照那时人们的习俗，阳货给孔夫子送去一只小猪做餐宴的礼物。受制于这件小礼物，出于礼节规矩，孔夫子不得不登门道谢，他故意趁阳货不在家的时候去道谢。恰巧两人在路上相遇了。

谓孔子曰:"来! 予与尔言。"曰:"怀其宝而迷其邦,可谓仁乎?"曰:"不可。""好从事而亟失时,可谓知乎?"曰:"不可。""日月逝矣,岁不我与。"孔子曰:"诺;我将仕矣。"

§.2. *Yam ho* protinus alloquens *Confucium* ait: Veni, obsecro; nam ego tecum sermonem habeo, quem conferam. Mox ait: Si quis recondat in sinu suo, servetque sollicitè suam quampiam gemmam pretiosam, & interim perturbatum sit afflictumque patrium ipsius Regnum; nec velit tamen eam venundare, quo medeatur publicae calamitati. Hujusmodi qui sit, an poterit dici pius? Respondet *Confucius*: non poterit, ejusmodi qui sit, dici pius. Instat alter: si quis gaudeat ac vehementer optet agere semper aliquid ac moliri quod prosit Reipublicae, & interim oblatam saepius negligat ac perdat occasionem. Hujusmodi qui sit, an poterit dici prudens? Respondet *Confucius*: Non poterit dici prudens. Hic alter concludens, dies, inquit, & menses torrentis instar praeterfluunt; & tamen de annis tuis nihil mihi nec flagitanti tribuis? Quin expergisceris, & tui studioso, tibique ipsi, & patriae tuae consulens, Magistratu fungeris? Ad haec, ut expediret se ab importuno hortatore *Confucius* ait: Bene habet; ego suscepturus sum Magistratum.

阳货当即对孔夫子说:"我恳求你过来,因为我有话要和你说。"阳货接着说:"如果一个人焦虑地保存着自己的某件贵重珠宝,眼看着他的祖国遭受扰乱和破坏,他可以用它(指怀揣的宝贝)来平息混乱,但却不愿意出售它。这种人是虔敬的吗?"孔夫子回答说:"不是虔敬的。"阳货紧接着又问:"如果一个人总是渴望并且非常乐意做有利于国家的事,同时却屡屡错过给予的机会,这种人是明智的吗?"孔夫子回答说:"不是明智的。"阳货接着问:"日月如急流般地逝去,你却不肯把你的时间给我或恳求你的人,为何不激励自己,去做官来治理你自己的国家呢?"到此时,为了摆脱这恼人的鼓动者,孔夫子只好答应说:"好吧,我愿意做官。"

17.2 子曰:"性相近也,习相远也。"

p.2. *Confucius* ait: Homines natura & rationis lumine inter se mutuò proximè conjuncti, studiis saepe moribusque inter se longissimè distant.

孔夫子说:"在天性与理智方面,人们彼此是相互接近的,却常常因追求与后天的习染而彼此相差得很远。"

17.3 子曰:"惟上知与下愚不移。"

f.2.p.1.§.1. *Confucius* ait: Soli illi qui ipsa cum sapientia & probitate nati sunt; Sicut & illi qui ipsa cum ruditate & improbitate nati sunt, per mutuum commercium haud facilè mutantur.

孔夫子说:"那些生来就智慧且正直的人和生来就粗陋且不正义的人,在彼此的交往中是不容易被改变的。"

17.4 子之武城,闻弦歌之声。

§.2. *Confucius* die quodam perveniens in oppidulum *Vu chim*, quod *çu yeu* discipulus ejusdem gubernabat; forte audivit oppidanorum perquam operosè fidibus canentium symphoniam prorsus ad normam & gravitatem illam Priscorum institutam.

有一天,孔夫子来到武城县,他的弟子子游治理的地方。偶然间,他发现城中人琴艺精湛,所奏音乐和谐、庄重,完全符合古乐的标准。

夫子莞尔而笑，曰："割鸡焉用牛刀？"

§.3. *Confucius*, quasi miraretur institui musicam tam gravem, tamque operosam in tam ignobili oppido; leniter tunc subridens, utensque vulgari proverbio, ait: Jugulaturus gallinam, quorsum utaris bovis cultro? Quasi dicat: non capiunt angustiae loci hujus tantum musices apparatum & majestatem.

在如此不知名的小城中听到如此庄严隆重的音乐，孔夫子似乎对此感到惊讶，他微微一笑，用俗语说："杀鸡焉用宰牛刀？"仿佛在暗示：不用在这个小地方兴起如此和谐、庄重的音乐。

子游对曰："昔者偃也闻诸夫子曰'君子学道则爱人，小人学道则易使也。'"

p.2.§.1. Loci Praefectus, idemque musicae exercitationis author *çu yeu*, cum existimaret illam serio improbari à Magistro, Respondit in hunc modum. Olim ego audivi saepe numero ex te Magistro meo, cùm diceres: Praefectus aliorum, si quidem studiosus sit virtutis ac sapientiae: utique amat suos, erudit, tuetur, ac fovet. Plebs vicissim exemplo studioque Praefecti sui provocata, pro suo quoque modulo & ipsa studiosa si sit virtutis ac sapientiae; utique facillimum erit ei imperare & in officio continere omnes.

县城的长官，也就是兴起音乐的人——子游，意识到老师的指责时，这样回答道："我曾经听到老师你说，为人长官的，如果真正学习美德和智慧，就能爱护和教化百姓。反过来，被长官的榜样和精神所激励，百姓也能够学习美德和智慧，他们就容易被管理，而且所有人都会遵循礼节。"

子曰："二三子，偃之言是也，前言戏之耳。"

§.2. *Confucius* advocatis discipulis suis ait: O vos duo tresve quorquot estis, discipuli mei hujus condiscipuli vestri *yeu* oratio vera est, & rationi consentanea. Quod ego paulò ante sic locutus sum joci certè & animi gratia scilicet, ac tentaturus ipsum feci; neque enim sum ignarus; vigorem illum legum, ad oppida quoque pertinere.

孔夫子招来他随行的弟子们说："你们几位，我的弟子，你们的同学子游所说的话是正确且合乎理性的。我刚才所说的只是玩笑而已，我是同意子游的观点的。我并非不知道礼法的力量也触及小城。"

17.5 公山弗扰以费畔，召，子欲往。

§.3. Alter ejusdem familiae *ki* Regium jus affectantis assecla & Minister *Cum xan fae jao* dictus, cùm in *Pi* oppido Regni *Lù* rebellio exorta esset, accivit *Confucium* è Regno *çi*, misso ad eundem munusculo. *Confucius* desiderabat eò pergere, quòd speraret adventu suo opitulari sè posse periclitanti patriae.

企图掌握政权的季氏的另一个家臣公山弗扰占据鲁国的费城发动叛乱，他送礼物给孔夫子，召唤孔夫子从齐国到那里去。① 孔夫子打算前往，因为他想去那里帮助陷于危难的祖国。

---

① 参见《左传·定公十二年》："仲由为季氏宰，将堕三都，于是叔孙氏堕郈。季氏将堕费，公山不狃、叔孙辄率费人以袭鲁。公与三子入于季氏之官，登武子之台。费人攻之，弗克。入及公侧。仲尼命申句须、乐颀下，伐之，费人北。国人追之，败诸姑蔑。二子奔齐，遂堕费。"北京：中华书局，1981 年，第 1587 页。

子路不悦，曰："末之也已，何必公山氏之之也？"

§.4. E contrario discipulus *çu lu* non gaudens *Confucium* eò pergere; Magister, inquit, non est quòd pergas, quae, obsecro, necessitas est hominis istius *Cum xan* familiam adeundi?

弟子子路不高兴孔夫子到那里去，他反对说："老师，那不是你应该去的地方，我恳求你，拜访公山家族的这种人有什么必要呢？！"

子曰："夫召我者，而岂徒哉！ 如有用我者，吾其为东周乎？"

f.3. p.1. §.1. *Confucius* quod sciret memoratum *Cum xan* movere arma contra *Ki xi*, suum ipsius Dominum; non autem contra legitimum Regulum Regni *Lu*, respondit: quod hic ultro vocet me, & tanta cum significatione honoris, quomodo sine causâ faciat? Si datur in quo utatur me, quorsum occasionem hanc de afflictâ patriâ merendi benè elabi sinam? Quid si ego ex hoc Regno *Lu* efficiam atque erigam Orientalem, id est, novam, familiam *Cheu* ad normam scilicet Occidentalis?

孔夫子知道公山弗扰起兵是反对季氏，而不是反对鲁国的君主，回答道："他以如此的敬意召我去，没有原因吗？如果他恰好能任用我，我怎么会错过这个报答在困境中的祖国的机会呢？如果我能够在鲁国兴起一个东周，即新的、符合西周法律的周朝呢？"

17.6 子张问仁于孔子。 孔子曰："能行五者于天下为仁矣。""请问之。"曰："恭，宽，信，敏，惠。 恭则不侮，宽则得众，信则人任焉，敏则有功，惠则足以使人。"

§.2. *çu cham* discipulus percontatus est de verâ germanâque virtute *Gin* dictâ ex *Confucio. Confucius* respondit: Quisquis novit ac valet perficere ac servare quinque in ordine ad Imperium, is procul dubio praeditus est virtute, de quâ quaeritur. Hîc rursum discipulus rogavit, quaenam essent illa quinque. Sunt, inquit, *Confucius*, vigilans observatio suiipsius; amplitudo clementiaque animi; fides atque veracitas; assiduitas ac diligentia; amor ac beneficentia: Quippe si geras te graviter ac maturè semper & ubique, jam non erit qui te negligat aut contemnat; contra verebuntur omnes & colent. Si magni, liberalis, clementisque animi fueris; jam obtinebis omnes, omnium, inquam, studia, amores, voluntates. In verbis factisve fidem si praestiteris, jam homines omnes tibi nitentur securi, tuaeque fidei se pariter ac sua committent. Si velox, impiger, & alacriter sedulus fueris in tractandis negotiis, jam habebis res perfectas; & ad exitum perduces optatum. Denique si fueris beneficus & amans tuorum, jam certe sufficiet haec, ut imperes tuis felicissimè.

弟子子张向孔夫子询问什么是真正的美德，即"仁"。孔夫子回答说："在帝国中，如果谁能够知晓且长于实践这五种品德，并加以保持，他无疑就拥有你所询问的美德。"对此，弟子再次问道："究竟是哪五种品德呢？"孔夫子说："这五种品德分别是：警醒的自我审视，心胸宽广、心地仁慈，真诚且不说谎，专注而勤勉，慈爱而行善于人。显然，如果你审视自我，时时处处都保持成熟，就没有谁会无视或轻视你；相反，每个人都会敬畏你。如果你拥有一颗宽容、慷慨之心，你就会获得所有人的爱戴。如果你诚实守信，人们就会信赖并依靠你。如果你很勤奋,并且能快速地完成工作,你就能获得期望的结果。如果你很仁慈,并且关爱你的人民,他们就乐意为你所用。"

17.7 佛肸召,子欲往。

p.2. §.1.　Regnum *çin* sex è primoribus administrabant non sine magnâ rerum perturbatione;Duo quippe illorum *Fan chum*, & *Kien çu* non modò consiliis animisque dissidebant; sed etiam copiis & armis; sub hoc autem magistratum gerens *Pie hie* accivit *Confucium*; *Confucius* desiderabat ire.

当时掌管晋国政权的有六家贵族,他们彼此之间难免会产生矛盾,矛盾最大的是范中(行)①氏和赵氏,他们在言辞上的纷争进一步激化为兵戎相见。在这样的背景下,掌管着晋国行政事务的佛肸聘请孔夫子,孔夫子打算前往。

子路曰:"昔者由也闻诸夫子曰:'亲于其身为不善者,君子不入也。'佛肸以中牟畔,子之往也,如之何?"

§.2.　Discipulus *çu lu* dissuasurus Magistro suo profectionem, sic aiebat: quondam *Yeu*, id est, ego, audivi ex te Magistro meo, cum diceres:In suâ ipsius personâ agentem improbè vir probus non adit. Veretur enim, ne ex consuetudine ipsius, damnum pariter ac probrum accersat sibi;Nunc vero qui te invitat *Pie hie* unà cum ditione *Chum meu* dictâ molitur rebellionem;quorsum obsecro, tu ô Magister pergas ad hominem ejusmodi?

弟子子路反对他老师前往,这样说道:"由(就是我)听老师说过:'亲自

---

① 在这里,传教士似乎并没有区分范氏和中行氏,似乎将二者误作同一个,并且遗漏了"行"字。

做过坏事的人那里，正直的人是不会去的。'因为害怕他怂恿自己做有害且不光彩的事。然而现在邀请你的人佛肸凭借中牟的领地谋划叛乱，我请问老师，你到他那里去，是出于何种考虑呢？"

子曰："然，有是言也。 不曰坚乎，磨而不磷；不曰白乎，涅而不缁。

§.3. *Confucius* respondit: Sic est, fuit hic mihi quondam sermo tecum. Sed nonne dixi quoque aliquando rem durissimam, eam quidem raro teri nec tamen frangi, atteri & consumi? non item dixi persaepe de re in se candidissimâ, atro colore tingi quidem; intrinsecè tamen non nigrescere, nec amittere unquam nativum candorem.

孔夫子回答道："是的，我曾经对你说过这样的话。但是我不也曾说过，最坚硬的东西很难被磨损，也不会被摧毁吗？自身最洁白的东西，即使浸染了黑色，也不会失掉其洁白的本性吗？

吾岂匏瓜也哉？ 焉能系而不食？"

f.4.p.1.§.1. Ego quî cessare queam inutilis ac iners? Ego quomodo sim magna quaedam & amari saporis cucurbita? Quî, inquam, possim, vel sustineam animo cucurbitae illius instar manere suspensus & immotus, & qui non manducer, pascam neminem, prosim nulli? caeterùm non adivit hominem Philosophus, quod postea intelligeret hominem esse ejusmodi, cui mederi non posset.

我难道是那种无能、无用且仅知退缩的人吗？我难道像是那种又大又苦的葫芦吗？"他又接着说："我怎么能像葫芦那样挂在那里，不让人食用等着腐朽呢？"事实上，哲学家并不会与这种人交往，毕竟他知道佛肸是他无法改变的人。

17.8 子曰："由也，女闻六言六蔽矣乎？"对曰："未也。"

§.2. Ad latus Magistri sui fortè consederat discipulus *çu lu*, studiosior ille quidem laudis bellicae, quam literariae. *Confucius* ait: Discipule mi, *Yeu*: Num tu audivisti aliquando sex virtutum magis illustrium, nomina? Sex item vitiantia seu obscurantia ipsas virtutes? Discipulus assurgens respondit: nondum audivi.

弟子子路恰好坐在他的老师身边，此人对军事的热衷更甚于文学。孔夫子说："我的弟子由啊，你可曾听说过有六种伟大的美德，同时就会有六种损害或遮掩美德的弊病？"弟子站起身回答道："我不曾听说过。"

"居，吾语女。"

§.3. Tu ergo paulisper hîc consiste, inquit *Confucius*, quoad ego exponam tibi.

"你暂且坐下"，孔夫子说，"等我讲给你听。

好仁不好学，其蔽也愚；好知不好学，其蔽也荡；好信不好学，其蔽也贼；好直不好学，其蔽也绞；好勇不好学，其蔽也乱；好刚不好学，其蔽也狂。"

§.4. Qui gaudet amplissimo charitatis sinu complecti omnes, & de nullo non mereri bene, nec gaudet interim discere, quis esse debeat charitatis istius usus ac modus: hominis hujuscemodi vitium, in quod scilicet ipsa virtus degenerabit, erit ruditas, caecitasque, dum scilicet caeco impetu benevolentiae, ceu vento incitatus, sine judicio vel modo beneficia delaturus sit. Qui gaudet prudentia, seu veri perspicientia; nec gaudet interim discere, & indagare atque consulere; hominis hujuscemodi vitium erit perpetua quaedam ambiguitas & incertitudo fluctuantis animi. Qui gaudet fide, seu dictorum conventorumque constantiâ & veritate; nec gaudet interim discere, tempus & modum scilicet: hominis hujuscemodi vitium erit crebra & gravis offensio, cum damno vel suo vel aliorum. Qui gaudet rectitudine & candore, dolos autem & ambages, & quidquid fictum est ac simulatum, odit; nec gaudet interim discere, quis hîc quoque modus servari debeat; hominis hujuscemodi vitium erunt angustiae coarctati animi & tricae perquam difficiles, in quas eum nimis candidum & dissimulare nescium, tum simplicitas sua, tum fraus aliena conjiciet. Qui gaudet generosè ac fortiter quidlibet agere & pati; nec gaudet interim discere, quis virtutis hujus sit usus ac modus: hominis hujuscemodi vitium erit insolentia, Reipublicae perturbatio ac rebellio. Qui gaudet adamantino quodam robore animi atque constantiâ; nec gaudet interim discere, ubi, quando, quantâ cum moderatione sit adhibenda: hominis hujuscemodi vitium erit stultitia & amentia.

愿意以极其仁慈的胸怀包容所有人，对任何人好，却不愿学习如何运用这个美德，这类人的弊病是粗心和盲目，其仁爱显然会被腐蚀，在追求美德的盲目冲动驱使下，就像被一阵风所驱使一样，他们就会不加判断地去提供帮助。爱智慧或真知，却不爱学习、调查和提问，这类人的弊病是心中摇摆不定。爱忠诚、说话诚实、讲信用，却不愿学习如何恰当地说话，这类人的弊病是经常严重地冒犯他人，给他人和自己都带来伤害。爱直率、正直，并憎恶诡计、谎言等一切欺骗性的东西，却不愿学习应当如何把握分寸，这类人的弊病是因思想局限对许多困难的问题感到不安，他过于直白而不懂得隐藏，所以有时会冒犯他人。喜爱大胆地去做他喜欢的任何事情，勇于坚持，却不愿学习这种美德的作用和尺度，这类人的弊病是傲慢无礼，容易叛乱谋反。内心刚强，坚定不屈，却不愿学习应在何时、以怎样的方式运用它，这类人的弊病是愚蠢而没有理智。"

17.9 子曰："小子何莫学夫《诗》？

p.2.§.1.　*Confucius* adhortans discipulos suos ad studium Priscorum Poëmatum, ô, inquit, filioli, quare non studetis istis Odarum libris?

孔夫子为劝勉他的弟子学习《古诗》，说道："哦，孩子们！你们为什么不学习《诗经》呢？

《诗》，可以兴。"

§.2.　Etenim si humi repimus, si jacemus inutiles atque inglorii, per odarum documenta, possumus erigi quodammodo, & assurgere ad verum decus.

的确，如果我们还在地面上爬行，不为人知，不被任用，学习《诗经》能够在某种程度上让我们站立起来，并让我们登上荣誉的奖台。"

可以观。"

§.3.　In odis, velut in speculo, possumus contemplari, quid nos maximè deceat; quod rursum dedeceat: haec autem contemplando permoveri salubriter.

《诗经》就像镜子一样，让我们可以仔细观察什么适合我们，什么不适合我们，而且这种观察对我们有益。"

可以群。"

§.4. Odarum praesidio possumus sociales evadere, & affabiles, & jucundi. Ut enim musica sonos aptè temperat; sic & Poësis ista motus & appetitus nostros.

在《诗经》的指引下，我们能够团结众人，变得友善并快乐。就像音乐能调和声音，这些诗篇本身也能够陶冶我们的情操和天性。"

可以怨。"

§.5. Possumus odisse sine iracundiâ vel alterum quemcumque naturae motum sentire, & tamen citra vitium sequi.

我们能够抒发不满、怨恨之情，但不至于恼怒，也能够理解他人的自然情感，从而避免有什么过失。"

迩之事父，远之事君；

§.6. Eaedem nos docent, quo pacto domi serviamus patri, absentes verò & procul à domo serviamus & Principi.

它教会我们这些道理，运用这些道理，我们近可在家中侍奉父母，远可离家辅佐君王。"

多识于鸟兽草木之名。"

§.7. Ad extremum, beneficio illarum, plenam voluptatis, & uberem imprimis notitiam acquirimus de propriis avium, quadrupedum, herbarum, arborumque nominibus, ac naturis.

最后，除了这些益处，我们还可以认识许多鸟兽草木的名字，并从中获得乐趣。"

17.10 子谓伯鱼曰："女为《周南》《召南》矣乎？ 人而不为《周南》《召南》，其犹正墙面而立也与？"

§.8. *Confucius* alloquens *Pe yu* filium suum ait: Num tu te exercitas in primis odarum capitibus *Cheu nan* & *chao nan* dictis, quisquis haud exercitat sese in capitibus *cheu nan* & *chao nam* (inquit) hic similis est hominis directa ad parietem facie consistentis, id est, inutilis ad omnia, utpote qui nec uno passu queat progredi, nec quidquam rerum contemplari.

孔夫子对他的儿子伯鱼说道："你研究过《诗经》中的《周南》和《召南》吗？不研究《诗经》中的《周南》和《召南》，就像人面对着墙壁站立一样，也就是说，没有任何收获，因为他既不能前进一步，也不能看见任何事物。"

Continetur istis odis epithalamium Reguli Ven vam, *sponsaeque ejusdem* Tai gin *virginis à prudentia et virtute celebratissimae, quae mater deinde fuit* Vu vam *conditoris tertiae familiae* Cheu, *qui imperare coepit anno ante Christum 1122. Porrò celebrantur laudes utriusque conjugis, quod primùm quidem de suo ipsorum animo virtutibus excolendo sapienter laboraverint; tum de familiâ rectè instituendâ; ac denique de Regni totius ad Septentrionem siti administratione: cujus praeclaram normam ad australia quoque regna deinde traduxerint.*

这些诗篇是歌咏周文王和他的配偶太姒的。太姒是一个以明智、美德而为人称誉的女子，她也是周武王的母亲。武王是第三个王朝——周朝的建立者，他于公元前1122年开始了自己的统治。周文王夫妇二人功劳显赫，因为他们明智地先修其身,后齐其家,从而治理好了整个北方,并将他们极好的法律带到了南方的国家。

17.11 子曰:"礼云礼云,玉帛云乎哉? 乐云乐云,钟鼓云乎哉?"

f.5.p.1.§.1.   *Confucius*, priscorum textuum buccinatores hypocritas non sine quodam sarcasmo ferens, quorsum, inquit, illae tot citationes & mera verba *liber Officiorum ac rituum ait*: *Liber Officiorum ac rituum ait*? Num fortasse vasa ista pretiosa variaque insignia dignitatum, & vestes sericae vobis aiunt quidpiam? Rursum *Musicorum liber ait*, *Musicorum liber ait*; ecquis tandem liber? Num aera campana, num tympana quid officii vestri sit, vobis aiunt? Pulcherrima interim documenta, quorum maximè causà majores nostri ritus & musicam instituerunt, vitâ certè, moribusque non exprimitis.

孔夫子不无讽刺地说起古文中的伪乐师,他说:"所有这些'《礼记》说''《礼记》说'的引文,说的就只是珍贵的装饰,象征各种地位的符号和丝绸服饰吗? 还有'《乐经》说''《乐经》说',最后,还有其他的书籍,说的就只是官方的铜钟鼓乐吗? 但是在你们的生活习惯中,你们并没有效仿那些最伟大教导,我们的祖先基于这些教导制定了礼仪和乐。"①

17.12 子曰:"色厉而内荏,譬诸小人,其犹穿窬之盗也与?"

§.2.   *Confucius* ait: Qui oris externa specie graves, constantes, severi sunt, & tamen intus, in animo, inquam, suo mobiles & flaccidi, ii rectè comparantur cum abjectis & improbis quibusdam hominibus, qui cùm reverà nocturni fures

---

① 朱熹在此并没有提到祖先,此处的注释来源于张居正。

sint, de die tamen gravis honestique viri personam gerunt: Sic & isti sunt prorsus ad instar quorumdam vel perforantium, vel transilientium parietem nocturnis horis latronum.

孔夫子说:"外表严肃、坚定,然而内心却如我说的那样,是软弱、不坚定的。这种人可以被恰当地比作卑鄙、可耻之徒,白天他们装作严肃诚实的人,但到了夜晚却变成了小偷。这种人完全就像夜晚挖洞跳墙的盗贼。"

17.13 子曰:"乡原,德之贼也。"

p.2.§.1. *Confucius* ait: Ejusdem farinae sunt cum his, quos dicebam modo, latrunculis nocturnis, ii qui vulgo habentur ab hominibus ruri degentibus probi, ingenui, comes officiosi: & specie quidem tenus sunt tales, re autem verâ fallaces, malitiosi, callidi, veteratores, vafri, veri denique virtutum latrones, seu pestis atque pernicies.

孔夫子说:"和我刚刚说过的人一样,还有一种类型的人也是夜晚出没的小偷。① 通常在乡下的普通人看来,这类人是值得尊敬的好人,是亲切的伙伴;然而事实上,这只是表面,这种类型的人是邪恶、狡猾、老练和诡计多端的,他们其实是美德真正的盗贼,或者说是瘟疫和灾难。"

17.14 子曰:"道听而途说,德之弃也。"

§.2. *Confucius* ait: Benè beatèque vivendi rationes ac praecepta de viâ forte audita, protinùs de viâ proloqui, & auribus vixdum percepta, per os illicò profundere; neque hoc agere, ut ea tibi ipse primùm applices, quam impertias

---

① 这里指与上一条中同种类型的人,即本质类似于小偷的人。

aliis, virtutis quaedam projectio est, contemptus, ac repudiatio.

孔夫子说:"偶然间在道路上听到了关于美好生活的言论和道理,就在沿途毫无保留地传播散布。不是首先将这些道理应用于自身,而是把这些道理讲给其他人,这样的传播是对道德的蔑视和抛弃。"

17.15 子曰:"鄙夫可与事君也与哉?

§.3. *Confucius* ait: Iis, qui conditione & moribus viles & abjecti homines quomodo possunt hi servire Principiae Reipublicae, quamvis etiam afferant raras facultates ingenii & industriae.

孔夫子说:"地位低微习性陋劣的人,虽然他可能有罕见的才能和工作的热忱,但人们怎么能够同他一起侍奉君主呢?

其未得之也,患得之。既得之,患失之。"

§.4. Omninò non possunt: quippe homines hujuscemodi & priusquàm obtineant quod expetunt, anguntur intimis sensibus, donec per fas & nefas id obtineant. Ubi vero jam obti-nuerunt; rursus tamen anguntur & discrucientur ne amittant.

这是绝不可能的。在得到所渴望的东西之前,他的内心会躁动不安,直到千方百计得到为止;当他已经真正得到的时候,又会唯恐失去。"

苟患失之,无所不至矣。"

§.5. Atqui ubi timetur amitti, quod sic acquisitum est opum & dignitatum, jam nihil est quò non pertingatur. Nihil, inquam, est tam abjectum, tam turpe, tam iniquum, quod non agant & patiantur.

而当他害怕失去已经取得的权力和荣誉时，就没有什么事情是他做不出的。要我说就是，没有什么卑鄙、丑恶和不义的事情是他不会去做，不会去追随的。"

17.16 子曰："古者，民有三疾。今也，或是之亡也。

f.6.p.1.§.1. *Confucius* ingravescentem vitiis morbisque animi aetatem suam deplorans, sic ait: Prisci quidem habuerunt tres maximè morbos, quibus tunc quoque laborabatur; at sic, ut neque graviter, nec à multis: At nunc dici fortasse queat, quòd hi ne existunt quidem; usque adeò scilicet vis mali crevit, ut in naturam videatur transisse.

孔夫子哀叹于他所处时代道德的日渐沦陷，这样说道："古人的确有过三种主要的弊病，并受其困扰；但这些弊病还不至于很严重，也不是很多。但是今人也许可以说，这些弊病或许不存在了。丑恶的力量已达到这种程度，看起来似乎它已转变为人的本性了。

古之狂也肆，今之狂也荡；古之矜也廉，今之矜也忿戾；古之愚也直，今之愚也诈而已矣。"

§.2. Priscorum morbus erat appetitus quidam immodicus honoris & gloriae, & ex hoc nata dissolutio quaedam, seu neglectus rerum saltem humiliorum, minorisque momenti; & non ampliùs. At hoc tempore appetitus iste, ita vehemens quaedam dissolutio est animi, ut fas & jus omne temerè proculcent. Priscorum morbus alter severitas, gravis illa quidem & inexorabilis; non ea tamen, quae solo timore contenta, amorem propè omnem excluderet. Verum aetatis nostrae severitas, rixosa est; nihil ferè praeter odium, rixas acerbitatem, desperationem, aliasque ex aliis perturbationes parit. Priscorum simplicitas ac ruditas, candida, aperta, & recta: Aetatis nostrae ruditas ac simplicitas, meri fuci, merae fraudes atque fallaciae, & praeterea nihil.

古人的弊病是对荣誉和名望的过分渴望，由此产生某种疏忽，或者说随便忽视一些卑微的事情和次要的因素，仅此而已，然而今人内心的欲望如此强烈，以至于会任意践踏道德准则和法律规则。古人的第二个弊病是刻板保守，不过他们仅是严肃冷漠，只满足于他人的敬畏，拒绝一切的关爱。然而我们这个时代的保守则是动辄争吵，除了接二连三的憎恶、争吵、悲痛、失望和纷扰，它什么也不能带来。古人的率直和粗鄙是正直、坦率、诚实的，而我们这个时代的率直和粗鄙则是虚伪、欺诈和诡计多端的，此外无他。"

17.17 子曰："巧言令色，鲜矣仁。"

p. 2. §. 1. *Confucius* ait: Affectati sermonis & facundiae, necnon blandiusculi oris homines, pauci verae virtutis sunt.

孔夫子说："花言巧语的人，很少有真正的美德。"

17.18 子曰："恶紫之夺朱也，恶郑声之乱雅乐也，恶利口之覆邦家者。"

§. 2. *Confucius* inductione quadam similium declaraturus quantò sit damno, & quam digna odiis omnium species oris simulata & assentatricis mendacisque linguae facundia, sic inquit: Odi colores inter, colorem violaceum, quatenus tollit ac suffuratur quodammodo purpureum qui nativus est; imminuto scilicet ejusdem pretio & amore. Odi similiter Regni *Chim* musicam: perturbat enim & deliciis enervat, Priscorum eam, quae *Ya* dicitur, musicam, verecundiae, modestiae, gravitatis magistram. Odi denique acutum illud & malè disertum os, mille fingendi adulandique artibus, instructum. Pessumdat enim, ac funditus pervertit regias domos, nobilissimasque familias.

孔夫子用类比的方式说明油嘴滑舌和欺骗性的语言会带来多么大的弊害，以及它们多么值得所有人的憎恶。他说道："我憎恶间色紫色以某种方式如此长久地夺去了正红色的地位，削减了红色的价值和人们对红色的喜爱。同样，我憎恶郑国的乐曲，因为它破坏了古人所说的雅乐，即古人用以教化居敬、节制和庄重的音乐。最后，我憎恶尖刻、颠倒是非，充满了无数阿谀奉承的技巧和修辞，因为它毁坏了王朝和世家的根基。"

17.19　子曰："予欲无言。"

§.3.　*Confucius* hortaturus suos ad studium taciturnitatis, & ut rebus, factisque potiùs quàm copiosis ornatisque sermonibus instituant alios; posthàc, inquit, ego velim nihil fari campliùs.

孔夫子教育自己的弟子要学会沉默。教导他人，事实与行为要比雄辩的华丽的言语更为重要，于是他说："我不想再说话了。"

子贡曰："子如不言，则小子何述焉？"

§.4.　Miratus hanc Magistri vocem *çu cum* discipulus ait: Magister, si quidem posthàc nihil profaris; tum nos discipuli quid discemus, & consequenter aliis referemus? quid posteris impartiemur quando nihil ipsi accipimus?

弟子子路听到老师的话很惊讶，便说道："老师，如果你以后真的什么都不说了，那么我们做弟子的要学什么呢？之后，我们又向他人转述什么呢？

若我们自己什么都没有继承,又将传给后人什么呢?"

子曰:"天何言哉? 四时行焉,百物生焉。 天何言哉?"

§.5. *Confucius* ait: Caelum quomodo fatur? quâ voce, quâ ratione nos docet ac instituit? Ecce quatuor anni tempestates, ut peragunt cursum suum: ut item universae res felicissimè procreantur. Declarant haec scilicet & silentio maximè facundo depraedicant arcanum illud principium suum, in quo uno vertuntur omnia. Caelum igitur, quod rem tam arcanam tam disertè loquitur, quo tandem modo loquitur?

孔夫子说:"天何曾说过话呢? 它有通过什么声音、什么方式教导我们吗? 但见四季按着自己的规律运行,宇宙的万物也生机勃勃:它们以最雄辩的沉默宣告着上天的神秘原则。万物按照这一个原则变化。因此,虽然天雄辩地讲述了如此神秘的准则,但它何曾说过话呢?"

17.20 孺悲欲见孔子,孔子辞以疾。 将命者出户,取瑟而歌,使之闻之。

f.5.p.1.§.1. *Fu poi* vir literatus, quem jussu Regis *Ngai* cum (fuit hic duodecimus Regni *Lu*) *Confucius* edocebat ritus funebres, quodam die desiderabat visere *Confucium*: *Confucius* excusavit se, causatus invaletudinem: Dumque jam famulus qui exceperat heri sui mandatum, egreditur cubiculi foribus. Id hospiti renuntiaturus: Philosophus sumpsit in manus instrumentum musicum, & cecinit data opera, ut hospes audiret canentem, atque intelligeret, se non ideo quod malè haberet Philosophus, non admitti, sed quod ipsemet nescio quid peccavisset, cujus meritas poenas hujusmodi repulsa daret.

文士孺悲受哀公（鲁国第十二个国君）之命向孔夫子学习丧葬之礼。一天他想去拜访孔夫子，孔夫子以生病为借口拒绝见他。而当传命者走出房门去向拜访者报告时，哲学家取出乐器来弹奏，并且故意歌唱，以使拜访者听到歌声，让他知道自己被拒绝并不是因为哲学家身体不适，而是因为他没有意识到自己的错误，这样的拒绝纯粹是要给他一个惩罚。

17.21 宰我问："三年之丧，期已久矣。

§.2. *çai ngo* discipulus Magistrum suum consulit de trium annorum luctu in obitu parentum, quid censeat? Quod enim, inquit, unicus annus, & non amplius, tribuatur luctui, jam diu est.

弟子宰我询问老师如何看待三年之丧，说："实际上守孝一年就已足够了，不必更长。

君子三年不为礼，礼必坏；三年不为乐，乐必崩。"

§.3. Et meo quidem judico planè sufficit: etenim si vir gravis ac probus domestico luctu occupatus totos tres annos non fungitur ullis officiis civilibus; officia procul dubio vel ipsâ desuetudine paulatim obliterabuntur ac peribunt. Idem rursus si per tres annos non adhibeat exercitationem musicam; musica procul dubio corruet.

而且在我看来，这个完全够了。事实上，如果稳重正直的人整整三年都在守丧，而不履行任何公共职责，那么由于他的荒废，毫无疑问，职责也会被渐渐废弃。同样，如果三年都不去练习音乐，音乐也一定会被人忘记。

旧谷既没，新谷既升，钻燧改火，期已可矣。"

p. 2. §. 1.　Quid quod ipsa rerum natura docere nos videtur Luctum, qui major annuo sit, haudquaquam requiri: Plurimarum quippe rerum principium & finis, & ortus & interitus, unius anni spatio definitur. Videmus certè, quòd adulta maturaque seges ubi demessa est, & in horreum collecta vivere quodammodo jam desiit; nova, quae succedit, seges herbescentem protinùs ostendit viriditatem, quae nixa fibris stirpium, sensimque coalescens culmo jam erigitur geniculato, & vaginis suis quasi pubescens includitur: quin etiam, prout singulis ferè anni tempestatibus diversa quaedam ratio est plantarum & arborum: Ita qui elicitur terebrando lignum per quatuor tempestatum singulas, & ipse mutatur, ignis: Prorsus itaque annuum spatium ad luctum potest sufficere.

自然事物的本性似乎告诉我们，超越一年的哀悼不是必需的。显然，众多事物的开始和终结、诞生与毁灭都在一年的时间之内。我们会看到，上年的庄稼成熟收割后，获得的粮食会囤积在谷仓中。当这些粮食将要被吃光时，新的庄稼又会长出，它们抽出新芽，在纤细的叶片间展现出新的生机，并逐渐长出粗壮的茎秆，进而伸出枝节，向上生长，渐臻成熟[①]。此外，自然中的花草树木一年四季都在变化，因此钻木引火用的燧木一年四季也在不断变化。总之，对于悲痛，一年的时间就可以了。"

子曰："食夫稻，衣夫锦，于汝安乎？"曰："安。"

§. 2.　*Confucius* respondit in hunc modum: Veteres quidem officiorum libri

---

[①] 朱熹和张居正将"升"理解为"登"，意思是指谷仓中储藏粮食的高度的增加，然而拉丁文版本则将其理解为植物的生长过程。

ac rituum praescribunt filiis, ut in funere parentum per tres annos vescantur oriza admodùm vulgari & malè purgatâ; potent aquam; cannabinâ veste, asperâ scilicet, humilique utantur. Tu nunc unico igitur exacto anno, quando jam luctum abjeceris, vescens denuò aliâ illâ puriore orizâ, denuo indutus aliam illam vestem sericam & pretiosam, an tu tranquillo eris animo? non te cruciabit conscientia neglectae pietatis? Respondet discipulus minimè verò cruciabit: Tranquillo sum futurus animo.

孔夫子以此种方式回答道："古人在《礼记》中规定子女在父母去世后的三年中,吃粗糙的米饭,喝白水,穿麻制的粗糙简陋的衣服。然而父母死了,仅一年,就不再悲痛,重新开始吃精细的米饭,穿名贵的丝绸做的衣服,你觉得安心吗？你的良心不会因此不安吗？"不会因此受到折磨的弟子回答说："我觉得心安。"

"女安则为之！夫君子之居丧,食旨不甘,闻乐不乐,居处不安,故不为也。今女安,则为之。"

§.3. Tu, inquit *Confucius*, si quidem haec faciens tranquillo futurus es animo: fac sanè quod libitum fuerit. Viro quidem probo ac sapienti versanti in luctu ac sordibus propter amissos parentes vescenti licet opiparis ac deliciosis dapibus, non tamen eae dulcescunt ac sapiunt. Idem audiens fortè concentum musicum sic eo non delectatur, atque si non audiret. Idem quamvis molliter ac deliciosè cubans, non tamen ullam capit quietem: tanta pii maeroris vis est; tantum, tamque perenne optimorum parentum desiderium. Quocirca nunquam committet, ut contrahat lugendi spatium à majoribus constitutum: nunc autem tu quando sustines id facere, fac sanè, quod lubitum fuerit.

孔夫子说："如果你真的觉得心安,那就按你所希望的去做吧。无疑,对于正直且智慧的人来说,在居丧期间由于失去了父母,即使吃珍贵美味的食物,也不会觉得香甜可口;听到音乐就好像没有听到一样,也不会觉得快乐;即使睡在柔软精致的床上,依然感觉不到舒适。他的虔诚悲痛如此强烈以至于其渴望父母的永生。他决不做任何违背祖先所立的居丧之礼的事。但如果你自己可以承受,那就按你所希望的去做吧。"

宰我出。子曰:"予之不仁也! 子生三年,然后免于父母之怀。夫三年之丧,天下之通丧也,予也有三年之爱于其父母乎?"

f. 8. p. 1. §. 1.　Discipulo *çai ngo* foras egresso *Confucius* ad reliquos conversus; discipulus, inquit, *Yu* (idem est qui *çai ngo*) non est verâ germanâque virtute praeditus, quando statuit tam facilè mores antiquos negligi posse & instituta majorum violari, quae tamen videntur consentanea naturae legibus atque rationi. Etenim proles nata & fota jam tres annos, deinceps eximitur è patris matrisque sinu: Quid ergo justius, quàm ut amori trium annorum totidem quoque annorum pietate luctuque liberi respondeant? Hic certè trium annorum luctus & maximè vetustus est, & per Imperium totum vulgatus & usitatus luctus; An fortè *Yu* discipulus perceperit etiam trium annorum curam & amorem ab suis parentibus, uti reliqui mortalium, quod adeò patrocinetur huic novitati & errores tueatur aetatis nostrae?

弟子宰我走出门后,孔夫子转过来对其余的弟子说道:"弟子予(宰我)没有真正的美德,他竟然能够忽视古代礼法,违背与自然的法则相一致的祖先的规定。无疑,子女出生后三年才能离开父母的怀抱。因此,孩子用三年虔诚的悲痛来回报父母的爱不是理所当然的吗? 三年之丧无疑是古老的传统,而且全国的平民百姓均守此丧。难道像所有人一样受到父母三年关爱的予,是以如此方式维护我们这个时代错误的新制吗?"

17.22　子曰："饱食终日，无所用心，难矣哉！ 不如博弈者乎？ 为之，犹贤乎已。"

p.2.§.1. *Confucius* ait: Qui ingurgitant sese cibo potuque per totum diem, nec habent quidquam seriae rei, quo occupent animum, proh quantum hi laborabunt, ut praestent quidpiam homine dignum! At enim nonne datur ludus scacchorum quo se occupent? At saltem qui dant operam istis ludis, ut otium fugiant, vel in hoc uno prae illis certè sapiunt.

孔夫子说："整天用食物饮料喂饱自己的人，没有任何正事放在心里，这样的人要创造出有价值的东西，实在是太难了！不是有专注于下棋的人吗？他们至少会花一些功夫在这项游戏上，以便摆脱懒散，能欣赏下棋总比只会吃喝强。"

17.23　子路曰："君子尚勇乎？"子曰："君子义以为上。 君子有勇而无义为乱，小人有勇而无义为盗。"

§.2. *çu lu*, ut erat animosus, quaerens ait: Vir gravis & eminens suprà vulgus hominum, nonne plerumque primas defert fortitudini? *Confucius* respondet in hunc modum: Eminens vir ejusmodi non fortitudini, sed aequitati justitiaeque primas defert. Certè vir gravis ac praestans, si quidem sit instructus robore illo animi corporisque, & interim non instructus sit temperamento rationis & aequitatis; facilè causam praebebit gravissimis Imperii perturbationibus: Uti & plebeii homines habentes simile robur, & carentes moderatrice illâ sui roboris aequitate, nullo negotio rapinas & latrocinia exercebunt.

昔日好勇的子路问道："德高望重且稳重的人，大多数情况下不也会将勇敢摆在首位吗？"孔夫子用这样的方式回答道："这类高尚的人不是将勇敢而是将正义摆在首位。毫无疑问，声望高而杰出的人，如果其灵魂和身体都被上天赋予了勇敢的品性，但与此同时其理性和正义都毫无节制，他就很容易挑起国家严重的叛乱；同样，当庶民百姓拥有勇敢却没有裁制勇敢的正义时，他就会去实施抢劫和掠夺的勾当。"

17.24 子贡曰："君子亦有恶乎？"子曰："有恶：恶称人之恶者，恶居下流而讪上者，恶勇而无礼者，恶果敢而窒者。"

§.3. Disciplus *çu cum* aliam instituens quaestionem, sic ait: Vir praestans atque Philosophus, si quidem tenetur studio de omnibus benè merendi; an nihilominus etiam tenetur odio quorumdam? *Confucius* respondet: Tenetur odio. Odit imprimis eos qui vulgant hominum vitia & peccata. Odit eos qui viles & abjecti cùm sint, tamen impudenter ac temerè obtrectant obmurmurantque iis qui superiorem locum & dignitatem obtinent. Odit preaterea fortes & animosos, at sine more modoque. Odit item certum quoddam genus hominum sibi stultè placentium, qui perquam tenaces sententiae suae, pervicaces, obstinati, quidlibet temerè aggrediuntur, nec rationi dant locum.

弟子子贡提出了另一个问题："优秀卓越的人和哲学家，如果确实认同要爱所有人，那么他会有某些憎恨的事物吗？"孔夫子答道："会有所憎恨。憎恨传播他人缺点和错误的人；憎恨卑鄙可耻的小人，他们不知羞耻地暗自抱怨甚至任意贬低比自己地位高的人和有功劳的人；此外，憎恨勇敢无畏但却无礼没有分寸的人；同样，还憎恨自以为是的人，他们固执己见，不假思索地攻击一切。"

曰："赐也亦有恶乎？""恶徼以为知者，恶不孙以为勇者，恶讦以为直者。"

f.9.p.1.§.1.　His dictis, quaero nunc abs te vicissim, inquit *Confucius*, mi discipule *Su* num praeter eos, quos dixi, & tu habes quos oderis? Ait ille: Habeo, suntque triplicis generis: Odi eos qui parùm perspicaces cùm sint, ac intelligentes rerum, tamen acres censores sunt aliorum, idque putantes esse prudentiae. Odi homines non submissos, & ob superbiam contentiosos, idque reputantes esse fortis ac generosi animi. Denique odi homines qui imprudenter & importunè & exprobrantis in morem alios reprehendunt de vitiis clam cognitis; idque reputant esse candidi, synceri, rectique animi.

"说了这些话之后，现在轮到我来问你了，"孔夫子说，"我的弟子赐，除了我说过的那些，你也有憎恨的人吗？"他说："有，我所憎恨的有三种人。憎恨那种观察本不敏锐，对他人苛刻批评，还自以为聪明的人；憎恨毫不谦逊却自大、喜欢争吵，还自以为高尚勇敢的人；憎恨那些无知无礼，在私下议论他人缺点，自以为清白、正直、坦率的人。"

17.25　子曰："唯女子与小人为难养也，近之则不孙，远之则怨。"

§.2.　*Confucius* ait: Solas ferè mulierculas & infimae conditionis homines, cujusmodi sunt, qui nobis famulantur, perquam difficile est sic tractare, ut tamen contentos habeas. Etenim si propior illis fias per indulgentiam quandam & facilitatem; jam non submisse se gerent, sed insolescent, nec te (uti par erit) colent ac verebuntur. Si te removeas ab eis, nec nisi perrarò cum ipsis agas, idque cum authoritate quâdam & severitate; jam querentur; & odio habeberis uti austerus, illiberalis, inhumanus.

孔夫子说:"只有女人和地位低下的人——侍奉我们的这类人,最难与之相处,并使其满意。因为如果你用宽容和友好来亲近他们,他们便不加节制,傲慢无礼,更不会有尊重和敬畏了;如果你疏远他们,并对其不时严厉施威,他们就会抱怨并憎恨你的严厉、吝啬和冷漠。"

17.26　子曰:"年四十而见恶焉,其终也已。"

p.2.§.1. *Confucius* ait:Quadragenarius qui sit, & tamen propter improbitatem suam, stultitiamque etiamnum appareat habeaturque gravis ac invisus omnibus; hujuscemodi desperata emendatio est, ad finem usque sic perseverabit.

孔夫子说:"一个人到了四十岁,如果还有严重的被人憎恶的恶行和愚蠢之处,这样的人是没有希望的,他会继续这样下去并终其一生。"

微子第十八

18.1 *微子去之，箕子为之奴，比干谏而死。*

§.2. Tres hoc paragrapho recensentur Heroes illustres: quorum primus *Vi çu* frater impii *Chen* (fuit hic vigesimus octavus & ultimus imperator secundae familiae *Xam* & *Yn* dictae) cum saepius, at nullo profectu, monuisset fratrem, veritus ne si monere perseveraret, acceleraret ruinam imperii, & tyranni furentis rabie in caput suum concitata, labentis familiae spes ac reliquiae penitus extinguerentur; tempori paulisper cedendum ratus, discessit ab aula. Altet *Ki çu* dictus, & ejusdem tyranni patruus, quod eum crebro quoque monuisset officii sui, in carcerem detrusus est, & redactus in servitutem, qui cum metueret, ne gravius quid de se statueretur; amentiam callide simulavit; itaque vir tantus petulanti multitudini amentis instar ludibrio aliquamdiu fuit. *Pi can* denique alter tyranni patruus eundem reprehendit & objurgavit, sed et periit.

这一段提到了三位杰出的英雄。第一位英雄是微子，他是臭名昭著的殷纣王的兄长。殷纣王是中国第二代王朝商朝或殷的第二十八位君王，也是末代君王。微子常常劝谏他的兄弟殷纣王，却从未见效过。他担心，若不继续进谏的话，商朝会加速衰败，要是暴君的脑子仍然不清醒，被癫狂所占据，那么不但国家会灭亡，而且整个家族亦将不复存在。经过一番思考后，微子离开了王宫。第二位英雄是箕子，殷纣王的叔父，因为不断劝谏殷纣王要恪守君王的职责而被打入监牢，还被贬作奴隶，更严厉的是还要被处死。于是他很聪明地装疯卖傻，遂因各种疯癫行为遭到百姓的嘲笑。最后一位英雄是比干，殷纣王的另一位叔父，他责备批评这位暴君，最终被处死。

Hic enim, cum nepotis insolentiam et crudelitatem ferre diutius non posset, ac videret jam pessum ire omnia; paulisper secum ipse deliberans tandem; satius est, inquit, mori, quam diutius veritas est, licet odium et exitium paritura. Non audiet tyrannus ? At audiet patria, audiet posteritas omnis. Hoc dicto progressus in conclave Regium, patria cum authoritate nepotem admonet; resipiscat tandem aliquando; sibi consulat, suisque. Minas addit, procul dubio futurum ut, expetente poenas ipsomet coelo, amittat Imperium caelitus collatum. Quocirca expurget animum flagitiis inquinatum; revocet abjectum pudorem; revocet jura et leges; sic enim placari caelum posse, et decretum, quod in ipsum jam sanciveris; revocari. Haec ille. Sed tyrannus veritatis impatiens, et monitione ipsa jam efferatior, innocentem et patruum, et tunc maxime utilia suadentem; non sine probro ludibrioque peremturus, ad circumstantes proceres convertens sese; Pi can iste; si nescitis, inquit, sanctum se esse arbitratur; Ego autem audire me nemini, quod cordi cujusque viri sancti foramina sint omnino septem: explorare nunc juvat, an ita res habeat. Haec effatus, in ipso vestigio contrucidari patruum jussit, et adhuc spiranti cor extrahi.

其实，比干无法再忍受侄子殷纣王对他的疏远和蛮横态度，因为他发觉一切都在变坏。之后，他经过一番思考说道："自己死，总好过继续装模作样对不起君王和社稷。就算招致仇恨和死亡也要说出真理，虽然暴君不会听，然而祖国却听得到，未来的所有人也听得到。"语毕，他进入君王的寝宫，凭借着做叔父的威严，劝诫他的侄子应当注意自己的行为，关注自己的国家。比干进一步警告，不这样做，纣王无疑会受到上天的惩罚，失去天赐的王朝。为此，他应当净化已经受污染的心灵，唤回被抛弃的羞耻感，唤回心中的正义和法律。这样，上天才能满意，才会收回成命。比干说的这些真理般的话，尽管是正确的，可殷纣王不但听不进去，反而因此变得更加蛮横。他先是嘲笑、侮辱比干，之后又准备将比干杀掉。殷纣王对周围的人说："这就是比干,或许你们不认识他,但他却被视为圣贤。我听说圣人的心有七个孔。现在,请你们帮我验证一下是否如此。"说完,他命令众人跟他一起杀害了他的叔父比干,并且把他跳动的心挖了出来。①

孔子曰:"殷有三仁焉。"

§.3. Agens porto de tribus hisce. *Confucius* dicebat: Familia *Yn* seu *Xam*, habuit omnio tres rarae fidei, constantiae, pietatis viros.

以这三个人为榜样,孔夫子说:"商王朝总共有三个少见的忠心、诚信且虔诚之人。"

18.2 柳下惠为士师,三黜。人曰:"子未可以去乎?"曰:"直道而事人,焉往而不三黜? 枉道而事人,何必去父母之邦?"

§.4. Eximius ille vir *lieu hia Hoei* agens in Regno *Lu* judicem causarum criminalium iterum ac tertio dejectus fuit de illâ dignitate. Quodam igitur sic dicente: In hâc perturbatione tantâ rerum, bone vir, an necdum jure possis renunciare tuo muneri, & hinc aliò migrare? Respondit ipse: Ego rectam viam normamque teneo, & secundùm hanc servio Regi et hominibus: Sed enim quò tandem commigrabo infelix, ubi fides, integritasque non sentiat horum temporum calamitatem? Atque adeò ubi non tertiò ac saepiùs meâ dignitate priver? Quod si induxero in animum, turpiter servire tempori, si perversâ quâdam ratione ac viâ

---

① 《史记·殷本纪》:"比干曰:'为人臣者,不得不以死争。'乃强谏纣。纣怒曰:'吾闻圣人心有七窍。'剖比干,观其心。"中华书局,2014年,第139页。译按:张居正关于比干死亡的陈述很简略。耶稣会士对此段的翻译应采自其他书。

serviam hominibus; quorsum opus est, obsecro, discedere ex patrio regno?

柳下惠是一位贤人,也是一名掌管鲁国犯罪案件的法官,但在那个职位上他屡次被贬。因此,有人这样说:"好人哪,世事如此混乱,你为何不辞官离去,到别的国家呢?"柳下惠回应道:"我正直地工作,以此为君王与百姓效劳。在这败坏的时代,任何地方都不存在诚信与正直。如此不幸的时代,我又能去往哪里呢?我去往哪里不会被再三贬黜呢?倘若我决意苟全于世,用恶理恶法侍人接物,我又何须离开祖国去别的地方呢?"

18.3 齐景公待孔子曰:"若季氏,则吾不能;以季、孟之间待之。"曰:"吾老矣,不能用也。"孔子行。

f.10.§.1. Regni çi Princeps *Kim cum* nomine excepturus *Confucium*, deliberans cum suis quo maximè ritu exciperet, sic ait: Quod attinet ad Praefectum *Ki xi*, id est, ad apparatum, quo hunc Regni *Lu* Princeps nuper excepit, utique ego non possum imperare mihi ut pari utar. Medio quodam ritu inter dictos *Ki* et *Mem* excipiatur. Quod attinet interim ad doctrinam ipsius, inquit, & instituta; ego jam consenui, non possum illis uti. *Confucius* ubi hoc cognovit, desperans aliquod operae suae pretium, insalutato Rege protinùs discessit.

齐景公打算封给孔夫子一个称号,与他的朝臣讨论应以何种礼仪接待孔夫子。他说:"最近鲁君接待大夫季氏采用的礼仪怎么样?不过,我决定不采用相同的礼仪,而是用低于季氏又高于孟氏的礼仪来接待孔夫子。至于他的学说和计划,我自己已经老了,无法再施行它们了。"孔夫子知道了齐君的话,对在齐国实现自己的抱负感到无望,不等向齐君致意,便离去了。

18.4 齐人归女乐，季桓子受之，三日不朝，孔子行。

p.2.§.1. Regni *çi* homines dono miserunt Regi *Lu* puellas cantatrices, *Ki huonçu* Regni Præfectus admisit. Triduo Rex non prodiit in conspectum. *Confucius* discessit. Praetoris officio fungebatur Philosophus in patrio Regno anno 14 *Tim cum* Regis undecimi; eo quidem successu, ut exactis vix tribus mensibus, jam novus esset legum vigor & observantia. Atque ita factum est ut Regnum *Lu* aemulo finitimoque *çi* Regno formidabile jam redderetur. At Rex & proceres Regni hujus nova illa ditionis aemulae firmamenta per insidias & quasi cuniculos subruturi. Puellas octoginta formae perelegantis, omnique luxu & opulentia conspicuas; equos item centum & viginti, cum variis instrumentis musicis. Regni *Lu* Principi dono mittunt. Captus est insidiis tam illecebrosis, Regni Praefectus; & in easdem protinùs conjecit incautum Principem. At hunc usque adeò puellarum istarum forma, vox, gratia cepit ac dementavit, ut sui immemor, Regnique tertium jam diem à conspectu suorum, & jure dicundo abstineret. Quod ubi *Confucius* animadvertit, certus non servire Principi, qui tot illecebris serviret; abscessit indignabundus.

齐人把歌女们当作礼物送给鲁王，鲁国的大夫季桓子接受了，之后三天都不上朝理政。孔夫子见此情形便离去了。哲学家曾于定公（第十一位君王）十四年在自己的祖国担任官职，只用了三个月的时间，鲁国就得以迅速发展，礼仪法令和鲁国的精神面貌都焕然一新。敌国兼邻国的齐国为此感到害怕。齐人实施诡计以削弱鲁国根基，他们把八十位面容娇好、姿态优雅，看上去又富贵华美的少女，连同一百二十匹骏马和各种乐器当作礼物送给鲁国国君。鲁国的大夫被这极具诱惑的计谋给攻破了，立刻把礼物带到毫无防备的国君那儿去。这些少女的声色的确迷住了国君，使他忘记了自己的职责和国家,三天不曾露面,并由别人代替他来施行法令。孔夫子知道后,便决定不再为沉迷于女色的国君效劳,于是愤愤不平地离开了。

18.5　楚狂接舆歌而过孔子曰:"凤兮凤兮! 何德之衰? 往者不可谏, 来者犹可追。 已而, 已而! 今之从政者殆而!"

§.2. Litera *Fum* avem solis denotat, nos hic vocabimus aquilam Sinicam; auspicatissima quidem, uti ferunt, avis est, & jam ab ipsis Monarchiae exordiis habita fuit venturae felicitatis nuntia. Homo quidam Regni *çu*, quo *Confucius* diverterat, specie quidem mentis inops (ut enim lateret feliciùs, amentis prope ritu in plateâ quandoque cantillabat) re autem verâ Philosophus, cui *çie yu* nomen erat, cantillans & praeteriens *Confucium*, qui curru suo tunc fortè vehebatur, sic ait:O aquila! o aquila! (vox est vehementer exoptantis id, cujus nuntia solet esse aquila.) "Ah quantus hoc tempore virtutis languor est! errata praeterita non possumus redarguere & corrigere; ex praeteritis autem futura adhuc possumus per conjecturam attingere, Desiste, si sapis, o *Confuci*, desiste! Hoc tempore qui administrant Rempublicam, periclitantur.

"凤"是太阳鸟的意思,我们这边把它称作"中国的鹰"。据说,它是一种非常吉祥的鸟,从帝国的开端起,它的降临就被视为幸运的预兆。楚国有个人,名叫接舆,他看似缺乏理智(为了更好地隐藏自己的身份,他在大街上像疯子一样吟唱),实则是位哲学家。是时孔夫子恰好乘着自己的马车路过,接舆一边吟唱一边从孔夫子身边走过,他唱道:"凤兮! 凤兮! ("凤"这个词意味着渴求报信者)在这个时代,美德是如此衰微! 我们不能纠正过去的错误,然而我们能够从过去预知未来。孔夫子啊,如果你明白的话! 算了吧! 算了吧! 如今那些治国者啊,正使国家处于危难之中。"

孔子下，欲与之言。趋而避之，不得与之言。

f.11.p.1.§.1. Cognovit illico personatae stultitiae sapientiam *Confucius*; nec mora, desilit de curru, vehementer desiderans cum eo colloqui. At profugit ille & subduxit se *Confucii* oculis; qui adeò non potuit cum eo loqui.

顿时，孔夫子意识到了接舆愚蠢掩饰下的智慧：①他毫不犹豫地跳下车，希望与他交谈。而接舆快步避开了孔夫子，这样孔夫子没能和他交谈。

18.6 长沮、桀溺耦而耕，孔子过之，使子路问津焉。

§.2. Revertebatur olim *Confucius* è regno *çu* in Regnum *çai*; dumque veheretur curru unà cum discipulo suo *çu lu*, qui & ipse currûs erat auriga, fortè obvios habuerunt duos Philosophos ex Regno item *çu* oriundos, & eodem, quo superior ille, consilio taedioque miserrimorum temporum latitantes, *Cham ciu* & *Kie nie*, illis nomen erat; Agriculturae dabant operam, & desertos nescio quos agros simul tunc arabant. *Confucius* aliquantulum illos praetervectus jussit discipulum *Çu lu* exquirere ab eis vadum proximi fluminis, quod transeundum erat.

有一回，孔夫子从楚国返回蔡国，子路御车而行，偶遇了两位同样来自楚国的哲学家。② 由于厌倦了这个败坏的时代，他们在见到孔夫子之前已决定过隐居的生活。长沮和桀溺是他们的名字。他们当时正在无主的土地上

---

① 一般来说，儒家不认为接舆是"哲人"。张居正认为接舆是"贤人"（第290页）。耶稣会士认可张居正的观点。由于基督宗教，也由于耶稣会士自己的身份，他们偏向于认同接舆。

② 朱熹没有把这两位"隐者"当作贤人，不过，张居正认为他们是贤人（第291页）。耶稣会士暗示了他们有了类似于宗教意义上的决定(*consilium*)。庄子支持接舆的避世态度。

耕耘。因为要渡河,孔夫子吩咐子路下车向他们询问最近的河的渡口在哪里。①

长沮曰:"夫执舆者为谁?"子路曰:"为孔丘。"曰:"是鲁孔丘与?"曰:"是也。"曰:"是知津矣。"

§.3. Alter illorum *Cham siu* percontans à *çu lu* ait: iste qui regit ibi currum ecquis est? Çu lu respondit: Est *Cum kieu*. Num est, inquit, iste è Regno *Lu* oriundus *Cum kieu*, seu, *Confucius*? Respondet: Est ipse. Ait Philosophus: ipse novit vadum fluminis, qui viam hanc itque reditque toties: Quorsum percontari te jubet?

那二人中的长沮问子路:"那边驾车的是谁?"子路回答道:"是孔丘。""那人肯定是从鲁国来的孔丘孔夫子吧?"他问。子路回答道:"正是他。"这位哲学家说:"他在这条路上来来回回走了不知多少次,会不知道河的渡口,叫你来打探?"

问于桀溺。桀溺曰:"子为谁?"曰:"为仲由。"曰:"是鲁孔丘之徒与?"对曰:"然。"曰:"滔滔者天下皆是也,而谁以易之?且而与其从避人之士也,岂若从避世之士哉?"耰而不辍。

§.4. Discipulus accepto responso tam mordaci percontatur ab altero *Kie nie* nominato, quâ parte sit vadum fluminis. *Kie nie* vicissim percontans ait: Fili, tu

---

① 如同接舆一样,这两位隐者也被《中国哲学家孔夫子》当作"智者"或"哲学家"(philosophus)。这表明耶稣会士认为这两位隐者通过个人的生活方式获得了真理,这如同古代西方的伊壁鸠鲁学派选择避世的生活方式来追求真理一样。

quis es? Respondit: Ego sum *Chum yeu* (nomen alterum ipsius *çu lu*). Philosophus, tum an tu, inquit, es fortasse oriundi e Regno *Lu* philosophi, cui nomen est *Cum kieu*, discipulus? Hic intellexit *çu lu* virum esse sapientem qui cum loquebatur. Itaque respondens ait: Sum planè. At ille damnaturus studium magistri pariter ac discipuli, sic ait: "Torrentis in morem praecipites sic ruunt Imperii res pariter omnes: & quisnam afferat mutationem, & quasi refluxum in statum pristinum? Enimverò prae hoc quod agis, sectari scilicet fugientem homines magistrum (fugientis enim ritu sedem mutat assiduè) quantò satius foret te sectari fugientes saeculum philosophos? Haec fatus occabat semen, nec cessabat ab isto opere: Transitum autem fluminis nec ipse indicavit.

面对如此尖锐的回答,弟子又向桀溺请教河的渡口在哪里。桀溺问:"小子,你是谁?"子路回答:"我是仲由(又名子路)。"哲学家又问:"你大概是来自鲁国的哲学家,名叫孔丘的人的弟子吧?"子路知道他说话的是一位,于是回答道:"是的。"而那个人想让孔夫子和弟子死心,便说道:"帝国的一切都遭到破坏,就像激流一样不可复返。谁能改变这一切,使奔流回到之前的状态呢? 你与其跟随逃避坏人的老师(他用逃避的方式来改变居所),倒不如跟随那些逃避整个社会的哲学家呢?"说完这些他又播种去了,既没有丢下他的事情,也没有指出该如何过河。

子路行以告。 夫子怃然曰:"鸟兽不可与同群,吾非斯人之徒与而谁与? 天下有道,丘不与易也。"

p.2. *Çu lu* discessit de his Certiorem facturus magistrum suum. *Confucius* altè suspirans ait: Aves & quadrupedia non possunt in eodem simul loco congregari. Sed ego si non his aetatis meae hominibus me sociem; cum quibus tandem me sociabo? Imperio pacato ego non ero necessarius ut afferam mutationem.

子路离开此二人后把这件事告诉了老师。孔夫子长叹一声说:"飞禽与走兽又岂可住在一起! 如果不能联合这个时代的这些人,又能联合哪些人呢? 要是国家已经安定,我必然不会从事改革了。"

Planè sic res habet (*verba Colai sunt suo ipsius, non jam philosophi nomine loquentis*) *viros sanctos ac sapientes Caelum procreat, eo maximè consilio, ut quamplurimis emolumento sint ac saluti. Sic olim magni illi reges ac Fundatores Imperii nostri communem populi calamitatem suam esse reputabant: fames enim, et inopia, quâ subditi quandoque laborabant, nullos aequè ut ipsos cruciabat; quò ardentiori etiam studio contendebant nervos omnes ingenii industriaeque suae, ut publicae calamitati quàm citissimè possent, mederentur. Infelicem patriam; miserum genus humanum; si doctrinam, seu veriùs desperationem ac socordiam istorum philosophorum sequi par fuerit.*

接下来就是阁老的讲评,他并没有借用孔夫子的话来批评这两位:"上天安排创造了圣贤,并给予他们尽可能多的好处和福分。古代那些伟大的君王和我们帝国的建立者,在群众遇到大灾难被饥饿与贫困折磨时,会凭借他们的勤奋刻苦,竭尽全力地与大灾难抗衡,并最终战胜大灾难。没有任何人比这些君王还要操心。如果大灾难之时都听从这两位哲学家的话,那将是无奈和被动的,国家和百姓也都将是不幸和可怜的。"①

18.7　子路从而后,遇丈人,以杖荷蓧。 子路问曰:"子见夫子乎?"丈人曰:"四体不勤,五谷不分。 孰为夫子?"植其杖而芸。

f.12.p1.§.1.　*Çu lu dum una cum Magistro iter facit, eumque lentiori fortè gradu sequens aliquanto posteriùs, ac retro manet; evasit alter repentè extra con-*

---

① 译按:这是翻译张居正的评论(第292页)。

spectum discipuli: Qui dum haeret incertus, quam viam tenuerit; obvium habet senem supensam ex baculo portantem fiscinam; quem *çu lu* percontans ait: Bone vir, num forte vidisti Magistrum meum? Senex ad quaesitum nihil respondens, sed eum gravi oratione castigaturus sic ait: Tu quidem, bone juvenis, vagus & otio diffluens, uti video, corpus non habes duratum labore, dum ego interim id aetatis homo agriculturae do operam: Quâ tu neglectâ quinque frugum species quamvis notissimas fortasse ne distinguis quidem, ignarus quid phaseolos inter & milium, triticumque discriminis sit. At tu quem Magistrum tuum mihi praedicas? Quis est ille Magister tuus? His dictis, humi defixit suum baculum, & agrum purgabat, herbas inutiles eradicans.

有一天,弟子子路跟随老师出行,因为走得太慢落在了老师的后面。子路没有料到孔夫子会突然从自己的视野之中消失。在一个路口,子路犹豫不决,不知道该选哪条路走。路边上有位用棍子挑着竹篮的老翁,子路便上前问:"好心人,你可曾见过我的老师?"老翁没有回答子路的问题,他打算用严厉的口吻教训子路,便说道:"你啊,好小伙!依我看,你整日地游手好闲、浪费光阴,身体没有得到劳苦工作的锻炼,连我这把年纪的人都专注于劳作,而你却忽略了它,所以你分辨不出五种最容易辨认的粮食,不了解高粱与小麦的区别。你还敢向我提及你的老师?谁是你的老师?"说完这些话,老者把棍子扔到地上,继续整理田地,剪除杂草。

子路拱而立。

§.2. *Çu lu*, qui ex sermone illo habituque totius oris & corporis, occultam latentis Philosophi sapientiam cognoverat; non modo nullum suboffensi animi dedit indicium; sed curvatis in arcum ante pectus manibus honorem exhibens (uti mos est gentis huius) deinde cum insigni quadam modestia observantiaeque significatione constitit.

从这些言谈举止中，子路意识到他是一位暗藏智慧的匿世贤人。子路不仅没有表现出任何被冒犯的样子，而且还用双手合抱成弓状置于胸前（按照这个民族的习俗）以示尊敬。他的这个谦卑而敬重的姿势保持了很久。①

止子路宿，杀鸡为黍而食之，见其二子焉。

§.3. Specimen hoc animi tam sedati, & indolis tam ingenuae admiratus est senex, atque adamavit. Deduxit itaque domum suam ibique detinuit ipsum *çu lu* ut pernoctaret: occidit gallinam, instruxit caenulam, & inemptis dapibus refecit hospitem: Deinde produxit iu conspectum suos duos filios majorem & minorem natu; qui pro suo quisque aetatis gradu comiter ac rìte hospitem salutarent.

老者惊于子路的良好心态，认为他天资不俗，因而非常喜爱他。他把子路领回家中，并留子路在家里过夜。他还杀鸡做饭以款待客人，又让自己的两个儿子出来相见。他们俩各自用合乎自己年纪的礼仪向客人问好。

明日，子路行以告。子曰："隐者也。"使子路反见之。至，则行矣。

§.4. Illucente postero die *çu lu* discessit ut de omnibus certiorem faceret *Confucium*. Confucius auditâ totius rei serie, procul dubio, inquit, unus est de numero sapientum, sed occultus est sibique vacans. Jussit ergò discipulum *çu lu* reverti & revisere senem. Ivit, pervenit ad ejus domum: sed jam senex discesserat.

---

① 朱熹认为，子路"知其隐者，敬之也"（第185页）。张居正认为，子路把这位老人看作"贤人"（第292页）。

次日天亮后,子路告辞老者后追上了孔夫子,把这件事告诉了老师。孔夫子听罢整件事情的来龙去脉说:"毫无疑问,他是一位避世以求自由的智者。"于是他吩咐弟子子路掉头再次拜访老者。子路到了老者的家,而老者却离去了。

子路曰:"不仕无义。长幼之节,不可废也;君臣之义,如之何其废之? 欲洁其身,而乱大伦。君子之仕也,行其义也。道之不行,已知之矣。"

§.5. *Çu lu* Magistri sui Mentem, & de occultis illis sapientibus sententiam posteris expositurus, sic ait: Non gerere Magistratum etiam hoc statu rerum, miserremoque tempore, si modò sis idoneus ad gerendum, nec fas nec ratio sinat. Enimvero si duorum fratrum majoris ac minoris natu ordinem, mutuumque jus in fortuito nascendi tempore fundatum nefas est violare (alludere videtur ad id, quod paulo ante spectaverat in domo senis Philosophi) Regis ac subditi mutuum jus ac officium, quo tamen pacto id violabitur? Desiderant quidem boni isti viri consulere integritati innocentiaeque suae personae, ut aiunt: At non considerant interim quod perturbant violantque magnum illum generis humani ordinem arctissimumque vinculum, quo subditi suo Principi (maximè dum is periclitatur) & cives laboranti patriae obstringuntur. Idcirco vir probus ac sapiens perturbatis quoque rebus vel maximè Rempublicam gerit, & explet suum probi civis munus; hoc ipso quod mos patrius ac leges non vigent, jam intelligit hoc, quod modò dicebatur, civis probi ac sapientis munus, quod scilicet est sucurrere patriae etiam cum capitis discrimine, nec senum istorum more sedere otiosos spectatores ruinae publicae.

为了让后人知道老师的想法和自己对那些遁世智者的看法,子路如是说道:"在这糟糕的时代,诸事如此这般混乱,假如你合适去做官而不做,于天于理都是不合适的。既然长幼之间的道义不能废弃(这似乎提及他之前在哲学家那里听到的),那么相应地,君王和臣子间的权利与义务,难道就可以不管?那些好人想要洁身自好,不过他们没有考虑到,他们这样做的同时打乱和违反了那些人类民族伟大的秩序和最重要的伦常,即臣子要侍奉君王(特别是君王处于危险之中时)。百姓对困境中的国家是有责任的,因此正直和智慧的人要在国家遭遇困难的时候参与国事,负起自己身为公民的责任。在国家衰败之时,一个正直而智慧的公民的责任在于拯救危难中的国家,而不是像老者那样坐看国家衰败。"①

18.8 逸民:伯夷、叔齐、虞仲、夷逸、朱张、柳下惠、少连。

f.13.p.3.§.1.　Recensentur hoc paragrapho septem occulti sapientes qui dignitate vel amissâ, vel ultrò etiam abjectâ, privatam vitam duxerunt; non omnes quidem eodem vel modo, vel consilio; sapienter tamen & cum laude. Fuerunt autem *Pe y*, *Xo çi*, *Yu chum*, *Y ye*, *Chu cham*, *Lieu hia Ho ei*, & *Xao lien*.

这一段列举了七位隐世智者,他们或者丧失了或者自愿放弃了名位,过起了自己的私人生活。他们这么做不是出于某种考虑,而是智慧的举动,因此为人称赞。他们分别是:伯夷、叔齐、虞仲、夷逸、朱张、柳下惠、少连。

---

① 在朱熹和张居正来看,君臣之伦是最基本的、绝对的。如此,张居正说:"沮、溺、丈人之徒,皆明于保身,而昧于行义,故往往是己见而非圣人。"(第293页)相反,我们的版本加入入世的条件性这种观念:如果乱世,应该入世。这暗示,在平安时期,隐居的生活才是最合理的选择。

子曰："不降其志，不辱其身，伯夷、叔齐与！"谓："柳下惠、少连，降志辱身矣，言中伦。行中虑，其斯而已矣。"

§.2. *Confucius* ait: Qui neutiquam demiserunt suum liberae invictaeque mentis propositum, qui neutiquam dedecorârunt suam personam, fuerunt duo fratres *Pe y*, & *Xo çi*. Si loquamur de *Lieu hia hoei* & *Xiao lien*; demiserunt hi quadamtenus suam libertatem & arbitrium; dedecorârunt (alienâ quidem injuriâ) personam suam. Verba tamen ipsorum responderunt rationi: facta responderunt votis hominum: Haec isti, & nil aliud.

孔夫子说："伯夷和叔齐两兄弟既没有失去自由与心中的主见，又没有让自己的人格受到侮辱。说到柳下惠和少连，他们在某种程度上失去了自由意志，也让自己的人格受到了侮辱（由于别人的不义）；但他们的言辞合乎理性，举动合乎人们的心愿。他们是这样做的，而没有做其他的事情。"

谓："虞仲、夷逸，隐居放言，身中清，废中权。

§.3. Rursus si loquamur de *Yu chum*, & *Y ye*, occulti degebant hi quoque; liberiùs loquebantur: Persona tamen ipsorum attingebat puritatem, abjecti licet in speciem attingebant tamen cordis aequilibrium.

"再者，说到虞仲和夷逸，他们也过着隐世的生活，说话自由，性格纯粹。虽然看起来是被遗弃了，但却获得了内心的平衡。

我则异于是，无可无不可。"

p.2.§.1. Ego verò sum diversus ab his; quippe nil habeo quod semper probem, nil item quod semper improbem. Horum omnium itaque finis erat idem; diversa media, idem terminus, viae diversae. Non illos ego condemno: laudo potiùs, imitari tamen haudquaquam volo, servio tamen & loco, & tempori, & populo, & Principi; quatenus haec omnia, ubi quid aut agendum est, aut omittendum, consulo, meque omnibus, ut bene merear de omnibus, quoad fieri potest, accommodo.

我确实和这些人不同,我没有什么要肯定的,也没有什么要否定的。所有这些人都是殊途同归,目的相同而道路不同。我不会谴责他们,反倒要赞扬他们,但不会效仿。我愿为此时、此地的百姓和君王效劳,因此,我所讨论的就是哪些事是必须做的,哪些事是必须忽略的。我要去适应所有人,以使我更好地赢得所有人。"①

18.9 太师挚适于齐。

§.2. Magnus Magister Musices, cui *Chi* nomen, migravit in Regnum *çi*. *Alibi jam diximus, quantum politica haec Monarchia Priscis maximè temporibus, tribuerit musicae, seu verius, ei doctrinae et institutioni, quae numeris illigatae musicis, temperata deinde varietate sonorum, ad animos audientium penetrabat. Quid multa? concidisse musicam, et concidisse jam Regnum, idem propè erat. Hîc certè, quo constaret omnibus Regnum lu jam esse ruinae proximum; nihil aliud, quam cessatio musicae et fuga Musicorum describitur; qui à familiis potentiâ insolescentibus exauthorati, et privati censu suo, alias alii ditiones et Regna petivêre.*

---

① 参见圣保禄:"我原是自由的,不属于任何人;但为赢得更多的人,我却使自己成了众人的奴仆。"(*omnibus omnium me servum feci ut plures lucri facerem*),《歌林多前书》9:19。文字暗示,孔夫子的顺应性跟圣保禄的顺应性一样,再进一步说就是,跟在华的耶稣会士的顺应性一样。

有位名叫挚的大乐师迁到了齐国。我们在别的地方说过，古代帝国非常重视音乐，更准确地说，是重视音乐的义理和教化作用。由诸种乐器演奏的音乐，会合成不同的旋律，不必多言自可打动人心。总之，音乐的消亡相当于国家的灭亡。凭借这点人们才懂得为何鲁国已几近衰败。除了音乐的停滞和乐师的流失没有什么被记载下来。国君被强大专制的氏族削弱了权力后，丧失了自己的经济来源，乐师们也只能流落到外面寻找生活来源。

亚饭干适楚，三饭缭适蔡，四饭缺适秦。

§.3. Qui secundae mensae seu refectionis Regiae musicam regebat, *Gan* nomine, migravit in Regnum *çu*. Qui tertiae refectionis, *Leao* nomine, migravit in satrapiam *çai*. Qui quartae refectionis, nomine *Kive*, migravit in Regnum *Çin*.

第二位在国宴上演奏的人名叫干，迁往了楚国。第三位乐师名叫缭，迁往了蔡国。第四位乐师名叫缺，迁往了秦国。

鼓方叔入于河。

f.14.p.1.§.1. Qui grande tympanum pulsabat *Fan xo* nomine, ingressus est in ditionem ad flumen *Hoam ho* sitam.

敲大鼓的名叫方叔，他迁到了黄河流域。

播鼗武入于汉。

§.2. Qui pulsabat parva tympana, *Vu* nomine, ingressus est in ditionem *Han chum*.

敲小鼓的名叫武，迁到了汉中。

少师阳、击磬襄入于海。

§.3. Secundus, seu minor Regiae musicae Praefectus, *Yam* nomine; Item alter qui pulsabat instrumenta lapidea, *Siam* nomine (eratque idem ipsiusmet *Confucii* Magister in musicis) ingressus est in mare, id est, insulas vicini maris.

国家的第二或副御用乐师，名叫阳，还有位敲打石头乐器名叫襄（他是孔夫子在音乐方面的老师）的人，迁往海边，住在海岛上。

18.10　周公谓鲁公曰："君子不施其亲，不使大臣怨乎不以。故旧无大故，则不弃也，无求备于一人。"

§.4. *Cheu cum* inter Principes Sinicos famâ sapientiae vix ulli secundus, alloquens filium suum *Pe kin* regni *Lu* satrapam jam creatum, eòque propediem profecturum praeceptis maximè necessariis praemuniens sic aiebat: Vir Princeps ac sapiens non aspernatur abjicitve suos consanguineos & affines; Non reddit idem praecipuos administros Regni sui alienos ab se, justae offensionis odiique causam praebens, quod eis non utatur; repente scilicet eos privans dignitate suâ; vel ob exigua quaepiam peccata, vel certè nulla eis facti sui, & poenae tam gravis datâ ratione; offensiones, inquam, hujusmodi vitat prudens: Intelligit enim malè consultum iri toti corpori, cujus capiti cum membris suis haud conveniat. Familias nobiles ac pervetustas, nisi fuerit gravis & atrox causa, certè non abjicit; sed quotquot ex illis ad gerendam Rempublicam sunt idonei, haud cunctanter admovet Reipublicae; qui verò idonei non sunt; suo tamen censu propter majorum merita potiri sinit. Sapiens Rex non hoc exigit, ut omnia praesto sint in uno eodemque homine; sed onera cujusque viribus prudenter accommodans, suos haud secus ac vasa tractat, alios ex aliis usus pro singulorum capacitate petens.

周公在中国的君王中以智慧闻名,他封自己的儿子伯禽为鲁国国君。在儿子临行前,周公尽量将他那些必要的道理倾囊相授,他说道:"智者和君主不会忽视通过血缘或婚姻建立起来的关系;不会罢免重臣,使他们心生抵牾,或因不任用他们使他们感到被冒犯并产生怨恨。这意味着,君王不会因为他们犯了小错,就无缘无故突然剥夺他们的职位或予以重罚。明智的人会避免这种羞辱,因为他知道,如果头部和四肢不能相合,整个身体都不会协调。除非是有极其恶劣的缘故,否则一定不能废弃那些高贵而历史悠久的家族;而且,对于那些适合治理国家的人,要毫不犹豫地提拔他们处理国务。周公认可允许有部分不适合治理国家的人因为祖先的功劳而得到权力。一个聪明的君王不会让一个人包揽所有的事务,但是,君王谨慎地调节职责和每个人的权力,丝毫不把他们当器具,而是让他们各尽所能。"

Extant in annalibus alia ejusdem Principis praecepta, quibus instruit eundem filium suum; ut ferat magno animo obmurmurationes suorum, et obtrectationes; et seriò circumspiciat seipsum, ac disquirat, an eis causam fortè praebuerit; detque operam ut aequitate suâ, patientiâque, et vitae imprimis innocentiâ, quamvis infestos animos malè de se loquentium mitiget, sibique obstringat. Ut item constitutus in illo fastigio, summopere sibi caveat ab elatione animi, et fastu, et vanitate; sibique ipse vigilanter attendat, non sui tantùm causâ, sed totius satrapiae, cujus caput sit. Vehementiores denique stimulos à suo ipsius exemplo subditurus; scis, inquit, fili mi, quod ego Ven vam *Regis sum filius, quod idem* Vu vam *Imperatoris frater, quod patruus ac tutor* Chimtam *Imperatoris: et tamen cum talis sim ac tantus, non dubitavi ter uno die ex balneo, ubi fortè corpus curabam, prosilire, soluto etiamnum capillo, et inter eandem refectionem ter ad signum quod dabatur, à mensa surrexi, non alia de causa, quàm ut meorum vel querelis vel postulatis aures praeberem.*

史书中还记载了这位君主给予儿子的其他教导：对人民的抱怨与愤恨，要宽恕；并且严格地审视自身，看是否可能是自己导致了他们的抱怨；努力以公正、忍耐，尤其是正直来约束自己，并安抚发出敌对言论的灵魂，无论这些言论多么敌对；还有，一旦处于高位，要格外警惕自己，不要自大、骄傲、虚荣。这不单是为自己考虑，更为自己是封臣，是百姓的头领而考虑。周公最后以自己为榜样勉励儿子说："我的儿啊！你知道，我是文王的儿子，武王的兄弟，国君成王的叔父和老师。但即使这样，每天沐浴时，我都毫不犹豫地三次从浴盆中跳出，甚至要披散着头发；吃饭时也三次从餐桌起身，停止进食。不是为了别的，而是为了倾听民众的抱怨和要求。"①

18.11 周有八士：伯达、伯适、仲突、仲忽、叔夜、叔夏、季随、季䭻。

p. 2. §. 1. Imperatoria domus familiaque *Cheu*, quo tempore potiebatur rerum, eratque florentissima, habuit octo sapientes, omnes fratres, nec modò germanos, sed etiam gemellos, quos mater quaterno scilicet partu, & eo ordine, quo hic geminis singuli literis nominantur, enixa fuit: quodque vehementer auget miraculi hujus raritatem; dicuntur omnes omnino iis instructi fuisse naturae dotibus, eâ gravitate morum, & integritate vitae, ut inter sapientes aetatis suae, facile censerentur Principes. Si nimirum res habet; quotiescumque caelum pacandis & instaurandis Imperii rebus Reges submittit ac Principes; adjutores etiam

---

① 周公的引用来源于《史记·鲁周公世家》："我文王之子，武王之弟，成王之叔父，我于天下亦不贱矣。然我一沐三捉发，一饭三吐哺，起以待士，犹恐失天下之贤人。子之鲁，慎无以国骄人。"中华书局，2014年，第1836页。

Principum, qui horum conatus, industriâ, virtute, sapientiâque juvent, benignè submittit:Nomina dictorum sapientum:*Pe ta*, *Pe quo*, *Chum to*, *Chum ho*, *Xo ye*, *Xo hia*, *Ki sui*, *Ki va*.

在周朝统治的时代,人才辈出。有八位智者,他们是兄弟。不仅如此,他们还是双胞胎,他们的母亲生了四胎,并且按照出生的顺序依次给他们命名。这更增添了这一传奇的神秘色彩。据说,他们都被赋予了非凡天资且庄重、正直,于是他们很容易被看作这个时代的智者们的领军人物。果真如此,上天不断让君王和诸侯去治理国事。上天也慷慨地派给君王们一些帮手,用他们的勤勉、美德和智慧支持君王的事业。这八位智者的名字是:伯达、伯适、仲突、仲忽、叔夜、叔夏、季随、季騧。

子张第十九

19.1 子张曰："士见危致命，见得思义，祭思敬，丧思哀，其可已矣。"

f.1.p.1.§.1. Discipulus *çu cham* aiebat : Vir gravis ac sapiens videns grave periculum regni, familiaeque Regiae, sine ulla cunctatione exponit vitam pro salute publicâ ; Idem verò videns lucri occasionem, secum prius ipse reputat, quid jus & aequitas sinat ; Idem sacris dans operam, memor est venerationis ac reverentiae ; denique in funere & exequiis memor est luctûs & commiserationis. Hujusmodi dignus est suo sapientis nomine, nec aliud requiritur.

弟子子张说道："庄重而智慧的人看到国家存在严重的危险，会为了国家安全，毫不犹豫地舍弃自己的生命；看到有利可得时，首先会反复斟酌这是否合乎正义和公平。祭祀时，他考虑的是严肃和恭敬；举行葬礼时，他考虑的是悲痛和忧伤。不需要其他条件了，这样的人就是杰出的人。"

19.2 子张曰："执德不弘，信道不笃，焉能为有？ 焉能为亡？"

§.2. *çu cham* aiebat : qui arripit quidem virtutem, eique dat operam, sed non amplè ; sed carptim, exili studio & conatu, exiguum (ut ita loquar) angusti pectoris vasculum afferens ; Aures item, & fidem qui praebet documentis ac disciplinis optimis ; at non eâ cum firmitate vel constantiâ, quâ par erat, quolibet opinionum vento flatuve commotus vacillet ac fluctuet. Hujusmodi qui sit, quomodo possit censeri, eò quod existat ipse, accedere quidpiam huic mundo? & quomodo rursus possit censeri, eò quod non existat ipse, decedere quidpiam huic mundo?

子张说道:"的确有人持守美德并为之努力,但做得不多,而是有选择性的,努力追求的也很少,好像装不了多少东西的瓶子一样,他的所获也不多。虽然他听从并相信那最好的教导,但并不坚定、持久。随着不同意见的微风的吹动,他也会左右摇摆。这种人的存在对世界有什么促进呢? 不存在对世界又有什么损害呢?"

19.3 子夏之门人问交于子张。 子张曰:"子夏云何?"对曰:"子夏曰:'可者与之,其不可者拒之。'"子张曰:"异乎吾所闻:君子尊贤而容众,嘉善而矜不能。 我之大贤与,于人何所不容? 我之不贤与,人将拒我,如之何其拒人也?"

p.2.§.1. *çu hia* & *çu cham* ambo discipuli erant *Confucii*, celebres imprimis; opinionibus tamen & vivendi ratione discrepabant. *çu hia* quidquid agebat, agebat perquam seriò, sedulò, constanter; gradu suo, partisque opibus contentus. Contrà *çu cham* quietis & mediocritatis impatiens ad altiora semper adspirabat. Illius ergo, cui *çu hia* nomen erat, discipuli quodam die instituerunt quaestionem de amicitiâ apud *çu cham*. *çu cham* percontans ipsos ait: *çu hia* Magister vester ecquid sentit, quid ait? Respondent illi; *çu hia* Magister noster ait: Cum iis qui digni sunt amicitiâ, quia scilicet recti sint, synceri, amantes discere, & tales vicissim, à quibus ipse discas, conjungere quàm volueris arctissimo vinculo amicitiae: Eos verò qui non sunt digni illâ, quod nec tibi possint, nec sibi velint esse utiles, procul abs te remove. *çu cham* haec audiens; miror, inquit, ea quae dicitis: vehementer enim discrepant ab his, quae ipse quondam audivi; quod nempe vir sapiens studiosè colit sapientes, & amplissimo quodam charitatis sinu admittit reliquos omnes, & benignè complectitur; exornat & extollit eos qui egregiis sunt instructi dotibus, & miseratur imbecilles, quos erigit jacentes, & consilio opibusque sustentat ac roborat. Qualescumque ergo sint alii, & qualiscumque sim ego ipse; neminem unquam velim repellere. Ego fortè sum magnus sapiens? De hominibus ecquis erit quem non admittam & complectar? Ego contrà non sum unus de sapientibus; sed è vulgo homo rudis ac tenuis? tunc certè alii facilè, nec injuriâ repulsuri sunt me, & neglecturi; quorsum igitur illa repulsio mea aliorum hominum? quâ fronte, qui ipse despicabilis sim, despicatui quemquam habeam?

子夏和子张都是孔夫子出名的弟子，然而他们关于修身的观点和方式各异。子夏，无论做什么，都极为严谨、仔细和坚定，满足于自己的地位和已有的财富。相反，子张不满足于稳定和平庸，总是追求更崇高的东西。某一天，子夏的弟子问子张如何交朋友。子张反问他们道："你们的老师子夏是怎么想，又怎么说的？"他们回答："我们的老师子夏说：'你们要认识那些的确正直、忠诚和善良的人，他们是对你们有益的、值得结交的人。和这样的人的友谊能有多牢固就让它有多牢固。而对于那些不够正直、忠诚和善良的人或对你们没有丝毫益处的人，就不值得结交！你们要远离他们。'"子张听到这些说："听到你们这样说我真感到惊讶，实际上这些与我曾经听到的完全不同。智慧的人非常喜爱结交智慧的人，但是他也能以最广博的仁爱之心接受并热情拥抱其他的人。他会尊重并提携那些有卓越才能的人，也会怜悯弱小卑微的人，会扶起摔倒的人，给他们建议，给他们支持，并利用自己的资源帮助他们。怎样要求别人，就应该怎样要求自己。我从来不愿意拒绝任何人。如果我是有大智慧的人，那么有谁是我不应该接受并热情拥抱的呢？相反，我愚蠢、卑微而粗野吗？那样的话，别人肯定会很轻易地排斥我，因此，我有什么理由来排斥别人？如果我自己被轻视，我怎么敢轻视别人?"

19.4 子夏曰:"虽小道,必有可观者焉;致远恐泥,是以君子不为也。"

§.2. çu hia discipulus ait: Quamvis exilis ars atque ratio ad res maximè vulgares & exiles ex.gr. Agriculturam & exercitationes mechanicas accommodata, omnino tamen habet spectabile quid & dignum quod observes & discas. At si extendere volueris eamdem deinde exilitatem & accommodare ad res sublimes & remotas à vulgo, ex.gr. Administrationem Imperii, familiaeque Regiae; vereor ne tunc protinùs velut in luto haereas, nec quidquam proficias. Quocirca vir sapiens idemque gerendae Reipub. jam admotus non tractat res hujusmodi.

弟子子夏说:"即使是非常普通和低微的小技艺,如从事农业、适当地操练机械,也有值得我们考察和学习的可敬之处。然而如果你想将专门的技艺扩展到和改造成可以适用于远离普通人的、更为崇高的事物,譬如帝国和王朝的治理,我恐怕你那时会如同陷入泥泞里一般麻烦,没有丝毫进展。因此智慧的人若被擢升为治国的官吏,就不会再去经营这种东西。

19.5 子夏曰:"日知其所亡,月无忘其所能,可谓好学也已矣。"

f.2. p.1. §.1. çu hia ait: Vir in dies diligenter exquirens, ac probè intelligens sibi quid desit: Similiter singulis mensibus memoriam refricans eorum, quae didicit, adeoque nihil obliviscens eorum quae ipse semel percepit, potest dici Philosophus: nec amplius requiritur.

子夏说:"一个人日复一日地勤奋学习,每天都能学到一些自己不知道的知识;同样地,他还月复一月地复习他所学到的东西,最终,但凡他所学到的就从来不会忘记了。这样的人可以说就是哲学家,不需要其他条件了。"

19.6 子夏曰:"博学而笃志,切问而近思,仁在其中矣。"

§.2. *çu hia* ait: Improbo quodam discendi studio complecti scientias omnes, & firmam, synceram, integramque voluntatem afferre: Ad haec, ubi dubii quid oritur, diligenter & accuratè consulere peritos, ac denique apud animum suum intimè perpendere seu ruminari arcanas solidasque veritates: quis non videt quod ipsa virtus jam inest his ipsis exquirendae virtutis conatibus, maximè cum quod exquiritur, exquirentis animo sit innatum, caelitusque impressum?

子夏说:"通过自己的努力,贪婪地学习各种各样的知识,保持诚恳、坚定的意志。若有疑惑不解,就认真、仔细地请教有经验有学问的人;此外,还会一日三省,并巩固自己学到的知识。此人的美德已体现在努力寻求美德的过程中了,谁会看不见呢?实际上,追寻者努力追寻的东西就是上天赋予他的吧?"

19.7 子夏曰:"百工居肆以成其事,君子学以致其道。"

§.3. *çu hia* ait: Omnes artifices, & mechanici, degunt in suo quisque foro, ut hâc ratione utiliter & commodè perficiant suum opus. Similiter Philosophus in virtutis ac sapientiae scholâ constitutus, assiduè studet ac discit, ut perficiat suam illam, cui totus vacat, virtutem; artifici quamvis ignobili meritò postponendus, si propter inconstantiam inertiamve non perficiat suum opus.

子夏说:"各行各业有技艺的工匠都在他们各自的作坊工作,以高效、便利地完成他们的工作。同样地,哲学家只有安居在美德和智慧的学校里才能不断地学习,以便成就他自己全心全意追求的美德。匠人的地位是很卑微的,但如果由于懈怠和懒散,哲学家最终不能够成就自己,那么他就还不如地位卑微的工匠。"①

19.8 子夏曰:"小人之过也,必文。"

p.2.§.1. *çu hia* ait:Stulti improbique quod peccatum est, haud dubiè recti honestique fucata specie cohonestant; quò licentiùs scilicet, ac magis impunè in eodem persistant.

子夏说:"确实,愚蠢和不正直的人以正直和诚实去粉饰自己的罪过,如此他们才能不受惩罚并且更加放纵。"

19.9 子夏曰:"君子有三变:望之俨然,即之也温,听其言也厉。"

§. 2. *çu hia* ait:Vir probus ac sapiens, cum sui semper sit similis, habet tamen, seu veriùs, habere aliis videtur tres mutationes. Eminus eum contemplantibus admodùm gravis ac severi est instar, sic ut arceat ipsos quodammodo species illa ab accessu propiori: Fidenter interim propiùsque accedentibus talis apparet illicò qualis reverà est, facilis, affabilis, benignus; audientibus verò deinde ipsius sermones, adeo rectos, & ab omni fuco, falsique specie tam alienos, jam rursus severus, non nihil, rigidusque apparet.

子夏说:"正直而智慧之人,他们的内在是始终如一的。然而他的容貌态度有三种变化:如果你远远望去,就会发现他庄重、严肃,以至于让人望而

---

① 朱熹和张居正都提及外部的诱惑会削弱人的意志。在这里,《论语》暗示了人自身是多变和懒惰的。张居正于此还提出了君子无所成就的话还不如工匠的看法(第300页)。

却步；当你鼓起勇气靠近时，又会发现他是和蔼可亲而又宽容的；当你听他讲话时，会发现他词严义正，让人肃然起敬。"

19.10 子夏曰："君子信而后劳其民，未信，则以为厉己也；信而后谏，未信，则以为谤己也。"

§.3. *çu hia* ait: Quisquis gerit Rempublicam & administer est Principis, vir sit spectatae fidei, ac deinde fidenter quidvis oneris imponat ipsi populo. Quod si necdum vulgo famam ejusmodi fidemque obtineat; tum si quid oneris imposuerit, populus hoc ipso censebit divexari sese. Similiter notus jam à fide tuâ, tum deinde fidenter moneto Principem: Audiet is monentem, colet, diliget. At si necdum fidelis audias, quia reverà talis non sis; tum quamvis optima monentem, tamen aversabitur, & hoc ipso censebit non tam monere, quàm calumniari te illum.

子夏说："每个协助君主治国的官员，都应该是一个为国忠诚且被民众肯定的人。只有这样的人才有足够的自信去管理民众。如果他没有获得这样的一种名声并为民众所信赖就去管理民众，民众就会觉得自己被逼迫了。同样地，如果你以忠诚闻名，那么你应该忠诚地劝谏君主，他将会倾听，并赞赏、尊敬你。但是，如果你并不被认为是忠诚的，即使事实上不是那样，那么尽管你提出了很好的建议，君主不仅不会倾听，反而还会以为你并不是真心给他提建议，只是对他进行谴责。"

19.11 子夏曰："大德不逾闲，小德出入可也。"

f.3.p.1.§.1. *çu hia* ait: In majoris momenti rebus, iis scilicet, quarum maximè praesidio conservatur humana societas; & in quibus velut cardinibus officia quaeque majoris momenti vertuntur, ex. gr. Filiorum officiis adversus parentes, subditorum adversus suum Principem, neutiquam transiliamus limen, seu ordinem, modumque à naturâ & legibus constitutum: At in minoris momenti rebus, & quae majoribus illis famulantur quodammodo, consistere ultra citraque limen quandoque: possumus in his, inquam, suus datur epikeiae indulgentiaeque locus, tunc maximè, quando peccantis ruditas dissimulationem meretur ac veniam: Neque enim hoc sensisse existimandus est discipulus, quod in eo, qui sapientis nomine glorietur, tolerari vel naevus possit, aut ignorâsse pervetustum illud aetatis priscae proverbium, vitanda esse minima, ne maxima amittantur: cui etiam consonat praeclara libri *Xu kim* sententia, *Pu kim si him*, *chum lui ta te*, negligere minora tandem aliquando damno est magni momenti rebus.

子夏说："在更为重要的事情上你无论如何都不该越过自然和法律所构建出的界限或原则,这些事情是人类社会得以维持的东西,是最重要的起奠基作用的礼节的核心,如子女对父母的礼节,臣子对君主的礼节。但是在较为琐碎并且某种程度上并不那么重要的事情上,允许偶尔越过界限。"应该说,在那些事情上我们可以给予变通和宽容的空间,尤其当违反者的疏忽应该被宽恕的时候。但是也不应该认为我们可以容忍智慧之人身上的污点,毕竟有这样的古训："应该避免极小的错误,以防悄悄溜进来的大错。"与此同时,出自《书经》的名言也这样说："不矜细行,终累大德。"意思是:忽视小事最终损害了更为重要的事情。

19.12 子游曰："子夏之门人小子,当洒扫应对进退,则可矣,抑末也。 本之则无,如之何?"

§.2. *çu yeu* sugillans discipulos amici sui *çu hia* quod minoris momenti rebus admodùm intenti, de cardine ipso rerum ac fundamento minùs viderentur laborare, sic ait: *çu hia* familiaris mei discipuli adolescentiores, cum officia obeunt propria suae aetatis, nempe aspergendi solum aquâ, verrendi, respondendi ultrò citròque, ingrediendi, egrediendi; equidem satis benè obeunt. Sed enim minoris momenti haec sunt, & foliorum instar, ac flosculorum: radix verò & fundamentum deest. Quî hoc?

子游批评他的友人子夏的弟子，因为看起来他们过多地用心于细枝末节之事，而非根本之学。子游说："子夏年龄较小的弟子能够很好地做适合他们年龄的工作，像洒水扫地、接待客人进退应对等。然而这些工作就像树叶和小花一样并不重要。他们显然忽视了根本之学，为什么会这样呢？"

子夏闻之，曰："噫！言游过矣！君子之道，孰先传焉？孰后倦焉？譬诸草木，区以别矣。君子之道，焉可诬也？有始有卒者，其惟圣人乎！"

§.3. *çu hia* haec fortè audiens ait: Proh quantum *Yen yeu* (idem est qui *çu yeu*) hîc aberrat, dum existimat me radice neglectâ de foliis dumtaxat laborare. Ab infimis, maximèque facilibus consultò ordior; ad altiora deinde, magisque ardua facturus gradum. In sapientis enim suos instituendi modo ac ratione ecquid deinde & secundo loco in modo dictâ institutione operosiùs inculcetur? Omnino scilicet prudentis est Magistri diligenter exquirere, quid ferre valeant discipulorum suorum humeri, quid ferre recusent: Quid aetas singulorum, quid vires ingenii capiant; ac deinde singulorum facultati attemperare institutionem suam. Quemadmodum varii generis herbae & plantae pro suis quaeque speciebus propriisque virtutibus ab earum perito perquam aptè varios ad usus distinguuntur; & deinde cum insigni utilitate applicantur. Operam certè ludam; & me fallam, meosque, si non exploratis primùm cujusque viribus, temerè quidvis docuero, & difficillima quaeque necdum maturis importunè obtrusero. Sapientis Magistri suos instituendi ratio qui potest sic ludi & illudere? Simul complecti principium, & complecti finem seu radicem, & quidquid ex ea prognascitur, id solius est Sancti proprium; cui scilicet unà cum vitali spiritu sapientia caelitùs esset infusa: cujusmodi quidem nec me in docendo, nec discipulos in discendo esse profiteor.

子夏碰巧听到这话,就说:"言游(即子游)在这里犯错了啊,他认为我留心枝节而忽略了根本。我特地从最低微的、容易的事情着手,然后往更高、更困难的事情前进。智者在教导弟子时,应该考虑怎样的方式、方法和次序?一位智慧的老师当然应该勤勉地探寻弟子们能承担什么和不能承担什么,他们的年纪多大,他们达到了什么样的精神层次。然后他依据每个人的接受能力调整他的教学方式。如同各种各样的草本和木本植物被专家适当地依据它们的种类和属性分类,然后有效地利用。如果我没有首先了解每个人的能力就粗心地教导弟子,并且把最困难的事情强加于还没有准备好的人,显然在侮辱自身工作的同时,我也欺骗了自己和弟子。谁能够嘲笑如此明智的老师在教导弟子时使用的方式呢?只有圣人能同时掌握最初级的和最终级(即根本)的知识,以及所有来自本源的知识。显而易见,智慧与生气①一起自天而来。我认为我不能用这样的方式教,弟子也不能用这样的方式学。"

19.13 子夏曰:"仕而优则学,学而优则仕。"

f.4.p.1.§.1. çu hia ait: Admotus est quispiam rebus curisque publicis, & tamen inter has habet affatim otii ac virium, ut studiis vacet, omnino vacet is sibi

---

① "生气"(Vitalis spiritus)一词来源于《圣经》:"上主天主用地上的灰土做成了人,在他鼻孔内吹了一口生气(spiraculum vitae),人就成了一个有灵的生物。"《创世纪》第2章第7节。

studiisque suis, & partas opes ingenii ac prudentiae ex monumentis veterum optimisque disciplinis continenter augeat. Rursum vacat studiis quispiam, & jam affatim facultatis ac virium adeptus est, ut Magistratum gerat; tum nihil cunctatus Magistratum suscipiat, & privatas opes ingenii industriaeque in communem patriae utilitatem expendat.

子夏说:"如果有人在事业上有所进步,仍旧有足够的空闲和精力去学习,那么他应该把所有的时间用于他自己和他的学业,不断从古代文献和杰出教导中增长才干和智慧。相反地,如果有人从事学习并已经有足够的承担官职的能力和力量,那么,他应该毫不犹豫地从政,并为国家公益发挥自己的才干和热情。"

19.14 子游曰:"丧致乎哀而止。"

§.2. *çu yeu* ait: Justa dum persolvuntur mortuis, maximè quidem parentibus; pius filiorum luctus penitus exerat se in vehementi quâdam commiseratione intimoque sensu animi lugentis ac desiderantis amissos parentes, & sistant hîc filii, nec magnoperè laborent, tametsi ad luxum & apparatum aetatis nostrae, in quo saepe plus est vanitatis, quàm pietatis, copiae non suppetant.

子游说:"应当为逝去的人,特别是父母,举办合适的丧礼。子女们居丧时,只需虔诚地表达出自己的悲戚之情也就够了,不必过于注重当代奢华的排场。那其中更多的是虚荣而非虔敬。"

19.15 子游曰:"吾友张也为难能也,然而未仁。"

§.3. *çu yeu* ait: Meus sodalis *çu cham* ad perficiendas res arduas ac difficiles, habet ille quidem & animos & facultatem; verumtamen necdum praeditus est interna solidâque virtute, ex quâ tamen laus omnis veri roboris peti debet?

子游说:"我的同伴子张的确有勇气和能力去完成艰巨、困难之事。然而他仍不具有内在的坚实美德,这美德是一切真正勇气之基础。"

19.16　曾子曰:"堂堂乎张也,难与并为仁矣。"

§.4.　çem çu ait: Quàm magnificè gravis est totius oris corporisque habitus amici mei çu cham; sed vel ideò perquam difficile est unà cum illo exercitare internam solidamque virtutem, sic ut vel ipse ex aliis, vel alii vicissim ex ipso proficiant: quid enim adjumenti mutui ad interiorem animi cultum speretur, quando magis videtur laborari de ostentatione quâdam virtutis, quàm de virtute ipsâ.

曾子说:"我的友人子张所说与所做看起来都是出类拔萃的!然而与他彼此讲习切磋,然后互相帮助以获得稳定、长久的内在美德却是极为困难的。事实上,看起来,他似乎更多地在意美德的表现而非真正的美德本身。这样,还怎么指望他和别人相互帮助以培养内在的心灵呢?"

19.17　曾子曰:"吾闻诸夫子:人未有自致者也,必也亲丧乎!"

p.2.§.1.　çem çu ait: Ego quondam audivi ex Magistro meo, vulgò quidem inter homines non esse quemquam qui penitùs exhauriat vires animi sui in exercitio virtutis cujuspiam. Quod si datur ejusmodi, reverà datur in parentum luctu & funere.

曾子说:"我曾听老师说过,世界上没有谁在追求美德上会耗尽自己全部的感情力量。然而如果有,也一定是那哀悼并埋葬他父母的人。"

19.18 曾子曰："吾闻诸夫子：孟庄子之孝也，其他可能也；其不改父之臣与父之政，是难能也。"

§.2. çem çu ait: Ego quondam audivi ex Magistro meo, cùm diceret: *Mem chuam çu* Praefecti Regni *Lu* praeclaram pietatem & obedientiam, quam in obitu parentis sui *Hien çu* item Praefecti luculenter est testatus, eam alius quispiam poterit etiam praestare & imitari. Hoc unum tamen quod ipse non immutaverit patris sui Ministros ac subditos; quibus is pro officio usus fuerat; uti etiam quod non immutaverit patris sui gubernandi rationem: Hoc, inquam, perquam difficile est praestare.

曾子说："我曾听老师说过，鲁国大夫孟庄子在其父亲孟献子（也是鲁国大夫）的丧礼上表现得非常地孝顺，这种孝顺别人也许能够模仿并超越。然而他继续使用父亲的仆役和下属，还不改变他父亲治理国家的方式。我认为这是一般人难以超越的。"

19.19 孟氏使阳肤为士师，问于曾子。 曾子曰："上失其道，民散久矣。 如得其情，则哀矜而勿喜。"

§.3. çem çu Confucii discipulo septem quoque fuêre discipuli; *Mem xi* Regni *Lu* Praefectus jusserat unum illorum *Yam fu* dictum agere judicem criminum & Praefectum custodiae publicae: Consuluit hic igitur Magistrum suum çem çu, quâ ratione gereret injunctum sibi munus. çem çu respondit: Hoc tempore superiores Magistratus, quos oporteret optimis exemplis praelucere caeteris, passim deflexerunt à propriâ ipsorum recte vivendi & gubernandi viâ ac normâ: Populus igitur quod item aberret, quod dispergatur studiis sententiisque malè distractus, jam diu est. Si ergò, dum causas & crimina singulorum examinas, compereris ea hoc modo se habere, id est, si tibi constiterit de naturâ causisque criminum, quae vulgò committuntur; tum licet, qui rei sunt, non possint non plecti, semper tamen utere commiseratione & clementiâ, & nequaquam laetare, quasi placens tibi ipse(ut Colaus exponit)qui latentia miserorum crimina callidè detexeris: Sed memor esto, non omnem culpam penes ipsos esse, utpote quibus ignorantia sua, nec non superiorum prava exempla fraudi fuerint.

孔夫子的弟子曾子自己又有七位学生。鲁国大夫孟氏任命了其中的一位学生阳肤为掌管刑狱的官。因此，阳肤向老师曾子请教如何才能更好地断理刑狱。曾子回答说："当今那些上层官员本应为道德的表率，却处处偏离正确的道路，不遵守治国的规则。因此人民偏离正道很久了，误入歧途，在道德追求和意见上各行其是。因此，当你审察案子和个别的罪行时，你应当查明事情本身，那就是，你要搞清楚一般罪恶的本质和其发生的原因，然后惩罚罪人，但仍然要怜悯和宽容，并且绝不能享受这一过程。"如同阁老解释的那样，你自己巧妙地揭露那些坏人所掩盖的罪行，不过你对自己不应该感到高兴，而且你要谨记，不是所有的责任都在他们身上，既有他们自身的无知，也有上级不正当的榜样的存在。

Tria omnino millia criminum esse docet alibi Confucius; *quibus sua pro cujusque gravitate decreta sint supplicia. Celebris est* Xun *Imperatoris moderatio et clementia, quâ praesidibus populi alia atque alia dans praecepta, concludit identidem his verbis:* Gueî hîm sió çái, *id est, eos, à quibus poenas exigitis, miserari vos volo. De his vide postremum librum* Xu kim *sub titulo* Liu hîm, *quem mille trecentis circiter post annis conscripsit* Liu *Regulus, jussu Imperatoris* Mo vam *ex familiâ* Cheu *quinti, qui regnare coepit anno ante Christum 1001.*

孔夫子在别处提及的罪行总共有三千项。不同程度的罪行会有不同程度的惩罚。以中正和宽容闻名的舜帝曾给国家的治民官许多的教导，并反复以下面这句话作为结束——"惟刑之恤哉",我希望你们怜悯那些受惩罚的人。关于刑罚的事情,请查阅《书经》最后一部分的《吕刑》,它是一千三百年后,基督前1001年在位的周朝第五位国君穆王所下令并为吕侯记述的。

19.20 子贡曰:"纣之不善,不如是之甚也。是以君子恶居下流,天下之恶皆归焉。"

f.5.p.1.§.1.　çu cum ait: *Cheu* ultimi ex familia *Xam* Principis improbitas quamvis reverà crudelis ac libidinosi, haud fuit tamen usque adeò gravis & inaudita, ut non persimilis & aliorum extiterit: & tamen quotiescumque de graviori quopiam crimine sermo est, unus ferè *Cheu* protinùs in exemplum adducitur, & quasi reus omnium scelerum, linguis omnium hodieque vapulat, non aliâ scilicet de causâ, quàm quod simul improbus & Imperator fuerit: hoc enim potentior fuit & majori offendiculo ipsius improbitas, quò ipsemet sublimiori ex fastigio in vitiorum coenum se abjecit. Idcirco vir Princeps horreat sanè, quamvis exiguo tempore degere in hujusmodi coeno & sentinâ errorum ac pravitatum: Imperii namque totius peccata & mala, etiam illa, quorum haudquaquam reus est, omnia tamen, non aliter ac foeces & aquae in sentinam sic in unum ipsum conferentur & confluent; & brevissimi labem temporis, invidia saeculorum omnium, & opprobrium perenne (sicut isti *Cheu* contigit) consequetur.

子贡说:"尽管商朝最后一位君王纣确实荒淫暴虐,但他没有邪恶异常到特立独行的地步。但一提到暴君暴行,纣就是首要的例子,好像他要为所有的罪行负责似的。现在他恶名昭著,皆因他集不道德与君王于一身。他拥有很大的权力,因此他的不道德是更为严重的罪行,从而也让他从权力的顶峰跌入罪恶的泥淖。因此君主应该害怕陷入错误与罪恶之中,哪怕只是短时间的、极其微小的错误,也会带来人们长时间的憎恨和永久的耻辱(就如在纣身上发生的那样)。因为整个国家的罪恶和不幸,甚至那些不应由他负责的,无一例外地都会像沼池里的污水一样聚集起来涌向他一个人。"

19.21 子贡曰:"君子之过也,如日月之食焉:过也,人皆见之;更也,人皆仰之。"

§.2. *çu cum* ait: Qui peccata sua emendare non laborant, ea tegere conantur, fucoque inducere. Quocirca viri sapientis (maximè Principis) peccatum est instar solaris lunarisve defectionis. Peccatum enim quod, nec celat ipse, & sua quoque peccantis celsitudo prodit ac dignitas, homines universi spectant: Ejusdem similiter mutationem in melius, (quando scilicet animadvertens ipse defectionem suam & peccatum, haud secùs atque sol & luna ad pristinum nitorem ac splendorem mox rediit) homines universi suspiciunt, & laeti depraedicant.

子贡说:"那些不愿改正过错的人,总是努力去掩盖并粉饰自己的过错。智者(尤其是君主)的过错就像日月之食那样明显。事实上,他没法隐藏自己的过错,因为他所处的高度使得他的错误是所有人都能看见的。同样地,他的改变也是人人得以仰望对之赞扬的(他专注改正自己的错误,就像太阳和月亮努力恢复先前的明亮那样)。"

19.22 卫公孙朝问于子贡曰:"仲尼焉学?"

§.3. Regni *Guei* Praefectus, cui nomen *cum sun Chao* quaesivit ex *çu cum* dicens: *Chum nhi*, sive, *Confucius* Magister tuus, quomodo studuit?

卫国大夫公孙朝问子贡:"仲尼,或者说你的老师孔夫子,他是如何学习的?"

子贡曰："文武之道，未坠于地，在人。贤者识其大者，不贤者识其小者。莫不有文武之道焉。夫子焉不学？而亦何常师之有？"

p.2.§.1. *çu cum* respondit: *Ven & Vu* Regum doctrina, leges, instituta, licet ipsi à sexcentis ferè annis vivere jam desierint, necdum tamen deciderunt in terram, necdum perierunt, penitusve obliterata sunt. Etenim existunt & perseverant adhuc in homnibus, & sapientes quidem memoriâ retinent illorum praecipua quaeque capita. Rudiores è vulgo hominum etiamnum meminerunt illorum minutiora quaedam minorisque momenti: Sive autem magna consideres sive parva, nihil est omnium quod non extet in conditorum nostrorum *Ven & Vu* institutionibus. *Confucius* ergò quomodo non studuerit didiceritve, qui ab omnibus, ipsâque adeò rudi multitudine tam parva quàm magna semper discere conatus est? Item quomodo unum eundemque Magistrum habuerit is, qui nullo non loco & tempore, & ex re quâlibet fructum petiit doctrinae sapientiaeque.

子贡回答说："尽管武王和文王过世将近六百年了，但是他们的教导和法律没有被人遗忘，也没有落地失传，只是散在人间罢了。智慧出众的人记得重要的部分，一般的没有经过教化的民众也记得一些细枝末节。然而无论是重要的部分还是细枝末节的部分，没有不传承文、武之教化的。因此孔夫子随处求访，到处学习，甚至从未受教育的普通百姓那里也可以有所收获，怎么可以说他不学习呢？既然他行无定时、居无定所地寻求着各种各样的学问和智慧，他怎么会仅仅有一位老师呢？"

19.23 叔孙武叔语大夫于朝曰："子贡贤于仲尼。"

§.2. Regni *Lu* Praefectus *Xo sun yu xo* quodam die colloquens cum Praefectis aliis in aulâ regiâ, aiebat: *Confucii* discipulus *çu cum* meo quidem judicio sapientior est quàm ipsemet Magister *Confucius*.

鲁国大夫叔孙武叔某天在朝堂上和别的大夫交谈说:"依我判断,孔夫子的弟子子贡比孔夫子要有智慧得多。"

子服景伯以告子貢。 子貢曰:"譬之宮墙,賜之墙也及肩,窺見室家之好。

§.3. *çu fo kim pe* Prafectorum unus de his certiorem fecit ipsum *çu cum*: Quibus auditis *çu cum* inquit, quod ad meam discipuli, & illam Magistri doctrinam sapientiamque attinet; illa planè habet se sicut extimus aedium paries, qui totas ambitu suo complectitur: at meus quidem paries perquam demissus altitudine suâ tantùm pertingit ad humeros adstantium, à forinsecus enim consistentibus primo conjectu oculorum protinùs videntur totius domûs, si quae sint, pretiosa & bona.

大夫子服景伯把这件事告诉了子贡本人。子贡听后说:"以我的所学和老师的相比,譬如宫墙一般。老师所学就好比宗庙四围的高墙,挡住了里面所有的东西。但是我的所学如低矮的围墙,只有肩膀那么高,因此站在外面,谁都能够看到房里美好的器物。

夫子之墙數仞,不得其門而入,不見宗廟之美,百官之富。

§.4. At verò Magistri mei paries, custos ille reconditarum opum Regiaeque Philosophiae, plurium est orgyarum altitudine conspicuus. Si non obtineas ut illius portas ingrediaris; haud unquam profecto videbis gentilitiae Rcgum aulae ornatum & venustatem, omniumque procerum & Magistratuum splendorem, opulentiam, majestatem.

但事实上我老师那保卫着藏匿的财富和高贵的哲学的墙，其高度可达数丈。如果你没能进入他的大门，就绝不会有机会看到宗庙里宫殿的华美，也领略不到它的魅力，更看不到百官之显赫威严。

得其门者或寡矣。夫子之云，不亦宜乎！"

f.6.p.1.§.1.　Quo minùs mirandum est, quòd ex hominibus aetatis nostrae, qui vel pertingant ad ipsam portam, fortè pauci sint. Praefecti igitur *Vu xo* sermo iste qui nihil nisi extrinsecum in me videt, numquid quadamtenus rationi congruit?

我们这个时代能进入他大门的人是如此之少，这并不令人诧异，因此大夫武叔才说了那番话，是由于从墙外往里看什么也看不到的缘故啊！"

19.24　叔孙武叔毁仲尼。子贡曰："无以为也！仲尼不可毁也。他人之贤者，丘陵也，犹可踰也；仲尼，日月也，无得而踰焉。人虽欲自绝，其何伤于日月乎？多见其不知量也！"

§.2.　Dictus *Xo sun yu xo* detrahebat *Confucio*: quod audiens *çu cum*, nec ferens hominis temeritatem, sic ait: Abstine, quaeso ab hujusmodi obtrectatione: Ne sic agas: Vincit communem laudem sapientia Magistri nostri. *Confucio* nefas est obtrectare: Aliorum hominum sapientia, collis aut mons est, qui licet ex plano contemplantibus videatur altus esse; adhuc tamen potest transcendi. At verò *Confucius*, *Confucii*, inquam, doctrina & sapientia montes ipsos transcendit, & propter sublimitatem suam sol est quodammodo & luna, nec est qui possit eam transcendere vel superare. Degeneres, improbique homines licet cupiant ac nitantur sese penitùs abscindere & longissimè removere ab optimâ institutione & doctrinâ: ipsi tamen quo pacto tandem damno erunt huic aetatis nostrae Soli & Lunae? Planè jam patet, obtrectatores hujuscemodi non scire suam parvis ac magnis, imis & summis mensuram tribuere.

叔孙武叔诋毁孔夫子。子贡不能容忍那人的轻率之举，于是说："请克制你这种轻蔑的感情，不要再这样说了。去诋毁他是不对的。我老师的学识和才能赢得了众人的称赞。其他人的学识和才能像丘陵或山峰一般，人们从平地上眺望，虽然觉得很高，但依然能够攀登上去。但是孔夫子的学识和才能犹如太阳和月亮一般，没有人能够攀登或超越。虽然那些堕落的无耻之徒想要诋毁我的老师，然而他们怎么能伤害到我们这个时代的太阳和月亮呢？说明他们那样的诋毁者不懂得如何去衡量事物的大小高低。"

19.25   陈子禽谓子贡曰："子为恭也，仲尼岂贤于子乎？"

§.3.   *Chin çu kim* quondam discipulorum *Confucii*, sed qui doctrinae ejus sublimitatem necdum aestimare noverat, interpellans *çu cum* Magistri sui tantum encomiasten; equidem, inquit, tu quando tam praeclarè & sentis & loqueris de *Confucio*, nimiâ quâpiam veneratione ductus demittis te: *Confucius* enim quo pacto tandem te sit sapientior?

陈子禽曾经是孔夫子的弟子，但是他并没有认识到孔夫子的伟大之处。他对子贡如此赞美老师提出了异议。他说："你如此盛情地称赞孔夫子，对他过度尊敬以致贬低了你自身。孔夫子哪能比你更有智慧呢？"

子贡曰："君子一言以为知，一言以为不知，言不可不慎也。

§.4.   *çu cum* hujus vel errorem vel adulationem, aequè ut alterius, contemnens; sic respondit: Philosophus ex unico etiam verbo non raro statuitur pollere prudentiâ, & è contrario ex unico etiam verbo idem non rarò statuitur laborare imprudentiâ. Omnino in verbis non oportet non esse consideratum.

子贡轻视这样的话，认为这话不是说错了就是谄媚自己，或兼而有之。故他说：" 通常从一句话就可看出一个哲学家是否具有才智，因此言谈话语不能不谨慎。

夫子之不可及也，犹天之不可阶而升也。"

p.2.§.1. Sic igitur sentio, sic dico: Ad Magistrum meum (quod ad illius virtutem & doctrinam attinet) non potest pertingi, non aliter ferè ac coelum nequit per scalas conscendi, licet ejusdem amplitudinem & ornatum suspicere possimus eminus, & cum voluptate quâdam admirari.

故我认为，并这样说，差不多如不能通过梯子登天一样，我的老师（在美德和学识方面），也没有人能赶得上。这样一种伟大和美好，我们仅能从远处仰望，并怀着喜悦的心情加以赞叹。"

夫子之得邦家者，所谓立之斯立，道之斯行，绥之斯来，动之斯和。其生也荣，其死也哀，如之何其可及也？"

§. 2. çu cum jam declaraturus, non inanes fuisse laudes, quas in *Confucium* contulerat, ex. gr. unam de multis, nempe suavem ejusdem efficacitatem brevibus hîc expendens; Magister meus, inquit, nactus aliquando magnam ditionem pro ipso ditionis Principe administrandam, numeros omnes sapientis & benigni gubernatoris hoc ordine & modo explebat. Primum quidem quod vulgo dicitur ac praecipitur gubernatoribus, erige & sustenta populum, aequa scilicet agrorum divisione, & vigilanti industriâ, ne quid earum rerum quae ad victum cultumque corporis sunt necessariae, desideretur. *Confucio* res administrante, protinùs erigebatur populus, & instar cultae segetis succrescebat. Hunc verò in modum suppetente rerum copiâ, quod deinde praecipitur, verbis & exemplis tuis ad omnem rectè honestèque vivendi rationem ac disciplinam manuducito & dirigito rudem populum: *Confucio* dirigente idem protinus volens lubensque sequebatur, & viae quae monstrata fuerant, constanter insistebat. Constitutâ verò hunc in modum optimis legibus ac disciplinis Republicâ; quod deinde praecipitur, procura quietem populo; sic ut suo singuli loco & conditione contenti, in natali solo velut in centro conquiescant: Procurabat hanc quoque rara solertia prudentiaque *Confucii*. Protinùs itaque exteri complures finitimis è terris tam optatae quietis famâ & desiderio impulsi, turmatim ventitabant. Partâ verò tranquillitate publicâ quod deinde praecipitur: permove & excita populum, & aliis industriis aliisque studium virtutis, mutuaeque inter omnes charitatis & observantiae renova; erige languentes, currentibus subde calcaria. *Confucio* quidem sic excitante suos protinùs vigebat inter omnes concordia, & quae hanc comitantur, ritus, officiaque colentium amantiumque inter se civium. Ad cumulum vero laudum istarum accedebat, quod tanti fierent animorum motus sine motu strepituve illius qui movebat; non aliter ferè, quàm tacita occultaque coelorum virtus, cum plurima perficiat in terris, secretissima tamen est; & non oculos modò, sed intellectum quoque mortalium fugit. His aliisque de causis, fuit omnino ipsius vita perquàm gloriosa; ejusdem vero mors perquam lachrymosa, communi diuturnoque luctu, qui hanc consecutus est, restante, fuisse ipsum civibus suis haud secùs ac patrem suis liberis in honore; nec aliter ferè, quàm blanda mater esse solet in deliciis & amore. Quae cum ita sint, quomodo tandem ad ipsum queat pertingi?

接下来，子贡要表明加于孔夫子之上的称赞并不是空泛的，他从众多事例中选取了一个来扼要说明老师的魅力："我的老师具有治理国家的方方面面的才能，曾经他获得君王的准许治理一片很大的地方。通常长官首先要做的事是唤醒并激发国家的活力，这就是要尽自己最大的努力去公平分配土地，以不让老百姓忍饥挨饿。在孔夫子治理国家后不久，国家就如同茁壮成长的稻苗般焕发出蓬勃的生机。通过这样一种方式让百姓们的物质生活得到保证以后，接下来就要引领没受过教育的民众接受教化，以让他们变得富有理性并懂得遵守法律。老百姓欢心爱戴于孔夫子的引领，坚定不移地走在孔夫子为他们指引的道路上。百姓们受到了教育，国家的法律秩序也得到完善。接下来要做的就是求得国家的和平、社会的稳定，这样才能使人民安居乐业。曾经在国家中心地带才能过上的安逸生活，百姓们在家乡也能过上，是出类拔萃的孔夫子让它变成了现实。很快，他国的人也在孔夫子盛名的感召和向往和平之心的驱使下，陆续地来到这个国家。国家安稳后接着要做的是，兴起百姓追求勤勉敬业、宽容等美德之心，并根据情况不时地对他们加以鼓励。被孔夫子唤醒的民众同心协力，团结前进，还举行了互敬互爱的礼仪活动。事实上，在那位推动者的推动和鼓舞之下，人们的灵魂才能伟大到如此之高的地步，这孔夫子与那默默无闻的上天之主没什么不同：他虽造就了大地上的万物，但却依旧神秘，无人可见，也无人可知。① 由于这样或那样的原因，孔夫子的一生都是辉煌的，他的死确实也是让人悲伤的，可以说是举国哀悼。但他依旧活在民众心中，像孩子们敬重的慈爱的父亲，也像温和而愉悦的母亲。如此之人，谁能够赶得上呢？"

Ecce quam non discessit procul à terris hyperbolica laus illa et praedicatio, quae prima fronte super nubes ac sidera videbatur efferre Confucium. *Naturae*

---

① 这个句子译自张居正的评论："其德化感人之速，而入人之深如此，就如天道发育万物，以生以长，曾莫测其所以然也。"（第 310 页）

limites excedere videbatur; cum repentè unius, exiguique populi, quem is sapienter ac placidè gubernandum susceperat, angustis sane terminis seipsa conclusit. Itaque nihil hîc erit, opinor, quod Lectorem Europaeum, utpote non minus candidum, quam benevolum suboffendat.

注意,夸张的言论看似把孔夫子带到了云端和星辰之上,但实际上这些赞美并没有远离大地。孔夫子被局限在了一个狭小的区域内,但他却凭借自己的才能开始了对国家的独一无二的治理,因此他看似又超越了自然的限制。故我认为,这样说没有冒犯欧洲读者的地方,至少他是仁慈的,这一点很明朗。

尧曰第二十

F.7.p.1.§.1.　*Hoc et sequentibus paragraphis exponitur à discipulis quod hi creberrimè audiverant à magistro suo, quibus maximè usi sint artibus, industriisque primi Legislatores gentis sinicae, primique conditores trium familiarum principum Hia, Xam, Cheu, quae item voluerint esse principia et quasi fundamenta politices suae; dum alii aliis succedentes, amplissimi res imperii non uno quidem tempore; normâ tamen propè unâ, tam feliciter administrârunt, et favore Caeli tam constante, ut solae tres familiae istae, cum duobus legislatoribus* Yao *et* Xun *longè diutius potitae fuerint rerum, quàm novemdecim, quae deinceps secutae sunt, usque ad annum hunc 1670. hae quippe simul omnes 1929. annos numerant tres vero illae 2108.*

在这段及接下来的几个文段中，弟子们阐述的是从老师孔夫子那里听到的内容。这些内容有关华夏民族的首位立法者及夏、商、周三代建立者所运用的治国技巧和艺术。他们想要这些技巧和艺术成为他们行为规范的准绳和基础：在一代一代相续中，这些立法者和建国者成功地治理了这个最为广阔帝国的事务，使其在很长一段时间里遵循一贯的原则并且同上天的喜乐相一致。事实上，尧、舜加上夏、商、周三代的统治时间跨越了 2108 年，比此后延续到 1670 年的 19 个朝代的时间要长，这 19 个朝代的统治时间仅有 1929 年①。

Excerptae sunt, sed compendio, pleraeque harum sententiarum ex pervetusto,

---

① 在这篇手稿中，这里的年份最初是 1680 年，后来修订为 1670 年。

primaeque authoritatis codice Xu Kim *dicto, quod et styli simplicitas, propria istorum temporum satis prodit.* Xu Kim *porrò brevis Priscorum quorumdam Regum historia est, praeclaris eorumdem documentis instructa. Nos autem claritatis gratiâ exponemus ea, quae historici sunt generis, praeter morem nostrum uberiùs aliquando, quàm Colaus ipse, qui pleraque vel praeterivit hîc tacitus, vel verbo tantùm attigit, quod intelligeret Lectori suo esse notissima.*

在《书经》这本关于最初统治的古书中，有一些关于三代和最初立法者的章节。事实上，写作上的简练、那个时代的特征，都能充分表现出它的古老。《书经》是一本有关上古君王简单统治的历史书，其中包含若干著名的训诰，为了清楚地解读它，我们会把它解释成与我们截然不同的历史类型，对它的解说甚至比阁老的解说更为丰富，这位阁老默默地隐去了许多事情，仅仅讲授那些他认为对读者最为重要的事情。

Yao *sinicae gentis Legislator*（*de quo supra saepius meminimus*）*et Imperator, si non primus, certè quidem celeberrimus, coepit anno ante Christum 2357. et imperavit annis 100. His igitur nullâ filiorum suorum, domesticaeque gloriae habitâ ratione, sed unius dumtaxat virtutis ac sapientiae, jam senior est resignaturus imperium in* Xun, *quem propter excellentem pietatis, obedientiae, prudentiaeque laudem diu antè ab aratro et stivâ, ad Imperii societatem quondam evocarat, hac ipsum oratione cohortatus sic ait*：

作为中华民族的创立者，尧即使不是第一位帝王，至少也是最为著名的一位。其统治始于基督前 2357 年，统治时间有 100 年。但他不考虑子嗣的利益及家族的威望，仅考虑自身的美德和智慧。当尧垂老之时，他把帝国交给了舜。舜因为很早就以虔敬、顺服和明智而颇有名望，故被从犁耕之田中召来，参与帝国的治理。下面是尧对他的教导。

20.1 尧曰："咨！ 尔舜！ 天之历数在尔躬，允执其中。 四海困穷，天禄永终。"

O tu mi *Xun*, Coelum decrevit Imperii successionem existere in tuâ personâ. Cum fide fac apprehendas teneasque ipsum medium. Quatuor maria si laborent egestate & inopia; coeli census in perpetuum desinent.

尧说："舜，上天已恩准把帝国的继承权交给你。请以信任之心牢牢地把握并持守中道。如果四海困厄于贫穷、匮乏，上天的恩赐将会永远终止。"

Mactè animis, (verba sunt Interpretis) *administer et socie laborum meorum et curarum. Adest jam tempus, ut in te unum curas omnes simul et honores resignem. Ego hoc imperium à coelo quondam suscepi, et suum quoque Prisci Reges susceperunt. At nunc ejusdem nutu tibi defero: coelo est obsequendum: Favebit hoc tibi, si tuis ipse faveris; si consulueris, inquam, saluti, commodis, et tranquillitati tuorum. Pondus gravè est, non inficior, res imperii; curaeque sunt infinitae. Sua tamen singularum propria quaedam ratio et convenientia est, quam medium vocamus, excessûs omnis defectûsque impatiens. Hoc igitur tene: Ad hujus trutinam expende, et exige res omnes; si te tuosque vis esse beatos et florentes. quod si neglexeris consilium meum, et à media, quam dixi, via discesseris; ingruent procul dubio calamitates aliae ex aliis; et omnis haec regio, quae intra quatuor maria continetur, fame et inopia rerum divexata, peccati tui poenas dabit. Verum jam nunc ego tibi denuntio, daturum te quoque, et quidem gravissimas; atque adeo dignitate caelitùs collatâ in perpetuum spoliatum iri.*

下面是诠释者①的话。尧如此说:鼓起勇气，分担我的政务。是时候把

---

① 翻译自张居正评注中的讲话内容(第 310~311 页)。

我的工作交给你了。我像上古的君王那样从上天获得了权力,现在我将这一权力交给你。我们应该服从上天的命令。如果你珍爱你的人民,维护人民的利益,上天也将珍爱你。当然我不否认这一负担是沉重的,毕竟国家的政务和你的责任是无穷无尽的。安排天下之事都要有个合适的准则,我们称之为中道,不要过度和不及。如果你想要你自己和你的人民喜乐,请依照其平衡之道来衡量和检验所有的事物。请保持这一中道,但如果你忽略了我的忠告并且偏离了我所教导的中道,灾难肯定会降临在每个人头上,并且为了惩罚你的罪过,四海之内的大地将被饥饿和匮乏所摧毁。而且说实话,更为恐怖的事将降临在你的身上,你会被永远剥夺来自上天的爵位。

舜亦以命禹。

Xun quoque verbis hujuscemodi ultima dedit praecepta *Yu*, successori suo, in quem similiter resignavit Imperium, postquam id per annos quinquaginta feliciter solus administrârat.

在独自成功治理了帝国五十年后,舜将帝位交给了继承者禹,并用类似的言辞给予其告诫。

Erat et ipsi filius ; neglexit tamen exemplo decessoris sui, et praecellenti sapientiae, maximisque meritis ipsius Yu, *qui ingentes aquarum eluviones derivârat in mare, Imperium deberi censuit. Yu porrò tametsi vestigiis amborum insistens, neglecto similiter filio, imperium destinâsset Regulo* Ye, *sapientiae famâ tunc celeberrimo: Quoniam tamen ad merita patris, virtus quoque ipsius filii imperio reverâ digni accedebat ; hunc, ubi vivere desiit pater, omnino et populus et proceres imperare voluerunt: Ex quo cum dignitas Imperatoria ad filios deinde ac nepotes transierit ; ipsi Yu tribuitur conditoris nomen ; conditoris, inquam, primae familiae Imperialium* Hia *dictae: quae spatio annorum 458. numeravit Imperatores 17. ordine succedentes*:

舜有一个儿子,但他不认可自己的儿子,决定模仿前辈将帝国交给禹——一个有着非凡智慧和伟大美德并曾将大洪水导入大海的人。禹同样循着两位前辈的做法,同样不认可自己的儿子,将权力交给当时因其智慧而闻名的益。但是禹的儿子却有和父亲相似的美德,配享帝国,因此在其父逝世后,人民和大臣想要让他来统治帝国。从那以后,帝位开始传给帝王的子嗣。禹被尊为夏王朝——第一个王朝——的创立者。在夏王朝统治的458年中,共有17位帝王①。

Omnibus silentio praeteritis, agitur sequenti paragrapho de Chim tam, *conditore ac Principe familiae* Xam, *imperiales inter Familias secundae. Sed antequam textum prosequamur juvat hîc praemittere, quae de ultimo praecedentis familiae Imperatore* Kie *dicto in libro Regum seu* Xu kim *referuntur: sic enim ea quae in textu nostro afferentur, melius intelligentur. Maximè illustris est locus de impio* Kie *Principe quem affert Imperii primas et* Vu vam *Imperatoris frater* Cheu *cum in oratione ad eundem habitâ ubi sic ait*:

(夏禹之后的事情)全部略过,接下来的段落是关于成汤的,他是第二个王朝商朝的开朝君王。但是在我们解读《论语》文本之前,应该先提及《列王纪》即《书经》中所述前朝末代帝王桀的事情,②这样我们在文本中遇到的时候,可以更好地理解。关于邪恶帝王桀,最出名的段落出自武王的弟弟周公对帝国贵胄的演说中,在那里他这样说:

Audivi Priscorum effatum quod sic habet: Supremus coeli Imperator, dum dirigit homines placidè & quietè, non facit hoc per receptionem alicujus

---

① 这一年份被柏应理清楚地标记,因为他的年谱中同样提到夏王朝的统治时间为458年。

② 我们注意到《书经》在这里被叫作"列王纪",明显地和《圣经》形成对应关系。在白晋之前,在中国的耶稣会士已经尝试着在《圣经》和儒家经典之间建立联系。关于暴君桀,在《中国哲学家孔夫子》关于《大学》的那一部分有关于他的详细展现。

corporeae vocis, sed cor hominis recipit quietam illam placidamque directionem, adeoque ferventer & sine interruptione operatur. Atque haec supremi coeli Imperatoris interna directio, cum sit coelitus & aequaliter omnibus indita, quo pacto rex *Kie* ab eâ excipi poterat? Sed enim rex *Kie* sepeliverat, (hoc est pessumdederat) naturalem illam cordis bonitatem, neque ipsemet per se voluit sequi tacitam illam placidamque coelestis Imperatoris directionem, nihilominus supremus Imperator serio verèque illum dirigebat, sed Rex *Kie* verè constanterque illam subterfugiebat respuebatque: Attamen supremus Imperator adhuc illum respiciebat & necdum illum à se rejiciebat penitùs, sed in illum calamitates immittebat & prodigia, ut suum illi manifestaret consilium & intentionem, sic quidem ut fragore quodam & veluti tonitru percelleret Regem *Kie* (*ut ita resipisceret*) sed Rex *Kie*, nequaquam noverat pertimescere aut percelli, neque voluit reverenter uti supremi Imperatoris voluntate ac favore, sed in scelera & luxus effraenis ruebat: & quamvis subinde verba quaedam insultantia & illusoria (*aut ut alii*) simulata aut resipiscentis instar verba depromeret; tamen coelum hujusmodi verborum rationem nullam habuit, & audire, contempsit tandemque magnum illius Imperium delevit, & ex alto demisit commeritas poenas: atque ita imperialis *Hia* familia finem accepit.

我听古人的话中有这样的说法：至上的天帝安详宁静地引导人民，并不是靠接引什么人的身体，而是人的内心接受这种安详宁静的指引，从而勤勉而无间断地运作。既然这种至上天帝的内在指引是自天而下平等地给予所有人，帝桀凭什么能够例外呢？然而帝桀埋葬了内心的那种天赋美德，他自己也不愿意主动跟随天帝的那种无言而宁静的指引。上帝依然真诚地指引他，但是帝桀却固执地逃避和拒绝指引。即便如此，上帝依然看顾他，并没有完全放弃他，而是对他降下灾难和异兆以显示上帝自己的计划和意图，用如雷声一般的声响敲打帝桀（为了让他恢复理智）。但是帝桀丝毫不知畏惧警醒，也不愿意恭敬地遵循上帝的意志和接受他的帮助，反而毫无节制地放纵于罪恶与奢侈之中。他常常说一些挖苦讥讽的言语，或是诽谤，或是呓语，然而天不在意也不听这样的话，最终毁灭了他的庞大帝国，从天上降下适应的惩罚，夏王朝就这样走到了尽头。①

Ita Cheu cum *juxta Ethnicorum interpretum praecipuè* çai xin *expositionem. Urgebatur tamen in dies à populo et regulis pius Princeps* Tam *octogenario major, ut se suosque tam acerbo et diuturno jugo impiissimi Regis* Kie *tandem exsolveret: Ipse autem, ut erat timens* A *supremum Numen ejusque mandatum adeoque non audens non eidem obtemperare haerebat perplexus et incertus quid ageret. Quare* Chum hoei, *aliique qui Principi à consiliis erant, eum de coeli voluntate securum reddunt* B: *à coelo nimirum procreari populum cum affectibus suis, quibus si non sit qui dominetur, fore ut ruinam sibi et imperio per seditiones accersat: Et ratiocinandi quidem vim, necnon judicii et ingenii* C *talenta in reliquis mortalibus à coelo esse: ab hoc insuper ei gratuito* D *concessam animi fortitudinem ac prudentiam, qua liberare possit imperium periculo ruinae proximae jam imminentis: proinde obtemperet* E *coeli voluntati: Scire se equidem, eos, qui impie tractant spiritus* F, *et crudeliter populum, à coelo diu non conservari; eos vero qui venerantur* G *coeli leges, aeternum conservare propensam erga se coeli voluntatem: cui equidem cum se* H *subjicere impius* Kie *detrectaverit, adeoque sceleribus scelera accumulaverit, per insignem vesaniam* I *volens fallere coelum, cujus erga se favorem non defecturum temerè apud*

---

① 这里翻译自蔡沈《书经集传》卷五对《周书·多士》"我闻曰：'上帝引逸。'有夏不适逸，则惟帝降格，向于时夏。弗克庸帝，大淫泆有辞。惟时天罔念闻，厥惟废元命，降致罚"一段的注释："上帝引逸者，非有形声之接也，人心得其安则亹亹而不能已。斯则上帝引之也，是理坦然，亦何间于桀？桀丧其良心，自不适于安耳。帝实引之，桀实避之。帝犹未遽绝也，乃降格灾异以示意向于桀，桀犹不知警惧，不能敬用帝命，乃大肆淫泆，虽有矫诬之辞，而天罔念闻之。仲虺所谓帝用不臧是也。废其大命，降致其罚而夏祚终矣。"（《朱文公订正门人蔡九峰书集传卷之五》，清文渊阁四库全书本，爱如生中国基本古籍库 http://dh.ersjk.com，Accessed 17 March 2019）

尧曰第二十　　539

populum jactet; asseratque, se, tum demum cum Sol in coelo desineret, desiturum; procul dubio coeli vindicis decreto, et ipsum jam nunc et familiam ipsius K *exitio addictam videri. Nec ignorabat scilicet, coelum non ex privato* L *quodam ergà familiam* Xam *affectu et favore,* M *sed virtutis dumtaxat intuitu hoc suae Familiae imperium contulisse: unicam scilicet purissimamque virtutem esse, quae coeli tam* N *propensam erga se attraheret voluntatem. Exinde victrici vindicique Familiae de parta jam pace et accepta à coelo felicitate gratulantur omnes, sed et suis vicissim gratulatur ipsa domus Regia; prorsus enim ut à matre sua infantulus ita et à coelo populus* O *benignis oculis et aspicitur et protegitur: diu utique beandus nisi ipsemet per nova scelera* P *optatos vitae annos sibi abrumpat, et accersat calamitates: quae non aliunde scilicet, quàm ab hominum sceleribus solent existere; eas enim coelum infligit, ut* Q *manifestentur scelera: adeoque cum difficulter effugere quis possit ea mala quae per* R *scelera sibi ultro accersit, dedamus nos virtuti oportet, nec relabamur in peccata, praecipuè cum, ut ita nos* S *geramus, coelum ipsum novis identidem prodigiis nos admoneat revocetque ad frugem.*

　　以上是周公的话,根据异教徒的注疏,尤其是蔡沈的注疏翻译而来。人民和诸侯每日劝谏年过八旬的贤王汤,想让他将自己和他的人民从最邪恶的帝桀那沉重而长久的轭下解放出来。然而汤害怕至上神及他的诫命,A 以至于不敢不顺服。他犹豫不决,不知道该怎么办。因此仲虺及其他朝中大臣以天的意志来劝解他:天生之人必定带有他的七情六欲,B 如果没有主宰,动乱就会毁掉他和国家。凡人的理解能力,乃至天赋才能无不来自天。C 在上者无偿赐予他灵魂的坚毅与明智,D 使他能够凭此将帝国从岌岌可危、濒临灭亡的危险中解救出来,从而使他尊奉天的意志,E 让他知道那些轻慢神灵、酷待百姓的人不会长久地得到天的庇佑;F 而那些尊崇上天法则的人会长久地享有上天的厚爱。G 不敬的桀拒绝顺从天的意志,H 因此罪恶不断地累积,他明显疯狂地想要欺骗天,I 盲目地在百姓中间散布天对他的宠爱不会减弱的谣言,宣称只有当天上的太阳消亡的时候他才会灭亡。他毫无疑问失去了天的护佑,现在他本人及受他牵连的王朝看起来已经灭亡了。K 当然不要忽略,天并非出于某种偏私而喜爱护佑商朝,L 而是看到这个王朝所带来的美德,即独一的最为纯粹的美德。M 这种美德能够让王朝获得天命。N 之后,王朝的征服者和守卫者祝贺所有人获得了和平与天赐的幸运,而王室也祝贺他们自己的人。正如母亲庇护婴儿一样,天也用慈爱的眼睛看顾和保护人民。O 人民应该长久地享有祝福,除非犯了新的罪行,丧失了生命的预期年岁,P 并且带来灾难。灾难并非外来的,而是常常来自人的罪,天降灾难是为了使罪彰显。Q 因此,一个人要逃避因为自己的罪而带来的灾殃是困难的,R 有必要让我们服膺于美德,不要陷入罪中,尤其是当天为了让我们自我控制,不断地以新的征兆警示我们,呼召我们重归于善的时候。S

A:Ego timeo supremum coeli Imperatorem.

我害怕至上的天帝。(《书经·商书·汤誓》:予畏上帝。)

B:Dumtaxat coelum creat populum cum passionibus suis.

天造之人带有自己的七情六欲。(《书经·商书·仲虺之诰》:惟天生民有欲。)

C:Dumtaxat coelum creat ingenii talenta.

天造聪明才智。(《书经·商书·仲虺之诰》:惟天生聪明时乂。)

D:Coelum equidem impertitur Regibus fortitudinem & prudentiam.

天的确与诸王分享坚毅与明智。(《书经·商书·仲虺之诰》:天乃锡王勇智。)

E:Venerabundus obtempera coeli mandato ac voluntati.

请恭敬地尊奉天的诫命和意志。(《书经·商书·仲虺之诰》:奉若天命。)

F:Eum, qui indignè tractat spiritus & crudeliter populum Regale coelum non conservat.

皇天不保护对神灵不敬、对百姓残酷之人。(《书经·商书·咸有一德》:慢神虐民,皇天弗保。)

G:Qui adoraverit & coluerit coeli legem, aeternum conservabit coeli voluntatem erga se(*ait ut alii*)coelitus collatum imperium.

尊崇天的法则的人,将长久保有天对他的喜爱,(正如有人所说)王权自天而授。(《书经·商书·仲虺之诰》:钦崇天道,永保天命。)

H:Supremum coelum fideliter juvat subditum populum; impius verò homo ille(Rex *Kie*)excussit à se subjectionem.

上天一贯护佑顺服的人民,那位不敬之人(帝桀)自绝于天。(《书经·商书·汤诰》:上天孚佑下民,罪人黜伏。)

I:Familiae *Hia* sunt multa scelera. Coelum jubet ut extinguatur.

夏王朝有许多罪,天命其灭亡。(《书经·商书·汤誓》:有夏多罪,天命殛之。)

K:Familiae *Hia* Rex *Kie* patravit scelera fraudulenter illudens supremo coelo.

夏王朝的帝桀犯罪,诽谤辱骂上天。(《书经·商书·仲虺之诰》:夏王有罪,矫诬上天。)

L:Dumtaxat coelum non amat privatim; at eos qui coelum debitè colunt, dumtaxat amat.

天无私爱之人,只喜爱那些适当地崇敬天的人。(《书经·商书·太甲下》:惟天无亲,克敬惟亲。)

M:Non est quod coelum privatim faverit huic meae familiae *Xam*; dumtaxat coelum adjuvat habentes puram virtutem.

并不是因为天私爱我们商王朝,而是天帮助那些具有纯粹美德的人。(《书经·商书·咸有一德》:非天私我有商,惟天佑于一德。)

N:Qui possident unicam & puram virtutem, possunt in se recipere coeli cor ac voluntatem; & obtinere coeli perspicuum mandatum.

拥有纯一美德的人,自身能够接受天意,遵循天的光明的劝诫。(书经·商书·咸有一德》:咸有一德,克享天心,受天明命。)

O:Regale coelum amanter aspicit ac protegit eos qui sunt Familiae *Xam*.

皇天慈爱地看顾保护属于商朝的人。(《书经·商书·太甲中》:皇天眷佑有商。)

P:Omnino coelum contemplatur subditum populum: ex iis quos indulget, annis, alii sunt aeterni, alii sunt non aeterni; at non est quod coelum abbreviaverit annos populo, sed populum inter sunt qui per sua scilicet scelera abruperunt sibi vitam.

天全然监视在下的民众。在赐予年寿的人中,有一些有永久的年岁,有一些则没有永久的。并非天缩减了人民的年岁,而是有一些人因自己的罪丧失了自己的生命。(《书经·商书·高宗肜日》:惟天监下民,典厥义。降年有永有不永,非天夭民,民中绝命。)

Q:Coeli ratio ac lex est beare probos pessumdare improbos: ideo immisit calamitates in familiam *Hia*, ut palam Orbi faceret ejus scelera.

天的理性和法则祝福正直的人而毁灭邪恶的人,因此降灾难给夏王朝,是为了让他的罪恶大白于天下。(《书经·商书·汤诰》:天道福善祸淫,降灾于夏,以彰厥罪。)

R:Quas coelum infert calamitates potest quis effugere: at, quas per sua scelera sibi quis fabricat calamitates, non potest evadere.

人能够躲避天带来的灾祸,但是因为自己的罪恶而造成的灾祸,无法逃脱。(《书经·商书·太甲中》:天作孽,犹可违;自作孽,不可逭。)

S:Si populus non sequatur virtutem; nec subjiciat se correctioni scelerum, coelum utique per portenta eum reverà admonet ut rectificet suum animum.

如果人民不跟从美德,也不改正罪行,天就会通过征兆来警告人,好让人修正自己的心灵。(《书经·商书·高宗肜日》:民有不若德,不听罪,天既孚命正厥德。)

Tam ergo Princeps postquam debellavit impium Kie, postremum familiae Hia Imperatorem profugum in Nanchao (ubi post triannium exul obiit). Maximo consensu studioque populi et satraparum coactus imperium suscipere; jamque rediens ad aulam Po in Ho nan Provinciâ sitam, ibi frequentissimis in comitiis, maximeque celebribus Imperii totius et universo populo orationem (Tam cao dicitur) sequentem pronunciavit, quâ facti sui dans rationem coram supremo coelorum Imperatore, sic primum orditur:

汤王在那之后击败了夏王朝的末代君主,邪恶的桀。夏桀被放逐到了南巢(三年放逐之后,他死在了那里)。在诸侯和人民最广泛的认同和热情拥戴下,(汤)被迫取得了王权。然后他回到了位于河南省的都城亳,在那里举行了盛大的集会,对全帝国最知名的士人及全体人民发表了以下的演说(被称为《汤诰》),面对至上的天帝给出自己行为的理由,他这样开头:

O vos omnium terrarum incolae universi clarè audite, & intelligite meum unius hominis monitum: Ex quo tandem fonte putatis profluxisse mortalium naturam quinque virtutibus, pietate, justitia, prudentiâ, fide, honestate instructam? A principio nimirum solus iste augustus & supremus (coeli) Imperator dum procreare coepit humanum genus de caelo contulit naturam istam, quae medii rectissima norma est, in subditum sibi populum; quod si populus suae naturae tot donis instructae pareat, fiet ut, quae omnibus eadem indita est, perseveret immutabilis natura; ut autem possit populus placidè pacificeque vitam instituere ex illâ caelesti norma, dependet imprimis à personâ regiâ quae suos assiduè hortetur exemplo, doctrina, rectaque administratione ad illius normae observationem, &c.

"啊,你们,天下土地上所有的居民!请你们清楚地听,并理解我对一个人的告诫:人的本性备有五种美德,即虔敬、正义、明智、诚信、正直。你们认为这样的本性是从什么样的源头流淌出来的呢?毫无疑问,唯有那庄严至上的天帝从一开始在产生人类的时候,从天上赋予在下的人民这样的本性,即最正确的中道。如果人遵循自己的本性,那么他就能保持那同样被赋予所有人的本性不变,也就能依据天道创造幸福与和平的生活,这尤其要依靠君王的人格,常常以榜样、教导及正确的治理激励自己的百姓遵循这个道。"①

曰:"予小子履,敢用玄牡,敢昭告于皇皇后帝:有罪不敢赦,帝臣不蔽,简在帝心。

Tandem coram coelo rationem facti sui reddens sic prosequitur: Ego parvulus Li(*submissionis ac modestiae gratiâ infantem se dicit, annorum septem et octoginta senex; et humili domesticoque nomine suo, Li scilicet, utitur*) audeo adhibere nigri coloris hostiam taurum: (*niger color proprius erat Imperatoriae hujus familiae*) audeo etiam palam ac manifeste rationem dare facti mei coram ter maximo & augustissimo caelorum Rege & Imperatore.(*sive, uti Colai duo et dictionaria Sinica exponunt*) coram augustissimi caeli & complectentis omnia telluris spiritu. Graviter, ac multis peccatum fuit contra caelum ab Imperatore familiae *Hia*: Non ausus fui ego condonare, seu non exigere justas poenas. Viros sapientes ac bene meritos; adeoque caelorum supremi Imperatoris charos subditos & clientes non

---

① 《书经·商书·汤诰》:"嗟!尔万方有众,明听予一人诰。惟皇上帝,降衷于下民。若有恒性,克绥厥猷惟后。"拉丁文的翻译参考了蔡沈的注释:"天之降命而具仁义礼智信之理,无所偏倚,所谓衷也。人之禀命而得仁义礼智信之行,所谓道也。以降衷而言,则无有偏倚,顺其自然固有常性矣;以禀受而言,则人无清浊纯杂之异。故必待君师之职而后能使之安于其道也。故曰:克绥厥猷惟后。"《朱文公订正门人蔡九峰书集传卷之五》,清文渊阁四库全书本。

ausim ego occulere, & non palàm facere virtutes ipsorum ac merita; maximè quando ipsi singillatim conspicui sunt in Imperatoris supremi corde(*quae verba sit exponit* Chu hi) bona & mala caelum omnia novit, ac si ordine suo notata numerataque haberet singula peccata: Prorsus sic videtur esse. Tu si quid habes boni, jam est hoc positum in supremi Imperatoris corde & animo: Ego si quid commisero mali, hoc item residet in supremi Imperatoris corde & animo.

最后他在上天面前描述了自己返回的原因:"小人履(他用一种恭敬、顺从的态度谦称自己为七八岁的儿童,并使用了自己卑微的名"履")谨用黑牛作为祭品(黑色对于这个家族来说特殊而重要),谨在威严的天帝、君王和包含万物的大地之神面前,公开而直接地说明我这样做(就像两位阁老及一本中国字典解释的那样)的原因。与上天作对的夏王朝天子罪恶深重,我不敢擅自赦免,或者做出公正的惩罚。我不敢隐瞒智慧之人和美德之人,他们是上天欣赏的顺从的助手,我应表奏他们的美德与功绩。①,尤其当上帝知道他们每一个人的时候。(就像朱熹曾提过的那样)上帝知道每一个好人和坏人。如果你具有美好的品行,就会在上帝的心中占有一席之地;每一个罪恶都根据它的等级被标记和记录,它们会十分清楚地被发现;如果你和罪恶有关联,同样,也会在上帝的心中占据一个位置。

朕躬有罪,无以万方;万方有罪,罪在朕躬。"

(*prosequitur textus seu oratio* Tam *Regis*) Quod si ego ipsemet, pro humana imbecillitate crimen aliquod commiserim, jam nunc supplex obsecro & obtestor,

---

① 《书经·商书·汤诰》:"肆台小子,将天命明威,不敢赦。敢用玄牡,敢昭告于上天神后,请罪有夏。聿求元圣,与之戮力,以与尔有众请命。上天孚佑下民,罪人黜伏,天命弗僭,贲若草木,兆民允殖。"朱熹:"天下贤人,皆上帝之臣,己不敢蔽。"(第193页)张居正:"其贤人君子为上天所眷命者,这都是帝臣。"(第311页)。

ne fraudi sit damnove subditis; neque habeant idcircò crimen omnes meae ditiones: Me unum scilicet, qui unus in culpa sum, supremus Imperator plectat. Quod si quicumque ex omnibus meis ditionibus deliquerint aliquando, tum planè haec delicta imputentur meae personae: Ea ego jam nunc unus expianda suscipio: Nec recuso poenas ullas, ut qui unus omnium maximè sum reus, quando pravo exemplo meo, & prava administratione ansam peccandi omnibus praebui.

（成汤的文章或演说继续）但如我因人性的脆弱犯了错误，没有按照天意做正义的事，我恳求不要因此伤害百姓，不要让我领地的百姓承担全部罪责。唯有我才是唯一负罪之人，上帝当惩罚我。但若亵渎来自我治下的人民，也请将这些罪恶完全归于我。我愿独自承担这些罪过，不会拒绝任何惩罚；我要对大多数人负责，因为我统治失当、没有做正确的表率，才使得他们的犯罪成了可能。①"

Et hactenus quidem Chim tam *Rex juxta Colai explanationem. Quantum vero fuerit ejusdem Principis erga coelum seu supremum caeli Dominum religionis studium cum insigni erga suos pietate conjunctum, hoc imprimis quod subjicere hic liceat ex annalibus exemplo mirifice confirmavit, quod hodieque scriptis et sermonibus omnium celebrari solet, et nos quoque voce et scriptis identidem afferimus ad politicae genti persuadendum, non indignum fuisse divina et infinita majestate hominem fieri, et victimam spontaneam pro humani generis salute aeternâ.*

成汤说的这些话是阁老诠释过的。② 他对人民负有强烈的责任心，强烈的责任心背后是成汤对上天显著的宗教热情。对此史传中有记载，所记事例令人敬佩。直到今日，这些话和有关这些话的文章还在荣耀着成汤，被我

---

① 《书经·商书·汤诰》："俾予一人辑宁尔邦家，兹朕未知获戾于上下，栗栗危惧，若将陨于深渊。凡我造邦，无从匪彝，无即慆淫，各守尔典，以承天休。尔有善，朕弗敢蔽；罪当朕躬，弗敢自赦，惟简在上帝之心。其尔万方有罪，在予一人；予一人有罪，无以尔万方。"

② 以上翻译自张居正的注释（第311页）。

们继承并用来劝诫政治人物。无限神圣的权威成为人，为了人类的永恒救赎而自愿牺牲，这并无不妥。

Per septem annos (inquit textus) praegrandis siccitas, exititit scilicet. (*An fuerit fames Aegyptiaca quam testantur sacrae litterae in universo orbe praevaluisse gen. 41. Chronologis discutiendum relinquimus*) Is qui Astronomicae rei praefectus erat, significat Regi, non jam vitulorum aut ovium sanguine (*ut moris erat*) sed humano dumtaxat placari caelum oportere, si quidem tantis malis remedium ultimum quaereretur. Cui Rex: Ego, inquit, caelum deprecari volo pro meorum salute & vita: Quod si hanc ipsis adimens humanum effundam sanguinem, utique jam mihi ipse adversabor: Quin potiùs, ut saluti meorum consulatur, ego unus sim victima. Nec mora: sacrificium sui caelo facturus priùs in secretiorem locum, de more, sese abdens per triduum jejunat; ac dein venerandam capitis sui caniciem nonagenario jam major, & una barbam radi, atque ungues praescindi jubet, summi scilicet luctûs indicia: Ad currum deinde bigas albi coloris (*lugentium is est*) jungi imperat: ipse ovinis indutus pellibus currum conscendit; totaque aula pari cum luctu comitante ad locum *Sam lin* (hoc est, mororum sylvam dictum) contendit: Hîc pro salute sui populi & Imperii, coelo futurus victima, collem subit; subit autem, quo victimae videatur similior, manibus pedibusque reptans (*ut aliqui scribunt*) hinc sublatis in caelum oculis supplex idem precatur, ne ob suos unius in regendo defectus, populi totius salus & vita in discrimen veniat: Exinde sibi uni quidquid fortè peccatum fuerit adscripturus, & ad quasvis paratus poenas, de sex rebus praecipuè (*quae 24. litteris continentur*) ex caelo quaesivit. 1. An fortè sua gubernandi ratio careret debita moderatione & aequitate? 2. An suo deessent officio subduti? 3. An sumptus in Palatium & rerum ad hoc spectantium essent immodici? 4. An à faeminis gynecaei sui luxu vestium & modestiae neglectu peccaretur? 5. An munera in judiciis, an item fraus & avaritia in commerciis regnarent? 6. An in Festis & Cantibus detractioni cuipiam aut morum corruptelae daretur ansa? Memorant autem Scriptores omnes rem sanè dignam admiratione; fari scilicet vix desiisse pium Principem, cùm repente magnus coelo imber decidit, qui quidquid erat Sinici Soli per aliquot leucarum millia (*Sinicarum intellige*) largissimè rigarit: quam pluviam magna deinde fertilitas mox consecuta sit. Porrò de hoc tam memorabili & optato successu musicam instituit ipse Rex *Ta hoe* dictam, quod idem sonat ac magna protectio, seu magnum quid à coelo videlicet obtentum.

在七年大旱时期（我们暂且不论《圣经》中的埃及大旱是否影响到了其他地方），掌管天文的官员告诉成汤，如果要解决大旱灾，只有用人而非牛羊（作为祭品）才能安抚上天。成汤回答说："我是为了人民的健康和生命而恳求上天的，但我若因此让他们挥洒鲜血、献出生命，那就与我的初衷完全相反了。我宁愿代替人民自己当祭品。不能再迟疑了。"因此成汤要到一个隐秘的地方去完成自己为民牺牲的心愿。按照习俗，他独居并禁食三日。成汤当时已经九十岁了。他剪下自己的白发、胡须和指甲，以此表示自己深重的悲痛，整个宫殿也装饰得仿佛要举行丧礼一样。然后他穿上羊皮，登上两匹白（这是一种表示悲痛的颜色）马所驾的马车，去往一个名为桑林的地方。为了人民和整个国家，他要让自己成为献给上天的祭品。成汤爬上山后，像献祭者一样（就像他们所写的那样）匍匐在地，接着又跪起来仰望天空，为他的子民们祈祷，希望虽然自己治理得不好，但不要危及人民的健康和生命。他陈述了自己可能犯下的一切罪过，准备接受上天的惩罚。他向上天询问六件事情（其中包含二十四个文字）：一是他统治的方式是否缺乏必要的中道和公正；二是他的臣民是否失职；三是在宫廷和表演方面的花费是否过度了；四是宫中女人们是否因衣物的奢侈、不节制而犯错；五是贪污受贿是否掌控了政府的决策，而欺骗的言论是否掌控了市场的交易；六是节日和歌曲中是否存在歪曲事实、颠倒黑白的情况。史书的记录者清楚地写下了令人敬畏的每件事。成汤刚说完这些话，一场大雨就从天而降，浇灌滋润了延绵数千里的中国土地。① 在这一场雨后，土地变得肥沃起来。成汤为纪念此次求雨的成功，创作了一首乐曲《太和》，这首曲子就是表达由于上天的庇护，才获得了伟大功绩。

Contigerunt haec cycli 16. anno 38. hoc est, anno ante Christi aeram 1756. Imperantis verò Chim tam *anno septimo, aetatis verò suae 94. et ante obitum septimo. Bina haec oratio tam clementis ac pii Principis, centum annis et amplius ante Moysen et legis tabulas; tot verò ante Christum annis coram omni populo pronuntiata et conscripta, num parum clarè testatur, quàm viguerit tunc temporis in hoc ultimo Oriente natura lex, et notitia veneratioque supremi Numinis; de cujus justitiâ providentiâque delictorum quorumvis consciâ tam praeclarè sentit ac loquitur iste Princeps? Eant nunc, et nihil ipsum agnovisse dicant praeter inanem mutumque aerem aut influxum inanimem, aut coelum illud quid conversione suâ diem noctemque conficit, qui putant tantum fidei tribuendum esse Atheis quibusdam et verè caecis ac infidis interpretibus, qui imperante familiâ* Sum *ordine decimâ nonâ, adeoque septingentis circiter ac bis mille post annis, quàm pronuntiata ista fuerint, corruperunt impiissimis erroribus priscam veritatem; et luci tam candidae avernales tenebras offuderunt. Sed ad textum, unde longius digressi sumus redeamus.*

这些事情发生在第十六个甲子的第三十八年，基督之前 1756 年，是成汤统治的第七年，也就是他九十四岁的时候，据他逝世还有七年。这位仁慈而正直的君王写下了两页的《汤诰》，其写作时间比摩西律法要早一百多年。

----

① 　以上成汤祈雨的故事翻译自张居正的《帝鉴图说》："成汤时，岁久大旱。太史占之，曰：'当以人祷。'汤曰：'吾所以请雨者，人也。若必以人，吾请自当。'遂斋戒、剪发、断爪，素车白马，身婴白茅，以为牺牲，祷于桑林之野。以六事自责曰：'政不节欤？民失职欤？宫室崇欤？女谒盛欤？苞苴行欤？谗夫昌欤？'言未已，大雨方数千里。"（《北京图书馆古籍珍本丛刊·史部·传记类》14，书目文献出版社，1987 年，第 721 页）此外，还见于《墨子》《荀子》和《吕氏春秋》等典籍。

事实上，这篇演说文要远早于耶稣诞生的时间和整个西方的历史。难道这不是表明了当时自然法则和对上帝的崇敬在远东地区的兴起吗？不是表明这位君王已经认识并谈及上帝对罪恶是无所不知的吗？但是现在中国人却说他们仅仅知道空洞静默、了无生机的流动的"气"和仅仅日夜转换的上天。在第十九个王朝宋朝的统治下，有些人认为这样的想法当归于某些不相信神的人及盲目而没有信仰的解释者。结果在《汤诰》问世两千七百年之后，他们这种极其不虔诚的错误态度毁坏了远古就存在的真理。他们使光明蒙受了黑暗。还是让我们回到《论语》，我们已经离题太远。

周有大赉，善人是富。

p. 2. §. 1.　A secundâ familiâ descendit ad tertiam *Cheu* dictam cujus normam administrandi Imperii copiosè depictam in libro *Xu-kim*, paucissimis hîc verbis attingit. Fundator hujus familiae suit *Vu vam*, qui imperare coepit anno ante Christum 1122. Non alia familiarum Imperialium florentior istâ fuit, sive cultum spectes, & majestatem, sive Principum & annorum numerum. Annos certè numeravit 873. Imperatores vero 35. Princeps ergo, quem dixi, totius familiae, *Vu vam*, postquam debellato impio *Cheu*（cum quo tandem occidit secunda familia）suscepit Imperium communibus populi procerumque suffragiis sibi delatum；item post vota, solemniaque sacrificia Imperatori coelorum, reliquisque spiritibus terrarum praesidibus rite persoluta（uti pluribus refertur in libro *Xu kim* 6 & 7）Primùm quidem arma omnia, machinasque bellicas collegit ac reclusit：tum custodias & carceres pandi jussit, ac reos criminum dimitti：Omni denique studio & industriâ conatus fuit opitulari populo, fame, inopia, variisque calamitatibus laboranti：Eos interim quorum insignia quaedam extiterunt merita, maximis augens honoribus opibusque；sic ut verissimè dici queat, quod domus haec Imperatoria

Cheu in exordio & fundatore suo habuit quidem, exercuitque erga omnes omnium suarum ditionum homines magnam & inusitatam liberalitatem & beneficentiam. At longè tamen maximam erga eos omnes, qui à fide, probitate, sapientiaque maximè commendabantur. Itaque optimus quisque tunc fuit ditissimus; amplissimis, inquam, honoribus, amplissimoque censu instructus & ornatus.

接着的王朝是"周",周王朝管理帝国的法则在《书经》中记载得很详细,这里我们提到的仅仅是其中的一部分。这个王朝的建立者是周武王,他在基督前1122年开始统治。在文化、权威及统治时间上,中国历史上没有其他王朝能够胜过周王朝。周王朝历经八百七十三年,有三十五个君王。周武王,即我刚说的周朝的第一个王,在击败了渎神的纣王(商王朝随着灭亡)之后,接受了所有百姓和贵族都同意的上天赐予其的权力;然后他举行仪式祭祀了天帝及庇佑四方的诸神。在此之后,他收集和封存了所有与战争相关的器具,命令打开牢狱,释放罪犯,还倾力缓解人们蒙受的疾苦、困厄和灾难。同时他封赏那些有着突出贡献的人,给予他们富贵和荣誉。可以说,周王朝在起初就青睐并慷慨赏赐那些信念坚定且智慧正直之人。因此最好的人同时也是最有福的,或像我所说的,他们为最高的荣誉所荣耀,无上的富贵所跟随。

"虽有周亲,不如仁人。 百姓有过,在予一人。"

§.2. Verba sunt *Vu vam* imperatoris: Quamvis, inquit, dentur complures admodum propinqui familiae *Xam*, quibus adeò jure quodam stirpis Regiae, primaeque nobilitatis deberi videntur praecipua quaeque munera & dignitates; quoniam tamen plerique eorum non sunt comparandi cum aliis, iisque plurimis è familia nostrâ *Cheu* spectatae fidei, probitatis, sapientiaeque viris; certum mihi est hos, potiùs, quam illos adhibere consiliarios & administros rerum mearum.

Instructus autem praesidio tot optimatum, si nihilominus mihimetipse defuero, nec poenas expetivero de impio *Cheu*, nec insolentiam asseclarum ejus, licentiamque, uti par est, compressero; tum certè non unius tantùm inertiae socordiaeque reus agar:Sed & multitudo subditorum meorum quicquid peccaverit; tribuetur id uni mihi vel maximè; labesque & damna totius corporis, in meum unius caput justissimè recident.

这些是周武王所说的话："在商王朝中可以找到若干皇亲国戚，他们因第一等尊贵的皇家出身而占据着最为重要的位置，但是他们却不能和我们周王室那些诚信、正直而智慧的人相比。我可以确定会任用周王室的这些人作为处理事务的谋士和幕僚，而不是那些来自商王室的人。因着这些最好的人的保护，我即使犯了错误，也不会受到和纣王一样的惩罚。我不会放纵部下，也一定不会懒惰和懈怠。但如果我的子民犯错了，请把惩罚仅仅降临于我一个人，全部的灾难和伤害也只降临到我的头上。"

谨权量，审法度，修废官，四方之政行焉。

§.3. Is ergò cùm teneretur adeo salubri curâ & metu; nec ignarus esset, quantum vitii irrepsisset in Rempublicam; ante omnia plurimum studii vigilantiaeque posuit in ponderibus ac mensuris ad aequitatem normamque pristinam revocandis. Examinavit item leges omnes & constitutiones, tam eas quibus officia, ritusque & jura civium, quàm quibus res, artesque Musicae continebantur. Ad aulam quoque & dignitatem pristinam revocavit erexitque dejectos & afflictos sub impio *Cheu* Praefectos Urbium & Provinciarum; atque ita renovatis & constitutis praeclarè rebus, quatuor regionum, id est, totius Imperii administratio optatissimum cursum habuit.

因为周武王存有忧患之心，他知道有多少罪恶侵蚀国家。首先，他对恢复古代度量衡极为热忱，也极为谨慎。其次，他检查所有的法律和制度，不仅包括礼制、祭仪和民法，也包括适用于音乐的法律。重新召回并起用，在暴虐的纣统治下被打压的城市和行省的长官。在一切事物都被恢复并确立之后，对四方的管理，即对整个帝国的治理就走上了正途。

兴灭国，继绝世，举逸民，天下之民归心焉。

§.4. Idem restauravit extinctas ab impio *Cheu* satrapias, legitimisque Dominis restituit. Revocavit ac perpetuare instituit per vetustas ac nobiles, sed jam succisas ac propè deletas Priscorum Principium prosapias ex stirpe nobilissima *Hoam ti* conditoris Monarchiae Sinicae; nec non Legistatorum, *Yao* scilicet, *Xun* & *Yu*, & Principibus familiae *Xam* proximè praecedentis, oriundas. Quorum omnium posteros dynastiis ornatos, amplo quoque censu locupletavit; revocatis etiam variis dignitatum titulis, *Heu*, *Cum*, *Pe*, *çu*, *Nan*; hoc imprimis agens, & vehementer optans; ut tam illustris maximorum hominum progenies non tantum ipsa quàm diutissimè floreret; sed memoriam quoque majorum suorum maximo cum splend-ore, & usitatis cum officiis muneribusque parentalibus ritè pieque conservaret; adeoque mortuis quoque parentibus, filiorum tamen pietas & observantia semper viveret ac perennaret. Erexit praeterea admovitque gerendae Reipublicae jacentes ac latitantes viros virtute ac sapientiâ insignes; sed qui ultrò dignitati suae renunciantes, ex superiore illâ tempestate perturbati Imperii, ad otium privatae vitae, ceu portum, cauti perfugerant. Hunc autem in modum constitutis optimè rebus Imperii totius, populus subdidit sese ultrò, & ex animo; eòque promptiùs voluntates suas ac studia cum studiis optimi Principis omnes conjunxere, quò feliciùs sibi cum illo jam convenire, ceu membris obsequentissimis cum dilecto capite intelligebant.

同样地,周武王恢复了纣王统治下被灭绝的小诸侯国,并给它们以合法的统治和政治地位。他恢复并确立了尊贵的古代皇室谱系,最古老的黄帝(中华帝国的创始者)——这一血脉几乎断绝,以及立法者尧舜禹及前朝商的世系;他给予这些王朝的后代许多财富使他们得以安享富贵,还恢复了前代不同王朝的爵位——侯、公、伯、子、男。周武王认真地处理这件事,这样自古以来的皇家血脉得以长久延续,后代子孙对祖先应有的礼节也因此恢复并长久保存。另外,他提拔了某些因美德和智慧而闻名的人,但有一些人拒绝这样的爵位并从帝国最大的风暴中谨慎地逃离,投向如同庇护所般快乐的隐逸处。在帝国的一切都得以确立之后,人们都乐意为国家献身,就像恭顺的肢体要与谨慎的头脑相配合一样,人们也将自己努力的方向置于最好的统治者的意愿之下,以期求得上下协调一致。

所重：民、食、丧、祭。

f.8.p.1.§.1. Ad extremum quae circa populi sui gubernationem valde cordi habuit memoratus Imperator, & magni ponderis ac momenti esse duxit, tria fuerunt: Subditorum annona, ut semper affatim esset earum rerum, quae vulgo sunt ad vitam sustentandam necessariae: funera & exequiae, ut debito ritu modoque peragerentur: Parentalia denique, seu honores funebres & solemnia quaedam fercula statis anni temporibus in memoriam defunctorum parentum ac majorum offerri solita; quibus admonerentur filii gratae pietatis & observantiae erga parentes etiamnum superstites, quando videbant eam erga progenitores jampridem demortuos tam accurate soliciteque exerceri.

被人们纪念的前代君主心中挂念自己的人民到了极致,周武王也非常重视具有重大责任并需为之付出努力的三件事:一是每年的收成要让百姓足够维持基本的生活;二是丧礼要以合适的仪式来举行;三是以一年中的固定日子为祭日,献祭去世的亲人和祖先以表达怀念之情,恭敬地举行的仪式也可以提醒子女孝顺还在世的父母。

宽则得众,信则民任焉。 敏则有功,公则说。

&.2 *Expositâ breviter eâ gubernandi methodo*, quam tenuerant Yao & Xun *duo gentis Legislatores*, necnon Yu, Tam, Vu, *conditores trium familiarum Principum, penes quas per tot saecula summum jus fuit*; concludunt tandem, eos pro ratione quidem temporum aliquantulum inter se mutuo discrepasse; verumtamen in studio et arte tuendi suos et conservandi amplificandique Imperii, et in substantiâ ipsarum rerum, fuisse quàm simillimos. Complectuntur autem similitudinis hujus summam quatuor litteris, quibus totidem virtutes Regiae exprimuntur. Sic aiunt igitur:

这统治方法是尧和舜两位国家的立法者,以及禹、汤、武王这些王朝的奠基者所采用的——这三个王朝的统治长达几个世纪。在简短地解释了这种统治方法之后,结论部分强调,虽说随着时间的流逝,他们的统治方法也有细小的差异,但总的来说,在保护人民和努力为国家服务上则是非常地一致。他们以四个字的句子总结了和前代统治的一致之处,也言简意赅地表达出统治者的很多高贵美德。他们这样说:

Princeps si munificus ergà suos, si magno liberalique animo fuerit, coeli instar protegens, & complectens omnes, & telluris instar sustentans, nihil interim faciens inclementer, avarè, sordidè: tum is obtinebit omnes; omnium scilicet admirationem, amores omnium, & studia, & voluntates. Si fidem servet ac veritatem, ab omni fuco, mendacio, fraude semper alienus; tum subditi sine ullo metu vel cunctatione innitentur ipsi, & se suaque incorruptae fidei Principis committent. Si vigilans, impiger, sedulusque fuerit in avertendis damnis publicis, & commodis suorum procurandis; nec quidquam unquam negligat aut contemnat; tum habebit felicem exitum & perfectionem rerum, quascumque tandem suscipiet; amantissimis vicissim subditis, quidquid operis publici fortè Imperatum fuerit, impigrè, sedulò, constanter perficientibus. In exigendis poenis & praemiis conferendis, si rectus, si aequus omnibus fuerit, nec quidquam tribuat privato vel odio, vel amori, tum gaudebunt subditi, & aequissimo Principi omnibus in rebus alacriter ac promptè morem gerent. Et hae quidem dictorum quinque Principum fuerunt artes, hi nervi, haec firmamenta, quibus Imperii tanti molem tam feliciter ac diu sustentârunt. Quidquid autem à folio septimo huc usque commemoratum est à discipulis *Confucii*, eo potissimum fine est commemoratum, ut posteris constaret, doctrinam magistri sui, quam ipsi maximè propagatam volebant, à placitis & institutis priscorum Legislatorum *Yao*, *Xun* & Regum minimè discrepasse.

如果君主对待他的臣民慷慨，且具有伟大而自由的心灵，能够像天一样覆盖和包容万物，像地一样支撑万物，同时做任何事都不严厉、贪婪、卑劣，他就能获得所有人的敬佩、爱戴和热情拥护。如果他服侍于诚信与真理，远离一切伪饰、谎言和欺骗，臣民就会信赖并依靠他，将毫不犹豫、没有后顾之忧地将自己及家族托付给他们值得信赖的君主。如果他清醒、精力充沛且勤勉于挽回公众的损失，维护百姓的利益，那么无论做什么事，他都能取得圆满的成就，因为爱戴他的、精力充沛的臣民会一直勤勉于他分配的任何工作。如果他在所有事情上都赏罚分明，不掺杂任何个人的仇恨或偏爱之情，臣民都会乐于迅速服从他们最为正义的君主。五位君主所说的这些治国方法，使不同历史时期的如此之多的帝国都得以长治久安。从第七页直到此处，这些由孔夫子的弟子记录下来的话，向后人表明，他们所极力宣扬的孔夫子的思想，与古代的立法者尧和舜及诸王朝的开国者的思想相一致。

20.2 子张问于孔子曰:"何如斯可以从政矣?"子曰:"尊五美,屏四恶,斯可以从政矣。"子张曰:"何谓五美?"子曰:"君子惠而不费,劳而不怨,欲而不贪,泰而不骄,威而不猛。"

§. 3. Discipulus *çu cham* quaesivit ex *Confucio* dicens, quâ ratione quispiam poterit rectè administrare Rempublicam, *Confucius* respondit: Qui magni facit quinque bona, & qui removet quatuor mala, is poterit rectè feliciterque administrare Rempublicam. *çu cham* rursus ait: Ecquae dicuntur illa quinque bona? *Confucius* respondet: Gubernator Reipublicae beneficus sit, & tamen nihil expendat, absumatve. Subditi oneri sit, & tamen non sit odio: Desideret, & tamen haud expetat cupidè: sit magnus, sit beatus ac florens; & tamen non efferatur superbiâ & fastu: severus & gravis sit; & tamen non sit asper & truculentus.

子张询问孔夫子如何才能公正理性地治理国家。孔夫子回答:"那些具有五美且去除四恶的人才能公正理性地治理国家。"子张继续问:"什么是五美呢?"孔夫子回答说:"国家首长办事慷慨而不浪费一丝一毫;让人民劳动,人民却不会因此而抱怨;他有自己的欲望,但却不会因此变得贪婪;他富足而又思想崇高,但却不会被骄横和自负所左右;他庄重、威严,但却不冷酷、凶猛。"

子张曰:"何谓惠而不费?"子曰:"因民之所利而利之,斯不亦惠而不费乎?择可劳而劳之,又谁怨?欲仁而得仁,又焉贪?君子无众寡,无小大,无敢慢,斯不亦泰而不骄乎?君子正其衣冠,尊其瞻视,俨然人望而畏之,斯不亦威而不猛乎?"

p.2.§.1. *çu cham* Laconico Magistro responso non satis percepto; inquit, ecquid, obsecro, significat illud, beneficus sit, & nihil expendat. *Confucius* respondet: Constanter obsecundare, & favere iis rebus & artibus quae subditis lucro sint, commerciis & Agriculturae scilicet, aliisque hujuscemodi, & sic eorum lucra procurare; solerter tuendo & conservando communia illa coeli terraeque beneficia: quo tandem fiat, ut magna sit ubique annonae vilitas & rerum copia: Hoc nonnè reverè est esse beneficum & tamen nihil expendere vel privatae rei vel publicae? Similiter si habeas delectum eorum qui pares sunt ferendo labori & oneri; & oneres illos dumtaxat; si habeas, inquam, justam & accuratam rationem loci, temporis, aetatis, & virium cujusque ac facultatum, quotiescumque imperandum est aliquid oneris operisve publici; ecquis tunc oderit vel imperata vel imperantem? Quae juris alieni sunt, appetere, nefas ac turpe est: At vero si desideres expetasve veram virtutem, adeoque si tam laudabiliter expetitam, feliciter adipiscare veram illam virtutem expleasque deinde numeros illius omnes; quo modo vitiosè cupidus sis, aut censeri talis queas? Si princeps inter flatus illos tam secundos fortunae faventis constet sibi ipse, & non attendat magnoperè ad frequentiam suorum, vel paucitatem, ut hanc scilicet aspernetur, illi deferat aliquid: Rursus si non attendat magnoperè gravisne sint momenti an parvi res eae quas habet perficiendas; sed pari ferè cura res aequè minimas atque maximas constanter tracter; nullusque sit, quamvis humilis & abjectae conditionis homo, quem audeat habere despectui; qui hoc modo sibi imperet, seseque contineat, nonne quamvis muliâ pace, opulentiâ, gloriâ beatus ac florens sit; tamen haud efferetur superbiâ; Gravitas denique & severitas, si quidem modo careat, facilè degenerabit in odiosam asperitatem & truculentiam: At verò si Princeps alienus ab omni affectatione hic fuerit mediocritate quadam contentus, ex.gr. Si graviter ac decenter compositam gerat suam ipse vestem & pileum; si modestiâ quâdam reverentiâque imbuat suum ipse os oculosque; si in omni motu, gestu, statuque corporis decorum servet; procul dubio cum reverentiâ planè singulari homines universi contuebuntur eum ac verebuntur: Hoc autem nonne est severum esse ac gravem, & tamen non esse asperum & truculentum?

对于老师简短的回答,子张并不完全明白。他问:"长官办事慷慨却不浪费一丝一毫是什么意思呢?"孔夫子说:"重视那些对民众有利的事物和技艺,如经商和耕种等,①以照顾他们的利益;还要善用天时地利,以做到事半功倍。这难道说不正是慷慨而于公于私来说都不浪费一丝一毫吗? 同样地,如果你尽职尽责地工作,处事公正、公平,对时间、地点、节气和各人的能力等也都有一个精准的估计,谁又会去痛恨法令和施令者呢? 贪求异于正道的人都是违法的、可耻的,若你渴求和向往真正的美德,并且最终成功地拥有了美德,又怎么会有人认为你贪婪呢? 君主虽也求取财富,但并不在意财富的多少,甚至于无视。再者,无论重要与否的事情,他都给予同样的关注;无论卑贱与否的人,他都不敢有所怠慢:那样的话他还会缺少什么呢? 这难道不是会管理和收敛自己情绪,不被财富和光荣所保佑和光照,不被骄傲和自负所提携的人吗? 如果他缺乏了这个,拥有的庄重和威严就容易变成一种难以忍受的冷酷和凶猛。不被任何情感所束缚的君主,会满意于所持守的中道。他整肃自己的衣冠,目光直视,脸上表现出恭敬、尊重的诚意;行礼时每一个人都会仰望他、尊重他:这难道不是庄重、威武而不冷酷和凶猛吗?"

子张曰:"何谓四恶?"子曰:"不教而杀谓之虐;不戒视成谓之暴;慢令致期谓之贼;犹之与人也,出纳之吝谓之有司。"

§.2. *çu cham* rursum quaerit: Ecquae dicantur quatuor mala, quae vitare

---

① 出自张居正"如田里树畜,但就百姓本等的生理与之区划而已"的诠释(第314页)。

debeat ac removere ab se, quisquis administrat Rempublicam. *Confucius* respondet: Non docere subditos accurate quaecumque sunt juris publici, & officii singulorum; & interim si fortè die quopiam deliquerint; illicò punire miseros, & prorsus inclementer occidere: Hoc enimverò dicitur tyrannidem exercere. Ubi quid operis operaeque publicae exigendum est, non ante praemonere subditos, & praeparare quodammodo, quo commodius ordinatiusque res fiant; sed obruere miseros derepentè, & in ictu oculi videre velle praescriptum opus perfectum & absolutum; inclementer instando operis, & moras omnes severè castigando; Hoc enimvero dicitur crudelis violentia. Cunctanter frigideque imperare subditis opera publica; deinde verò repentinâ acceleratione contrahere praestitutum antea temporis spatium, ferociter & inexorabili cum severitate eadem exigendo: Hoc meritò dicitur latrocinantis instar, & velut ex insidiis opprimentis incautos, sic suis esse damno. Denique sordidum & illiberalem est aliis, ex.gr. Certo quodam modo se gerere cum dandum quidpiam est aliis, ex.gr. cum sua militibus persolvenda sunt stipendia, suum operariis operae pretium, sui census & honores conferendi sunt aliis: Avarâ scilicet lentâque & invitâ manu, nunc promentis & porrigentis instar, nunc reposcentis ac retrahentis hoc ipso quo dat, sordes avaritiamque prodere; tametsi detur tandem aliquando, quod jus cujusque postulat; quoniam tamen sic datur, ut videatur extorqueri veriùs, quàm dari; jam istud nec gratias quidem meretur, quod animo datum liberali, magni muneris suisset instar; adeoque non est hoc agere Principem, sed merito dicitur infimae cujusdam notae ministellum esse aerarii publici.

子张继续问：“治理国家的人应当避免和远离的四恶是什么呢？”孔夫子回答说：“没有明确地告知百姓国家的法律和百姓个人的职责，以及他们犯了错，就严厉地惩罚甚至无情地杀害，这叫作强制的暴虐。不预先告知百姓做好准备以顺利完成工作任务，就逼迫不幸的人们，要求富有成效地完成工作,任何的延迟都会给予严厉的威胁和惩罚,这叫作残酷的暴力。起初给百姓摊派工作时迟缓,中间却突然极端严厉地要求限期完成,这是设下陷阱坑害毫无准备的人民,或叫作祸害自己的民众。有一种行为是不光彩且违背公理的:用一种迟疑、勉强的姿态赐予他人财富,如给士兵津贴或劳动者俸禄时,却突然又改变主意拿回赐予的东西,这是趋向于悭吝和贪婪的行为。即使出于公平的本意,最终加以赏赐了,但这样的赏赐,看起来更像是敲诈而非给予。最终赏赐由慷慨的人当作一个厚礼给出了,那也是不再值得感激的事。这样的行为并不被君主所认可,这种谨慎的赏赐态度是管理财务的有司的最基本职责。"

20.3 孔子曰:"不知命,无以为君子也。

f.9.p.1.§.1. *Confucius* aiebat: qui non sit, adeoque nec credit dari coeli mandatum & providentiam, id est, qui non intelligit & credit prospera & adversa, vitam & mortem, & c. à coeli nutu consilioque pendere.(Vel, ut exponunt alii, qui non congnoscit lumen rationis coelitùs inditum esse mortalibus, ad quod vitae suae rationes omnes componat, & quae prava sunt, fugiat, quae recta, prosequatur: Vir hujusmodi profecto non habebit quo evadat probus ac sapiens): quin imò multa committet homine indigna, dum quae illicita sunt, vel supra vires suas, consectabitur, vel iis malis, quae frustra conabitur effugere, succumbet.

孔夫子说:"不相信天命和神意的人,也就是不明白、不相信喜乐、灾祸、生死等都为上天的意志和计划所掌控(或如其他人解释的那样,这种人不知道理性之光是上天赐予人类的,以便人类制定生活准则、远离骄横和追求正直[①])。这样的人肯定不会成为正直和智慧的人。他沉溺于太多被禁止的、

---

① 这一说法源出于宋明理学的观点。

不当为人所追求的事物中。他或是追求超出自己能力的事物,或是向没能逃避的恶投降。

不知礼,无以立也。"

§.2. Quisquis ignorat decorum cujusque rei & modum, necnon ritus officiaque civilia, quae societatis humanae vincula quaedam sunt, ac proprium cujusque hominis decus & firmamentum, non habebit is, quo erigatur aut evadat vir gravis & constans, & sibi aliisque utilis: Labetur enim assiduè, fluctuabit incertus, & ipsius quoque virtutis, si quam fortè adeptus est, jacturam aliquando faciet.

那些忽视各种联系人类社会纽带的也是每个人活动根基的礼仪的人,不会持有庄重、威严的仪表和坚毅的品行,也即不能拥有坚定的美德,时而有美德,时而又没有了,因而于人于己都是无所裨益的。"

不知言,无以知人也。"

§.3. Lingua cordis index est; nec raro quidquid in toto latet homine, brevis ejusdem prodit oratio. Quocirca quisquis non intelligit sermones hominum, sic ut aptè discernat quàm rectè, quam perperam quid dicatur, non habebit quo perspectos habeat ipsos homines; errores illorum scilicet, indolem, consilia, facultates.

Porrò quisquis haec tria, caeli, inquam, providentiam, rerum modum, ipsos denique homines probè cognoverit, itaque vixerit, ut huic cognitioni vità moribusque respondeat; is omnino dici poterit partes omnes rari sapientis, & qui longè supra vulgus emineat, explevisse.

语言展现了一个人内心的真正想法,通过语言可以了解一个人的所思所想，这是不足为奇的。那些不懂得语言、不知如何分辨语言真伪的人，不会了解说话之人的性格、过错、理性和能力。

因此那些懂得天命、万物秩序和人事的人，其知识和行为方式将相互映衬。可以说，他具有罕见的睿智，在所有方面都如此出色以至远超常人。"

Atque hic tandem finis est trium Scientiae Sinicae quorum explanationi è sinico vertendae in Latinam praecipuo quodam studio ac labore communi quatuor sociorum, otium ii fecerunt, qui nos quartum jam annum ab anno 1686. detinuerunt in Cantoniesins Provinciae exilio, ac cessare coegerunt maximè invitos à propagandâ doctrinâ longè sublimiori, quae quidem una lux mundi est, et sine quâ, scientia omnis et doctrina, mera caligo est et ignorantia. Author porrò trium librorum censetur Confucius, tametsi contineantur iisdem libris non pauca vel à discipulis ipsius effata, vel à coateanis eisdem Philosophis; virique Prin cibus; vel à primis etiam gentis Regibus, priscisque sapientibus pronuntiata: è quibus alii sexcentis vixerunt annis ante ipsum Confucium, urbisque adeo Romana Principia; annis mille alii; quidam etiam annis circiter mille septingentis, quâ quidem dignos esse Sinas haud minus quam nationes alias, ii facilè judicabunt, qui expendent aequo animo gentis industriam, fidem, diligentiam, quâ consuevit res suas ab omni retrò aetate literarum suarum monumentis commendare; et quidem per suos 60 annorum periodos, uti patebit ex tabulâ Chronologicâ quam huic operi placuit annectere cum trium principum familiarum (quarum in praefatis libris iterata fit mentio) tabula quoque genealogica. In versione autem nostrâ Scientiae Sinica consultò multa contraximus; et quamvis subinde videatur copiosior explanatio, sciat Lector nequaquam esse cum ipsius Interpretis Cham Colai, quem praecipuè sequimur, ubertate copiâque comparanda. Et hujus quidem vestigiis, sicut alibi jam significatum est, constanter insistimus: Itaque, si excipiantur ea quae vel eruditionis gratiâ vel claritatis ex aliis ejusdem gentis Authoribus interseruimus, reliqua sunt Interpretis nostri; tota inquam paraphrasis unius Colai est, sententiae Colai omnes, quas adeò nemo suspicetur Europaei esse hominis, quamvis sint Europaeo sermone ac stylo, quin et ipsis quandoque Europaeorum Philosophorum sententiis, verbisque expositae. Non inficior tamen esse non paucae, quae meritò censeantur esse vulgaria, ne dicam frivola; procul dubio praetermitenda, si nos soli laboravissemus oblectationi Europaeorum. Sed enim jam satis disertè significavimus in ipso operis limine, iis potissimum haec scribi, quibus in hanc Christi vineam concessuris, et, uti speramus, deinceps in eâ laboraturis. Quamquam par est etiam nos meminisse, non ejusdem esse palati mortales omnes; et multa, quae Europaei fastidiant, huic genti esse in deliciis. Quid insuavius homini Europaeo calidâ potione? Hâc tamen sic delectantur Sinae, ut per aestivos quoque dies haud abstineant. Sinensium musicam respuunt ferè aures nostrae: At illos vicissim in musica nostrate discors illa vocum concordia, si non offendit, parùm certè oblectat. Itaque pari ferè modo, quod ad sermones sententiasque spectat, habet leporem suum et gratiam in Chinâ, quod idem in Europa risum propè stomachumque moveat. Utcumque tamen res habeat, non poterit non fateri aequus Lector, multa hic esse, quae nunc quoque suum mereantur pretium vel in Europâ: Nec dubitabit praeclaram fuisse vetustissimae Monarchiae administrationem, quotiescumque illa, quae hîc traduntur, sive pie recteque vivendi, sive Regni probè administrandi praecepta, viguerunt.

第三本关于中国经典的书到这里就结束了。感谢四位耶稣会士的辛勤劳动，它的注释已从中文翻译成了拉丁文。① 1686 年②四位会士开始了连续四年的广东流放生涯，在流放生活的闲暇之余他们完成了这一翻译工作。

---

① 这段文字是作为全文最后的评述，并非仅仅为《论语》的译本而作，而是就全部三本书的译文而论的。

② 原本的拉丁文译文此处有一个印刷错误，当是 1666 年。

他们被限制传教及从事更高级的礼拜活动，因缺乏了学习和教育，这世界的光都变得迷蒙无知，即使此书中有很多孔夫子弟子记录的孔夫子的语录。另外，书中还有中国上古统治者的名言，以及和孔夫子同时代的哲学家、君王的名言，他们中的一些人早于孔夫子——罗马建城的时间六百年，另外还有一千年及一千六百年的。但这三本书的作者仍然被认为是孔夫子。考虑到中国各个时代人民记录自身事务的勤劳、信实、坚定，任何人都当公正地意识到，相较其他民族，中华民族并不缺少令人赏识的地方。同样让人赞叹的还有他们的年表和六十干支纪年法，我们欣然地把它和夏、商、周三代的地域图（在那里我们会再次提到它们）收入附录。在对中国的这些经典翻译时，我们有意识地诠释了许多东西。虽然我们的诠释看起来很多，但读者应当明白它在书中所占分量及其含金量都是不及我们常引用的张阁老的注释。就像在他处所说的，我们常常借用他的注释。除了为了表达得更为清晰明白而运用其他学者的说法外，对此书的注释几乎全部都来自张阁老，所有的观点也都来自他。虽然很多地方用了欧化的语言和表达方式，甚至添加有很多欧洲哲学家的观点和言辞以有助于解释，但没人怀疑这本书是欧洲人写成的。当然我承认这本书中也有很多细小甚至可以说是琐碎的内容，如果我们仅仅为有学识的欧洲人撰写，这部分自然应当省略。在前言中我们已经细致强调了我们撰写这本书目的是奉献给那些将要前去耶稣的葡萄园（中国）劳作的人。就像我们期待的那样，提醒他们并不是所有人类都徜徉于迷失了的方向，并且许多困扰欧洲人的事物在中国人那里却常常是令人愉悦的。比如，对于欧洲人来说还有什么比一杯热酒更能让人扫兴的呢？中国人对此就感到欣喜，甚至在夏季的时候也不会拒绝它。一般来说，我们排斥中国的音乐；同样，音律错落有致的欧洲音乐在中国人看来，是虽不至于冒犯他们，但也不能让他们欣喜；另外，像书中这样的言语和思想在中国是优雅而富有吸引力的，但在欧洲却会让人感到荒唐，甚至引起愤怒。无论如何，一个公正的读者应当承认此书中的许多内容不仅在中国非常具有价值，在欧洲也是。对书中提到的古代王道的卓越之处是不应该怀疑的，对正确的修身方式和诚意的治国方略等，也都应该如此。

Sequitur nunc Scientiae Sinicae Liber quartus, *sive* Mem çu *dictus*, *Sinarum Philosophus secundus qui uno pòst* Confucium *saeculo vixit. Constat septem partibus seu capitibus ejusdem opus*, *operi* Confuciano *molem si spectes*, *omnino par*, *superius etiam quodammodo*, *si dumtaxat attendas ad ingenium et copiam*, *facundiamque auctoris*: *doctrinae tamen integritate*, *et Priscâ simplicitate illâ*, *necnon arcanâ quadam sublimitate*, *quam in* Confucio *suo tantopere mirantur Sinae ac depraedicant*, *meritò postponendum.* Mencium *igitur*, *Deo favente*, *in lucem Europaeam producemus*, *si quidem intelligamus*, *suum qualemcumque locum et approbationem in hoc eruditissimo saeculo*, *et amplissimo omnium scientiarum theatro obtinuisse* Confucium.

紧接其后的《孟子》是中国经典的第四本书，孟子是孔夫子后一个世代的人，被尊称为"亚圣"。这本书共有七个章节，它的内容、表达方式和孔夫子的作品相似。不过就内涵和表现出的机智来说，《孟子》在某些程度上甚至更好；而在诚意上，它当被认为是为中国人所敬仰和赞美的古代式诚恳和对知识的神秘崇敬。感谢上帝帮助，我们将在欧洲出版《孟子》。同样地，我们认为孔夫子在这个最富有知识的世纪和最宽广的知识殿堂里，都获得了相应的地位。

Finis Libri tertii Lun Yu.

第三书《论语》终。